불교 여성 살림

불성과 살림의 불이不二를 기억하기

불교 여성 살림

불성과 살림의
불이不二를 기억하기

—김정희 지음—

도서출판 모시는사람들

생명여성주의로 가는 길

- 나는 왜 불자가 되었는가?

기독교에서 멀어지기까지

어릴 때 집에서 나를 부르던 이름은 마리아이다. 단신으로 월남하신 아버지는 독실한 기독교 신자이셨고, 천신만고 끝에 이룬 가정에 태어난 첫딸에게 마리아라는 이름을 붙여 주셨다. 이제 사느라 바빠 이모들을 만나는 일이 드물게 되었지만, 여전히 이모들은 나를 마리아로 부르고, 나는 그 호칭에 고향에 온 것 같은 편안함을 느낀다. 이런 내가 어떻게 지금은 원불교인이 되어 연명燃明이란 법명을 기뻐하며 살게 되었을까?

성가대 합창 연습, 성경 암송, 영어 성경반…. 유년기부터 고등학교 때까지 내 젊은 날의 큰 줄기가 되는 기억들이다. 신을 믿지 못하는 아이들을 보면, 이루 말할 수 없는 측은지심이 일었던 내게 신앙의 균열이 찾아온 것은 언제일까? 결정적인 계기를 찾기는 어렵고 근대 교육이 훈련시켜 준 이성적 사고, 엄마의 죽음, 대학생 시절 유물론에의 탐닉, 이런 것들이 뒤엉켜서였던 것 같다.

어머니는 내가 고 1 때 신부전증으로 7개월을 넘기기 힘들다는 의사의 진단을 받고, 7개월보다는 몇 개월 더 사시다가 고 1이 끝나가던 1975년 2월 초, 음력 초하루 하루 전날 돌아가셨다. 엄마의 병간호는 큰딸인 내 몫이었다. 그 몇 해 전부터 위가 안 좋다며 병원을 다니시던 엄마였지만, 어느 날 쓰러져서 병원에 실려 간 엄마에게 내려진 사형선고는 우리 가족에게 청천벽력이었다. 그때 안수 기도라는 걸 받으러 다니게 되었다. 청계천에서 전파상을 하시던 아버지는 일을 놓으실 수 없어서, 엄마를 모시고 안수 기도를 받으러 다니는 건 내 일이었다. 기도를 받으러 가면, 안수를 해 주는 분들이, 꼭 나을 거라고 했다. 아버지도 꼭 나을 거라고 했다. 그런데 나는 믿지 않았다. '의사들이 과학적 진단으로 죽는다고 했는데, 도대체 어떻게 산다고….' 이게 말로 내뱉지 못하는 내 생각이었다. 그리고 엄마는 돌아가셨고, 돌아가시고 나서는 '내가 믿고 기도하지 않아 엄마가 돌아가셨다.'는 죄의식으로 오랫동안 괴로워했다.

지금은 숨기지 않고 말할 수 있을 만큼 옛날 일이 된 것 같은데, 이때 일을 적어 내려가는 이 순간 가슴이 미어지고 눈물이 흐르는 걸 보면, 심층의 아픔이란 게 이런 건가 보다. 지금 나는 다시 기도의 힘을 믿는 신앙인이 되어 있다. 그런데 그때는 7개월이란 시한부 선고 앞에서 기도의 힘으로 건강을 회복하리라는 반석 같은 믿음을 가진 신앙인은 아니었던 듯하다. 어쨌든 나이가 들어서, 아마 40대 어느 때쯤이었을까, '믿지 못하고 기도를 못한 건 죄가 아니었다. 그 나이에 죽음의 과정을 온전하게 지켜봤어야 하는 넌 참 안쓰러운 존재였구나.' 하는 생각이 비로소 들었다.

내가 절박한 순간에도 안수 기도를 믿지 못했고, 다시 신앙인이 된 지금도 안수 기도로 병을 치유하려는 식의 신앙에 편하지 않은 건, 청소년 시기에는 근대 학교 교육으로 단련된 이성의 힘 때문이었고, 지금은 안수 기도보다는 스스로 자기 몸과 대화하는 것이라든가, 자기 치유력이라든가 이런 걸 더 믿기 때문이다. 어쨌든 어머니의 시한부 선고 앞에서도 안수 기도를 안 믿은 나는 근대 이성 교육 승리의 표본이었다. 그러면서 당시 불기 시작한 부흥회 류의 신앙이 나와 맞지 않는다는 것이 점점 더 또렷해져 갔다.

수련회에 가면 저쪽 계단 꼭대기에서 불덩이가 줄을 타고 내려와 계단 바닥의 땅에 설치된 장작 더미에 붙어서 거대한 불덩이가 된다. 수백 명이 족히 될 고등부 아이들이 모두 울며 통성기도를 하는데, 아, 그때 심경이란 제발 거짓으로라도 눈물 방울이 떨어지면 좋으련만, 그 분위기에 전혀 동화될 수 없다는 게 얼마나 큰 괴로움이었는지…. 그러면서 대입 재수를 하게 되었고 재수생이란 경계의 신분으로 학생회에 나갈 수도 없고 청년회에 나가기도 뭣하고 해서 어른들 틈에 껴서 예배를 보다 그냥 혼자 집에 오고…. 그러면서 차츰 교회에 나가는 게 뜸하게 됐다.

대학에 와서는 문학 동아리를 하면서 한국 사회를 알아 갔다. 지금 아들이 읽는 『당신들의 천국』, 『광장』, 『난장이가 쏘아 올린 작은 공』, 『삼대』 등을 읽으며, 죽음이 실존적 고통의 전부인 줄 알았던 나는 또 다른 고통이 이 세상에 존재한다는 것을 알게 됐다. 한 사회에 살면서 어쩌면 그렇게도 깜쪽같이 그런 고통이 있다는 걸 몰랐을까? 그리고 보니 나는 엄마의 죽음에도 불구하고 한국 사회의 잘나가던, 근대화 물결을 탄, 적어도 중산 계층 이상은 되는 아버지의 딸이었다. 구조적 불평등이란 문제에서는 온실 안의 화초였다. 대학 2학년 때 들어간 소위 '언더서클'은 마르크스주의와 한국의 식민지 경제사, 유물론 철학에 심취하게 하였고, 신은 인간의 관념에 불과하다는 포이어바흐Feuerbach Ludwig Andreas의 글을 읽으며, 깔끔하게 신의 존재를 뇌리에서 지울 수 있었다. 그러나 갈증은 있었다.

돌이켜보면 언제나, 어릴 때 간절히, 오롯이 기도할 수 있었던 그 마음이 그리웠다. 그 기도라는 게 시험을 잘 보게 해 달라거나, 싸운 친구와 다시 친하게 지내게 해 달라거나 하는, 아이들 특유의 대수롭지 않은 일상의 기도였지만, 기도하는 그 상태는 어린애의 유치함으로 돌릴 수 없는 비범한 순수였다. 그 순수가 그리웠다. 그래서 소위 운동권 학생이 된 나는 의식이 있다는 목사님이 있는 교회도 몇 군데 다녀 봤다. 그런데 거기에는 정치만 있었지, 내가 찾던 그 순수, 영성이 없었다. 지금은 정치와 영성이 분리되지 않은 교회나 성당이 있다는 걸 안다. 다만 내가 찾았을 때 나와의 인연이 없었을 뿐이다. 오늘 아침 신문에도 "4대강 반대하는 후보 밀겠다"는 신부 1,500인 선언이 대문 기사로 실렸다. 신부님들의 이 모습에서 나는 얀치Janch라는 신과학자가 말한 '참여하는 해탈'을 떠올리게 된다.

> 진화적 정신으로 산다고 함은 모든 포부를 투입하여 현재의 구조에 참여하면서도 때가 오면 새로운 구조에 합류한다는 뜻이다. 그와 같은 자세를 불교 최고의 덕성인 해탈解脫 non-attachment 이 잘 그려 주고 있으며, 이 개념은 곧잘 비참여non-engagement 와 혼동을 일으킨다. 얀치: 351

내가 서두에 다소 장황하게 어릴 적 이야기를 꺼내게 된 건 '영성' 때문이다. 이 영성, 이제는 마음으로 이해되는 이것에 대한 갈구가 바로 나를 불교에 대한 공부를 거쳐 원불교로 이끈 첫 번째 동인이다. 그러나 영성, 청정한 한 마음에 대한 갈증은 가슴속에 묻어 둔 채 종교란을 채워야 할 때는 '무종교'로 쓰며 20년 가까이 살아 왔다.

수련으로 이끈 삶의 환경들

건강상 이유로 시작한 수련이 나를 불교로 이끈 두 번째 계기였다. 딸을 낳아 기르면서 건강 문제에 부딪혔다. 당시 나는 소위 이중노동에 시달리고 있었다. 내 어머니는 서른여섯에 돌아가셨고 내가 보지도 못한 외할머니는 어머니가 갓난아기 때 돌아가셨다. 외할머니가 돌아가시고 어머니의 새어머니가 되신 분을 외할머니로, 이 외할머니의 딸들을 친이모로 알고 자랐다. 둘도 없는 외할머니였고 이모들이었고 지금도 그렇다. 아무튼, 내 어머니 쪽으로 보면 나는 작은 체구의 약골일 수밖에 없다. 최근 갱년기를 넘기면서 한 2년 다시 몸이 안 좋아 한의원에 다니면서, 살림이든 바깥일이든 하나만 하고 살아야 할 여자가 둘을 다 하고 살아서 몸에 탈이 날 수밖에 없다는 말을 듣고서야, 고꾸라지지 않고 이렇게 달려와 준 내 몸이 고마웠다.

수련을 시작하기 직전, 1990년대 초 나는 '이렇게 살다가는 제명에 못 죽지.' 하는 생각이 절로 들 만큼, 하루 하루를 연명해 간다는 게 맞았던 것 같다. 동물적 모성으로 제 새끼는 엄청 예뻐하지만, 힘이 드는 건 어쩔 수 없었다. 한 달 딱 쉬고 다시 당시 직장인 한국여성연구원으로 출근하였다. 아이를 봐 주시던 아주머니의 집이 거실이 없는 작은 아파트인 탓에 아파트 공터에서 보행기를 태우면서 아이를 거의 밖에서 키워 주셨다. 아이한테는 좋은 일이었다. 퇴근하면서 딸을 데리고 집에 오면, 아이는 나를 붙들고 또 밖에 나가자고 했다. 어떤 날은 저녁 먹을 시간도 안 주었다. 어릴 적 '밥 먹어라, 밥 먹어라.' 엄마들이 외쳐대야 겨우 저녁밥을 먹으러 들어올 만큼, 노는 데 미치는 아이들의 그 끼를, 내 딸내미는 아장아장 걷기 시작하면서부터 유감없이 발휘했다. 참 건강하고 고마웠지만, 아이의 그 넘치는 기운을 받아 내기에는 엄마는 너무 약한 상태였다. 늘 입 속에 구강염을 달고 살았고, 눈알이 빠지는 것 같은 안구통을 안고 살았다. 아마 구강염과 안구통은 죽을 때까지 나를 따라다닐 천형이라는 생각을 했었다. 건망증 또한 내 스스로 지겹다는 생각이 들 만큼 집요하게 나를 괴롭히고 있었고 잠들기 직전의 나는 파김치, 바로 그 상태였다.

그때 나는 그 모든 힘겨움을 나의 여성학적 분석 틀에 맞추어 내가 이중 노동을 하고 있기 때문이라고 분석했다. 따라서 많은 가사노동을 할 수 없는 남편의 객관적인 상황을 이해하기보다는 불만에 차서 남편과 부부싸움을 곧잘 하곤 했다. 지금 와서 돌이켜보면 그때의 내 분석은 하나가 부족한 분석이었다. 아! 우리 사회는 그때나 지금이나 일단 직업세계에 들어간 사람들에게는 초과노동을 요구한다. 집도 일감이 있는 일터라는 것을 사회는 고려하지 않는다. 가사의 공유도 절대시간이 있어야 하는데, 이 시간을 사회는 고려하지 않는다나는 10시 출근, 4시 퇴근이 일과 가정을 양립할 수 있게 하는 적정 노동 시간이라고 본다. 구미는 이미 이를 실행하고 있다. 이 인식이 빠진 어떤 저출산 대책도, 요즘 아이들 말로 '쉐레기'다. 당시 남편은 박사과정 중이면서 지방 대학 강의를 막 시작한 상태로 등록금의 반 정도는 자신이 벌어야 하는 처지였다. 가계에 별로 기여하는 바도 없이, 학생으로 수업 준비하랴, 지방으로 강의하러 다니랴, 절대시간이 남편에게는 부족했다. 그 모든 걸 고려하면서 넘어야 할 산으로 이해할 줄 아는 아량도 건강도 당시의 내게는 없었고, 너무 힘이 들었다.

생활은 연구원을 하면서 받은 20만 원으로 했다. 지금 등록금은 500만 원대이고, 80년 대 당시 대학 등록금이 70~80만 원 수준이었으니, 물가가 지금의 1/7 정도였다. 20만 원이면 지금으로 치면 140만 원쯤 된다. 20만 원에서 아주머니 사례비로 11~12만 원을 주고 남은 돈 8, 9만 원, 지금 돈으로는 60만 원쯤으로 생활해야 했으니 말할 수 없이 빠듯했다. 내 장보기는 참으로 간단했다. 당시 개포동 주공 아파트 1, 2단지 입구에는 야채 등을 파는 행상 아주머니들이 즐비했다. 퇴근하면서 나는 찬거리를 사서 집에 갖다 두고 아이를 데리러 갔다. 월급을 받는 날만큼은 돈 생각을 안 하고 찬거리를 한껏 샀다. 그래 봐야 내 양손으로 들 수 있는 정도였지만 그래도 그때만큼은 내 마음은 한껏 부자가 되었다. 그러고는 한 달 내내 남은 돈을 따져 가며 최소 지출만 해야 했다. 과일은 고개 너머 단지에 있는 친정에 들를 때 먹는 거였지, 내 돈으로 살 형편이 아니었다당시 친정에는 새 어머니와 오래 병석에 누워 계신 아버지, 그리고 밑의 남동생 내외가 살고 있었다. 나와 아이는 그렇게 해서라도 과일을 먹었지만 남편은 거의 과일을 먹을 수 없었다. 지금도 과일을 잘 먹지 않는 남편을 보면 마음이 짠하다. 저 사람이 십 년을 과일을 못 먹다 보니, 아예 과일 입맛을 잃은 건 아닌가 하는 생각에.

이렇게 기본 생계 유지하기에 바빴지, 보약 같은 걸 먹는다는 건 꿈도 꿀수 없었다. 박사과정을 수료한 남편이 20시간씩 강의를 하면서 가계에 보탬이 되었지만이 또한 얼마나 초인적 삶이었을까…, 크게 형편이 핀 기억이 나지 않는건 그만큼 물가가 올라서였을까? 87년 첫애를 낳고 그렇게 5년쯤 지났을때, 정말 내 몸은 만신창이었다. 그러면서도 내가 벌어야 하니 일을 그만둔다는 생각을 할 수도 없었고, 그 형국에 기도 차지 않게 여성학 박사과정이생기면 바로 입학하리라는 생각만을 하고 있었다.

좀 비껴난 얘기지만, 늘 쪼들리던 그때의 경험은 나로 하여금 돈을 덜 쓰고, 혹은 안 쓰고 살 수 있는 방식에 자연스레 관심을 갖게 하였다. 이것이어찌 나만의 경험이랴. 지역화폐 운동이 나온 배경에도 인간의 필요를 돈을매개로 해서만 충족할 수 있게 한 자본주의에 대한 짙은 환멸이 깔려 있지않은가. 하지만 아직까지 이러한 삶을 시도해 보지 못하고 있다. 공동육아일을 10년 넘게 했지만, 그 수준의 일은 아니었다.

그래도, 그때의 경험이 '생태적 삶'이라는 꿈을 갖게 했다. 이제 그 꿈에다가갈 준비를 하고 있다. 홍천 살둔마을 제로에너지 하우스에 다녀온 후그 꿈이 좀 더 구체화되었다. 그 집을 방문했을 때는 집만이라도 탄소를 뿜

어내지 않는 집에서 살면 자연에 지은 죄에 조금이라도 속죄가 될 것 같아, 10년 후에는 꼭 제로에너지 하우스를 짓고 살자는 생각을 했다. 그러다가 지역을 돌아다니는 프로젝트를 맡아 낙후 지역들을 둘러볼 기회를 가지면서 꿈은 점점 더 구체적 모습을 갖추어 가고 있다. 둘째아이만 대학에 가면 텃밭이 있는 시골로 이사를 가서 제로에너지 하우스를 짓고 화장실의 대소변은 텃밭으로 보내고 식구 먹을 소채 정도 텃밭에서 기르고, 마을회관이나 경로당에서 동네 사람들과 아침에 좌선과 백팔 배를 하고, 가끔은 마을식당이나 마을회관에서 점심을 함께 먹는 삶을 사는 게 내 생의 이모작 꿈이다. 생태마을ecovillage에서의 삶을 꿈꾸는 건데, 생태마을을 하나 만들어 내는 것이 얼마나 힘들 것인지 느낌은 온다. 결국 꿈이 거저 이뤄지는 건 아니라는 건데, 생태마을이 요모조모 내용을 갖추어 가기 위해 결국 한 10년 이상은 일해야 할 것 같다. 이런 때 나의 사자좌 기질이 발동한다. 이미 만들어지고 있는 생태마을에 얹혀 가면 편할 텐데, 내 필feel이 꽂히는 지역을 찾고 거기서 맨땅에 헤딩하듯 시작하려는 게 나란 사람의 방식임을 인정해야 할 것 같다. 한편으로는 두려우면서도 이런 도전에서 또 삶의 의미를 느끼는 게 나인 듯 싶다.

이렇게 해서 기묘한 인연 속에서 내 생애 이모작을 일굴 지역으로 들어온 곳이 강진이고 이제 막 준비모임을 시작한 것이 강진가배울http://cafe.naver.com/gabaewul이다. 생태주의에서 지속 가능한 문명의 한 방식으로 제시하는, 자연과 인간이 공존하는 삶의 방식을 가능하게 하는 생태마을을 시도해 보려고 한다. 도농 격차가 극단적인 한국 사회에서 이런 일은 기약 없는 일이 될 수도 있는데, 최근에 논의되고 있는 기본소득제가 현실화된다면 생태마을 운동은 좀 더 가속화될 수 있다. 먼저 그렇게 살면서 모델을 보여 주는 사람들이 있다면, 뒤에 따라오는 사람들은 훨씬 더 쉽게 마련이다. 이미 실상사 마을, 진안 마을, 홍천 문당리 마을 등 선배들의 훌륭한 사례들이 나오고 있지만 후배들이 참조할 수 있는 생태마을을 보태는 일은 여기저기서 시도될수록 더 좋은 일일 것이다.

수련의 성과

다시 몸 얘기로 돌아오면, 한의학에서 질병의 발현 단계는 다섯 단계로 설명된다. 자기 스스로 인식하지 못하지만 병이 싹트는 아痾, 몸으로는 아직 표나지 않지만 성격이 바뀌게 되는 채瘵, 뭔가 안 좋다는 느낌을 갖지만 어쩔 수 없어서 상태가 하루 하루 고착되어 가는 고痼, 아주 구체적으로 심한 피로감·권태감 등으로 뭔가 바꾸어야 된다는 생각이 들게 되는 질疾, 구체적인 고통을 수반하게 되는 병病이 그것이다. 당시 나는 질과 병의 경계선에 있었다고 생각된다. 사실 이런 경계선상의 사람에게 양의가 해 줄 수 있는 건 별로 없는 듯하다.

이즈음 남편이 먼저 수련을 시작했고 건강에 좋으니 해 보라고 권했다. 늘 아프고 힘들다고 하는 소리에 아마도 남편은 넌더리가 나 있었을 게다. 사실, 나는 그때까지 한의학이니 수련이니 하는 것에 백지상태였다. 어릴 적부터 한 번도 한의원에 가 본 적도, 한약을 먹어 본 적도 없고, 감기 걸렸을 때 침만 맞고도 나을 수 있다는 것도 몰랐다. 오죽하면 뇌졸중으로 아버지가 쓰러지셔서 경희대 한방 병원으로 실려가셨을 때, '응급 침을 놓아도 되냐, 자리가 한의과밖에 없는데 입원할 거냐.' 는 한의사의 말에 나, 동생, 어머니 모두 반대하며 양방 병원으로 모셔야 한다고 의견의 일치를 보고 24시간 이상 환자에게 아무 조처도 하지 못한 채 서울대병원으로 모셨다. 그때 일을 생각하면 지금도 무지함에 억장이 무너진다. 쓰러졌을 때, 사혈이 상식인 걸 정말 몰랐고, 한의학도 의학이라는 생각을 해 본 적이 없었다. 당시의 나는 전통을 무시하는 세뇌가 보이지 않게 작동하는 근대 교육을 아주 잘 받은 현대인의 표본이었다.

그러던 내가 아예 개념이 없는 수련이란 걸 해 보라는 남편의 권유를 덥석 받아들인 건 오로지 고통 앞에서 지푸라기라도 잡아 보자는 절박한 심정에서였다. 이렇게 해서 수련의 세계에 눈을 뜨게 되었다. 수련원에서는 '수련은 기의 흐름을 원활하게 하여 막힌 곳을 뚫어 주고 정기精氣를 축적하고 심신을 가지런하게 함으로써, 어떤 외인外因에도 쉽사리 흔들리지 않도록 육체적·정신적 방어력을 갖춘 심신을 기르는 것'이라고 설명해 주었다.

이렇게 만나게 된 수련은 설명되지 않는 많은 요소가 있었지만, 나를 끌어당기기에 충분한 매력적인 요소도 갖고 있었다. 수련 첫날, 실무자가 수련에 대해 뭐라 설명하는데, 다 알아들을 수는 없지만, 분명한 메시지는 있었다. 이걸 하면 몸이 건강해짐은 물론, 인간성도 괜찮은 인간이 된다는 그런 메시지였다. 그 설명을 듣고 수련하기 위해 반가부좌를 틀고 앉았는데, 그때 든 생각이 '이것 참 민주적이구나.' 라는 거였다. 이렇게 가부좌 틀고 앉아 진언眞言을 독송하면 육신과 정신의 병이 다 고쳐진다니…그러나 이건 당시의 이해였고 어느 단계에서는 틀고 앉아 수련하는 단계를 넘어서야 한다. 순간순간의 언행, 사고 일체가 수련이 되어야 한다, 그리고 이 실기에는 성별, 빈부, 학력의 차이가 없고 오로지 자기와의 싸움에 누가 더 진력했는가가 수련 수준의 척도가 되니, 이만큼 투명하며 민주적인 방편이 또 어디 있단 말인가? 평소 원칙론자라는 소리를 들어 온 나는 원칙론적인 면에서 수련의 한 단면을 꿴 것인데, 차별 없는 세상을 바라는 마음을 간직하고 있는 내게는 수련이 그렇게 매력적인 것으로 다가왔다.

수련을 시작한 때는 여성학 박사과정에 입학한 1992년 봄학기 때였다. 신참자는 3일 동안 수련원에 매일 나가 세 시간을 수련해야 했다. 낮에는 학교 생활을 하고 밤에야 시간이 나는데, 집에서 기다리는 여섯 살짜리 딸을 두고 연속해서 3일의 시간을 낸다는 것이 쉬운 일은 아니었다. 그러나 건강해진다는 말에 어렵게 3일의 시간을 만들었다. 그런데 신기한 게 그 3일 동안 늘 무겁기만 했던 가방이 단박에 그 무게를 거의 느낄 수 없을 만큼 가볍게 느껴졌다는 것이다. 애가 있고부터는 죽어도 8시간 이상은 자야만 했고 새벽에 일어나 뭘 한다는 게 불가능했던 내가 미혼 때처럼 새벽에 눈을 뜨는 거였다. 다른 때 같으면 며칠을 그렇게 잠을 적게 자면 단박에 심한 구강염이 생겨 몸 전체가 휘청거렸어야 하는데 신기하게도 구강염이 나타나지 않았다. 이런 체험은 3일간의 수련이 내 몸에 무언가 근본적인 변화를 일으켜 놓았음을 말해 주는 것 같았다.

의무 기간인 3일이 지나고부터는 수련을 열심히 할 수 없었다. 아직 수련이 몸에 붙지 않아 집에서는 맘 편히 가부좌를 틀고 앉아 있지 못했다. '애 재우고 수련해야지.'라는 마음만 있지, 밤에는 애와 함께 잠에 곯아떨어졌고 새벽에는 그날 수업 준비를 하기에 바빴다. 다행히 당시 막바지 논문 준비로 새벽까지 컴퓨터 앞에 앉아 있던 남편은 새벽마다 나를 깨우고는 잠자리에 들었다. 이렇게 해서 그나마 주 1, 2회라도 가부좌를 틀고 앉아 있을 수 있었다. 그런 덕분인지 둘째아이를 낳고 몇 년 동안 구강염을 앓지 않았고 안구통도 사라졌다. 이 수련은 일반인 대상 수련 지도를 중단하게 되는 2003년경까지 지속했다. 지옥훈련 같은 2박 3일 수련을 다녀오고 나면 한 학기를 버틸 수 있었다. 맘만 먹으면 일천배는 어렵지 않게 할 수 있게 되었다. 두 아이도 가부좌를 틀고 진언을 독송하게 하면서 키웠다. 지금은 제 주견이 서서 절도 하지 않고 가부좌도 틀지 않지만, 어릴 적 경험은 아이들 가슴속 깊숙한 어딘가에 자리 잡고 있을 거라고 생각한다.

사회주의의 몰락과 동양철학과의 만남 : 생명여성주의자로 들어서기

나를 불교로 인도한 세 번째 인연은 사회주의의 몰락이라고 할 수 있다. 89년 폴란드를 시작으로 91년 소련에 이르기까지 사회주의 체제의 붕괴는 지속되었다. 사회주의 사상에 뭔가 문제가 있음이 분명했다. "자본주의에서는 폭풍이 쳐도 선주의 요구나 한 푼이라도 더 벌고픈 어부 당사자의 욕구에 따라 물고기를 잡으러 가지만, 사회주의에서는 열심히 일하거나 하지 않거나 간에 균등 배분이기 때문에 남보다 더 열심히 일할 필요가 없어 폭풍이 치면 배를 타지 않는다."는 글을 읽으면서 사회주의와 욕망의 문제에 비로소 생각이 미치게 되었다.

93년에 개봉된 영화 「패왕별희」에서 자기 부인을 인민재판하게 하는 광기어린 무산자 독재의 중국 사회주의의 현실을 보면서, 현실 사회주의에 대한 마지막 몽상이 깨졌다. 70, 80년대의 운동권 대학생들은 혁명을 갈구하고, 전력투구로 거기에 뛰어들든 뛰어들지 못하든 혁명이 대세라고 믿었다. 운동권 언저리에서 이 믿음을 공유했던 나는 이 믿음이 와해되면서 세계관의 부재 상태에 빠지게 되었다. 나는 지식인 근성이 강한 편이다. 요컨대, 세계관이 정리되지 않으면 이것도 저것도 할 수 없는 부류의 사람이다. 그래서 철학과의 동양철학을 넘보고 그쪽 수업을 들으면서 불교와 접하게 되었다. 수련을 하면서 그 이론인 동양철학에 대한 호기심에 불이 붙었던 까닭도 있다.

사회주의 인간형이 부재한 속에서 사회주의는 실현될 수 없다는 나름의 결론은 노자와 불교를 만나면서 구조분석에서 도외시되는 존재의 문제에 천착하게 했다. 그 무렵 창간된 『녹색평론』에 소개된 에코페미니즘 관련 글을 읽으며 불교와 노자가 말하는 것과 같은 말을 한다고 느꼈다. 그렇다면 이제 막 시작된 서구 에코페미니즘이 아닌 불교와 노자나, 전근대의 생태

문화 전통에 토대를 두는 에코페미니즘을 해 나갈 수 있다는 생각이 들었다. 불교와 노자, 전통 문화의 공통점은 '만물이 생명임에 대한 자각' 혹은 '만물의 생명성에 대한 인정과 수용'으로 요약되어 다가왔다. 그래서 나는 박사논문 이후로, 생태여성주의가 아닌 생명여성주의라는 기표를 갖고 이제껏 작업을 해 오고 있다.

분노를 내려놓기 위해

박사논문을 쓸 때는 불교는 내게 종교라기보다는 철학이었다. 지금은 둘 다이다. 당시는 불자가 되리라는 생각은 하지 않았다. 연구자는 불교를 종교로보다는 철학으로 접근하는 자세를 지니는 것이 옳다고 생각했기 때문이다. 2007년 6월 초여름, 병원 다니는 게 너무 지겹고 한심스럽게 느껴지던 어느 날, 병원을 다녀오는 길에 내 발걸음은 원불교 강남교당으로 향했다. 갱년기에 분노가 겹쳐 몸은 한심스러울 만큼 망가졌다. 나는 문제가 단순히 갱년기에만 있는 것이 아니라 분노에 있다는 것을 잘 알았다. 이겨 보려고 일천배를 했지만, 분노를 안고 하는 일천배는 천 배의 독약과 같은 것일 뿐이었다. '이를 어찌 할꼬.'라는 마음, 스스로 다스려지지 않는 극한 고통이 나로 하여금 종교를 찾게 했다. 교무님과 면담을 하고 그 주 일요일에 법회를 보면서 마음에 평화가 찾아왔다. 그곳에 모인 사람들의 평화로운 기氣에 얹혀서 내 마음이 평화로워진 것이다. '이런 곳이 성소聖所구나.' 라는 생각이 들었다.

분노했을 때, 나는 내가 깡그리 무시되었다는 생각에 치를 떨었던 것 같다. 법회에 나가며 나에 대한 학대는 멈추어졌고 나를 무시했다고 느껴지는 사람에 대한 분노도 거두어졌다. 그러나 아직 문제의 본말을 온전히 꿰지는 못했다. 얼마 전에야 '밖으로 공公을 두대하고 안으로 사私를 도모하는 이는 일체 말이 다 거짓말이 되고 일체 행이 다 거짓 행이 되나니라."라는 정산종사鼎山宗師, 宋奎, 1900~1962의 법어를 읽으며 '아, 이것이었구나.'를 알아차렸다. 늘 사회 정의의 편에 서 있다고 자만하던 나였다. 하지만 형사들과 대치하면서 데모를 하던 때 이후로는, 다른 사회 부정의에 대해서는 내가 연관된 부정의에 분노하는 그만큼 분노한 적이 없었다. 진짜 온몸으로 치를 떨어야 할 공적인 부정의에 대해서는 '또 저렇군!' 하며 시니컬한 반응을 보이는 게 전부였다. 나 자신의 이해가 걸린 일에 분노하는 만큼, 공적인 사안에 그만큼 분노해 본 적이 별로 없는 나는 공적인 사람이 아니었다. 그것이 내 꼴이었다.

이 꼴의 수준에서, 아무리 발표했던 글을 다듬는 수준에서라지만, '불교와 여성'에 대한 책을 내는 것이 업이 되는 건 아닌지, 걱정이 된다. 그럼에도 불구하고 왜 책을 내고 싶어하는 걸까? 아직은 한국 여성학의 범주에 들어왔다고 생각되지 않는 '불교와 여성' 영역, '불교 여성학'이라는 영역이 있다는 것을 말하고 싶은 것이다. 이 책에 실린 글들 대부분 맡겨진 주 연구를 하는 사이 사이, 여성계 안팎에서 발표한 글들이다. 내가 그랬듯이 많은 다른 여성들도 불교에 의지하면서 자신을 다스리면서 살아가고 있다. 세상에는 여성학의 이런 저런 가르침을 금과옥조로 해서 살아가는 여성들보다는 아마도 종교에 의지하면서 살아가는 여성들이 훨씬 많을 것이다. 그 의지의 성격은 하나로 규정하기 힘든 다양한 색깔과 특성을 가질 것이다. 건강하지 못한 의지력을 보상받으려는 경우도 있지만, 그녀들에게 힘을 주는 empowerment 신앙생활도 많을 것이다.

내가 다니는 원불교 교당에서는 1년에 몇 차례 오백배를 하고 연말에는 일천배를 남녀 신도들이 함께 한다. 아마도 이런 식으로 수행하는 절이 꽤 되리라 짐작된다. 그 지극한 열기는 어느 여성운동 그룹에서도 쉽게 찾아볼 수 없다. 이런 열기로 여성들의 삶에 깊숙이 들어와 있는 원불교나 불교가 여성학에서 마냥 도외시되는 것은 문제가 있다는 것이 나의 문제의식이다. 이는 학문의 자주성과 연관되는 문제이기도 하다. 불교 여성학을 개척해 가는 후배들이 계속 나오고, 여성학의 외연과 내연이 충분히 넓어졌으면 하는 것이 나의 간절한 바람이다. 하지만 기존의 여성학을 지켜 내는 것만도 벅차게 여성학에 대한 반발이 진행되고 있는 현 상황에서, 이러한 작업은 아마 앞으로도 상당 기간 지연될 수밖에 없을 것이다.

그리고 이 책에서 불교는 불교와 원불교, 그리고 부분적으로 노자나 장자의 논의를 포함하는 포괄적 의미로 쓰인다. 불佛이란 말이 깨달음을 의미하고 이런 면에서 기성 불교에만 깨달음이 있다고 고집하지 않는 한, 불교라는 말을 좁게 쓸 필요는 없을 것이다. 불교와 원불교는 인연법, 인과보응의 교리 등 철학, 세계관에서는 차이가 없다. 원불교 창시자 소태산 박중빈 대종사님은 대각을 하신 후 당신이 스스로 부처님에게 연원을 정하였다. 그 뒤를 이은 송규宋奎 정산종사는 부처님은 조부님과 같고 대종사는 아버님과 같다고 말하고 있다. 다만 원불교가 불교를 생활불교, 대중불교, 서민불교로 혁신함으로써 부분적인 교리와 제도에서 차이를 보일 뿐이다. 따라서 원불교에서는 불제자의 계통에서 재가, 출가의 구별이 없다.

2011년 元旦
김정희

차례

1장

여성을 제2의 성으로 강제하는 사회 세력들에 대한 저항과, 여성 자신의 노예성에 대한 비판과 성찰의 정신은 다양한 여성주의들feminisms을 포괄하는 큰 하나의 우산으로서의 '여성주의Feminism' 라 할 수 있다. 한국에서는 주로 미국 여성주의의 영향을 받아 1980년대에는 여성주의Feminism 범주 안에서 자유주의 여성주의liberal feminism, 마르크스주의 여성주의marxist feminism, 사회주의 여성주의socialist feminism, 급진적 여성주의radical feminism가 이론적·실천적 각축을 벌였다. 1990년대 이후는 유럽에서 1960년대부터 발전해 온 탈근대 여성주의와 이것의 미국적 변용 이론들이 여성주의의 주류를 차지하고 있다.

한편 1970년대 이후 생태계 파괴로 인한 지구의 지속 가능성의 위기가 심각한 문제로 인식되면서 생태주의가 대두되었다. 이 흐름 속에서 생태적 문제와 여성문제에 대한 인식을 통합적으로 사유하는 생태여성주의가 부상하였다. 한국에서는 90년대 중반 북경 여성대회와 생태여성주의 관련 서적이 번역되면서 서구 생태여성주의가 소개되었다. 한국의 문화적·역사적 맥락의 다름으로 인해 서구 생태여성주의는 한국의 여성 생명운동가들에 의해 친근하게 받아들여지고 있지는 않다. 이 장에서는 우리의 다름을 제대로 말하기 위해 서구 생태여성주의 자체에 대한 이해를 선결하고자 한다.

1. 생태여성주의 영성

1. 영성과 마음을 아울러 보기

마르크스주의에서 벗어나 학문의 길로 들어선 나에게 세계관의 정립은 피할 수 없는 숙제로 다가왔다. 그 시기를 전후하여 『녹색평론』이 창간되는 등, 생태주의 담론이 서서히 대중적으로 소개되는 사회 분위기와 수련의 경험은 내 학문의 길에 결정적 영향을 미쳤다. 생태여성주의 관련 글들을 찾아 읽으면서, 다른 한편으로는 이화여자대학교 철학과 이규성 교수님의 불교·노자·장자 강좌를 청강하거나 정식 과목으로 수강하면서 이 둘이 하는 이야기가 많이 비슷하다는 것을 느꼈다. 그러나 각각의 핵심 개념인 영성과 마음이 다른 것이 아니라는 것을 바로 알아차리지는 못했다. 마음공부는 재미있게 다가왔지만, 영성spirituality은 잡힐 듯하면서 잡히지 않았다.

영성을 이해하지 않고는 한발도 앞으로 나아갈 수 없었다. 생태계 파괴를 위시한 오늘날의 부정적 양태들을 극복할 21세기 신사회는 영성을 자각한 인간을 전제한다는 것이 국내외 생태주의자들의 공통된 인식이 되고 있었기 때문이다. 영적 자각, 영성, 불성의 회복, 인간의 진화, 개벽, 지혜의 깨달음 등으로 표현되는 인간 변혁은 세기말적 문명을 넘어서서 신문명을 창조하기 위한 핵으로 이해되고 있다. 이같이 영성 또는 영성을 자각한 인간이 신사회 존립의 기반으로 제시되고 있다는 것은 생태주의자들이 생태계 파괴를 자본주의의 구조적 문제로뿐만 아니라 인간의 존재성의 문제로 파악하기에 이르렀음을 말해 주는 것이다. 이러한 생태주의/생태여성주의의 문제의식에서 보면, 영성을 제대로 이해하고 영성을 자각한 존재로 살아가는 것은 생태주의자/생태여성주의자의 첫걸음이 된다.

그런데 이 영성의 개념이 이해되지 않았다. 내재성, 내적 연관성, 우주와 합일하는 흐르는 춤 등의 은유적 언어로 표현되고 있는 영성은 책을 읽고 그 지식을 이해하는 방식으로는 도저히 이해되지 않았다. 당시 다라니 독송과 정신을 신체의 한 부위에 집중하는 것만으로도 전신의 기가 돌게 되는 수련을 하고 있었기에, 머리로 아는 것이 아니라 몸·마음으로 바로 아는 것이 무엇임을 몸으로 경험하고 있었다. 그럼에도 불구하고 문화적 맥락이 다른 사회에서 영성이라 불리는 그것이, 바로 그렇게 -몸으로- 알아야 하는 그것임을 알아차리지 못했다. 사실 우리 말의 문맥에서는 낯선 영성이라는 용어 자체가 함정이었다. '이게 뭐지, 이게 뭐지…' 하며 몇 달을 끙끙 앓다가 어느 순간 '아, 그게 우리 문화에서는 마음이지!' 라는 것이 퍼뜩 알아차려졌다. 그 순간, 박사논문은 내적으로는 완성된 거나 진배없었다.

마음을 은유적으로 기술하고 있는 수준의 생태주의와는 달리, 불교에서 마음에 대한 기술은 수천 년 동안 쌓아 온 체계성을 갖추고 있다. 마음을 아는 것, 즉 깨달음과 이 깨달음을 체계적으로 설명할 뿐만 아니라 깨달음에 이르게 하는 질서 있는 훈련 모두가 동양에서는 수천 년의 세월 동안 이어져 왔다. 물론 이 가르침과 훈련의 단맛을 대중들이 체계적으로 접할 수 있게 된 건 최근의 일이기는 하지만 영성이 마음과 다르지 않다는 것을 안 순간, 불교 세계관에 기반을 둔 여성학은 이 마음의 문제에서 출발하지 않을 수 없다는 것이 또렷해졌다.

한편 생태여성주의에서 영성은 급진생태여성주의와 사회생태여성주의 간에 서로 다르게 이해되고 있다. 한국의 여성운동 현실에서 이러한 분리된 두 영성 개념은 찾아보기 힘들다. 이를 좀 더 자세히 살펴보자.

2. 생태여성주의 출현 배경

생태여성주의에서 영성을 이해하기 위해서는 먼저 서구에서 생태주의와 생태여성주의가 나오게 된 배경을 이해할 필요가 있다. 서구에서 생태주의는 70년대에 태동하였고 거기에는 몇 가지 배경이 있다. 첫째로 서구에서 70년대에 이르면, 산성비로 인한 생태계 파괴, 탄산가스 증가에 따른 기후 온난화, 대기오염으로 인한 오존층의 파괴, 화학 물질 과용으로 인한 부작용들, 사막화, 열대우림의 감소, 물의 오염, 핵 문제 등등의 환경문제의 심각함이 드러나면서, 지구 멸망의 위기감이 대두된 것이다러브럭, 1993: 243. 이러한 위기감은 운동과 연구의 두 측면에서 생태여성주의가 출현하게 되는 배경이다. 생태주의 연구 동향과 무관하게 녹색 소비자 운동, 반핵 운동, 군비 경쟁과 자원·인간·환경에 대한 착취를 중지할 것을 요구하는 운동이 자생적으로 일어났다. 녹색 정치에 참여한 이들 남녀는 그 활동을 하면서 생태주의를 발견하게 된다이진아, 1996 ; Spretnak, 1990: 12.

생태여성주의 출현의 두 번째 배경은 자본주의에 대한 마르크스주의 혹은 사회주의의 문제 인식을 넘어서는 산업 문명에 대한 비판적 문제의식의 형성이다. 이는 생태여성주의와 생태주의가 인식을 함께 하는 부분이다. 사회생태여성주의social ecofeminism는 사회주의가 생태계 위기의 근원인 이원론적 세계관에 기초하고 있다고 비판하는 사회생태주의의 이론적 기초 위에 자신들의 이론을 정립하고자 한다. 사회생태주의는 60년대 이후 형성되고 있는 생태학적 사고의 흐름으로, 그 사고의 뿌리는 심층생태주의deep ecology와 마찬가지로 원주민 토착문화, 푸리에Fourier 등의 공상적 사회주의, 무정부주의와 현실 사회주의·자본주의 모두에 대한 비판에 있다비에링가(b), 1995: 270, 257. 머천트Merchant는 여성과 자연에 대한 지배는 자본주의적 가부장제에서 여성과 자연이 자원으로 이용되는 시장 경제에 내재해 있으며, 이의 극복은 사회주의 혁명을 통해서 가능하다고 본다Merchant, 1990: 100. 미스Mies와 시바Shiva 역시도 그들이 그리는 지역 경제 중심의 생태주의 사회 구조도 가부장적인 자본주의 사회의 극복을 통해서만 가능하다고 본다Shiva, 1988; Mies and Shiva, 1993.

급진생태여성주의radical ecofeminism 이론은 급진여성주의radical feminism가 70년대 마르크스주의 이론과 생태계 위기를 인간 중심주의에 원인이 있다고 보는 사회생태주의를 비판적으로 검토하면서 형성되기 시작한다. 일부 여성 연구자들은 문화사를 연구하면서, 서구 철학·문화·종교가 자연과 소외된 양상을 보이는 것은 인간 중심주의 때문이고 인간 중심주의는 곧 남성 중심주의라고 문제를 파악하게 된다. 즉 자연의 정복과 지배는 인간의 자연에 대한 공포와 분노에 기초하며, 그 공포와 분노는 동시에 자연과 동일시되는 여성의 능력에 대한 공포와 분노라는 것이다. 또한 그 소외는 사회생태주의가 말하는, 고대 그리스 인문주의와 유대-기독교의 출현에서 시작하는 것이 아니라, 이미 기원전 4,500년경에 여신 종교가 전능한 하늘의 남신으로 대치되면서 시작되었다는 것이다. 1970년대 중반, 당시의 역사적·고고학적 자료들을 통해 급진여성주의는 자연에 기초한 종교, 즉 여신 종교, 여신의 영성과 만나게 되고 여기서 급진생태여성주의로의 발전이 이루어진다Spretnak, 1990: 5-12.

생태여성주의 출현의 세 번째 배경은 생태주의의 남성 중심성이다. 생태여성주의자들은 남성생태주의 이론에서 남성 중심성을 발견하게 되고 이는 생태여성주의가 자신의 정체성을 확고히 하는 계기가 된다. 예를 들면 심층생태주의자인 드볼Devall과 세션Session은 사냥에서의 격동, 배 타기, 일광욕, 자전거 타기 등이 자아의 '성숙'을 고무할 수 있는 적절한 행위로 본다. 여기서 '동일시의 확대'는 구체적인 세계를 초월하여 보다 항구적이고 추상적인 어떤 것을 선호하는 남성적 충동을 반영한다. 그런데 문제는 이러한 보다 넓은 '전체'로의 추상적 동일시는, 동물을 죽이는 것과 같이, 살아 있는 존재의 생활을 인정하지 않거나 존중하지 않는 행위와 더불어 나타난다는 점이다. 생태여성주의는 이러한 행위는 개체의 유일무이성과 중요성을 없애 버리는 전체주의이며, 여기서 주장되는 일체감oneness은 연결감을 확고히 하기 위해 타자를 도구화하는 심리학적 도구주의라고 비판한다Kheel, 1990: 135-137. 생태주의의 고전인 『작은 것이 아름답다』를 쓴 슈마허Schumacher도 여성 문제에 관한 한 성 차별주의자이다. 그는 기혼 여성은 집 밖에서 일하지 않는 경제 구조를 그가 '불교경제학'으로 표현하고 있는 생태경제학의 원칙 중의 하나로 삼는다Schumacher, 1992: 63-64. 보다 심각한 문제는 남성생태주의의 남성 중심적 편견에 대한 이 같은 여성생태주의자들의 비판에 대해 남성생태주의자들은 무지하거나 그 비판을 무시한다는 점이다Slicer, 1994:36.

생태여성주의 대두의 네 번째 배경은 영적인 갈증이다. 카자Kaza는 미국의 여성운동에 불교가 도입되는 배경의 하나로 60, 70년대에 시민운동과 반전운동에 참여하면서 고통받은 사람들이 영적 토대에 관심을 갖고 탐구하게 된 것을 지적한다. 이러한 영적인 상처를 치유하고자 하는 관심과 노력이 불교나 여신 종교론의 수용과 발전으로 나타났다고 본다. 예를 들면 여신 종교론자인 크리스트Christ는 "나는 다른 많은 영적 여성주의자들, 생태여성주의자들, 생태주의자들, 반핵 활동가들 등등과 더불어, 지구 파괴를 위협하는 위기는 사회적·정치적·경제적·기술적일 뿐만 아니라 근본적으로 영적이라는 확신을 공유하고 있다."고 말한다Christ, 1989: 314.

이상에서는 여성주의의 새로운 이론적·실천적 경향으로 생태여성주의가 출현하게 된 배경을 보았는데 여기서 생태여성주의의 문제 인식은 양성 관계 문제를 포월包越해서 전 지구적으로 확대되고 있음을 알 수 있다. 예를 들면 미스와 시바는 이 지구에서 우리의 삶을 보존하려면, 지식의 개념, 빈곤과 발전, 모든 삶의 형태의 산업화, 문화적 동일성과 뿌리에 대해 탐구해야 하며, 제한된 지구 안에서의 자유와 자기 결정에 대한 탐구와 같은 문제들에 직면해야만 한다고 말하고 있다Mies and Shiva, 1993: 20. 여성 문제와 환경 문제, 소비자 문제, 교육 문제, 전쟁 문제, 핵 문제 등 다양한 문제들이 '생존'이라는 화두를 매개로 유기적 연관 속에서 이해됨으로써, 여성주의의 문제는 양성 간의 권력관계의 문제라는 차원을 포함하면서 동시에 넘어서서 인식된다. 요컨대 녹색 소비자 운동, 반핵 운동, 군비 경쟁 및 자연·인간에 대한 착취 중지 요구 같은 다양하고 탈 집중적이며 남자도 함께 하는 운동이 생태여성주의 운동이며 이런 운동의 지도 원리가 생태여성주의이다비에링가(b), 1995: 265. 이러한 인식에서 생태여성주의는 성 감수성gender sensitivity이 살아 있는 다양한 대안 운동들을 포괄하는 융합적 지평으로 제시되고 있다.

생태여성주의가 이같이 문제 영역과 실천을 '지구에 위기를 야기하는 문제들'이라는 전 지구적 차원으로 확산할 수 있었던 것은 여성이 지배당하는 것과 자연이 지배당하는 것 사이의 연관성을 파악하기에 이르렀기 때문이다. 즉 생태여성주의는 여성에 대한 지배와 자연에 대한 지배는 주체와 객체·문화와 자연·남성과 여성을 배타적인 것으로 분리시키며, 전자를 후자보다 우월한 것으로 가정하는 이원론적·인간 중심적인 근대 사상은 바로 가부장적 인식론의 틀이기도 하다는 것을 인식하게 되었다. 따라서 여성주의 이론과 실천은 생태주의적 관점을 요구하며, 생태주의는 여성주의 관점을 통합해야만 생태학적 문제와 여성 문제를 해결할 수 있다는 결론을 내리게 된다.

3. 생태여성주의의 영성

생태여성주의에서 영성에 대한 논의는 남성과는 다른 여성의 영성이 존재하는지, 존재한다면 그 근거는 무엇이며, 그것이 현실에 대해 지니는 함의는 무엇인지 등의 문제를 둘러싸고 진행된다. 본래 기독교 전통에서 영성은 이원론적 뿌리를 갖는 말이다. 기독교의 영성 이해에서 인간은 신의 창조물 중 그 정점을 차지하여 신성시되고 자연은 신성하지 않은 것으로 간주된다. 신의 영성은 인간에게만 부여된 특권으로 이해된다정화열, 1996:16. 그리고 이러한 위계적 이원론의 구도에서 몸·성·자연·여성은 정신·지성·문명·남성과 대비되면서 열등한 존재로 규정된다. 그러나 최근의 생태여성주의자들은 영성을 이 같은 이원론적인 어법에서 벗어나서 쓰고 있다. 여성주의가 하나가 아니듯이 생태여성주의도 다양한 형태가 존재한다. 여기서는 영성이라는 주제를 중심으로 생태여성주의의 두 흐름인 급진생태여성주의와 사회생태여성주의에서의 영성에 대한 논의를 양자의 차이점에 주목하면서 소개해 보고자 한다.

급진생태여성주의에서 영성은 존재 변화를 함축하는 개념이다. 영성을 자각한다는 것은 합리와 불합리, 초합리로 이루어지는 현실에 대한 이해와 그 이해를 행위로 통합시켜 가는 것, 다차원으로 구성되는 현실의 전 차원들에 개방적이 되는 것, 구획화된 지각 방식과 행위를 벗어나는 것을 의미한다.J. Davis and J. Weaver, 1982: 368-370; Spretnak, 1989: 128-129.

스타호크Starhawk는 생태여성주의는 영적 운동이라고 말한다. 이는 특별한 의례를 행하거나 그 어떤 특별한 믿음 체계를 선택해야 한다는 것이 아니라 문화의 가치 전환을 시도해야 함을 의미한다. 즉 대지에 기반을 둔 영성은 교조화된 성전聖典이나 믿음 체계가 아니라 개인적인 영감과 자율성을 중시한다는 것이다.Starhawk, 1989: 174-175.

문화의 가치 전환을 보여 주는 영성의 두 핵심 개념은 내재성immanence과 내적 연관성interconnection이다. 내재성은 여신, 가이아, 영성 등으로 불리는 광대한 생명력동양에서는 태극, 무극, 도, 일원으로 표현되는 것이 인간은 물론 동식물과 무생물 그리고 이들의 상호관계에 이르기까지 체현되어 있다는 것이다. 내재성에 대한 자각은 만물을 평등하게 보고 다양성을 중시하게 하며 우리를 치유해 준다Ighlehart, 1982: 294-295, 300; Spretnak, 1989: 128-129; Starhawk, 1989: 174, 177-178. 내적 연관성은 살아 있는 몸체인 지구의 모든 부분들이 연결되어 있다는 것이다. 이 내적 연관성으로 인해 인간은 자연 주기와 그 과정, 동식물들과 공감하고 동일시할 수 있다. 자비란 동일시할 수 있는 이 능력을 말한다Christ, 1989: 178. 스프레트낙Spretnak은 "모든 것은 하나이다. 모든 형태의 존재는 생기하고 사라지는 물질/에너지의 끊임없이 이어지는 하나의 춤으로 구성된다."고 말한다Spretnak, 1989: 127.

급진생태여성주의와 영성 이해

급진생태여성주의는 여성이 남성보다 영적으로 탁월함을 주장하는 경향이 있다. 여성은 특별한 명상 능력이 있다거나, 신경 생리학적으로 여성의 두뇌는 남자와 다르고 이로 인해 여성은 남성보다 탁월한 동감적인 이해·교통·조화의 성향을 지녔다는 주장들이 그 예이다Iglehart, 1982: 295; Spretnak, 1982: 561, 565. 이러한 여성의 영적 능력은 여성이 자기의 피와 살로 아이를 만들어 내며 그들의 유방으로 아이를 길러 내는 여성의 생명 생산과 인간 생산의 능력과 연결되어 있기 때문이라고 설명된다Spretnak, 1989: 128-130; Razak, 1990: 166-169. 남자도 이런 영성을, 분만을 공유하는 부부의 예에서처럼, 경험할 수 있다는 부연설명이 덧붙여지기도 한다Spretnak, 1989: 129-130. 그럼에도 불구하고 이러한 설명 방식은 출산과 수유와 같이 남성이 경험할 수 없는 모성 체험으로 여성의 영성을 설명하게 되기 때문에 사회생태여성주의로부터 본질주의, 생물학적 결정론이라는 맹비난을 받는다.

이 같은 여성의 영성 혹은 여성성에 대한 긍정적 이해는 급진생태여성주의자들로 하여금 이를 파괴되어 가고 있는 지구와 인류를 구원할 씨앗으로 보고, 가부장적인 주류 종교가 여성의 영성을 핵심으로 하는 여신 종교로 대치되는 것에서 희망을 찾게 한다Christ, 1989; Eisler, 1990; Spretnak, 1982. 가부장제 이전에 존재했으며 지금도 무속과 같이 명맥을 유지하고 있는 모계사회의 여신 종교를 현대 사회에서 복원시키고자 하는 전망이다. 아이슬러Eisler는 모계사회를 대안으로 보는 것은 그것을 이상사회나 유토피아로 보는 것이 아니라, 우리가 생태학적 의식이라고 칭하는 것을 지닌 이 사회에서 우리 자신과 우리의 대모신인 지구에 대한 우리의 책임을 다할 수 있는, 동료애 속에서 사는 것을 배우자는 것이라고 말한다Eisler, 1990: 34.

한편 크리스트Christ는 지구 파괴의 뿌리는 영적인 것이며, 따라서 이 위기로부터 탈출하기 위해서는 모든 존재가 생명의 망 속에서 연결되어 있음을 경외하는 고대의 전통적 견해를 회복하고 인간과 신성성神性性과 자연의 관계를 재고할 것이 요구된다고 말한다christ, 1989: 314. 종교는 죽음·죄·고통과 같은 인간의 한계 상황에 대응할 수 있게 하는 상징을 제공함으로써 깊은 심리적 필요를 달성하며, 정신은 진공 상태를 두려워하기 때문에 종교적 상징은 끊임없이 존재하게 된다. 중요한 의례와 연관된 상징은 정신 깊숙이 있는 무의식 구조에 반드시 영향을 미치므로 상징은 무시되어서는 안 되고 대체되어야 한다앞글: 72-73. 여기서 신성, 여신, 지구, 생명은 우리가 그 한 부분이 되는 전체를 상징한다앞글: 320-321. 여신 신앙은 '자연의 섭리', '도道'를 연상시킨다.

여신은 물物이 실재하는 방식을 상징한다. 모든 존재 형태는 생성, 성숙, 죽음의 주기적 리듬에서 끊임없이 다시 새롭게 되는 하나이다. 이것이 그녀의 3단계의 생애 주기─달이 차서 만월이 되고 이지러짐, 즉 소녀, 어머니, 지혜로운 노파─의 의미이다. 여신은 통합과 과정, 우주적인 춤, 영구히 떨면서 흐르는 물질/에너지의 흐름을 찬양한다. 그녀는 우주의 정적인 모델보다는 동적인 모델을 표현한다. 그녀는 우리의 삶과 세계에 내재해 있다. 그녀는 남성신과는 달리 그녀의 자궁 속에 암수를 다 포함한다. 모든 존재는 그녀의 부분이며 창조에서 멀리 있지 않다. 그녀는 여성의 체력·정신력을 상징한다. 여신 숭배의 "노선"party line 따위는 없다. 오히려 각자가 그녀의 Her 진리를 자각하고 살아가는 과정이 보다 더 거대한 춤의 운동이다. 그러므로 "여신은 모든 것이다."앞글, 1989: 128. 급진생태여성주의는 이 같은 영성의 자각을 위해서 생태주의적 가치의 상징인 여신 종교나 명상의 도움을 받아야 한다고 본다Christ, 1982; Spretnak, 1982.

사회생태여성주의와 영성 이해

한편 사회생태여성주의는 급진생태여성주의를 본질주의로 규정하면서 그 문제점에 대해 다음과 같이 비판한다.

첫째로 여성과 남성이 자연과 분리되고 연결됨에는 성 차이가 없다. 즉 여자도 스프레이, 냉장고, 에어컨, 햄버거, 종이 기저귀 등을 이용함으로써 남성과 똑같은 환경 파괴자가 된다는 것이다. 그러므로 음력 주기에 일치하는 월경과 같은, 여성이 공유하는 특성 때문에 가이아Gaia를 "안다"고 주장하는 것은 환경 파괴의 죄의식을 피하려는 것일 뿐이라고 본다Warren, 1987: 160. 둘째로 여성과 자연의 관계가 남자와 다른 여성의 영성을 일방적으로 강조하는 급진생태여성주의의 주장에 대해서 사회생태여성주의는 비판적인데, 그 비판 논의는 세 갈래로 갈린다.

첫 번째 부류는 자연과의 관계에서 여성의 다름 자체를 부정하면서 이것은 여성의 경험을 신비화하는 본질주의이며 그 연결로 인한 여성 억압의 중요한 측면, 여성에 대한 야만을 경시하는 것이라고 말한다Quinby, 1990: 126. 더 나아가 이러한 식의 생태여성주의는 일시적으로는 여성운동의 추진력으로 작용할 수 있지만, 장기적으로는 자기 패배적인 전략이 될 수 있다는 것이다Biel, 1991: 3; Merchant, 1990: 102; 브라이도티 외, 1995: 269-270. 여성과 자연을 동일시할 때 여성은 인식 주체도 사회적 의미의 창조자도 아니게 되고 따라서 이런 생태여성주의는 도덕적·정치적으로 수용하기 어렵다는 것이 이 부류의 단호한 비판이다Code, 1995: 27.

두 번째 부류는 여성이 남성보다 자연과 보다 더 각별한 관계, 따라서 여성이 보다 더 생태학적이고 전일적인 인식 능력을 가졌음을 인정하면서, 이 경험을 자연주의에 연루시키지 않고 특권화할 수 있으며 특권화해야 한다고 말한다. 즉 남성과 다른 여성의 이 영성은 임신·출산과 같은 생물학적 경험에 내재해 있는 감수성과 연관된 것이 아니라 여성이 이원론적 기독교 전통의 바탕 위에서 역사적·사회적으로 자연 또는 생물학적 경계에 놓여 있었고 그와 대립되는 이원론적 문화에서 배제되어 왔기 때문이라는 것이다. 여성은 역사적으로 이원론적 문화에 상당한 불편함을 느껴 왔고 따라서 여성의 역사적 경험과 실천은 변혁의 도정에서 더 우월하다는 것이다King, 1989: 19-23, 1990: 116; Plumwood, 1993: 35-37. 이들은 여성성에 대한 일방적 찬양을 비판하면서 인간 중심적인 자아 이해에 대한 대안은 자연과의 동일시가 아니라 인간과 자연 및 타자와의 분리를 인식하면서도 자연과 인간과의 관계, 여성과 남성과의 관계 및 이 범주들의 차이와 연속성을 분명하게 인식하는, 자아에 대한 관계론적 설명이라고 말한다Plumwood, 1991: 20, 1993: 63; Rae, 1994: 29-30. 존재에 대한 관계론적 이해 속에서 이들은 모든 존재는 영성이 깃들어 있는 내적 가치가 있는 존재임을 의미하는 내재성immanence, 삶의 내적 의존성inter-dependence과 연관성connectedness, 또는 이 둘을 합친 개념으로의 내적 연관성inter-connectedness을 삶의 영적 차원으로 인정한다. 여성은 이러한 영성에서 소외된 채 살아온 남성과 달리 무속의 여신 신앙 등을 통해 이 자질을 더 잘 보존해 왔다King, 1989: 20; Warren, 1993: 121, 2006. 그러나 급진생태여성주의의 대안이 순도 백 퍼센트의 영적 존재에 대한 요청이라면, 사회생태여성주의의 대안은 남성 문화에 참여하면서도 직관·영성·과학과 신비magic를 포용하는 이성적 지성인이다King, 1989:23. 요컨대 생태여성주의자는 협동성·양육성·비폭력성·감각성·우호성과 같은 전통적 여성성을 긍정적으로 재평가함과 동시에 경쟁성·개별성·도전성·리더십·지성 등과 같이 전통적으로 남성성으로 평가되어 온 자질들과 전통적 여성성이 조화되는 종합을 이루기 위해 노력해야 한다는 것이다Warren, 1996.

세 번째 부류는 여성의 다름을 인정하는 데서는 앞의 입장과 유사하지만 이를 영성으로 명명하는 것에는 부정적이며 구조 변혁을 더 선결적 문제로 인식한다. 마리아 미스와 반다나 시바가 대표적이다. 이들은 민중 여성의 영성은 민중 여성의 유물론이며 생계 관점subsistence perspective / survival perspective이라고 말한다. 시바는 영성이라는 말 대신 '여성적 원리'feminine principle라는 말을 사용하여 자연의 순환적 지속성과 탈중심적 다양성을 지칭한다. 그러나 이 '여성적 원리'는 단순히 생태계의 원리만은 아니다. 여성적 원리에서 "여성적인 것"the feminine은 독립 범주가 아니라 억압에서 파생되는 여러 가지 발현적 성향들의 집합이기도 하다. 이 새로운 전망으로의 생계 관점은 남반구의 민중과, 근대화 과정의 종국에 대해 환멸을 느끼는 북반구의 중간 계급과 사회 밑바닥 층에서만 발견될 수 있다Mies and Shiva, 1993: 19-20, 207; Shiva, 1988: 22, 44-45. 이 같은 맥락에서 미스와 시바는 영성은 역사적·문화적인 여성 체험으로 주어져 있다고 강조한다. 그러나 이들은 다른 맥락에서는 영성을, 실현되어야 하는 과제로 제시한다. 즉 생태주의 사회는 자연이 그 자체로 또는 살아 있는 모든 생물체의 생존 조건으로 존중되고, 정신/육체·도시/농촌과 같은 이분법적 노동 분업이 해체됨은 물론 상품 관계가 상호성·연대성·신뢰성·공유와 돌봄·개인에 대한 존중과 '전체'에 대한 책임감과 같은 원리로 대체된 안정적인 인간관계망 내에서만 실현 가능하다고 말한다Mies and Shiva,1993: 320. 이들은 계속해서 비교秘敎, 명상, 요가, 주술, 기타의 대안 건강술과 같은 동양의 파편화된 영성주의에 관심 있는 이들은 인도에서 이러한 파편들이 어떻게 사회경제적·정치적 맥락으로부터 분리되게 되었는가를 모른다고 비판한다. 이 파편들은 사치스러운 영성주의로, 이들로는 영혼spirit과 물질, 경제와 문화 간의 이분법을 극복할 수 없다앞글: 19.

서구 생태여성주의 영성 이해의 한계와 생명여성주의

이상에서 살펴본 바와 같이 사회생태여성주의의 급진생태여성주의에 대한 비판은 매우 분명하다. 그러나 현대 문명의 반反생태성의 원인을 인간과 자연의 초분리hyper-seperation에서 찾으며 그 대안으로 인간과 자연 종들 간의 종간 대화 윤리dialogical/communicative interspecies ethics나 상생mutual life-giving을 제시하는 2천년대의 플럼우드Plumwood, 2002; 2003와 같은 사회생태여성주의자에 이르러서는 급진생태여성주의와 사회생태여성주의의 절대적 분리는 사라지고 양자는 수렴되는 현상을 보인다.

한편 급진생태여성주의가 본질주의라는 사회생태여성주의의 비판에 대해, 급진생태여성주의는 그 이론 안에는 어떠한 본질도 없으며 구조주의야말로 사실보다 정교화된 형태의 본질주의로 작용하고 있다고 비판한다. 사실 급진생태주의는 영성을 임신·출산·수유·월경과 같은 여성만의 경험과 연결시키면서 동시에 남성도 분만에 참여하는 등의 방식으로 영성을 계발할 수 있다고 말하고 있기도 하다Spretnak, 1989: 129-130. 또한 여신 종교론도 가부장적인 기독교를 대체하는 문화운동의 성격이 짙기 때문에, 급진생태여성주의를 본질주의라고 단정해 버릴 수만은 없다. 급진생태여성주의의 어머니로 불리는 그리핀의 경우도, 여성/자연·남성/문화의 분리를 역사적인 것으로 설명하고 있다. 즉 근대 사회 성립 이후 남자들은 스스로 자연과 문화가 분리되었다는 환상을 갖게 되었고, 여기서 자연은 죽은 물질로 표상되며 자연으로 상징되는 여성도 멸시의 대상으로 변화되었다고 말한다1989: 11-15. 이는 사회생태여성주의자들의 역사적 설명과 다르지 않다.

이같이 급진생태여성주의가 여성의 생물학적 모성 역할에 치우쳐 영성을 이해하고 있는 것은 분명한 문제점이나 본질주의, 생물학적 결정론이라는 비판은 과잉 비판되고 있는 면이 있다. 그리고 이러한 비판 속에서 급진 생태여성주의의 문명 비판론으로서의 의의가 상대적으로 과소평가되는 면도 있다.

필자가 보기에 급진생태여성주의와 사회생태여성주의의 경계는 절대적인 것도 아니고, 서로가 상대에 대해 지적하는 약점만을 갖고 있는 것이 아니라 각각의 장점도 갖고 있다. 문순홍의 생태학적 적소 개념은 바로 이러한 인식의 표현이다문순홍, 1995.

나는 한국의 생태여성주의는 이러한 생태학적 적소適所 개념도 훌쩍 뛰어넘어 급진생태여성주의나 사회생태여성주의 같은 분열된 개념이 불필요한, 혼융된 생명여성주의로 이해해야 함을 논의한 바 있다김정희, 2005:66-74. 즉 한국의 경우 서구 생태주의 이론이 소개되기는 했지만, 소수 연구자들의 연구 차원에서의 관심을 제외하고는, 살림 운동가들은 이러한 논의에 별로 관심을 갖지 않고 그 담론에 낯설어한다*이영숙, 2007. 그러면서 한국의 여성 생명 운동은 양쪽에서 긍정적으로 받아들일 만한 의제는 통합적으로 수용한다. 한국의 생명여성주의자들이 자신에게 하나로 혼융된 어떤 생태주의 혹은 생명여성주의를 이루어 내는 과정은 획일적이지 않다. 한국의 생명여성주의자들은 동양의 유불선, 서구의 녹색당에 대한 연구나 서구 생태주의 이론 등을 넘나들면서 자신의 생명여성주의를 만들어 내고 있다. 이와 같이

---

* 필자는 서구의 급진생태여성주의radical feminism와 사회생태여성주의socialist ecofeminism 의 구분이 한국 생태여성주의에는 적용되지 않음을 지적하였다. 한국의 여성 생명 활동가들은 서구의 생태주의 담론, 신과학, 독일의 녹색당에 대한 연구, 한국의 생명 담론과 동학 사상을 위시한 조선 말의 생명 담론, 불교와 기독교까지 참고하여 자신의 생명 감수성으로 체화되는 여성주의를 만들어 내고 있으며, 필자는 이를 '생명여성주의'라고 칭한다(김정희, 2005: 66-71). 여기서 생명 감수성은 '마음'을 사회과학적으로 접근할 때의 개념이다.

현장의 생명여성주의자들이 다양한 생태적 자양분을 복합적으로 절충하고 소화해 내어 만들어 가고 있는 각자의 생명여성주의의 총합이 한국의 생명여성주의이다. 다른 한편, 서구의 두 생태여성주의의 영성 논의는 체계적인 논의 수준에 이르지는 못하고 있다. 다음 장의 불교의 마음론 고찰은 서구 생태여성주의의 영성 논의의 비체계성에 대비되는, 동양의 체계적인 마음론을 다루어 보고자 한다.

2장

생태주의와 생태여성주의 이론과 실천에서 가장 기본적인 개념인 영성은 동양 문화권에서는 마음으로 일컬어진다. 여기에서는 바로 이 영성의 문제를 마음의 문제로 이해하여 불교에서의 마음과, 여기서 자연스럽게 도출되는 인간형인 무아를 이해해 보고자 한다. 불교의 마음 이해와 관련해서는 불교의 경전들과 선사禪師들의 경전에 대한 주석서나 저서들이 이미 많이 있다. 그런데도 중생심이 여전히 그득한 내가 불교에서의 마음을 논한다는 것이 하룻강아지 범 무서운 줄 모르는 격 같아 송구스러운 마음이 든다. 그럼에도 불구하고 마음과 여성 문제, 마음과 생태 위기를 연결시키는 연구를 진행하기 위해서 연구자로서 마음 이해 문제의 정리는 피할 수 없는 과제이다. '3장 불교와 여성'의 논의를 이끌어 가는 데 요구되는 수준에서 불교에서의 마음 문제를 정리해 보고자 한다.

2. 불교에서의 마음

1. 우리는 왜 '마음'을 찾기 시작했을까?

영성은 동양 문화의 맥락에서는 마음으로 일컬어져 온 것이다. 마음은 동양의 유불선 모두에서 공통된 주제이다. 특히 불교는 마음의 철학이라는 말이 틀리지 않다. 통계청 통계에 따르면 2005년 현재, 불교 신자는 1,072만 6,463명22.8%이고 원불교인은 12만 9,907명0.2%이다. 적지 않은, 약 1/4의 국민들이 불자 / 원불교인으로 살아가고 있다고 할 때, 불교에서의 마음 이해를 도외시하고 한국인, 한국 여성의 영성을 말할 수 없다. 그런데 불교에서의 마음이해에 들어가기에 앞서 왜 생태주의자들이 마음·영성의 회복을 수반하지 않는 한, 의미 있는 변화는 일어나기 어렵다고 말하는가를 먼저 생각해 볼 필요가 있다. 앞에서 미국의 여성운동에 불교가 도입된 배경의 하나로 60, 70년대에 시민운동과 반전운동에 참여하면서 고통받은 사람들이 영적 토대에 관심을 갖고 탐구하게 된 것을 지적하였다. 그러나 정신을 수양하고 본연의 마음을 찾고자 하는 이 동기가 활동가들의 고통에서만 비롯된다고 이해하면 안 된다. 거기에는 보다 광범위하게 근대의 물질 위주의 발전이 가져온 폐해에 대한 성찰이 있다고 보인다.

즉 동서 모두에서 마음을 찾게 된 것은 물질 위주의 발전만으로 인류가 행복해지기는 불가능함은 물론, 지구와 인류의 지속 가능성조차 보장받기 힘들다는 것이 점점 더 분명해지고 있기 때문이다. 약 300만 년 전에 지구상에 출현했다는 인류는 농사를 짓기 시작한 신석기 1만 년 전까지, 대부분을 채집과 수렵을 하며 살았고 농사를 짓기 시작한 후부터는 또 1만 년의 기간 대부분을 농사를 위주로 해서 살았다. 이 자급자족의 농경 생활에서 인류가 벗어난 것은 서구에서는 300년 전 일어난 산업혁명에 의해서이고, 우리 사회에서는 60년대 중반 이후 경제 발전 계획이 수립되면서부터이다. 6·25가 끝날 무렵 한국 사회는 세계 최빈국 중 하나였는데 40여 년 만에 OECD 가입국이 되는, 이른바 '한강의 기적'의 주인공이 되었다. 이전의 299만 9,700년간 이어져 온 삶의 양식을 결정적으로 변화시킨 서구의 300년에 걸친 근대적 발전도 번갯불에 콩 구워 먹는 속도로 이루어졌다 해도 과언이 아닌데, 우리는 300년도 아닌 40년 만에 이 변화를 일구어 냈다.

그러면 우리의 행복지수도 그만큼 빠른 속도로 높아졌을까? 불행히도 현실은 그 반대다. 한국의 경우는 특히 그렇다. 〈World Database of Happiness〉가 2000-2008년 기간 동안 전 세계 144개국 국민들을 대상으로 행복감을 조사한 자료에 의하면 한국민의 행복지수는 10점 만점에 5.9로 전 세계 144개국 중에 66-71위인 것으로 나타났다.[1] 우리나라 근로자5인 이상 사업장의 연평균 근로시간은 2,261시간2006년으로 OECD 30개 회원국 가운데 가장 길고 회원국 중 유일하게 연평균 2,000시간을 넘는다.[2] 한국은행의 국민소득 통계에 따르면 2008년 부모들의 교육비 지출은 39조 8,771억 원에 이르고, 그 중에서 사교육비 지출은 20조 원이 넘어 세계 최고의 사교육비 지출을 기록하고 있다. 사정이 이러니 외국으로부터는 일 중독과 교육 중독에 걸린 나라라는 비판을 듣기도 한다.[3] 높은 교육비 비중과는 달리 아동 복지비는 2003년 기준, 경제협력개발기구 30개국 평균이 국내총생산 대비 2.4% 수준인 데 비해 우리 나라는 0.2%로 최하위권이다「한국 아동복지 부끄럽네」, 한겨레신문, 2007.7.11.

환경과 먹을거리 지속 가능성 지수도 세계 최하위이다. 2005년 환경지속성지수[ESI] 조사에서 한국은 조사 대상국 146개국 중 122위를 기록했다「한국 환경보존상태 최하위, 1위는 핀란드」, 한국경제신문, 2005.1.24. 세계 10대 경제 강국이 된 동시에 세계 9대 온실가스 배출국이 되었다. 온난화로 인해 2100년까지 우리나라 전체 산림의 30%인 4만 4천여km^2가 기후 적응에 실패해 취약한 상태에 놓일 것으로 추정된다「온난화 속도에 밀려 남한 숲 쇠퇴한다」, 한겨레신문, 2007.1.29.

아이들은 실내 공기에 허용 기준치의 약 2~3배가 되는 휘발성 유기화합물이나 부유 세균, 미세 먼지를 포함한 어린이집이나 교실에서 공부하며 자라고 있다. 어른들이 일하는 사무실 공기 오염도도 비슷하다.[4] 공산품을 수출해 번 돈으로 농산물을 수입하면 식량 문제는 해결된다는 개발주의자인 관료들과 대기업의 논리로 이끌어져 온 한국 사회의 식량 자급률은 30% 미만으로 떨어졌고 쌀을 제외하면 5%대이다. 유전자 조작 식품이 제재 없이 수입되고* 10년이 지나도 썩지 않는 밀가루를 99.8% 수입해서 먹는다.

환경지속성지수가 세계 최저 수준이라는 것은 그 사회의 생태적 지속 가

---

* 한국은 1990년대부터 유전자 조작 콩과 옥수수를 수입하다가 여론의 악화로 2003년부터 유전자 옥수수는 사료용만으로 수입해 왔다. FTA 협정이 체결되면 식용 유전자 조작 옥수수까지 수입되게 된다. 유전자 조작 콩의 잎을 먹은 애벌레는 신경을 마비시키는 살충제 성분 때문에 식욕이 없어져 이틀 후면 죽는다고 한다.

능성이 세계 최저 수준이라는 것을 의미한다. 불임률의 증가는 육아를 병행하기 힘든 세계 최장 노동시간과, 다른 한편으로는 환경 문제와 깊은 연관이 있어 보인다. 2003년 15-44세 유배우 가임 여성을 대상으로 한 연구에 따르면 불임 발생률은 13.5%에 이르고 불임 부부는 전국에 총 63만 5,000쌍으로 추계된다황나미, 2003. 그러나 이 추계는 여성만을 대상으로 한 연구이기 때문에 불임 남성을 고려하면, 불임 부부 비율은 더 늘어날 것이다. 2004년에 태어난 신생아가 43만 8천여 명인데, 불임 부부가 100만 쌍 이상으로 추정된다. 이것은 육아에 대한 사회적 지원의 부재, 가부장적 가족 문화와 더불어 불임이 저출산의 핵심 원인 중 하나임을 말해 준다. 불임 그리고 저출산을 생태학적 재앙의 하나로 바라볼 필요성이 분명함에도 불구하고 국가의 저출산 대책에는 이에 대한 인식이 전무하다. 이러한 불임의 만연은 환경호르몬의 영향으로 약 10%의 중·고등 여학생들이 자궁내막증에 걸려 있고 물혹을 지니고 있는 것과 무관해 보이지 않는다「환경호르몬의 습격 - 우리 아이가 위험하다」, 〈에스비에스 스페셜〉, 2006.9.10.

아마도 세계 최고일 불임률에 더해, 한국인의 연령표준화 자살률은 24.8명2007년으로 세계 1위이고보건복지부, 2007.2.7 2009년 합계 출산율은 1.22명으로, 세계 평균인 2.54명의 절반에도 못 미친다「한국 출산율 1.22명…여전히 세계 최저」한겨레신문, 2009.11.19. 한국에 짙은 죽음의 그림자가 드리워져 있다는 것을 부정할 수 있을까?

불임의 문화 속에서는 태어난 아이들도 힘들고 비실비실하다. 2007년 서울의 한 초등학교 아이들을 대상으로 한 조사에서 아토피 증상을 가진 어린이는 29.3%였고, 아토피 증상이 의심되는 어린이는 16%로 나타났다「여성환경연대, 서울 알레르기클리닉과 공동으로 신구로 초등학교 전교생 대상 아토피 실태 조사 결과」, 한겨레신문 2007.5.7.[5] 학원과 학원을 오가며, 또래들과의 진득한 놀이를 빼앗긴 아이들은 컴퓨터에 몰두한다. 아동청소년의 2.3%인 16만 8,000명이 인터넷 중독으로 치료가 필요한 고위험군에 속하며, 약 12%인 86만 7,000명은 상담이 필요한 잠재적 위험군에 속하는 것으로 추정된다고 한다.[6]

이런 환경 속에서 아이들이 폭력적이 되는 건 당연하다. 청소년폭력예방재단의 「2009년 학교 폭력 실태 조사」에 따르면, 학교 폭력으로 인해 고통스러웠다고 말한 청소년은 64.4%였고, 그 중 "죽을 만큼 고통스러웠다."는 답변도 15.8%에 달한다「우리 아이들 왜 이러나① - 2000년대 이후 학교 폭력 트렌드」, 여성신문, 2010.2.27.

전 세계의 형편을 돌아보아도 암울한 사정은 마찬가지다. 2006년, 전 세계 가구 수의 0.7%에 해당하는 960만 가구가 세계의 부富 약 100조 달러의 3분의 1에 해당하는 33조 2,000억 달러를 차지하고 있다. 2004년 기준으로 북미와 유럽은 전 세계 인구의 12%가 살고 있으면서 전 세계 물자와 서비스의 60%를 소비하고 있다. 반면, 세계 인구 3분의 1이 사는 남아시아와 사하라 이남 아프리카는 3.2%만 소비하고 있다. 나아가 하루 1달러 이하로 사는 사람들은 9억 8,000만 명2004년에 이르고 있다.[7] 18억 인구가 하루 2달러 이하로 사는 아시아 빈곤층의 70%는 여성들이다. 농업 개방의 여파로 값싼 외국 면화가 물밀듯이 들어오면서 인도에서는 1997년 이후 10년 동안 16만 6천 명에 이르는 농민이 자살하였다. 30분마다 한 명이 목숨을 끊은 셈이다「인도 자살 농민 한 해 1만7천명」, 한겨레신문, 2008.2.2. 세계적으로 약 2억 4,600만 명2003년 기준의 어린이들이 노동 현장에 투입되어 있으며, 이들 중 1억 7,900만여 명, 즉 전 세계 아동의 약 1/8에 해당하는 어린이들이 육체적·정신적·도덕적으로 부당한 최악의 아동노동 행태를 겪고 있는 것으로 추정된다고 한다ILO, 2003.

한편, 환경 오염과 생태계 파괴로 인한 생태적 재앙도 점점 더 심각해지고 있다. 「유엔 밀레니엄 생태계 평가보고서」The Millenium Assesment Report, 2005에 따르면, 지구 생태계를 구성하는 종의 10%가 이미 멸종했고, 조류의 12%, 포유류의 25%, 양서류의 32%가 현재 멸존을 위협받고 있다. 개발로 인한, 열대 삼림의 파괴 속에서 자연 상태에서보다 1,000배나 빠른 속도로, 하루 150-200 종의 동식물이 사라져 가고 있으며, 2010년까지 전체 종의 30% 이상이 멸종될 것이라고 한다. 지난 100년 사이에 75%에 달하는 작물의 유전적 다양성이 상실되었다. 인도는 1950년대까지만 해도 3만여 종의 쌀이 재배되었으나 현재는 10종 미만의 품종이 전체 논의 4분의 3을 차지하고 있다. 20세기 말에 물 부족 국가에 사는 인구는 약 5억 명이었으나, 2025년에는 30억 명 이상, 인류의 2/3가 물 부족으로 고통받을 것으로 예측되며, 이 인구는 주로 아시아와 아프리카 국가들에 분포할 것으로 예측된다. 이산화탄소 등 온실가스의 배출이 현재의 추세대로 계속될 경우, 21세기 중 지구의 온도는 섭씨 2도 정도 올라갈 것으로 보이는데, 이로 인한 온실효과 때문에 세계의 주요 도시에서 해마다 열파로 인해 수천 명이 숨질 것으로 예측되며, 지금까지 말라리아가 발생하지 않았던 지역에서도 수천만 명이 감염 위험에 노출될 것이라고 한다. 특정 화학물질이 생물체 안에 들어가면 호르몬처럼 작용해 성기능을 마비시키거나 자웅동체 현상의 야기와 같이 생리 균형을 깨뜨리는 환경 호르몬으로 작용함이 밝혀지고는 있지만, 수십만 종의 화학물질이 인체에 어떤 작용을 하는지 우리 인간은 아직까지 거의 아는 바가 없다.

백지장도 맞들면 낫다는 말이 있지만, 현실은 이런 민중의 지혜를 비웃기라도 하듯, 고통을 분담하고자 하는 노력은 매우 미흡하다. 2005년 말 우리나라의 토지 소유 현황을 보면 전체 인구 1%에 해당하는 50만 명이 개인 소유 토지의 57%를 차지하고 있다「땅부자 1%에 토지 편중 여전」, 한겨레신문, 2006.10.3. 저임금 노동자 비중은 2000년 28.3%에서 2007년 32.3%로 증가했고 이 가운데

평균 임금의 절반2007년 기준으로 시급 3,740원도 못 받는 초저임금 노동자는 7년 새 12.2%에서 16.3%로 늘었다「저임노동자 비율 OECD 최고 수준」, 한겨레신문, 2008.5.3. 조세를 통해 양극화를 경감하려는 노력 또한 매우 미흡하다. 국내총생산 대비 조세 수입 비중은 2004년 현재 24.6%로 OECD 국가 중 29위였고, 노동비용 대비 노동자 1인당 세 부담도 17.3%로 OECD 평균인 37.3%의 절반에도 못 미치고 있다「한국 사교육비 OECD 중 최고, 노동시간도 1위…출산율은 꼴찌」, 한겨레신문, 2007.4.2. 따라서 사회통합성 지수는 당연히 낮다. 2003년 우리나라의 사회통합성 정도는 지표 산출이 가능한 20개국 중에 18위로 나타났다「사회통합 한국 바닥, 첫 지표 비교 20국 중 18위」, 한겨레신문, 2003.6.21.

밑바닥에서부터 사회 지도층까지 부에 대한 욕망에 예속되어 있고 온 생명에 대한 파괴를 중단할 줄 모르는 현실, 이 현실을 반영해 주는 고통의 지수指數들을 살펴보노라면, '아, 우리가 살고 있는 여기가 바로 아수라구나.' 하는 생각이 절로 들게 된다. '발전'이 이루어질수록 인류의 부익부 빈익빈과 고통은 점점 더 심해져 왔고 생태계 파괴는 가속화되어 이제는 지구의 지속 가능성을 우려할 지경에 이르렀다. 그래서 시바Shiva 같은 이는 근대 발전을 '악 발전'mal-development이라고 부른다. 서울 시청앞 광장을 후끈 달군 '미국산 쇠고기 반대 촛불집회'를 처음 주도했던 것은 수십 년간 생명운동을 해 온 단체들이 아니라 10대들이었고 참여자 대부분도 성인들이 아니라 10대였다. 생명운동 진영은 물론이고 정치권의 힘은 10대들의 생명 위기에 대한 직감적인 분노만큼도 못 되는 형편없는 수준임을 직시할 필요가 있다.

국내외 명상 인구의 증가는 이러한 오리무중의 고통이 깊어지고 만연하는 것에 대한 반응의 하나로 이해될 수 있다. 미국에는 1,000만 명의 인구가 명상을 즐기고 있으며, 이는 10년 사이에 두 배 이상 증가한 것이라고 한다. 한국도 2000년을 기점으로 명상 인구가 500만 명을 넘어선 것으로 추정된다 「깨달음 아닌 웰빙이 명상문화 불러」, 한겨레신문, 2007.11.13.

　명상은 아무 생각을 하지 않는 것이고, 알음알이들을 내려놓는 훈련이다. 이런 면에서 반反지식적 공부이며 훈련이다. 따라서 명상 인구의 증가는 상대적으로 왜소해지고 있는 지식의 위상을 말해 준다. 근대화는 인간이 이성과 지식에 기반하여 인간의 존엄과, 평등·자유권을 강조하여 중세의 전제군주와 종교와 신학의 독단으로부터 인간을 해방시키고자 하는 계몽주의로 출발하였다. 그러나 근대화 초기의 인본주의는 자연을 무자비하게 파괴하는 인간 중심주의로 전락하였고, 여기서의 인간도 오늘날에는 보편적 인간이 아니라 정규직 직장을 갖는 상위 20%에만 해당한다. 사실 역사적으로 지식은 정견正見이기보다는 권력에 빌붙어 있는 경우가 많았다.

　푸코는 그가 담론으로 표현하고 있는 지식이 권력의 도구이자 동시에 결과일 뿐만 아니라, 장애물·제동장치·저항점이거나 정반대가 되는 전략을 위한 복잡하고 불안정한 과정임을 인정해야 한다고 말한다 미셸 푸코, 1990: 114. 푸코는 전체 저작을 통해 지식의 비이성성, 권력과의 야합에 좀 더 집중하면서도 지식의 해방적 가능성을 전혀 버리고 있지는 않은 듯하다. 좀 더 근본적으로 그는 지식이 권력의 도구이자 결과가 되거나, 이와는 정반대로 권력에 제동을 걸고 저항하는 과정이 각각 어떤 조건 속에서 일어나게 되는가는 상술하지 않고 있다. 이와는 달리 동양에서는 지식을 숭상했던 유교의 전통과 달리, 지식을 가차 없이 비판하면서 생명이 행복해지기 위해 필요한 것은 지식이 아니라 지혜임을 말하는 불교·노장의 전통이 있어 왔다. 불교에서 욕망과 하나된 정신 능력은 오감의 능력보다 더 우월한 속성을 갖는 것이 아니라 오감과 더불어 탐욕과 악함과 어리석음과 건전하지 못한 사태의 원인이 될 수 있는 그런 것일 뿐이다 『쌍윳타 니까야』 6권: 303-305. 행복은 이성, 지식에 의해 계몽될 때 오는 것이 아니라, 시각·청각·후각·미각·촉각·정신의 여섯 가지 감각의 감각 대상六境에 오염되지 않을 때 찾아온다앞글: 201-303.

오염되지 않은 정신은 지식으로 무장된 정신이 아니라 지혜로 드러난다. 천성산, 새만금, 사대강 사업을 합리화해 준 '환경영향평가'는 타의건 자의 건 간에 금권의 하수인으로 전락한 번뇌 다발로서의 지식이다. 자연과학 지식의 존재 양태가 이러하니 사회과학 지식은 말할 것도 없다. 지식의 이 같은 속성에 대한 통찰은 우리에게 필요한 앎은 지식이 아니라 지혜라는 것을 재삼 일깨워 준다. 더러 바른 것이 섞여 있을 수 있으나 전체적으로는 세련된 형태의 번뇌 다발에 불과한 알음알이 지식이 아니라, 이런 지식을 다 버렸을 때 비로소 출현하는, 청정한 마음에서 스스로 알아지는 마음의 빛이 지혜이다. 증가하고 심화되는 고통, 이 고통에서 벗어나게 해 줄 전망을 지식에서 찾기 힘들다는 것, 근대 계몽 신화의 종언, 이런 것들은 우리로 하여금 마음을 찾게 추동해 준다.

지금까지 우리가 왜 마음을 찾을 수밖에 없는 지경에 이르렀는지 간단히 살펴보았다. 이제 불교의 마음에 대한 이해로 넘어가 보기로 하자.

2. 생명 아닌 것이 없는 불이不二의 마음

마음의 세 가지 차원

우리의 마음을 물에 비유해 보면 세 가지 차원으로 나눌 수 있다. 첫째는 흙탕물이다. 흙과 물이 뒤범벅된 상태, 이것은 우리의 혼란스러운 마음이다. 둘째는 흙이 가라앉아 물에 내 얼굴이 그대로 비치는 물, 이것은 마음 훈련을 통해 심층의 마음 입구에 다가간 마음이다. 성품의 본래 자리를 본, 이

상태를 견성見性이라고 한다. 텐진 빠모는 이 두 마음을 명료하게 구분한다.

> 우리가 해야 할 일은 자신의 혼란을 직시하는 것이다. 그리고 나면 다른 사람의 혼란을 볼 수 있게 된다. 정신과 영혼의 깊고 심오한 층위를 벗겨 갈수록 타고난 동정심이 자연스럽게 배출된다. 내면에 지닌 명확함과 자비심, 그것이 마음의 본성이다. 우리가 할 일은 그것을 발견하는 것이다. 바위와 진흙 속에 숨겨져 있는 샘물 같다고 할까. 돌덩이를 치워 버리면 샘물이 나타날 것이다. 우리 마음속에는 광대한 사랑과 자비의 저수지가 꽁꽁 언 채로 자리잡고 있다. 이 저수지를 찾아내 따뜻하게 데우면 얼음이 녹아 물이 흐르게 된다. 자기 마음을 들여다보고 그 고통과 혼란, 잘못된 신원을 인식하면 가능한 일이다. 그렇게 되면 모든 사람들이 비슷한 곤경에 빠져 있다는 사실을 깨닫게 될 것이다. 사람들은 고통스럽기 때문에, 또 혼란스럽기 때문에 무섭게 행동한다. 마음속에 평화와 사랑, 자비심을 갖고 있는 사람은 다른 사람에게 상처를 입히지 않고 불쾌하게 굴지도 않으며 편견도 없고 폭력적이지도 않다. 모든 일에 마음을 열고 있기 때문이다. 텐진 빠모, 2004: 189-190

마음의 세 번째 차원은 물 밑에 가라앉은 온갖 오물들이 정화되어, 폭풍우가 몰아쳐 와도 떠오를 오물이 없는, 여여如如하게 투명한 물에 비유될 수 있는, 성불 혹은 해탈을 이룬 상태일 것이다. 성불을 이룬 상태는 어떤 상태일까? 부처님은 일체의 갈애, 모든 괴로움의 다발이 소멸되어 윤회에서 벗어난 청정한 상태라고 말한다.

> 수행승들이여, 취착取捉의 대상이 되는 사물에서 해로움을 보는 자에게는 갈애가 소멸한다. 갈애가 소멸하면 취착이 소멸하고, 취착이 소멸하면 존재가

소멸하며, 존재가 소멸하면 태어남이 소멸하고, 태어남이 소멸하면 늙고 죽음, 우울, 슬픔, 고통, 불쾌, 절망이 소멸한다. 이와 같이 해서 이 모든 괴로움의 다발들이 소멸한다. 『쌍윳따 니까야』 2권: 263

수행승들이여, 그런데 수행승에게 무명이 사라지고 명지明智가 생겨나면 무명이 사라지고 명지가 생겨난 결과로서 그는 공덕의 형성도 도모하지 않고, 무공덕의 형성도 도모하지 않으며, 공덕도 무공덕도 아닌 형성도 도모하지 않는다. 그는 행위로 아무 것도 형성하지 않고 생각으로 아무 것도 형성하지 않으므로 세상에서 아무 것에도 취착하지 않는다. 취착이 없으므로 두려워하지 않고, 두려워하지 않으므로 스스로의 힘으로 참 열반에 든다. 그는 '다시 태어남은 파괴되고 청정한 삶은 이루어졌다. 해야 할 일은 다 마치고 다시는 윤회하는 일이 없다.'고 잘 안다. 『쌍윳따 니까야』 2권: 253-254

부처님의 해탈 설명에서는 욕망의 뿌리를 뽑아 버리는 것이 강조되고 있다. 반면에 불교를 생활 속 대중의 불교로 정립하고자 했던 원불교의 소태산 대종사에게 성불, 즉 부처가 된다는 것은 희로애락을 끊어 버린 데 그치는 것이 아니라, 생활 속에서 장애를 초월하는 위력 있는 무위無爲의 능력을 발휘하는 것임이 강조된다.

중생은 희·노·애·락에 끌려서 마음을 쓰므로 이로 인하여 자신이나 남이나 해를 많이 보고, 보살은 희·노·애·락에 초월하여 마음을 쓰므로 이로 인하여 자신이나 남이나 해를 보지 아니하며, 부처는 희·노·애·락을 노복 같이 부려 쓰므로 이로 인하여 자신이나 남이나 이익을 많이 보나니라. 『원불교전서』 대종경 불지품 8장

우주의 진리를 잡아 인간의 육근 동작에 둘러씌워 활용하는 사람이 곧 천인
이요, 성인이요, 부처니라. 『원불교전서』 대종경 불지품 12장

이 부처의 마음은 악인도 미워하지 않고 불쌍히 여기는 마음이다.

선한 사람은 선으로 세상을 가르치고, 악한 사람은 악으로 세상을 깨우쳐서,
세상을 가르치고 깨우치는 데에는 그 공이 서로 같으나, 선한 사람은 자신이
복을 얻으면서 세상 일을 하게 되고, 악한 사람은 자신이 죄를 지으면서 세
상 일을 하게 되므로, 악한 사람을 미워하지 말고 불쌍히 여겨야 하나니라.
『원불교전서』 대종경 요훈품 34: 321

앞에서는 세 가지 차원의 마음을 살펴보았다. 중생심으로 그득한 혼란스
러운 마음, 다시 혼란스러운 마음으로 되돌아갈 습과 업을 지니고 있지만
일단 성품 자리를 알았고 번뇌를 가라앉게 할 수 있는 견성見性한 명료한 마
음, 일체의 번뇌를 녹여 버린 해탈解脫한 마음, 이것들이 그 세 가지 마음이
다. 중생이라고 늘 혼란스러운 진흙탕 마음으로만 사는 것은 아니다. 이보
다는 우리는 훨씬 더 자주 부처가 된다. 여여한 부처는 아닐지언정 그 순간
에서만은…. 예를 들면, 우리는 때때로 나 자신과 타인의 인간성이 괜찮다
고 느낄 때 행복해진다. 그때 나와 우리를 행복하게 하는 그 인간성이 바로
부처이며 불성이고, 인내천人乃天과 시천주侍天主에서의 하느님과 주인공主이
며, 하나님이다. 그 순간만큼은 나와 너가 부처고 하느님인 것이다. 이는 자
타가 주체와 대상으로 분리된 세계가 아니라 자타가 조화 속에서 융합하는
세계이다. '내가 나비인지, 나비가 나인지'라고 하는 장자의 '호접몽'胡蝶夢
의 세계이며『장자』 齊物論 부처와 중생이 둘이 아닌 세계이다. 『장자』는 이러

한 만물과 하나 되는 마음의 경지에 대한 시적 표현들로 점철되어 있다.

천지는 나와 함께 존재하고 만물도 나와 함께 하나가 된다. 이미 하나가 되었으니 또 무슨 말이 있겠는가?[8]

문제는 우리가 늘 부처고 하느님이 아니라는 데 있다. 폭풍우와 같은 외부의 자극 혹은 조건을 만날 때, 고요하고 투명했던 강물은 순식간에 오물로 뒤범벅된 진흙탕이 된다. 맑은 대양大洋은 순식간에 온갖 잡동사니들이 떠오르는 잡탕의 대양이 되어 버린다. 그러나 떠오를 흙과 쓰레기들이 없다면, 그 어떤 폭풍우에도 그 강물은 표면만 넘실댈 뿐, 여전히 맑을 것이다. 떠오르는 흙과 잡동사니는 우리 자신의 여러 생에 걸쳐 축적된 탐욕과 분노와 어리석음貪瞋癡 : 三毒이다. 삼독三毒은 곧 습관과 업식業識이기도 하다.*

욕망 없는 인간을 생각하기 힘든 한, 물아일체는 현실화될 수 없는 관념일 뿐이라는 비판도 가능하다. 그러나 물아일체, 자타불이自他不二, 합일 또는 초월은 관념으로 내몰기에는 우리 자신에게 너무 깊숙이 들어와 있다. 월드컵 당시 선수들과 그들을 열렬히 응원했던 붉은 악마의 분당 심장 박동수는 일치했다고 한다. 합일이다. 이런 현상은 청중을 압도하는 음악회에서도 관찰된다. 온갖 종류의 중독 현상은 안타깝지만 존재를 파괴하는 방식으

---

* 본래 선악 염정이 없는 우리 본성에서 범성과 선악의 분별이 나타나는 것은 우리 본성에 소소영령한 영지가 있기 때문이니, 중생은 그 영지가 경계를 대하매 습관과 업력에 끌리어 종종의 망상이 나고, 부처는 영지로 경계를 비추되 항상 자성을 회광반조하는지라 그 영지가 외경에 쏠리지 아니하고 오직 청정한 혜광이 앞에 나타나나니, 이것이 부처와 중생의 다른 점이니라. 『원불교전서』 정산종사 법어 11

로 이 합일을 추구하는 예이다. 합일을 향한 지향은 존재에 내재되어 있는 성향인 듯하다. 다만 자신을 파괴하는 방식으로 합일을 지향할 것인지, 나와 남을 동시에 고양시키는 방식으로 합일을 지향할 것인지의 차이가 있을 뿐이다. 후자가 부처가 되는 길이다.

부처님은 "벗이여, 나는 이 세상에 홀로 존재하는 것은 아무 것도 없다는 사실, 즉 만물은 상즉相卽 관계에 있다는 사실을 깊이 깨달았다. 그리고 모든 중생은 불성佛性을 가지고 있다는 사실도 깨달았다."고 말한다『쌍윳타 니까야』 5권: 420. 이는 '색즉시공 공즉시색' 色卽是空 空卽是色으로 압축되는 연기론緣起論이다. 색色은 일체의 유정有情·무정無情의 존재들을 의미한다. 색즉시공은 어떤 존재자도 고정된 자기 본질을 갖지 않음을 의미한다. 공즉시색은 이같이 자기 본질을 갖지 않는 존재자들은 홀로 존재할 수 없고 상호의존과 상호작용 속에서만 존재함을 의미한다. 색즉시공 공즉시색은 이 차이 나는 존재들이 상호 의존과 상호작용 속에 생명 현상으로 통일되어 있음을 의미한다.

중생은 초기 경전에서는 유정有情, 즉 자기 스스로의 움직임이 있는 개체 생명체를 의미하다가 대승경전인 『화엄경』에서는 이러한 생명 현상이 없는 무정無情, 즉 무생명체까지도 포함하게 된다. 이것은 성불할 수 있는 범위가 인간을 넘어 모든 생명으로, 다시 생명체에서 모든 무생명체로 확대되어 감을 의미한다최종석, 2003: 57; 목정배, 1992: 35-36. 이것은 만물의 상즉 원리의 당연한 귀결이다. 역시 대승경전인 『금강경』의 아래 문구에서 '생각이 없는 생명, 생각이 있지도 않은 생명, 생각이 없는 것도 아닌 생명'은 미립자나 물리적 화학 반응을 통해 새로 만들어지는 분자 수준의 물질의 생성과 소멸까지 연상시킨다.

이른바 모든 중생, 예컨대 알로 생겨나는 생명, 태로 생겨나는 생명, 습기 있는 데서 태어나는 생명, 변화해서 나오는 생명, 혹은 모양이 있는 생명, 모양이 없는 생명, 또는 생각이 있는 생명, 생각이 없는 생명, 생각이 있지도 않은 생명, 생각이 없는 것도 아닌 생명, 모두를 나는 무여열반無餘涅槃에 들어 모든 번뇌를 없애게 하겠다.[9]

부처님의 말씀대로라면 '생각이 없는 생명, 생각이 있지도 않은 생명, 생각이 없는 것도 아닌 생명'인 미생물이나 무생물조차 불성을 갖는다는 말인가? 미생물과 무생물이 의식을 갖는다면 정신성으로서의 불성의 가능성을 이것들에서 부정할 수 있는 궁극적 근거는 없어 보인다. 원불교에서도 우주만물, 허공법계의 불성은 명료하게 표현되고 있다. 원불교 소태산 대종사는 근대과학에서는 의식 없는 무생물로 이해되는 흙이 사실은 '소소영령' 昭昭靈靈 즉 정신성이 있다고 말한다.

무릇 땅으로 말하면 오직 침묵하여 언어와 동작이 없으므로 세상 사람들이 다 무정지물로 인증하나 사실에 있어서는 참으로 소소영령한 증거가 있나니, 농사를 지을 때에 종자를 뿌려 보면 땅은 반드시 그 종자의 생장을 도와주며, 또한 팥을 심은 자리에는 반드시 팥이 나게 하고, 콩을 심은 자리에는 반드시 콩이 나게 하며, 또는 인공을 많이 들인 자리에는 수확도 많이 나게 하고, 인공을 적게 들인 자리에는 수확도 적게 나게 하며, 인공을 잘못 들인 자리에는 손실도 나게 하여, 조금도 서로 혼란됨이 없이 종자의 성질과 짓는 바를 따라 밝게 구분하여 주지 아니하는가. 이 말을 듣고 혹 말하기를 "그것은 종자가 스스로 생의 요소를 가지고 있고 사람이 공력을 들이므로 나는 것이요, 땅은 오직 바탕에 지나지 못하는 것이라."고 하리라. 그러나 종자가 땅의 감응을 받지 아니하고도 제 스스로 나서 자랄 수가 어디 있으며, 땅의 감

응을 받지 아니하는 곳에 심고 거름하는 공력을 들인들 무슨 효과가 있겠는
가. 뿐만 아니라 땅에 의지한 일체 만물이 하나도 땅의 감응을 받지 아니하고
나타나는 것이 없나니, 그러므로 땅은 일체 만물을 통하여 간섭하지 않는 바
가 없고, 생·멸·성·쇠의 권능을 사용하지 않는 바가 없으며, 땅뿐 아니라
하늘과 땅이 둘이 아니요, 일월 성신과 풍운 우로 상설이 모두 한 기운 한 이
치여서 하나도 영험하지 않은 바가 없나니라…『원불교전서』 대종경 변의품 1장

만물의 생명성과 불성

만물의 생명성은 가시적으로는, 뭇 시초/존재들을 생성시키는 근원으로
서의 도와 이 도의 무궁한 작용력을 반복적으로 기술하고 있는 노자에게서
보다 분명하게 눈에 들어온다. 노자는 도의 활동 양상, 생명 활동을 기氣로
이해한다. 즉 "도는 비었지만 사용함에 충만하지 않은 듯하다."라는 도의
무궁한 작용에 대한 설명에서 이 작용하는 무규정적 실체가 바로 기이다.
기는 도에서 파생되어 만물이 되며 만물의 생명 활동은 곧 도를 나타낸다.
생명력은 충기沖氣, 정기精氣, 화기和氣의 작용으로 표현된다.*

도는 하나를 낳고 하나는 둘을 낳고 둘은 셋을 낳고 셋은 만물을 낳는다. 만
물은 음을 지니고 양을 안아 충기沖氣로써 화和를 이룬다.[10]

---

* 노장철학의 응용학문이라 볼 수 있는 풍수(지리설)와(과) 한의학에서는 이 '기'를 매개로
하는 만물의 생명력이 보다 분명하게 드러난다. 특히 풍수에서는 기를 '생기' 生氣 '또는
'지기' 地氣라 부름으로써 그것의 생명력으로서의 성격을 분명히 한다. 최창조, 1990, 1993,
1994; 김낙필, 1991

덕을 돈후하게 가진 사람은 천진난만한 젖먹이에 비길 수 있다. 독벌레도 쏘지 않고, 맹수도 할퀴지 않고, 사나운 새도 치지 않는다. 뼈가 약하고 근육이 유하지만 오므리는 힘은 굳다. 음양의 교합을 알지 못하면서도 생식기가 곧추 서니, 정기가 가득 찼기 때문이다. 종일 울어 화和의 도리를 아는 것을 상常이라 하고, 상을 아는 것을 명이라 한다.[11]

흙의 영령에 대한 소태산 대종사의 설법에 나타나 있듯이 원불교는 일체 만물을 부처로 보며, 이는 곧 만물의 본바탕을 불성이 깃든 생명으로 인지하는 것이다. 원불교의 일원상一圓相 사은四恩 신앙은 이를 잘 말해 준다. 원불교는 일원상의 진리를 신앙한다. 일원상은 천지 만물의 본원이며 언어도단의 입정처入定處인 부처님의 심체心體를 나타낸 것으로, 유가에서는 태극太極 또는 무극無極이라 하고, 선가에서는 자연 혹은 도라 하며, 불가에서는 청정 법신불法身佛이라 부르는 것이다『원불교전서』 대종경 교의품 3장. 이 일원상의 내역은 천지은天地恩, 부모은父母恩, 동포은同胞恩, 법률은法律恩으로 구성되는 사은이다. 다시 이 사은의 내역은 부처 아님이 없는 "우주 만유로서 천지만물 허공법계" 모두이다『원불교전서』 대종경 교의품 4장. 천지은은 우리가 호흡하며 살 수 있게 하는 하늘의 공기, 우리가 형체를 의지하고 살게 되는 땅의 바탕, 우리가 삼라만상을 분별할 수 있게 해 주는 일월의 밝음, 만물을 장양長養시켜 우리를 살게 해 주는 풍운우로風雲雨露의 혜택을 일컫는다『원불교전서』 정전 2장 사은 1절 천지은. 천지만물 허공법계가 어느 때 어느 곳에서든지 항상 경외심과 청정한 마음과 경건한 태도로 숭배해야 하는 부처님이다『원불교전서』 대종경 교의품 14장.

틱낫한 스님이 오계 중의 하나인 불살생을 동식물은 물론 광물까지도 대상으로 한다고 말하는 것 역시 불교의 연기법에 의해 광물을 생명으로 이해하기 때문이다.

> 첫 번째 전념 훈련은 생명을 소중히 여기는 것이다. "생명을 해치는 일에서
> 비롯되는 고통을 알고 있기에 나는 동정심을 기르고 사람, 동물, 식물 그리
> 고 광물의 생명을 보호하는 방법을 배울 것을 서원한다. 나는 내가 직접 죽
> 이지도 않고 남을 시켜 죽이지도 않고, 이 세상에서 벌어지는 어떠한 살상
> 행위도 머릿속으로나 삶의 방식을 통해서나 지지하지 않을 것을 결의한다."
> 틱낫한, 2004: 125

근대 과학에서 자연은 생명이 아니다. 근대 문화는 이분법dichotomy의 특수
한 한 방식으로서의 이원론dualism적 세계관에 기초한다. 근대의 이원론 세계
관에서는 주체/지배자/우월자와 타자/종속자/열등자는 공유되는 특성들이
없이 서로 배타적이며 전자의 후자에 대한 의존은 부정된다. 전자는 가치
있는 것, 우월한 것으로 간주되고 후자는 자신의 목적, 필요를 갖지 않고 전
자를 위한 단순한 유용 자원으로 이해된다. 여기서 집단 내부의 차이, 다양
성, 복수성은 무시되고 동질화된다. 이 같은 이원론적 세계관은 문화/자연,
이성/자연, 남성/여성, 정신/육체자연, 주인/노예, 이성/물질, 이성/감정, 정
신·영혼/자연, 자유/필요자연, 보편/특수, 인간/자연비-인간, 문명/원시자연, 생
산/재생산자연, 공/사, 주체/객체, 자아/타자의 이원론으로 발전된다. 이 이
원론적 세계관하에서 여성과 자연은 동일시되고, 여성과 자연은 남성과 인간
이성·문화에 비해 열등하다고 간주되며, 여성과 자연은 이성이나 인간적인
것과는 대립된다. 따라서 이 같은 이원론의 논리는 성 억압과 자연 파괴로
귀결되며, 더 나아가 계급과 인종 차별·억압에서도 이러한 이원론 논리는
발견된다Plumwood, 1993.

우리는 초등학교 1학년부터 생물과 무생물의 구분을 배우면서 흙·물·공기와 같은 자연은 생명 없는 무생물로 인식하게 된다. 이것은 자연은 인간의 물질적 욕구 충족을 위해 아무리 파괴되고 고갈되어도 우리 인간이 양심의 가책을 느낄 필요가 없는 그런 수단적 존재일 뿐이라는 의식으로 연결된다. 쉴 줄을 모르고 달려온 개발은 자연에 대한 이러한 인식을 필요로 했고 이는 천성산, 새만금, 4대강 개발 사업에서 보듯 지금도 이어지고 있다.

우주만물, 허공법계 일체가 성불의 씨앗을 지니고 있는 부처님이라는 불교 세계관과, 자연을 무생물로 보는 근대 과학 둘 중의 어느 하나가 전도몽상顚倒夢想인 것일까? 개발의 덫에서 빠져나오지 못하는 한 우리는 개구리를 실로 꽁꽁 묶거나 입에 돌을 물려 물 속에 집어 넣어 그것이 허우적거리다 죽는 걸 보며 즐거워하는 동자승의 업을 대물림하는 데서 한 발자국도 나아가지 못한다. 불교의 세계관과 과학은 만날 수 없는 것일까? 불교의 세계관을 적극적으로 수용하여 과학 활동을 하는 신과학New Science 운동은 이에 대한 희망을 준다.

얀치Jantsch는 물 속에 떨어뜨린 한 방울 잉크가 퍼져 나가는 화학적 산일구조dissipative structure조차 원시적 의식 상태를 보여 주는 것이라고 말한다. 이는 근대 과학에서 생명 활동으로 여겨지지 않는 물리적 현상에서 의식을 봄으로써 이를 생명 현상으로 이해하는 것이다.

> 만약 의식을, 어느 체계가 그 환경과의 역동적 관계에서 얻어 내는 자율의 정도로 규정한다면, 화학적 산일구조들이라는 제일 단순한 자기 갱신 체계들마저도 원시적 형태의 의식을 갖게 된다. … 산일구조는 자신을 유지 갱신하기 위하여 무엇을 수입하고 수출해야 하는지를 실제로 '알고' 있다.얀치, 1993: 71

불교에서 볼 때 생명체와 무생명체의 경계는 확고부동한 것이 아님은 앞에서 살펴본 바대로이다. 자연물을 무생물로 보는 것은 근대 과학은 물론 신과학자 중 일부와 심층생태론deep ecology을 제외한 생태학 일반에서도 공유되고 있는 생각이다. 기존의 "생태계 개념 속에 내포된 생명 이해의 양식은 역시 개체 생명을 기본으로 보고 이들이 모여 이루어 나가는 공동체적 집단이라는 것 이상으로 생명의 개념 자체를 확대해 나가려는 자세는 지니지 않는다." 장회익, 1998: 183 그러나 이런 생각에 균열을 주는 연구들이 나오고 있다. 물리학자인 봄은 생명을 생명체와 환경을 포함한 전체로 이해해야 한다고 말한다.

> 무생물이 그 자신에 머물러 있으면 상기의 내포와 외연의 과정은 바로 무생물의 형을 재생하지만, 이것이 씨에 의해 '정보'를 받게 되면 생명이 있는 식물을 낳기 시작한다. 결국 이 생명체는 그 사후에 과정의 계속을 허용하는 새로운 씨를 낳게 된다.
> 식물은 물질과 에너지를 그 환경과 교환함으로써 형성되며 유지되고 또한 분해된다면, 어떤 점에서 무엇이 살아 있고 무엇이 생명을 갖고 있지 않은가를 명확히 구별할 수 있다고 말할 수 있겠는가? 분명히 세포막을 뚫고 잎 속에 침투하는 이산화탄소의 분자는 대기 속에 방출될 때 돌연 '살아' 나는 것이 아니고 또한 산소분자가 돌연 죽는 것도 아니다. 오히려 생명 그 자체는 어떤 뜻에서 식물과 환경을 포함한 전체에 속하는 것으로 간주해야 한다. David Bohm, 1991 : 265

내포 질서로 볼 때 무생물마저 식물의 성장과 유사한 연속 과정 속에서 그 자체를 유지하고 있다고 말할 수 있을 것이다. 따라서 전자의 유체 속의 잉크 양상을 상기할 때 이러한 '입자'는 규칙적으로 변화하는 어떤 형이 몇 번 계속해서 나타나는데, 너무나 빠르기 때문에 연속적으로 존재하는 것처럼 보이는 재귀적再歸的이고 안정된 외연 질서로서 이해해야 한다는 것을 알게 된다. 이것을 끊임없이 죽고 또 새로운 수목이 태어나는 숲에 비교할 수 있다. 만약에 그것을 긴 시간을 기준으로 하여 생각한다면, 이 숲은 계속하여 존재하지만 천천히 변하는 실체로 간주할 수 있을지도 모른다. 따라서 내포 질서를 통하여 이해할 때 무생물과 생명체는 어떤 핵심적인 점에서 그 존재 양상에 있어서 기본적으로 유사점이 있는 것으로 보인다. 앞글: 294

에모토 마사루의 『물은 답을 알고 있다』는 자연계 물질의 의식적 반응 현상을 좀 더 구체적으로 보여 준다. 종래 물은 생각이 없는 무생물로 간주되는 자연물이었다. 그러나 『물은 답을 알고 있다』에서 여실히 보여 주고 있듯이, 물은 '사랑한다', '감사한다', '미워한다', '사랑', '증오', '화' 등등의 정보를 읽고 그것에 반응하여, 각각 다른 결정체를 보여 주고 향기를 내거나 부패한다. 이때 물은 생명인가 아닌가?

'만물의 생명성'은 유·불·선을 창시한 성인들만의 깨달음은 아니다. 오히려 이 '만물의 생명성'이라는 사고는 자본주의 이전 사회의 향토 문화에서 민중의 일상적 사유와 의례로 존재해 온, 범문화적·범지역적으로 발견되는 인류 보편의 현상이다. 인간에 국한되지 않는, 만물의 생명성을 공경하는 사상은 시애틀 추장의 연설이나 인도 북부의 원주민인 라다크Ladakh 부족에 대한 인류학적 보고서에서도 찾아볼 수 있다.[12] 우리 고대 문화에서도 생명으로서의 자연과 하나됨을 추구했던 합자연적 전통은 불교·노장 등의 유입 이전부터 자생적인 도교 문화라고 이름 붙일 수 있을 만큼, 민중 문화의 기저를 형성해 온 것이다. 상업농의 확대 속에서 농심農心이 사라져 가고 있기는 하지만, 다음의 글처럼 사람에게 하듯이 식물하고 대화하는 시골 할머니가 20년 전에는 우리 곁에 있었을 만큼, 만물의 생명성은 그렇게 깊숙이 범부의 생활 속에 들어와 있었다.

지난 겨울에 거문도에 계시는 외할머니를 찾았다. 마당 구석 손바닥만한 텃밭에 키 낮은 귤나무가 있었는데 큼지막한 귤이 두 개가 열려 있어 깜짝 놀랐다. 그런데 그 귤은 나무가 만들어 낸 게 아니었다. 꽃만 피우지, 열매 하나 매달지 못한 나무가 마음에 안 들어 할머니께서 "이렇게 여는 거다이." 하고 시범조로 매달아 둔 것임을 알고 나서 한참이나 웃었다. 할머니의 좀 터무니없이 보이기까지 한 기대나 믿음이, 또 열매를 맺게 하는 방법이 우스웠던 것이다. 이번에 다시 거문도를 내려갔다. 밥을 먹고 나자 할머니께서 큼직한 귤을 몇 개 내놓으셨다. 웬 거냐고 묻자 매달아 준 귤을 보고 열매 맺는 법을 배운 나무가 정신을 차려서 열매를 자그만치 서른 개도 넘게 맺었다는 거였다. 나는 잠시 할 말을 잊었다. 그리고 아, 이런 것이구나 싶어졌다.한창훈, 「신통방통한 귤나무」, 한겨레신문, 1999.11.30

만물의 생명성에 대한 자각은 자비의 마음으로 우리를 인도한다. 우리가 모두 연결된 하나된 존재라는 상즉相卽 원리의 깨달음은 탐진치 삼독을 버리게 한다. 자비는 우리가 탐진치를 버리게 될 때 나타나는 존재의 특징이다. 즉 자비는 윤리와 자신의 욕망과의 분열과 갈등이 여전히 남아 있는 당위론적 윤리가 아니라 나의 언행과 사고로 체질화된 성품으로서의 자비이다. 이런 의미에서 자비는 당위론적 윤리와는 구분되며, 체질화된 성품으로서의 자비는 곧 너와 내가 둘이 아닌 마음이다.

촌장이여, 만약에 그 고귀한 제자가 이와 같이 탐욕을 떠나고 미움을 떠나고 어리석음을 떠나 올바로 알고 주의를 기울이고 자비로운 마음을 한 방향으로 가득 채우며, 마찬가지로 두 번째 방향으로, 세 번째 방향으로, 네 번째 방향으로, 위로, 아래로, 횡으로, 모든 경우에, 모든 상황에, 모든 곳으로 세상에 광대하고 멀리 미치고 무량하고 원한 없고 장애 없는 자비로운 마음으로 가득 채웁니다. 『쌍윳타 니까야』 7권: 291

불교에서의 행복은 내가 자비로울 수 있는 상태를 의미한다. 연기적 존재에 대한 깨달음은 우리를 자비로운 존재로 변화시키고, 이는 우리로 하여금 앞에서 언급한 "사람, 동물, 식물 그리고 광물의 생명을 보호하는 방법을 배울 것을 서원한다."는 틱낫한 스님의 기도를 할 수 있게 한다. 상당수의 대중이 이런 기도를 하게 될 때, 이들의 생명 기운이 인간에게 큰 실리도 주지 못하면서 자연의 뭇 생명을 대량으로 살상하는 개발 사업을 추진해 온 근대 문명의 방향을 선회시킬 수 있을까?

3. 존재의 공함을 깨쳐 자유자재함

동북아시아권에서 불경 가운데 많이 읽히고 외워지는 『반야심경』은 다름 아닌 존재의 공성을 설하고 있다.

관자재보살이 깊은 반야바라밀다를 행할 때에 오온이 모두 공했음을 비추어보고 모든 괴로움과 액난을 벗어났다.
사리자여, 색은 공함과 다르지 않고 공함은 색과 다르지 않아서 색이 곧 공

함이요 공함이 곧 색이니, 수상행식 또한 다시 이와 같다.[13]

존재는 궁극적으로, 원자론적 의미의 절대적 실체가 없이 상호의존적 인연으로 이루어지며, 끊임없이 변하는 합성물이라는 의미에서 공하다. 이를 설명하는 것이 '다섯 가지 쌓임'이란 뜻의 오온五蘊이다. 오온은 색色, 수受, 상想, 행行, 식識으로 구성된다. 색은 신체 또는 물질적 형태를 가리키는데 지地, 수水, 화火, 풍風의 네 요소와 그 파생물을 말한다. 수, 상, 행, 식은 형태를 지니지 않는 의식의 양태나 상태이다. '수'는 느낌을, '상'은 지각을, '행'은 성향을 '식'은 의식을 말한다. 자아는 이같이 모두 '변화와 변형과 소멸을 피할 수 없는', '덧없는'無常 오온의 집적체이다. 자아를 이같이 다섯 가지의 집적체들로 분석하는 것은 자아는 형이상학적 것이 아니라 경험적 자아로 현존한다는 것을 보여 준다칼루파하나, 1996: 124-127.

이같이 존재가 고정된 자기 본질을 갖는 것이 아니라 조건들의 합성물이라는 것을 위의 반야경에서는 '색즉시공 공즉시색' 色卽是空 空卽是色으로 표현하고 있다.

존재의 상호의존성에 대한 통찰은 노자에게도 나타난다. 노자는 대비되는 속성/부분은 상호 배제하는 배타적인 것이 아니라 '평등한' 상호 전제 또는 상호 전화의 관계 속에서 통일되어 있음을 직시한다.

천하가 다 아름답다고 하니 아름다운 줄 알지만 이것은 추악한 것이며, 다 좋다고 하니 좋은 줄 알지만 이것은 좋지 않은 것이다. 그러므로 있고 없는 것이 서로 낳고, 어렵고 쉬운 것이 서로 이루고, 길고 짧은 것이 서로 낳고, 어렵고 쉬운 것이 서로 이루고, 길고 짧은 것이 서로 모방하고, 높고 낮은 것이 서로 기울어지고, 음과 소리가 서로 화하고 앞과 뒤가 서로 따른다.[14]

이 같은 존재의 상호 의존성에 대한 통찰에서는 물질과 의식, 육체와 정신, 실재와 관념, 음과 양은 상호 배타적인 실체가 아니라 임시적이며 상대적인 대비일 뿐이다. 노자의 기氣는 서구의 이원론에서는 배타적으로 대립되어 있는 것들을 통일적으로 담지하고 있는 기이다. 음과 양은 서로를 배제하지 않고 물物 속에서 조화롭게 융화되어 있다.

> 도는 하나를 낳고 하나는 둘을 낳고 둘은 셋을 낳고 셋은 만물을 낳는다. 만물은 음을 지니고 양을 안아 충기沖氣로써 화和를 이룬다.[15]

양자 이론은 존재의 무실체성과, 연관 속에서의 존재라는 존재의 공성에 대한 사유와 모순되어 보이지 않는다. 양자 이론에 따르면, 모든 물질의 근본인 원자를 구성하는 이른바 아원자亞原子—양자역학에서는 아원자를 물체로 보지 않고 '존재하는 경향'tendencies to exist 또는 '일어나는 경향'tendencies to happen으로 보고 있다—들은 파동성과 입자성을 동시에 갖고 있으며 양자는 관찰 상황, 즉 어떤 실험을 실시하느냐에 따라서 개별적 입자로도 연속적으로 이어지는 파동으로도 나타나는 상보적인 특성을 보인다. 즉 어떤 물질의 존재 모습이 그 자체로 확정되어 있는 게 아니라 그를 둘러싸는 환경의 상태에 따라서 파동으로서의 특성을 보이기도 하고 입자로서의 특성을 보이기도 한다데이비드 봄, 1991.

얼핏 생각하면 존재의 공성은 주체적 활동의 근거를 부정하는 듯이 보인다. 그러나 존재의 궁극적인 실체의 부정은 주체적 활동의 부정이 아니라 무엇엔가 집착된 자아와, 집착되었으므로 자유롭지 못한 행위를 부정하는 것이다. 공성을 깨닫는다는 것은 허무주의자가 되어 현실을 포기하는 것이 아니다. 집착은 우리가 집착하는 대상을 사사로운 이해에 따라 영원 불변한 나의 것이라는 실체로 생각할 때 일어나는 현상이다. 집착은 육감의 대상에 대한 욕망이며, 불교는 이 욕망 혹은 욕심을 버릴 때 자유롭다고 말한다. 이는 초기 경전이나 후기의 『금강경』이나 『화엄경』과 같은 대승 경전에서 모두에서 일관되게 언급되며, 원불교에서도 마찬가지이다.

> 믿음이 노잣돈이고 / 행운이 보물창고이며 / 욕망이 세상에서 버리기 어려운 것이네 / 줄에 묶인 새와 같이 / 뭇 삶들은 자신의 욕망에 묶여 있네. 『쌍윳타 니까야』 1권: 110

> 색깔과 소리와 냄새와 맛과 감촉의 / 감각에 즐거운 것들 / 거기서 나의 욕망은 떠났으니 / 죽음의 신이여, 그대가 패했다. 『쌍윳타 니까야』 1권: 255

> 빛깔, 소리, 맛, 냄새, 감촉과 모든 마음의 대상은 / 세상 사람을 유혹하는 무서운 미끼여서 / 세상 사람들은 거기에 말려드네. 『쌍윳타 니까야』 1권: 258

> 나의 설법을 뗏목에 비유하면 강을 건너는 뗏목으로 알고 강을 건넜으면 응당 뗏목을 버려야 할 것이다 진리法마저도 버려야 하거늘, 하물며 진리 아닌 것이야 두 말할 나위도 없지 않은가![16]

> 모든 보살과 마하살은 마땅히 이와 같이 청정한 마음을 내야 한다. 마땅히 모양에 집착하는 마음을 일으켜서도 안 되며 소리, 향기, 맛, 촉감, 의식의 대상에 머무르는 마음을 일으켜서도 안 된다. 응당 그 어디에도 집착함이 없이 자기 마음을 내야 한다.[17]

시방의 모든 세계 두루 가득히 / 한량없는 몸들을 나타내지만 / 이 몸이 인연으로 생긴 줄 알면 / 필경에 집착할 것 아주 없나니 / 둘이 없는 지혜를 의지하여서 / 사람 중의 사자가 나타나나니 / 둘이 없는 법에도 집착 안 해야 / 둘이 다 둘 아님이 없음을 알리.[18]

… 여의보주如意寶珠가 따로 없나니, 마음에 욕심을 떼고, 하고 싶은 것과 하기 싫은 것에 자유자재하고 보면 그것이 곧 여의보주니라.『원불교전서』대종경 요훈품 13장

그러나 희로애락, 습관과 업력에 끌리는 중생이 집착을 내려놓기 위해서는 훈련이 필요하고 이런 측면에서 불교는 중생들에게 자유롭기 위해서는 계율을 지킬 것을 요구한다. 계율은 자유롭기 위한 수행의 발판이다.

계율과 삼매와 지혜로 / 깨달음에 이르는 길을 닦아서 / 나는 위 없는 청정한 삶에 이르렀으니 / 죽음의 신이여, 그대가 패했다.『쌍윳타 니까야』 1권: 238

계율이 늙을 때까지 좋은 것이고 / 믿음이 좋은 의지처이며 / 지혜가 인간의 보물이고 / 공덕이 도둑이 빼앗기 어려운 것이네.『쌍윳타 니까야』 1권: 92

집착을 내려놓고 자유로움을 얻은 주체는 집착하는 바가 없으므로, 객체를 도구적 대상으로 보는 것이 아니라 생기하는 또 다른 주체로 있는 그대로 보고 듣고 소통할 수 있다. 여기서 인본주의·인간 중심주의를 벗어나는 만유 평등론 혹은 온생명 평등론과 무위의 능력이 생긴다. 아래 『화엄경』의 문구는 성품 자리에서 본 만물의 평등성을 말하고 있다.

여래의 출현함을 알면 곧 한량없음을 아나니 한량없는 행을 성취함을 아는 까닭이다. 곧 광대함을 아나니 시방에 두루함을 아는 까닭이다. … 몸이 없음을 아나니 허공과 같음을 아는 까닭이다. 곧 평등함을 아나니 일체중생이 다 '나'가 없음을 아는 까닭이다.[19]

중생이나 세계나 모든 겁이나 / 여러 부처와 법 아닌 것들이, / 모두가 환상과 같아서 / 법계가 한결같이 평등하니라.[20]

또한 집착을 내려놓는 데서 무위無爲의 위력이 생긴다. 무위는 글자의 뜻은 '아무것도 하지 않음'으로, 서구 학자들은 이를 non-action, inactivity로 번역하기도 했다. 그러나 무위는 아무 것도 하지 않는 관조적 태도가 아니라 존재자의 자기 생성력, 자유를 구속·억압하는 방임적인 작위를 하지 않는다는 의미에서의 무위일 뿐, 실은 사물과 하나 되어 움직이는 왕성한 활동력이다. 이를 기술하는 노자의 아래 문구들은 오늘날의 용어로는 만개한 '주민 자치', '일 하는 사람들의 자치'를 연상시킨다. 앞에서 언급했듯이 희로애락에 끌려다니는 게 아니라 희로애락을 노복같이 부려 쓰는 무위는 부처의 행이고 이는 현대가 요구하는 민民 주도의 가치관과 일치한다.

이로써 성인은 무위의 일에 처하여 무언의 가르침을 행한다. 만물이 일어나도 말하지 않고 생겨도 소유하지 않고….[21]

그러므로 성인은 말하기를 내가 하는 것이 없으면 백성이 절로 화하고, 내가 고요한 것을 좋아하면 백성이 절로 바르고, 내가 일이 없으면 백성이 절로 넉넉하고, 내가 욕심이 없으면 백성이 절로 순박해진다고 했다.[22]

3장

이 장에서는 내가 지난 10년 동안 불교와 여성을 연관시켜
수행한 생명여성주의로서의 불교여성주의 연구들을 소개한다. 생명여성주의는 불
교·노장과 같은 동양의 생명 철학 또는 살림의 전통이나, 이것들과 서구 생태주의
사상의 통합에 기반을 두고 한국 및 동아시아의 역사·문화 맥락을 사상시키지 않는
지구·지역적 흐름 속에서 여성 문제와 생태 문제를 통합적으로 연구하고 실천해
가고자 하는 나의 이론적·실천적 지향을 표현해 주는 기표이다.

이 장 전편을 흐르는 또 하나의 문제의식은 한국 역사에서 관찰되는 비非가부장적
전통의 흔적들과 그 연원에 대한 궁금증이다. 신사임당의 예에서 보듯이 조선 중기
까지도 부거제夫居制는 정착되지 않았다. 신사임당의 친정은 아들이 없었기에 결혼
몇 달 후 아버지가 세상을 떠나자 친정에서 3년상을 마치고 남편 있는 서울로 올라
갔으며, 그 이후로도 이따금 친정에 가서 홀로 사는 어머니와 같이 지냈다. 우리의
역사를 들여다보면, 도저히 가부장제 풍습이라고는 볼 수 없는 이 같은 전통들이 눈
에 띈다. 즉 씨받이나 혹된 시집살이, 자살까지 강요한 열녀 문화와는 다른 결의 전
통이 관찰되는데, 이 전통들을 어떻게 설명할 수 있을까? 이런 전통의 연원은 무엇
일까? 이것은 나만의 궁금증이 아님에도 불구하고 그 연원에 대한 연구는 아직 제대
로 이루어지고 있지 않은 듯하다.

3. 불교, 한국 문화, 여성

1. 한국의 대모신 신화 : 마고 신화

한국에서 가장 오래된 신화는 『부도지』가 전하는 마고 신화이다. 원래의 『부도지』는 『징심록』 15지 가운데 제1지로 신라의 박제상이 적어도 419년 이전에 기록하였고, 영해박씨 종가에서 필사하여 대대로 전해져 내려왔으며, 조선 세조 이전까지는 책의 내용이 상당히 알려져 있었다고 한다. 하지만 세조에 반기를 들었다가 박씨 집안은 풍비박산되었고 그 와중에 이 책은 김시습에게 전해졌다가, 우여곡절을 겪으며 해방 전 박금朴錦, 1895.10~1969.10 씨 대에까지 전해졌다. 그러나 박금 씨는 이 책을 해방 후 월남할 때 두고 내려왔다. 이에 한을 품은 박금 씨가 1953년 울산의 피난소에서 과거에 『징심록』을 번역하고 연구하던 때의 기억을 되살려 거의 원문에 가깝게 되살려 내었다. 그래서 『부도지』는 사료로서의 가치를 인정받지 못하고 사학계로부터 외면당하고 있다『부도지』 초판 서문. 또한 이 설화를 역사에 직대입하여 인류는 아프리카에서 처음 출현하였다는 정설에 비추어 『부도지』의 설화가 사적인 자료로 인정되지 않기도 한다.

그러나, 기억에 의존하는 것은 무조건 사료적 가치가 없는 것일까? 구술사 연구도 구술자의 기억은 주관적이고 이는 구술이 거짓된 기억의 왜곡을 거쳤기 때문에 사학 연구가 채택해서는 안 되는 방법론이라는 비판을 주류 사학자들로부터 받는다. 이런 비판에 대해 폴텔리Portelli, 1998는 기록 문서도 출처를 알 수 없는 구술 자료가 통제되지 않고 수록·전승된 것에 불과한 경우가 종종 있으며, 이는 의회 기록문, 회의와 회담의 의사록들, 그리고 신문에 보도된 인터뷰들에게도 모두 적용되지만, 이 모든 자료들은 표준 역사 연구에서 정당성을 인정받으면서 광범위하게 사용되는 자료들이라고 말한다. 기록 문서라는 것들도 대개 문서가 전해 주는 사건이 일어난 후에, 그리고 종종 그 사건에 참여하지 않았던 사람에 의해 쓰여지기 때문에 기록 문서와 구술 받은 문서 간의 절대적 차이는 없다는 것이다. 폴텔리의 이러한 비판은 사료의 궁극적 기원은 구술일 수밖에 없음을 말해 준다. 폴텔리의 사료관에 입각할 때, 현재 존재하는 『부도지』의 마고 신화는 신라 시대 때부터 문서 기록으로 전승되어 온 『부도지』에 대한 유사한 기록이라는 신뢰를 전제로, 적어도 가장 오래된 민족 신화로서의 가치는 인정할 수 있다.

『부도지』의 마고 신화의 역사성은 문자 그대로의 실증적 역사성이 아니라 한민족이 형성될 당시의 집단 정체성을 보여 주면서, 동시에 그 시대를 뛰어넘는 모종의 집단 무의식을 보여 주는 원형이라는 데서 찾아야 할 것이다. 고구려의 '다물'이 회복이라는 뜻을 지니며, 고주몽은 다물을 연호로 국력 회복에 혼신의 노력을 기울였고, 박혁거세는 부도를 본받아 소부도를 건설했다김은수, 2004: 254. 이는 한민족의 후예들의 귀향의 이상이 마고성으로의 복본復本이라는 것과 마고 신화가 한민족의 정신적 정체성의 원형임을 간접적으로 말해 준다. 한편 뒤에서 언급하겠지만 '살림'은 마고성 시대에 발화된 언어임을 추측해 본다. 또한 한국 고대의 굿인 계불禊祓의식은 마고 신화에 나오는 오미의 화에 보상하게 함으로써 재앙을 멎게 하려는 육신고 충肉身苦衷의 고백에 닿아 있다고 한다『부도지』: 47. 앞으로 더 많은 전문적 연구 와 토론이 필요하겠지만 이같이 마고 신화는 민족 정체성의 핵이라 할 수 있다는 가정하에, 뒤에서 약간 길더라도 이 책이 기술하고 있는 한민족의 마고 여신 신화를 소개하고자 한다.

마고 신화는 한국 무속의 첫 신화이며 인류 보편의 대모신大母神, Mother Goddess 신화의 한국판본이다. 인류 고대의 신화들을 살펴보면 창조 과정에 남신이 등장하는 것은 기원전 3, 4천 년 무렵부터이다. 그 이전의 신화에는 지구와 별, 인간과 자연, 생과 사 모든 것이 대모신에게 구현되어 있고 대모 신은 새 생명 창조를 시작하는 바다, 물, 알의 신비, 자연 속의 원시적 힘으 로 우주와 자연 인간을 창조한다. 예를 들면 이집트의 원시 바다인 여신 넌 Nun은 태양신 아툼Atum을 낳고 아툼이 이 우주의 나머지 것들을 창조한다. 바벨론의 여신 티마Timat는 그녀의 배우자와 남신, 여신을 출산하고, 그리스 의 여신 가이아Gaia는 처녀 출산으로 하늘인 우라노스Uranos와 인간을 창조한 다Lerner, 1986: 149. 이스타Ishtar 여신에 대한 아래의 기도를 보면, 그 신적 지위는 오늘날의 하나님에 비견될 만하다.

영광의 이스타시여, 우주를 통치하십니다. 이스타 영웅 이시타시여, 인류를 창조하시고 가축들의 앞을 거니시며 목자를 사랑하시고 낙심에 빠지고 고 통에 빠진 자들에게 정의를 주시는 당신은 정의입니다. 당신 없이는 강이 열 리지 않아, 우리에게 생명을 주는 강은 물길을 닫아 버릴 것이며 당신이 없 으면 물길은 열리지 않아 마실 물을 주는, 여기 저기 흩어져 있는 물길은 닫

혀질 것입니다. … 자비로운 이스타 여신이시여… 내 기도를 들으시고 내게
자비를 내려주소서.앞글: 142

기원전 3, 4천 년경이 되어야 비로소 창조 과정에 대모신의 배우자나 아들 형제로 남성신이 참여하는 신화가 모습을 보인다. 신화사에 따르면 마고 신화는 대모신 시대의 전형적인 여신 창조 신화의 모습과 동시에 남성 주도의 역사 시대로의 변천을 보여 준다. 마고의 계보가 3대 황궁씨에서부터 남성으로 전환되고 있기 때문이다. 그럼에도 불구하고 단군으로 이어지는 이 남성 왕들은 끊임없이 마고성 시대를 그리워하며 그 낙원을 회복하는 것을 목표로 하였다는 점은 음미해 볼 여운을 남긴다. 이는 남성 주도 사회가 되어도 그들의 이상은 남성 주도를 몰랐던, 평화로웠던 할머니 마고 시대의 본성을 찾는 것이었기 때문이다. 이는 마고가 유구한 역사를 통해 강력한 한 민족의 원형, 마음으로 지속해 왔음을 말해 준다. 마고 신화를 읽어 보면 이것이 어떻게 가능한지를 알 수 있다. 웅혼함과 아름다움과 무한한 너름과 깊이를 마고 신화에서 느낀다면 답은 찾아진 것이다.

개인적으로는 '살림'을 불성의 깨달음과 같은 수준의 깨달음으로 느끼면서, 이 말을 발화한 수만 년 전의 흔 어머니(들)의 웅혼한 마음을 느껴 왔다. 『부도지』의 마고 신화를 읽고는 비로소 "아, 살림을 발화한 분들은 바로 이 어머니들이었구나."라는, '아하!' 하는 느낌이 바로 왔다.

인류 뇌의 기본형은 300만 년 전에 확고해졌고, 언어는 극히 최근, 5만 년 전쯤에 폭발적으로 이루어진 문명의 진보와 함께 뒤늦게 '발명' 되었다고 추정된다리차드 리키, 로저 레윈, 1983: 235, 242. 몇백만 년을 일상의 위태로운 생존을 지탱해 가며 숙성시키고 숙성시켜 오다가 5만 년 전후의 어떤 시점에 어머니들은 "그래, 살림이야!"를 불현듯 발화하지 않았을까? 그 얼은 예수의 얼,

부처의 얼과 일맥상통한 얼로 다가온다. 이미 300만 년 전에 생각하는 존재로 등장한 인간인데, 왜 부처 이전의 부처, 예수 이전의 예수가 없었을까?

처음 살림을 발화한 어머니들의 말솜씨는 이제 청산유수가 되어 감을 『부도지』는 말해 준다. 이 어머니들은 아름다운 율려의 음 속에서 여신들에 의해 인간이 창조되었고, 그 인간들은 지유地乳를 먹고 살았다는 아름다운 창세 설화, 마고 신화를 말한다.

마고 신화*

선천시대에는 오직 8려呂의 음만이 하늘에서 들려왔고 실달성과 허달성, 마고대성이 모두 이 음에서 나왔다. 짐세朕歲** 이전에 율려가 몇 번 부활하여 별들이 출현하였고 짐세가 몇 번 종말을 맞이할 때, 희로의 감정이 없는 마고가 선천을 남자로 후천을 여자로 하여 배우자 없이 궁희와 소희를 낳아 두 딸에게 오음칠조의 음절을 맡아 보게 하였다. 성에서 지유地乳가 처음으로 나오니, 궁희와 소희 역시 선천과 후천의 정精을 받아 결혼하지 아니하고 각각 네 천인과 네 천녀를 낳아 지유를 먹여 그들을 길렀다. 그리고 네 천녀에게는 여呂, 네 천인에게는 율律을 맡아 보게 하였다.

후천의 운이 열렸다. 율려律呂가 다시 부활하여 곧 향상響象: 공명되거나 울려서 나는 소리을 이루니, 성聲과 음音이 섞인 것이었다. 마고가 실달대성을 끌어당겨 천수天水 지역에 떨어뜨리니 실달대성의 기운이 상승하여 수운의 위를

---

*박제상, 김은수 번역 · 주해, 『부도지』, 한문화, 2002, 17~41쪽을 요약함.
**짐세는 선천시대와 후천시대의 중간시대인 중천시대로 추정된다. 우주력 12개월 1년은 지구력 129,600년이고 이 중 29,600년은 빙하기이므로 인간이 살기 힘든 중천시대이고 앞 5만 년이 선천, 뒤 5만년이 후천이 된다고 한다.

덮고, 실달의 몸체가 평형하게 열려 물 가운데에 땅이 생겼다. 땅과 바다가 나란히 늘어서고 산천이 넓게 뻗었다. 이에 천수의 지역이 변하여 육지가 되고, 또 여러 차례 변하여 수역水域과 지계地界가 다 함께 상하를 바꾸며 돌므로 비로소 역수曆數가 시작되었다. 그러므로 기氣·화火·수水·토土가 서로 섞여 빛이 낮과 밤, 그리고 사계절을 구분하고 풀과 짐승을 살지게 길러 내니, 모든 땅에 일이 많아졌다.

이에 네 천인이 만물의 본음本音을 나누어 관장하니, 토를 맡은 자는 황黃이 되고 수를 맡은 자는 청靑이 되어 각각 궁宮을 만들어 직책을 수호하였으며, 기를 맡은 자는 백白이 되고 화를 맡은 자는 흑黑이 되어 각각 소巢; 망루, 망대를 만들어 직책을 지키니, 이로 인하여 성씨姓氏가 되었다.

이로부터 기와 화가 서로 밀어 하늘에는 찬 기운이 없고 수와 토가 감응하여 땅에는 어긋남이 없었으니, 이는 음상音像이 위에 있어 언제나 비춰 주고 향상이 아래에 있어 듣기를 고르게 해 주는 까닭이었다.

이때에 본음을 맡아서 다스리는管攝 자가 비록 여덟 사람이었으나 향상을 바르게 밝히는修增 자가 없었기 때문에 만물이 잠깐 사이에 태어났다가 잠깐 사이에 없어지며 조절이 되지 않았다. 마고가 곧 네 천인과 네 천녀에게 명하여 겨드랑이를 열어 출산하였다. 이에 네 천인이 네 천녀와 결혼하여 각각 삼남 삼녀를 낳았다. 이들이 지상에 처음으로 나타난 인간의 시조始祖였다. 그 남녀가 서로 결혼하여 몇 대를 거치는 사이에 족속이 불어나 각각 삼천 사람이 되었다. 이로부터 열두 사람의 시조는 각각 성문을 지키고, 그 나머지 자손은 향상을 나누어 관리하며 하늘과 땅의 이치를 바르게 밝히니, 비로소 역수曆數가 조절되었다. 성 안의 모든 사람은 품성稟性이 순정純情하여 능히 조화를 알고, 지유를 마시므로 혈기가 맑았다. 귀에는 오금烏金이 있어 천음을 모두 듣고, 길을 갈 때는 능히 뛰고 걸을 수 있으므로 오고감이 자유로웠다.

임무를 마치자 금金은 변하여 먼지가 되었으나 그 본바탕本性을 보전하여, 영혼의 의식魂識이 일어남에 따라 소리를 내지 않고도 능히 말하고, 때에 따라 백체魄體가 움직여 형상을 감추고도 능히 행동하여, 땅 기운 중에 퍼져 살면서 그 수명이 한이 없었다.

백소씨 족의 지소씨가 여러 사람과 함께 젖을 마시려고 유천乳泉에 갔는데, 사람은 많고 샘은 작으므로 여러 사람에게 양보하고 자기는 마시지 못하였다. 이런 일이 다섯 차례나 되었다. 곧 돌

무의사의 마고상

아와 보금자리巢에 오르니 배가 고파 어지러워서 쓰러졌다. 귀에서는 희미한 소리가 울렸다. 그리하여 오미五味를 맛보니, 바로 보금자리 난간의 넝쿨에 달린 포도 열매였다. 지소씨는 일어나 펄쩍 뛰었다. 그 독의 힘 때문이었다.

곧 보금자리의 난간에서 내려와 걸으면서 노래하기를, "넓고도 크도다 천지여! 내 기운이 능가하도다. 이 어찌 도道이리요! 포도의 힘이로다."라고 하였다. 모든 사람들이 다 지소씨의 말을 의심하였다. 지소씨가 "참으로 좋다."고 하므로 여러 사람들이 신기하게 생각하고 포도를 먹으니, 과연 그 말과 같았다. 이에 모든 종족에 포도를 먹은 자가 많았다.

백소씨의 사람들이 듣고 크게 놀라 곧 금지하고 지키니, 이는 금지하지

아니하더라도 스스로 금지하는 자재율自在律을 파기하는 것이었다. 이때에 열매를 먹는 습관과 수찰을 금지하는 법이 시작되니, 마고가 성문을 닫고 수운水雲의 위를 덮고 있는 실달대성의 기운을 거두어 버렸다.

열매를 먹고 사는 사람들은 모두 이齒가 생겼으며, 그 침은 뱀의 독과 같이 되어 버렸다. 이는 강제로 다른 생명을 먹었기 때문이었다. 수찰을 하지 않은 사람들은 모두 눈이 밝아져서 보기를 올빼미와 같이 하니, 이는 사사로이 공률公律을 훔쳐보았기 때문이었다.

그런 까닭으로 사람들의 피와 살이 탁해지고 심기가 혹독해져서 마침내 천성을 잃게 되었다. 귀에 있던 오금이 변하여 달 속에 있는 모래가 되므로 끝내는 하늘의 소리를 들을 수 없게 되었다. 발은 무겁고 땅은 단단하여 걷되 뛸 수 없었으며, 만물을 생성하는 원기胎精가 불순하여 짐승처럼 생긴 사람들을 많이 낳게 되었다.

사람의 수명이 조숙하여 그 죽음이 변하여 바뀌지 못하고 썩게 되었으니, 이는 생명의 수壽가 얽혀 미혹하게 되고 줄어들었기 때문이었다.

이에 사람들이 원망하고 타박하니, 지소씨가 크게 부끄러워하며 얼굴이 붉어져서 거느린 무리를 이끌고 성을 나가 멀리 가서 숨어 버렸다. 또 포도 열매를 먹은 자와 수찰을 하지 아니한 자 역시 모두 성을 나가 이곳 저곳으로 흩어져 가니, 황궁씨가 그들의 정상을 불쌍하게 여겨 고별하여 말하기를, "여러분의 미혹함이 심히 커서 본바탕이 변이한 고로 어찌할 수 없이 성 안에서 같이 살 수 없게 되었소. 그러나 수중하기를 열심히 하여 미혹함을 깨끗이 씻어 남김이 없으면 자연히 천성을 되찾을復本 것이니 노력하고 노력하시오"라고 하였다.

이때에 기氣와 토土가 서로 마주치어 때와 절기를 만드는 빛이 한쪽에만 생기므로 차고 어두웠으며, 수水와 화火가 조화를 잃으므로 핏기 있는 모든 것들이 시기하는 마음을 품으니, 이는 빛을 거둬들여서 비추어 주지 아니하고 성문이 닫혀 있어 들을 수 없기 때문이었다.

더구나 성을 떠난 사람들 가운데 전날의 잘못을 뉘우친 사람들이 성 밖에 이르러 직접 복본을 하려고 하니, 이는 복본에 때가 있는 것을 모르는 까닭이었다. 곧 젖샘을 얻고자 하여 성곽 밑을 파헤치니 성터가 파손되어 샘의 근원이 사방으로 흘러내렸다. 그러나 곧 단단한 흙으로 변하여 마실 수 없었다. 그러한 까닭으로 성 안에 마침내 젖이 마르니 모든 사람들이 동요하여 풀과 과일을 다투어 취하므로, 혼탁이 지극하여 맑고 깨끗함을 보전하기가 어렵게 되었다.

황궁씨가 모든 사람들 가운데 어른이었으므로, 곧 백모白茅를 묶어 마고 앞에 사죄하여 오미의 책임을 스스로 지고 복본할 것을 서약하였다. 물러나와 여러 종족들에게 고하기를, "오미의 재앙이 거꾸로 밀려오니 이는 성을 나간 사람들이 하늘과 땅의 이치와 법도를 알지 못하고 다만 어리석음이 불어났기 때문이다. 청정은 이미 없어지고 대성大城이 장차 위험하게 되었으니 앞으로 이를 어찌할 것인가!"라고 하였다.

이때에 천인들이 나누어 살기로 뜻을 정하고 대성을 완전하게 보전하고자 하므로, 황궁씨가 곧 천부를 신표로 나누어 주고 식량을 만드는 법을 가르쳐 사방으로 나뉘어 살 것을 명령하였다. 이에 청궁씨는 권속을 이끌고 동쪽 사이의 문을 나가 운해주로 가고, 백소씨는 권속을 이끌고 서쪽 사이의 문을 나가 월식주로 가고, 흑소씨는 권속을 이끌고 남쪽 사이의 문을 나가 성생주로 가고, 황궁씨는 권속을 이끌고 북쪽 사이의 문을 나가 천산주로 가니, 천산주는 매우 춥고 위험한 땅이었다. 이는 황궁씨가 스스로 떠나 복본의 고통을 이겨 내고자 하는 맹세였다. 『부도지』

2. 가부장제 역사 속에서의 불교, 도교와 여성

이 장에서는 우리 역사 속에서 불교와 도교가 여성의 삶과 어떤 관계를 맺어 왔는가를 통사적으로 살펴보고자 한다. 불교와 노장사상과 같은 동양의 유기체적 세계관은 그 포괄성과 깊이에서 21세기가 요구하는 생태 철학으로 손색이 없어 보인다. 그러나 이 장에서 살펴볼 역사 속에서의 불교와 도교는 여성의 삶의 자율성을 고양시켜 주는 면도 확인되지만, 가부장제 사회라는 역사적 배경 속에서 그 영향력이 제한되거나 성 차별주의와 타협하는 양상 또한 관찰된다. 이는 불교와 도교가 자신의 사상을 역사화하는 데는 그다지 성공적이지 못했음을 말해 준다. 다시 이것은 여성주의자가 왜 그냥 생태주의나 생명사상으로 만족할 수 없고 생명여성주의*를 말하게 되는가의 이유가 되기도 한다.

서설에서 이야기하였듯이 불교는 내게 단순한 이론적 연구 대상이 아니다. 나는 불교와 여성을 연구하는 연구자이기 이전에 절과 선, 염불을 하고 경전을 읽으며 중생심에 대한 성찰의 끈을 놓치지 않고 살아가고자 하는 원불교 불자이다. 불가와 도가의 수련이 접목된 수련을 하며 건강을 회복하였고, 수련 체험을 통해 불교 철학을 머리로만이 아니라 몸과 마음으로 이해

---

* 이 용어는 1998년 박사논문 「생명여성주의의 존재론적 탐구 : 반야불교와 노자의 '마음' 개념에 기초한 신인간형의 모색」에서부터 써 오기 시작해서 「생명여성정치의 현재와 전망」(2005)에서는 현대 여성생명운동의 맥락과 접합시키려는 방향에서 그 특징을, 1) 초록정치의 조건들 - 생태주의 세계관, 자치, 마음을 바탕으로 하는 감수성과 소통의 정치 - 을 원만하게 체화해 가고자 하는 노력, 2) 성찰적인 생명 감수성(마음의 인문 사회학적 표현임)에 기초하거나 생명 감수성의 회복을 수반하는 삶의 과정의 포함, 3) 통합성으로 정리했었다.

해 갈 수 있었다. 불교 연구자로서의 이런 배경이 있었기에 불교와 관련한 나의 첫 질문은 역사 속의 불교와 여성의 관계에 대한 것이었다. 대개 종교는 성 차별적이다. 불교도 과연 그러했을까? 다름이 있다면 무엇일까? 극복해야 할 것이 있다면 그것은 무엇인가? 이전부터 쭉 흘러온 역사의 연장선상에서 불자인 여성들이 서 있는 위치는 어디인가? 이런 것이 역사 속의 불교와 여성에 대한 나의 질문이었다. 그러나 아시아에서 불교만큼, 혹은 불교보다 더 오랫동안 여성과 동거해 온 종교는 도교 혹은 무속이다. 따라서 위 질문들은 불교와 도교 모두에 해당한다. 따라서 이 글은 이 질문들을 불교와 무속 모두에게 던지고 그 답을 찾아간다.

다른 한편으로 이 글은 생명여성주의자로서 탈식민주의 여성주의 담론에 대한 대응의 성격도 지닌다. 아시아적 가치가 충효와 같은 유교적 가치로 동일시되는 경향이 있는 이른바 '아시아 담론'에 대해, 탈식민주의 여성주의자들은 이 담론이 기존의 가부장제를 공고화하고 남성 지배 엘리트의 자아를 부추기는 권력으로 작동한다고 보고 이를 경계하고 비판한다조혜정, 1998. 탈식민주의 여성주의는 서구 중심주의에 저항함은 물론, 이렇듯 '내적 식민화'에 저항하는 것을 특징으로 한다. 그러나 탈식민주의 여성주의는 한편으로는 서구 페미니즘이 지식 생산과 분배의 통제권을 잡는 것에 도전할 필요성을 말하면서, 다른 한편으로는 포섭이나 굴복이 아닌 협상으로서의 서구 페미니즘 인식론의 수용을 말한다. 이는 서구 페미니즘의 인식론이 제3세계 페미니즘에 무시할 수 없을 정도로 침투해 있는 현실을 인정할 수밖에 없다고 보기 때문이다태혜숙, 2001; 김현미, 1999.

생명여성주의자로서의 나는 이 같은 탈식민주의 여성주의의 서구 여성주의에 대한 성찰적 협상이라는 전략을 비서구 여성주의자가 택할 수 있는 선택지의 하나로 보되, 유일한 선택지로 보지는 않는다. 아시아적 가치를 원시 유교와 달리 경직화된 후대 유교의 가부장적 가치와 동일시하기에 앞서, 불교·노장 사상과 같은 다양한 아시아적 가치를 음미할 필요성을 느낀다. 서구 페미니즘의 성찰적 협상 못지않게 그 이상으로 중요한 것이 서구 페미니즘 수용 이전의 각 나라의 여성사와 여성 문화를 읽어 내는 작업이라고 생각한다. 그 독해 속에서 비판할 것이 있다면 비판하고 혹 그 속에서 비非가부장적 전통의 흔적을 찾아낼 수 있다면, 이를 기억해 내고 현대적으로 전승하는 작업이 탈식민주의 여성주의 연구가 수행해야 할 중요한 한 부분이라고 생각한다. 이 글은 이러한 생각에 따라 오랜 세월 동안 이 땅의 여성들이 긍정적으로든 부정적으로든 의지해 살아 왔고 오늘날도 의지해 살고 있는 불교와 무속을 여성의 경험과 연관시켜 통사적으로 살펴보고 있다. 이 통사적 역사의 연장선상에서 무엇을 극복하고 무엇을 계승해야 하는 지점에 서 있는가를 개괄적으로나마 탐구해 본 것이다.

고대 아시아에서 불교, 도가와 여성 : 인도와 중국을 중심으로

힌두교는 상류계급의 남성들만이 해탈할 수 있다고 한 반면에, 붓다는 고집멸도苦集滅道라는 사성제四聖啼*를 기꺼이 따르기만 하면 어떤 사람도 해탈할 수 있다고 하였다. 이러한 설법에 따라 붓다와 그의 제자들 시대에는 남성이나 여성이나 똑같이 번뇌를 소멸시키고 불교가 이상으로 하는 최고의 경지에 이르러 아라한阿羅漢이 될 수 있다고 생각하였고 실제 초기 경전에는

---

* 괴로움을 의미하는 고苦, 기쁨과 탐욕을 끊임없이 낳아 고의 기원이 되는 집集, 괴로움의 멈춤을 의미하는 멸滅, 고의 소멸에 이르는 길인 도道를 일컫는데, 이는 불교 최고의 교의로 여겨진다. 월포라 라후라 외, 1983: 26-60; 콘즈, 1990(b): 72-80, 칼루파하나, 1992: 89-96 참고

그런 예들이 소개되고 있다.

> 빠삐만 : 성자만이 도달할 수 있을 뿐 / 그 경지는 성취하기 어렵네 / 두 손가
> 락 만큼의 지혜를 지닌 / 여자로서는 그것을 얻을 수가 없네
> … 그때 수행녀 쏘마는 '이는 악마 빠삐만이다' 라고 알아채고 악마 빠삐만
> 에게 시로써 이야기했다.
> 쏘마 : 마음이 잘 집중되어 / 최상의 법을 보는 자에게 / 지혜가 나타난다면 /
> 여성의 존재가 무슨 상관이랴? 이와 같이 생각하는 사람에게 / 나는 남자다
> 또는 여자다 / 그렇지 않으면 도대체 무엇이다라고 / 말해야 한다면 그는 악
> 마일 뿐이리. 『쌍윳타 니까야』 1권: 291-292, 악마 빠삐만과 수행녀 쏘마의 대화

이 외에도 초기 불전 『비구의 고백, 비구니의 고백』에는 깨달음을 성취한 여성들이 해탈의 기쁨을 읊조리는 수많은 문구들이 소개되고 있다. 그 중 하나를 보면 다음과 같다.

> 가정과 자식, 그리고 가축을 뒤로 하고 출가하여 탐욕과 분노를 떨쳤으며,
> 무명無明을 제거하고 망집妄執을 근절한 저는, 고요한 마음과 더불어 평안을
> 얻었습니다.

초기 불교의 여성들은 가르치며 설법하고, 종교적인 목적에 시간과 돈을 썼으며, 불교는 여자가 결혼을 하지 않고도 사는 방법을 제공해 주었다. 당시 불교의 결혼관에 의하면 부부는 동등하였다. 예를 들면 아이가 승가에 들어가려면 아버지와 어머니 승낙을 모두 얻어야 했으며, 기혼 여성은 상속받은 재산을 스스로 관리할 수 있었다카모디, 1992: 60. 위 문구는 여기서 더 나

아가 혼인한 여성이 혼인 상태를 중단하고 출가할 수도 있었음을 말해 준다.

그러나 붓다가 입멸한 후 수 세기가 지나 기원전 2세기경, 불교가 20여 교단으로 분리되는 부파部派불교 시대가 되면서 여성은 위험스러운 요물이며 성불할 수 없다는 견해가 대두된다. 여성불성불女性不成佛 사상이 대두될 무렵 인도 여성의 지위는 초기 불교 시대와 달리 하락되어 있었고, 이러한 역사적 분위기 속에서 『마누법전』의 여성 멸시 사상을 불교 논사論師들은 아무 거리낌 없이 반영하게 되었던 것이다. 그 결과 힌두교와 마찬가지로 불교도 결과적으로 여성을 굴종적인 노예로 만들어 버리게 되었다. 여성불성불 사상은 초기 대승불교 시대로 옮겨오면서 변화하는 양상을 보이게 된다. 여성은 성불은 하지만 남자 몸으로 변화하여 성불한다는 '변성남자'變成男子라는 새로운 사상이 『증일아함경』增一阿含勁이나 『팔천송반야경』八千頌般若勁, 『대무량수경』大無量壽勁, 『대아미타경』大阿彌陀勁 등에 나타나고 있다이영자, 1985: 64-67; 카모디, 1992: 61-63.

2세기에서 4세기의 대승 경전 성립 시기가 되면 여성은 여성의 몸 그대로 성불할 수 있다는 '즉신성불사상'即身成佛思想이 나타난다이영자: 68. 예를 들면, 『승만경』에서 부처는 승만 부인에게 두 아승지겁이 지난 후에 '보광여래응정변지'普光如來應正遍知라는 이름의 부처가 될 것을 수기受記한다.

또한 가톨릭이 기독교 성립 이전의 여신 신앙을 마리아 신앙으로 수용한 것과 유사하게 불교 역시도 민중의 여신 신앙을 불교적으로 수용하는 면모가 보인다. 예를 들면 완전한 깨달음, 지혜의 완성을 뜻하는 '반야바라밀다'般若波羅蜜多는 '프라즈나파라미타'prajna-paramita라는 산스크리트어의 음역인데, 프라즈나파라미타는 지혜의 여신이었다카모디, 1992: 69. 또한 콘즈는 『반야심경』의 끝 부분을 "가버린 이여, 가버린 이여, 넘어서 가버린 이여, 완전히 넘어서 가버린 이여, 오, 완전한 깨달음이여, 만세! 이것으로 완전한 지혜의 핵심은 완성되느니라."[23]라고 번역하고 있는데, 여기서 만세를 의미하는 스바하Svaha는 탄트라 체계Tantric System에서 여성신에게 탄원하는 만트라들을 위해 준비된 것이다콘즈, 1990: 146. 또한 동북 아시아권 불교에서 가장 지배적인 신앙의 대상인 관음보살도 후대에 이르러서는 여성으로 신앙되며, 관음보살의 천 개의 손과 천 개의 눈은 무제한적이고 모든 것을 볼 수 있는 자비를 상징한다카모디, 1992: 91.* 보현보살 역시 "수려하고 풍만한 용모로 크고 온순한 코끼리 등에 앉아 눈을 약간 내려뜨고 입술을 가늘게 다물고 있으며 미소를 머금고 있는 것 같은 표정을 보이는 여성"으로 표현된다카마타 시게오, 1992: 297-98. 도솔천이 도래하는 그날까지 지옥문 앞에 앉아 지옥불에 떨어진 한 영혼이라도 구하려고 애를 쓴다는 지장보살 역시 여성으로 표현된다. "지장보살은 인도 신화 가운데 브라만교의 지천地天에서 유래된 것이다. 지천은 인도 아리안족의 신화에서 최고의 여신으로 대지를 신격화시킨 것이다." 브라만교에서 브라만은 하늘을 수호하는 신인데 반해 "지천은 하방下方의 지地를 수호하고 대지신녀大地神女의 이름에 의해 재산을 모으고 병을 치료하고 적을 항복시킬 때에 초청되는 여신으로 신앙된다." "지장보살의 범명梵名은 Ksitigarbha로, ksiti는 땅을 의미하고 garbha는 태胎 혹은 자궁子宮이라 번역되며 포장包藏한다는 의미가 있다. 곧 지장은 대지와 같이 만유萬有의 모체이며 만유를 평등하게 자라게 하고 성취시키는 힘을 갖는 것이라는 의

---

* 석굴암 십일면관음상은 전형적인 여성의 모습을 하고 있다; "석굴암의 부조상들 가운데 가장 우수한 수법을 보이며 또 가장 아름다운 자태를 자랑하고 있다. 얼굴은 근엄한 듯 하면서도 온화한 표정을 지니고 전체적인 신체의 비례가 적절하며 몸의 굴곡이나 지물을 잡은 자세 또한 아름답다. 신체를 감싼 천의天衣는 몸의 곡선이 그대로 드러날 정도로 가볍게 걸쳐져 있고 또한 여기에 전신이 영락으로 아름답게 장식되어 있다. 박도화, 안장헌, 1991: 31

미이다."박도화·안장헌, 1991: 64

중국에는 대승불교가 들어왔고 누구나 불성이 있고 성불할 수 있다는 이 사상은 당시의 사회적 차별성보다는 평등성을 더 강조하는 것이었다. 또한 비구니 절에서 여성들이 선禪을 하고 독신 생활을 영위할 수 있음으로 해서 일부 여성은 노예적인 아내와 어머니 역할에서 벗어날 수 있었고 또한 공부를 할 기회도 얻었다. 그 결과 4세기, 300명도 넘는 절의 책임자였고 저술가이기도 했던 미아오 인과 같은 여성도 나오게 된다. 서기 8세기경, 깨달음의 경지에 도달하여 많은 제자를 둔 라크스민카라와 같은 여성도 있었다카모디, 1992: 70, 90. 또한 앞에서 말한 관음보살, 보현보살, 지장보살 등은 모두 일반 남녀의 신앙의 대상이었다.

한편 도가와 도교는 고대의 여성 숭배*에 그 기원을 두고 있다고 추측된다. 기원전 3천 년경까지는 세계 도처에서 여신 조각상, 여신 사당, 여신을 찬미하는 문자 기록 등이 발견되며 고대 사회의 농경 지역에는 출산 의례가 확립되어 있었다. 고대 신화학적인 문자 기록은 여신의 출산과 성교를 지배하는 힘을 칭송하고 있다. 여신 신화에서 여신은 세계와 우주를 창조하는 원시적 힘으로 인식되고 있는데, 이는 여성의 음부를 통하여 생명체를 낳게 된다는 여음생육女陰生育 기능에 대한 신비로운 인식을 고대인들이 지니고 있었음을 말해 준다Lerner, 1986: 146-149; 잔 스추앙, 1993: 31-32. 중국 역사 속에서 도교와 여성의 관계를 잔 스추앙1993의 연구를 통해 소개하면 다음과 같다.

중국의 고대 사회는 다른 고대 사회와 마찬가지로 여신을 숭배했다. 이것

---

*여성 숭배는 주로 종교 혹은 신화의 의미상 여성에 대한 숭배 또는 추앙함을 가리키는 것으로 고대인들의 삶의 필요, 즉 질병을 방지하고 생활을 보살핌을 바라는 염원에서 나온 것으로 보인다.잔 스추앙, 1993: 28, 69

은 대규모 여신묘女神廟와 같은 고고학적 발굴과 여와의 창세創世 신화, 토지신이 지모知母로 불린 것 등에서 확인된다. 『노자』 42장의 "음을 지고 양을 안는다." 負陰抱陽는 구절과 『노자』 전편에서 '도'라는 기본 범주를 모성 의식과 관련시키고 있는 것 등은 노자가 주음 사상을 계승하고 있음을 보여 준다. 이 노자의 주음 사상은 『장자』, 『열자』, 『회남자』를 통하여 부연되고 확대되며 이 책들은 한대 이후 도교의 기본 경전이 된다.

여신 숭배가 주음사상으로 철학화하는 것과 더불어 여자 신선女仙에 대한 관념 또한 발달한다. 여선 숭배는 처음에는 여신 숭배와 하나로 형성되었지만, 사회 분업의 발전에 따라 무인巫人이 분화되면서 무인은 불사不死의 기이한 약을 차지한 것으로 상상되는 여자 신선으로 신앙되었다. 여선 숭배는 민중들의 '죽음'에의 저항이 여성 특유의 생명력이라는 관념과 결합하면서 빚어진 것이다. 은허殷墟에서 나오는 갑골복사甲骨卜辭의 서모西母에 대한 요제燎祭는 이미 은대에 서모가 신으로 간주되었음을 보여 주고, 서왕모류의 여성과 불사不死사상과의 관계는 전국戰國 시대 이전에 형성되었을 것으로 추정된다.

여신女神 숭배와 여선女仙 숭배는 신神과 선仙의 관념이 서로 통해 가는 전체적인 발전 속에서 진한秦漢 교체기2,3세기에 융화된 모습으로 나타난다. 동진에서 6조 시대에 이르는 기간 동안에는 여자 신선의 고사와 전설이 대량으로 출현하고 있으며 당 말기에 여선 숭배는 커다란 봉우리를 형성하게 된다. 황후·비빈·공주들이 도교를 숭상했으며, 도교의 여선 숭배의 숨결을 수용한 우렁이 각시 같은 민간 전설이 빚어졌다. 또한 중국 예술가들은 여성신과 여성들을 자신의 작품 속에 끌어들여 천상의 여신선과 사람 간의 애정을 다룬 작품들을 계속 창작하였고, 이는 민중이 즐겨 본 작품들이었다.

그러나 도교의 여선 숭배가 가부장제의 오염으로부터 벗어났던 것은 아니다. 은주 시기에 중국에는 상제신앙上帝信仰이 일어났으며 도교의 여러 신의 계보 중 가장 높은 세 천신天神인 원시천존元始天尊·영보천존靈寶天尊·도덕천존道德天尊도 모두 남성이 되었다. 이와 별도로 송대 이후는 남신 신앙인 옥황상제 신앙이 나타난다. 또한 정욕을 배설하되 절제하기 위한 고대인의 바람직한 성생활에 대한 지식으로 나온 방중술에는 일부다처제의 합법성을 지지하는 듯한 요소가 있다. 예를 들면, "열두 명의 여자를 다룰 수 있으면 늙어서도 고운 얼굴을 간직할 수 있고, 아흔세 명의 여자를 다룰 수 있으면 하늘이 내린 수명을 연장한다."와 같은 구절이 그것이다. 이런 요소는 방중술의 처음 정신과는 모순되게 현실의 역사 속에서는 남성의 문란한 성생활을 부추기는 결과를 낳기도 하였다. 또한 방중술의 절제의 이념은 남성의 양기를 보전하는 것과 결부된 것으로, 이는 초기의 음양의 상보성·상호 전환성에 대한 이해가 순양純陽 우위의 관념으로 변질되고 있음을 보여 준다.

그럼에도 불구하고 도교의 남성신은 여성신을 몰아내지는 않았다. 여신은 계속해서 숭배되고 끊임없이 증가되어, 마침내 여성 수행자들이 다 함께 본받아야 할 전범典範이 되었다는 것은 도교의 뚜렷한 특징이다. 또한 도교의 수련은 참된 아름다움을 건강으로 보고 이를 증진시키는 것을 목적으로 하는데, 이것은 가부장적이고 여성 피학적인 외모 문화와는 다른 특징임을 주목해 볼 수 있다.

한국의 무속 신화와 여성

우리 문화에서 가장 오래 된 종교는 토착 종교인 무속이고 따라서 최고의 신화 역시 무속 신화로 여겨진다. 이능화에 의하면 환웅과 단군은 무당이었고, 신라 초기 왕명인 '차차웅'은 환웅에서 비롯된 무당을 의미하는 말이다.

신라 방언에 무당을 차차웅次次雄이라 하는데, 웅을 무당이라 하는 것은 신시神市 환웅으로부터 비롯되었을 것이다. 대개 환웅의 신시라는 것은, 고대 무축巫祝의 일로 단壇을 설하고 하늘에 제사 지냄으로써 단군이라 불렀다. 단군이란 곧 신권을 가진 천자였다. 신라 사람은 차차웅이 제사를 숭상하고 귀신을 섬기므로 그를 경외하여 마침내 존 장을 차차웅이라 불렀는데, 이들 방언은 삼한시대부터 전해 내려왔다.이능화, 1991: 32

마한의 천군天君, 예의 무천舞天, 가락의 계락禊洛, 백제의 소도蘇塗, 부여의 영고迎鼓, 고구려의 동맹東盟도 모두 무축신사巫祝神事를 말하는 것이다앞글:10.

현존하는 무속 신화는 가부장적으로 윤색되고, 불교·도교의 영향이 가미되어 있는 것이기는 하나, 무속 신화의 일정 면모는 그 첫 형성 시기가 고대 국가 이전으로 소급될 수 있는 면도 보여 준다. 앞에서 소개한 마고 신화가 그 대표적 예이다. 무속 신화인 여신 창조 신화의 예를 더 찾아볼 수 있다.

선문대할망 신화는 제주도라는 지역에 한정되기는 하나, 창세 여신의 신화를 보여 준다. 여신의 생리적 활동이 그대로 창조 행위로 연결되는 것은 정신이나 명명naming에 의해 창조가 이루어지는 가부장적 신화와는 뚜렷이 구분되는 특징으로, 이는 이 신화가 몸과 정신의 이원론이 발생하기 이전의 신화임을 추정케 한다. 제석본풀이에서 당금애기가 낳은 세 명의 아들 제석신帝釋神은 수壽, 복福, 농업農業을 관장하는 생산신이다. 이것은 이 신화가 인간의 생명과 길흉, 먹을거리의 생산을 모두 주관했던 대모신이 자신의 아들들에게 신직을 분화시키고 있음을 보여 주고 있다. 당금애기 신화는 대모신

홀로 창조를 담당하는 시대 다음 단계인 기원전 3, 4천 년 전 신화의 특징을 보여 주고 있다. 이때는 가축 사육과 낙농의 발달로 남성의 생명 생산 과정에서의 역할이 보다 분명하게 이해되고, 이것이 신화에 반영되고 있다. 대모신은 이제 혼자가 아니라 아들이나 형제를 동반하고 나타나며, 생사를 여전히 주관하지만, 남성 조력자의 역할이 보다 분명하게 인식되고 있다Lerner, 1986: 149-150.

한편 바리데기 신화에서 딸이라고 버림받는 것은 남아 선호가 공고해진 역사 시기 이후에 윤색된 내용이지만, 바리데기가 생명수와 생명의 꽃을 구해 오는 것은 생명을 주재하는 대모신의 모습을 간직하고 있는 것으로 보인다. 삼승할망본풀이에서는 출산과 육아를 관장하는 삼신은 대모신의 모습을 담고 있다. 할머니라는 말 자체가 본래 늙은 여자를 의미하는 것이 아니라, 크다는 뜻을 지닌 고유한 우리말 '한'과 근원적인 생명을 뜻하는 '어머니'의 합성어로서 대모大母를 뜻한다강진옥, 1993: 20.

한편 서양에서는 기원전 2, 3천 년 전 이름 없이는 존재도 없다는 종교적 사상이 등장한다. 이는 문자 발명과 역사의 시작에서 비롯된 변화로 이때부터 창조는 남신의 일이 된다. 하나님의 말씀으로 천지 창조를 설명하는 『구약성서』는 그 대표적인 예이다. 이 단계에서 창조 여신은 강등되어 생명을 주는 어머니, 남신의 신실한 아내가 된다Lerner, 1986: 150-154. 우리 문화에서 '장길손'과 같은 창조신 남신이 있기는 하다. 그러나 장길손은 선문대할망처럼 자신의 토악질과 설사 같은 생리 활동을 통해 흙, 돌, 바위, 산, 섬을 창조하며, 절대자 하나님이 아니라 늘 배고프고 사람들에게 쫓겨다니는 다니는 불쌍한 창조신이다. 따라서 이는 고대의 창조 설화로 보기는 어려운, 오래되기는 했지만 선사 시대의 창조 설화로까지는 거슬러 올라가기는 힘든 민중의 옛날 이야기의 하나일 뿐이다.

삼국시대의 토속 도교와 여성

한국의 경우, 가부장제 체제로서의 국가 시대에도 여신은 부정되지 않고 여전히 숭배 대상이기도 하다. 예를 들면 단군은 아사달에서 1,500년 동안 다스린 후, 아사달에 숨어서 산신山神이 된다.[24] 단군은 하늘에서 내려온 환인과 땅의 족속인 웅녀의 자식이지만, 단군이 땅의 신이 되었다는 것은 고조선이 산신·지모신 신앙으로 표현되는 토착 문화를 인정하는 바탕 위에 성립될 수 있었다고 가정해 볼 수도 있을 것이다. 또한 '다물'로 표현되는, 고구려까지 이어지는 마고성 시대로의 회귀의 이상은 서양의 '하나님 아버지'로 대표되는 유일신 신앙과는 다른 여신 신앙의 지속을 보여 준다. 고구려에서 국조國祖인 주몽이 아니라 그 어머니 유화가 숭배되었던 것, 박혁거세와 알영의 두 성인을 낳았다는 선도성모仙桃聖母 신앙[25]이 그 예이다.

그런데 지모신 신앙이기도 한 여신 신앙·산신 신앙은 자연에 대한 경외를 수반하는 것이었고 따라서 한국의 고대 문화는 도교와 유사한 합자연적 문화였다고 추정된다. 즉 자연이 경외의 대상이었던 고대인들은 자연의 대생명에 합일하고자 하는 정서를 기저에 깔고 있었고, 이는 자연 숭배·여신 숭배나 신선 사상과 같은 토착 설화나 신앙으로 표현된 것으로 보인다. 신라에서는 매년 정월 초하루에 일월신에 제사를 지냈다이능화, 1992: 65. 이능화가 조선 영조 때 유학자인 이종휘李種徽의 『수산집』修山集에서 인용하는 아래 문구는 신라에 이미 자생적인 도교가 성립해 있다는 견해를 뒷받침해 준다.

대개 진한辰韓의 구속舊俗은 저절로 외루畏壘와 화서華胥의 경지까지 도달하되 이것이 황로의 사상인 것조차 알지 못한 채 팔구백 년을 내려왔다. 노담과 장주로 하여금 이 나라를 다스리게 한다 할지라도 이보다 더 잘 다스리지는 못하였으리라 … 삼교三教가 중국에 퍼질 때부터, 유교는 기씨箕氏 때부터 이미 들어왔고 불교는 위진魏晉시대에 동국東國에 유입되었으나 오직 노자의 도만은 퍼지지 못하였다. 그러나 배우지 않고도 능히 잘 행하여졌던 것이다. 李種徽, 『修山集』; 이능화, 1992: 69-70에서 재인용

진흥왕 37년576년에 최치원은 「난랑비서」鸞郞碑序에서 "나라에 현묘한 도가 있으니 풍류라고 한다. … 유불선을 모두 포함하고 있으며 모든 생명과 접촉하여 이를 감화시킨다"[26]는 뜻이라고 말하고 있다. 풍류道는 "인간이 천지와 자연에 의빙依憑하려고 할 때, 거기에서 생명의 근원을 체감體感하는 것 … 인간의 생명의 근원이 그 타고난 자연 속에 있음을 체감함으로써 영원한 생명, 무한한 생명, 절대의 생명에 감응된다고 믿고, 스스로 그 생명의 근원에 자기 생명을 계합契合시키려는 행위"유병덕, 1989: 149로 설명된다. 이러한 풍류도는 진흥왕이 고구려와 백제에 대한 우위를 표방하기 위해 화랑도의 이념으로 채택하기 이전부터 전통적인 신앙이자 생활양식이었다앞글: 141. 따라서 대자연의 생명에 합일하고자 하는 풍류도는 이러한 자생적인 도교의 전통 속에 있음을 알 수 있다.

중국에서 도교가 정식 국교가 된 것은 당대 이후이다. 따라서 7세기 이후이다. 그렇다면 신라는 중국에서 도교가 공인되기 전에 이미 충분히 도교적이며, 도교를 넘어서는 내용을 갖는 풍류도 문화를 지니고 있었다는 말이 된다. 이 경우, 전통적인 신앙이자 생활양식으로의 풍류가 신라에만 특유한 것이었다고 말할 수 있을까? 오히려 삼국에 공통된 것은 아니었을까? 그리고 이 풍류는 고구려 벽화에 엿보이는 『산해경』의 정서에 닿아 있고, 고구려인의 정서에 닿아 있고, 그래서 중국에서 『산해경』의 신화적 세계를 계승하여 만들어진 도교와도 정서적으로 닿아 있을 뿐이다.

도교 신선 설화의 모태가 된 『산해경』은 발해만 연안의 동이계 신화를 위주로 편성된 무서巫書로, 고구려 고분 벽화상에 다수 출현하고 있는 신화는 바로 『산해경』적 제재라는 연구가 나오고 있다정재서, 1995: 63-69, 1997. 또한 서왕모는 일설에 의하면 중국 서방의 여신이 아니라 동이의 형신刑神이다정재서, 1997: 138. 음양오행 사상도 중국 문명 자체의 산물이 아니라 샤머니즘을 바탕으로 한 발해안 연안중국 동쪽 해안 변방 문화의 문화에서 발생했다는 연구가 나오고 있다시에 쏭링, 1995: 49-56. 고구려의 도교五斗米道는 공식적으로는 영류왕榮留王 7년624년 당으로부터 전래된 것으로 알려져 있다.[27] 그러나 이 도교는 이미 관방화官方化된 당의 국교로서의 도교로, 이는 고구려 고분 벽화에서 출현하고 있는 도교와는 성격이 다르다정재서, 1997: 139. 이능화는 "민간의 습성은 신도神道와 선도仙道가 굳게 뿌리 박혀 있으므로 오두미교가 들어왔을 때에는 나라 안 모든 사람들이 환영하고 다투어 신봉하게 된 것이다."이능화, 1992: 53라고 말하고 있다. 도교 행사인 팔관회가 고구려에서 신라로, 신라에서 고려로 이어지고 있는 것 또한 토착 도교의 삼국 공유성을 말해 준다.

고려 시대의 팔관회는 하늘과 오악·명산·대천을 섬기는 것으로 "이름은 비록 불계佛戒라 하나 실은 도교의 초례醮禮이었다."고 이능화는 말한다. 팔관회는 고구려부터 기원한다. 즉 고구려 승 혜량惠亮이 신라로 귀순하면서 진흥왕540-577에게 팔관회를 권하여 이때부터 신라는 매년 팔관재를 거행한다. 고려의 팔관회는 이 신라 제도를 그대로 답습한 것이었다이능화, 1992: 88. 여기서 고구려의 팔관회는 고구려가 당의 도교를 수용하기 이전부터 거행되어 왔고, 이는 자연을 섬기는 토착적인 의례였음을 알 수 있다. 따라서 고려의 팔관회는 수용된 도교와 무관한 토착 의례였거나 아니면 토착 의례에 신라에 수용된 도교가 혼용된 도교 의례였을 것으로 보인다.

백제의 경우 일본 기록에 의하면, 백제 고이왕 51년284년에 아직기와 왕인이 『역경』, 『효경』, 『논어』와 더불어 『산해경』을 일본에 전해 주었다. 일본 학자 구로자까 가쓰미墨板勝美는 아직기와 왕인을 도가류의 사람으로 추측하기도 한다이능화, 1992: 58-62. 이능화는 왕인은 그 선조가 낙랑樂浪의 호족이었고, 따라서 당시 발생한 지 얼마 안 되는 중국 도교를 왕인이 수용했을 것이라 추측한다앞글: 62. 그러나 백제 왕실이 부여계로서 백제와 고구려가 부여의 정통 후예라는 정통성 확보를 위해 오랫동안 대립 관계를 유지해 왔다는 새로운 설이 나오고 있다이도학, 1997: 37-60. 당시는 『산해경』적 제재의 신화들이 그려져 있는 고분들이 고구려에서 한창 만들어지고 있던 때이다. 따라서 백제는, 문자화된 서적으로서의 『산해경』은 중국으로부터 수입하였을지라도 『산해경』의 기저를 이루는 문화를 고구려와 더불어 이미 공유하고 있었던 것으로 보인다. 한편 고구려는 마고성으로의 복본의 이상을 지니고 있는 나라였다. 그렇다면 삼국의 도교 문화는 마고성 신화와 연속선상에 있다.

가야도 마고 신화의 자장에서 벗어나 있지 않은 것 같다. 대가야의 시조 수로왕과 허왕후에 관한 기록은 그 한 예가 될 것이다. 인도의 아유타국阿踰陀國 공주였던 허왕후는 부모님의 꿈속에서 딸을 가락국 수로왕의 배필이 되게 하라는 상제의 말에 따라 가야로 보내진다. 여기서 상제는 도교의 하늘신임을 주목해 볼 수 있다. 또한 왕과 왕후의 관례를 "왕이 왕후와 함께 사는 것은 마치 하늘에게 땅이 있고 해에게 달이 있고 양에게 음이 있는 것과 같았으며…"[28]라고 묘사하고 있는데, 여기서도 음양을 상보적으로 보는 사상이 나타나고 있다. 구전되어 오던 수로왕과 허왕후에 관한 이야기가 『삼국유사』에서 문자로 기록된 것은 13세기이다. 따라서 이 기록을 중국으로부터 수용된 도교의 영향으로도 볼 수 있다. 그러나 노자의 음양론이 중국 고대의 여신 숭배와 연관된 귀음사상의 철학화이듯이, 우리 고대 문화에서도 그러한 음양 상보적인 음양오행 관념이 성립되어 있었음을 『부도지』

의 다음 문구들은 보여 준다.

> 그 남녀가 서로 결혼하여 몇 대를 거치는 사이에 족속이 불어나 각각 삼천 사람이 되었다. 이로부터 열두 사람의 시조는 각각 성문을 지키고, 그 나머지 자손은 향상을 나누어 관리하며 하늘과 땅의 이치를 바르게 밝히니, 비로소 역수曆數가 조절되었다. 『부도지』, 31쪽

> 이때에 기氣와 토土가 서로 마주치어 때와 절기를 만드는 빛이 한쪽에만 생기므로 차고 어두웠으며 수水와 화火가 조화를 잃으므로….『부도지』, 38쪽

이 음양 상보적 사상은 생활에서 남녀의 상생적 삶을 유지하는 원동력이었을 것으로 보인다. 서기 48년 아유타국에서 배를 타고 왔다고 전해지는 허왕후는 김해의 할머니들이 아직도 '허수로왕'이라고 부르는 데서 알 수 있듯이, 수로왕과 권력을 함께 한, 그런 의미에서 '가야 여왕'이라 은유되어도 무방한 실질적인 통치권을 행사했을 것으로 보인다. 그녀는 두 아들에게 허씨 성을 주고 자신이 가져온 재물을 직접 관리한다. 지금부터 2천 년 전의 고대 사회에서 여성이 아들에게 성을 주었다는 것도 놀랍거니와, 이것은 허왕후가 일정한 권력을 배분 받았음을 간접적으로 말해 준다는 점이 더욱 주목을 요한다. 이는 일연이 『삼국유사』 '금관성파사석탑'에서 "수로왕이 맞아들여 함께 나라를 다스리기 일백오십여 년이었다."고 기록하고 있는 데서 확인된다. '함께 나라를 다스리기'라는 말은 김해 할머니들이 허왕후를 오늘날에도 '허수로왕'으로 부르게 된 역사적 전거와 허왕후의 실질적인 권력을 분명하게 보여 주고 있다.* 이같이 외지인 여성이 국제혼을 통해 온 나라에 실질적인 권력을 행사하며 살 수 있었다는 것은 가야에 그러한 것이

자연스럽게 수용될 수 있는 문화적 토양이 형성되어 있었음을 말해 준다. 『부도지』에 나오는 유인씨가 전수하였다는 굿인 계불禊祓과 비슷한 말인 계욕禊浴이라는 말이 "3월 계욕일에 그들이 살고 있는 구지봉에서 무엇을 부르고 있는 이상한 소리가 났다."는 문구로 『삼국유사』「가락국기」에 나오고 있는 것은 이 문화가 마고 문화와 연결되어 있음을 상상해 보게 한다.

가야와 삼국에 뒤이은 고려시대에도 토착적인 도교 문화와 수용된 도교 문화, 그리고 불교가 한데 모순 없이 융합되어 있었을 것이다. 불교와 도교가 우세했던 삼국시대나 고려시대가 조선보다 여성의 지위가 상대적으로 우월했던 것은 분명하다. 신라는 직계 아들이 없을 때, 후궁의 자식이나 몇 촌을 건너뛰면서도 남자로만 왕위를 계승했던 조선의 경직화된 부계 혈통제와 달리 딸이 여왕으로 추대될 수 있었다. 이는 상대적으로 삼국시대는 조선보다는 그만큼 여성의 지위가 높았음을 말해 준다. 그런데 선덕여왕과 진덕여왕의 이름은 각각 덕만德蔓과 승만勝蔓이었는데, 돌림자인 '만'은 『승만경』의 주인공인 승만부인에게서 따온 것으로 『승만경』의 영향을 엿볼 수 있다이창숙, 1983: 52-56. 이는 불교 경전의 여주인공이 여왕의 권위를 공고히 하는 데 기여하고 있음을 보여 준다.

한편, 법흥왕과 진흥왕 자신과 그 두 왕비가 모두가 말년에 출가해 승려가 되었고,[29] 진흥왕 12년에 왕이 승직제를 마련할 때 도유나근都唯那根이라는 승직에 여성인 아니阿尼가 임명되었다는 것은 이 시기에 통솔해야 할 정도의 규모를 갖는 비구니 승단이 성립되어 있었다는 것을 말해 준다김영태, 1967: 59; 이창숙, 1983: 58. 진평왕 때 지혜智惠라는 비구니가 선도산仙桃山 신모가 현

---

* 여기에 더해 그녀의 딸 묘견(『삼국지』에는 卑彌呼로 기재되고 있으며 일본 발음으로 히미코) 일본으로 건너가 최초의 여왕국 야마이국의 여왕이 되었다고 한다.

몽해 준 대로 금 열 근을 파내어 절을 짓고 매해 봄과 가을의 10일에 남녀 신도들을 모아 법회를 베풀었다는 기록은 불교의 확장에 여성이 중심이 되었음을 보여 준다.[30]

우리 문화 속의 모계적 전통과 양성적 문화

우리 문화와 역사 속에서 부계적이거나 존양음비尊陽陰卑적 원리로는 설명되지 않는 또 다른 전통들을 살펴보자. 오늘날까지 민족의 명절로 내려오고 있는 추석은 신라의 가배에서 비롯된다. 신라는 유리왕 때부터 7월 16일부터 8월 15일까지 한 달 동안 매일 밤 10시까지 6부의 여자들을 두 조로 나누어 길쌈 경합을 하였다김용숙, 1990: 54. 조명도 없는 당시에 밤 10시까지 한 달간이나 지속되었던 이 길쌈 경합은 가배가 여성 축제라 불릴 만한 것이었음을 짐작케 한다. 한국의 고대 사회는 농사 또한 여성 농경이었을 것으로 추론된다. 마틴M.K.Martin과 부히즈B.Voorhies는 515개의 현존 원시 농경 사회에서 여성 농경이 지배적인 지역이 41%, 양성이 비슷한 비중으로 농사 짓는 지역이 37%, 남성만 농사 짓는 지역은 22%에 불과하다는 머덕Murdock의 자료에 근거해, 경작은 여성의 채집 활동에서 점차적으로 발달해 왔을 것으로 추론한다1975: 216. 신석기 초기의 농업 혁명이 여성에 의해 이루어졌을 것이라는 이 같은 가설은 오늘날 여성인류학에서는 일반적으로 받아들여지고 있다. 우리 경우도, 농촌에서는 남녀가 편을 갈라 하는 줄다리기에서 여조가 이겨야 풍년이 든다고 생각하는 풍습이 최근까지도 내려오고 있었고장주근, 1969, 경상남도 동래 지역에는 산실産室 한쪽 구석에 짚단을 세워 놓는 풍습이 있어홍순창, 1967, 한국 고대 사회는 여성 농경이었을 것으로 짐작된다장주근, 1969. 또한 고대 사회에서는 성별 분업도 느슨했을 것으로 보인다. 딸이 고용

살이傭作를 하면서 어머니를 봉양했다는 효녀 지은의 이야기,[31] 역시 품 팔아 아버지를 봉양하다 부역을 나가게 되어 아버지 봉양을 걱정하는 설씨녀 이야기,[32] 고구려에서 연개소문 당시 남자는 성 쌓는 부역을 시키고 여자는 농사를 짓게 했다거나, 봉상왕 때 남녀를 부역시켜 성과 왕실을 지었다는 기록[45] 등이 이런 추론을 가능케 한다. 또한 신라 시조 혁거세는 알영과 함께 6부를 돌며 농사와 양잠을 감독했다勤督農事蠶는 기록[34]은 허왕후와 비슷하게 알영이 나라 경제의 경영에 실무적으로 참여했을 가능성을 열어 놓고 있다. 또한 여성이 가재를 털어 절을 짓거나 종鍾을 시주하는 기록들,[35] 소서노가 자신의 가재로 주몽의 건국을 도왔다는 기록들은 왕실 여성들을 제외하고도 일반 여성들 중에서도 상당한 자기 소유의 재산을 가졌던 재력가가 있었음을 말해 준다. 고대 사회 여성의 경제력은 한 가족의 재산이 부변전래父邊傳來 재산과 모변전래母邊傳來 재산으로 구분되어 있는 데 기초하며, 이는 조선 중기까지도 자녀의 균분 상속과, 부인이 자신의 재산을 단독으로 관리하는 전통으로 유지되어 왔다. 그러나 17세기 중엽 이후부터 점차로 장남 우대, 남녀 차별, 남자 균분 등의 차등 분할이 증가하는 경향을 보이면서 점차로 장자 상속제가 대세가 되어 간다최재석, 1983: 521-551.

또한 고대 사회에는 혈통제도 조선만큼 부계가 확고하게 자리 잡았던 것으로 보이지 않는다. 신라의 혼인제도는 모계 씨족제에 기반한 부족 내혼의 성격을 지니며김재붕, 1988, 신라는 공동의 시조를 중심으로 한 혈연 집단이 기능했으나 이 집단이 부계 혈족 집단은 아니고 부계 계승과 모계-처계친의 두 원리가 동시에 나타나는 친족 조직이었다는 연구도 있다노명호, 1979; 최재석, 1983.* 즉 고려의 친족 관계는 개인이 자신을 중심으로 혈연관계를 형성하며, 자기를 중심으로 자녀와 부모 관계로 이어지는 관계망에서 남과 여, 어느 쪽을 통해서 이어지든 관계없이 혈연관계가 존재하는 모든 계보상의 인

물들과 다층적으로 확대될 수 있는 것이었다_{노명호, 1979}. 음서蔭敍 제도의 혜택
도 내외손들과 사위와 생질의 범위로까지 방계·직계 모두의 남녀 계보를
따라 확대되었다_{김용선, 1987}. 이같이 고려까지도 확고한 부계제가 성립되지
않은 상황에서 아버지를 모르는 서동이 백제 무왕이 될 수 있었으며,** 고
려 시대까지는 부계 혈통 계승을 위한 양자 들이기는 없었고,_{이효재, 1990; 박혜}
_{인, 1991} 신라에는 세 명의 여왕이 있었으며, 신라에서 조선 중기까지 사위가
처가살이를 하는 서옥제가 양반 계층에서도 낯설지 않은 풍속으로 내려올
수 있었고, 과부의 재혼이 자유로왔던 것으로 보인다. 재혼은 왕실에서도
자유로웠다. 상당한 재력가였던 소서노는 우태와 초혼을 한 적이 있으나 주
몽과 재혼하였으며, 고려 성종의 비인 문덕왕후 역시 성종과의 혼인이 재혼
이었고, 순비는 40대에 3남 4녀의 어머니로 충선왕의 후실이 되었다_{이화여자}
_{대학교 한국여성사편찬위원회, 1984: 221}.

정치 영역에서 여성이 전적으로 배제된 것은 아니었음을 말해 주는 기록
도 보인다. 『삼국유사』에는 가락국의 수로왕 때, 아진포阿珍浦의 아진의선阿
珍義善이라는 노구老軀가 해변에 닿은 배의 상자에서 단정한 사내아이를 꺼내
고 그 아이는 장차 탈해왕이 된다는 기록이 나온다.[36] 여기서 아진포와 아

---

*이런 연구에 대한 반박도 있다. 이문웅(1985)은 왕위 계승만 갖고 당시 사회의 혈통 체계를
  구명하고자 하는 연구 방법론상의 문제와 아울러 신라는 왕위 계승에서도 몇몇 예외는 있
  지만 부계계승의 오리엔테이션이 강하다고 주장을 한다.
**『三國遺事』 卷第二 武王편에는 무왕의 어머니가 과부였는데 못 속의 용과 관계하여 무왕
  을 낳은 것으로 기록되어 있다. 『三國遺事』에는 이 외에도 사동蛇童의 모가 남편 없이 아
  이를 낳았다거나(卷第4 蛇福不言) 진지왕이 도화녀의 꿈속에서 관계를 가져 비형이 태어났
  다는 등(卷第1 桃花女와 鼻荊郎) 미혼모의 출산을 미화하고 있다. 이는 그 자식들이 당시 인
  정받는 지위에 오르자 이를 합리화하는 신화가 만들어진 것으로 볼 수 있는데, 중요한 것
  은 그들이 사생아였다는 점이 큰 제약이 되지 않았음을 보여 주고 있다는 것이다.

진의선이라는 명칭의 유사성은 아진의선이 아진포 주민을 대표할 만한 공적 지위였음을 말해 주고, 이는『삼국사절요』의 기록에서 촌장의 지위임이 드러난다. "아진포의 촌장 아진이 상자를 열어보니 알이 나왔다. 갑자기 까마귀들이 와서 쪼아 알이 열리면서 사내 아이가 나와 스스로 탈해라고 하였다. 노구에게 맡겨 어머니를 삼아 서書, 사史, 지리地理를 배우게 하였다."[37] 이 아진의선이라는 촌장의 지위를 갖는 노구는 탈해에게 학문을 가르칠 수 있는 학식을 갖추고 있기도 하다. 이 외에도 노구는 부여왕 대소帶素, 신라 소지왕炤知王의 측근에서 자문을 하고 있으며 왕명을 수행하는 자로 기록되고 있기도 하다.[38] 또한 남해 차차웅은 그의 친누이 아노阿老로 하여금 시조의 사당에 지내는 제사를 주관하게 하였다이능화, 1991: 64. 이는 제사장으로서의 여성의 지위의 한 단면을 보여 준다.

문화 또한 자유분방함과 양성적 색채가 엿보인다. 중국의『삼국지』권30「위지동이전」에는 "그 풍속이 음해서 가무를 즐기고 밤늦게 남녀가 모여 함께 노래하고 논다."는 구절이 나온다. 이옥은 이에 대해 배우자를 쌍방이 자유롭게 선택했으며, 혼인 후의 여성은 정숙해야 했지만 혼인 전의 여자들은 성적으로 자유로웠다고 해석한다1984: 249. 이러한 해석은 김문희가 혼전 임신을 하고 왕후가 될 수 있었고, 역사 기록에 남녀의 사랑을 지칭하는 야합野合이 사실은 혼전 성관계를 가리킨다는 면에서 타당한 것으로 보인다. 성교를 '새끼줄'과 같은 생활 용품으로 표현해 낼 수 있었고, 부계 혈통 의식이 경직되게 강화된 조선에서조차 민간의 성 신앙에서는, 남녀의 생식기 형상을 한 자연물이 함께 숭배되었지 남근 숭배만이 지배하지는 않았던 것은주강현, 1997: 194-231; 이태호, 1998 이 같은 성적 개방성의 문화가 민간 문화의 저변에 도도히 흐르고 있었기 때문이 아닌가 추측해 볼 수 있다. 한편 삼국 시대부터 조선 전기까지 남자들은 귀고리를 하는 풍습이 유지되었고, 고려 시

대에 남녀가 절하는 방식과 속옷이 같았으며 여자도 기마나 격구를 했다김
용숙, 1990: 71-72, 74, 79. 이런 풍습들은 오늘날 유행하는 '유니섹스 문화'를 연상
시킬 만큼 양성적 문화의 색채를 풍긴다. 또한 우리 역사에서는 서구의 기
독교처럼 남신이 전적으로 지배해 본 적이 없다. 마을 수호신으로는 여·남
을 상징하는 '지하대장군'·'지하여장군'이 마을 어귀에 함께 세워졌다. 이
것은 남성을 양, 여성을 음에 직대입시키는 이데올로기화한 음양존비陰陽尊
卑의 유교 관념과는 달리 노자적인 음양 상보적 문화 전통이다.

　이상에서 개략적으로나마 살펴본 고대 한국 여성의 삶과 풍습들은 '유교
가부장제 원리'로는 설명되지 않는 또 다른 여성사의 전통이고 이러한 전통
은 "성별 이분법적 의식이 없으며 자연과 인간을 일관하여 수평적·일원적
으로 인식하고 있었음을 짐작하게" 하는정세화, 1994: 29 한민족의 인간 인식의
기저에 깔려 있는 합자연적인 사상이 아니고는 설명되기 힘들 듯 싶다. 그
것은 풍류도·신도·선도로 불린 민족 고유의 정서이며 사상이고, 이는 『산
해경』의 신화 세계와도 맞닿아 있을 가능성이 농후한 토착 도교의 정서며
풍습이고, 이는 국가 성립 이후 남성인 왕들까지도 마고성 시대로의 회귀를
끊임없이 꿈꾼 마고의 문화 자장 안에 놓여 있는 것은 아닐까? 가부장적 제
도와 관습으로는 보이지 않는 이러한 것들의 연원에 대한 탐구는 한국 여성
사 연구의 중요한 과제로 남는다.

가부장제의 세력화

　삼국 시대와 고려 시대에 유교보다는 토속 도교와 불교가 여성들의 생활
에 보다 긍정적인 영향력을 미쳤던 것으로 보인다. 그 결과 위에서 살펴본
바대로, 고대 한국 사회에서 여성의 삶은 조선 중기의 경직된 가부장제하의

여성의 삶과는 비교할 수 없을 정도로 숨통을 트이게 하는 요소들이 많았다. 그러나 이 고대 사회가 가부장제 사회가 아닌 것은 아니었다. 국가의 성립은 그 사회의 가부장적이지 않은 토착 문화를 약화시키면서 가부장제를 굳혀 갈 수밖에 없기 때문이다. 한국의 고대 사회에서도 이런 양상은 당연히 나타난다.

고조선의 건국 신화에서 유화는 해모수에게 유인당하여 성관계를 갖고 이로 인해 유화가 부모에게 내쫓겨 우발수優渤水에서 귀양살이를 한다.[53] 유인당한 성관계는 유화의 자발성에 의한 것이 아니므로 성폭력적 성관계이며, 이로 인해 내쫓겼다는 것은 정조 관념의 확립과 여성이 자기 성에 대한 통제권을 상실한 것으로 해석된다. 물론 신화의 이런 가부장적 요소가 고조선 성립 당시의 현실을 반영하는 것인지, 구전되어 오면서 후대에 가부장적으로 각색된 것인지는 알 수 없다. 그러나 고조선이 가부장제적 요소를 제도화하고 있는 것은 분명하다. 8조의 법금에서 보듯이 고조선은 엄격한 계급사회로 돌입했는데, 기원전 8-7세기경의 고조선에서는 순장제도를 볼 수 있다. 정치 지배 계급의 성원이었던 가장이 죽으면 그 권속, 신하, 처첩, 가내 노예가 함께 묻혔다. 여기서 이미 일부다처제가 지배 계급에서는 실행되고 있음을 보여 준다. 『한서지리지』에는 고조선은 정절을 중시했다는 기록도 나온다노태돈, 1990: 44, 75-76. 동옥저에서는 고구려에 여자를 바쳤는데, 이것은 여자는 이미 남성의 정치적 거래의 공물이 되고 있음을 보여 준다. 여성이 남성 정치의 희생양이 되는 역사는 고려 시대 원나라에 여자를 공물로 바치던 풍습에서 정신대로 이어진다. 또한 원나라에 끌려갔다 돌아온 여자들을 남편들이 받아주지 않아 생긴 환향녀還鄕女라는 말이 정숙하지 못한 여자를 지칭하는 욕인 '화냥년'으로 쓰이고 있는 오늘의 현실에까지 연결된다. 부여에서는 성 통제가 정절을 강요하는 것으로 나타나고 있는데, 질투한 여성은 죽임을 당했고 그 시체는 산꼭대기에 버려졌다. 가족이 시체를 가져오려면 소나 말을 대가로 치러야 했다이욱, 1984: 249.

앞서 언급했듯이 선도성모가 신라의 시조인 박혁거세와 알영을 낳았다는 신화, 그리고 유화가 호국신으로 신앙되고 있는 것은 여신이 이미 창조의 유일신으로서의 지위에서는 강등되어 가부장권을 뒷받침해 주는 여신으로 전락한 모습이다. 최초의 가부장은 그의 권력이 신성시 또는 공고화되기 위해 아버지가 있으면 안 된다. 이 권력의 신성화·공고화에 여신이 기여하게 되는 것이다.

한편, 삼국 시대에 통치 계급으로서의 지식인을 양성하는 공식적인 학교 제도가 생겼지만 여성은 제도적으로 여기서 배제되었다.* 진흥왕은 신라의 풍월도風月道를, 처음에는 원화原花라는 여성 장長과 여성 조직으로 시작하였다. 이는 당시의 풍월도 수련이 여성에게 개방되어 있었을 뿐만 아니라 여성이 매우 주도적으로 참여하고 있었음을 짐작케 한다. 더군다나 『삼국유사』는 원화 제도에 대해 "이것은 또한 나라를 다스리는 대요이기도 했다."亦理國之大要也고 기록하고 있다. 그러나 원화였던 남모와 준정의 싸움으로 원화 제도는 폐지되고, 진흥왕은 수년 후 남자 중심의 화랑花郎 제도로 풍월도의 진작을 꾀하게 된다.[40] 여기서 원화가 화랑으로 바뀌게 되는 직접적 계기는 남모와 준정의 싸움이지만, 이 사건은 신라가 점차로 가부장제화의 정도가 심해지고 있음을 반영하고 있는 것으로 보인다.

고려 시대에 오면 간통은 혼인 외의 모든 성관계를 의미할 만큼 성적 자

---

* 고구려는 소수림왕 2년(272년)에, 백제는 근초고왕 30년 경(375년), 신라는 신문왕 2년(682년)에 학교교육제도를 창설했고 교과과정은 五經三史, 三國志, 晋春秋 등이었으며 고구려의 태학이나 신라의 국학을 졸업하면 관직이 주어졌다.정세화, 1994: 31

유가 제한된다. 고대 사회에서는 허용되었던 미혼자 간이나 과부·홀아비 간의 성관계도 간통으로 처벌되었다. 남편은 처의 간통을 관에 고발하는 것은 물론, 현장에서 간부와 함께 처를 죽일 수도 있었다. 뿐만 아니라 간통한 아내를 버린다거나 동거를 하지 않는 등 사적인 처벌도 할 수 있었다. 그러나 여성들은 남편을 고발할 수 없었을 뿐만 아니라, 질투는 악덕으로 간주되어 기처棄妻당하는 사유가 되기도 하였다. 간통죄로 처벌당한 여성은 이후에도 남편에게 기처당함은 물론, 자녀안恣女案에 올라 바느질하는 비가 되거나 자손들의 사로仕路에 제한이 가해졌다권순형, 1994.

이 같은 양상들은 조선의 경직된 가부장제가 이미 삼국 시대, 고려 시대에서부터 서서히 형성되어 왔음을 보여 준다. 삼국 시대와 고려 시대의 가부장제화의 진전 과정을 고려하지 않고 조선의 유교 가부장제를 설명할 수는 없다고 본다. 유교가 지배하는 조선 시대가 되면 그나마 불교와 도교의 관습이나 신앙이 여성과 긍정적인 관계를 맺었던 모습들까지 점차 사라진다. 토속신인 여신에 대한 왜곡도 일어난다. '마고 할미가 의병의 매복을 왜병에게 알려 주어 의병을 몰살시키고 여우나 고양이로 둔갑해 사람들을 괴롭혀 왔는데, 출천지 효자인 최효자가 가니 꼼짝 못하고 죽었는데 보니 여우였다.'라는 전설이 강원도의 산간 지역에서 내려온다. 이는 임란 후 17세기 중엽에 지역의 산신으로 신앙되던 마고 할미를 요괴로 둔갑시키는 신화인데, 이 각색에 유교의 '효 신화'가 절대적인 기여를 하고 있다강진옥, 1993: 7-10, 26-29. 이 같은 마고 할미 신화의 유교 가부장적 각색은 유교의 무속이나 토속 신앙과의 싸움으로 표현되는 마녀 전쟁이 우리 역사에서 조선 중기 이후 실질적으로 전개되었음을 의미하고, 마고 할미가 요괴로 둔갑되는 것은 이 싸움이 유교의 승리로 돌아갔음을 말해 준다. 이런 과정을 통해 토속적인 여신 신앙과 결합되어 있던 이전의 합자연적인 전통들은 유교의 부계 혈통 이데올로기와 야합하는 양상으로 변해 갔을 것이다.

불교도 마찬가지였다. 콘즈는 "불교 역사를 통해 확인되는 모순 가운데서도 자기 이해를 부정하면서 또 한편 자기 이해에 주술적으로 굴종하는 이 양자의 기묘한 결합만큼 충격적인 것이 드물다. 분명히 논리적으로는 앞뒤가 어그러지는 듯이 보이겠지만 잊지 않아야 할 것은 불교가 이 땅에 발붙이고 살아 올 수 있었던 것도 이 양자의 통합이 있었기에 비로소 가능했다 할 정도로 그것이 커다란 기여를 했다는 사실이다."라고 말하고 있다콘즈, 1990: 123-124. 불교는 아마도 조선 중기 이후 부계 혈통제와 결합하는 길을 걸어왔다고 보인다. 절마다 삼신각이 있고 여기서 치성을 드려 아들을 낳았다는 얘기는 지금도 종종 들을 수 있다. 속리산 법주사에서는 나무 남근으로 송이놀이를 벌이곤 했는데, 이는 속리산 일대에서 살던 대중을 끌어들이는 데 효과적이었을 것이기 때문이다. 또 절에는 남근석이나 자궁 모양의 구멍이 치성의 대상이 되기도 한다이태호, 1998. 또한 조선 후기의 민불民佛은 "'미륵'이 지닌 상징성대로 새로운 사회 변화를 염원하거나, 또 동자형 애기 부처로서 아들을 기원하는 기자 신앙터의 역할이 강조된다." 이러한 제의나 치성이 아들을 낳기 위한 염원과 결부되어 있고, 이것은 불교의 주술적 굴종이 사실상 가부장제 부계 혈통제와의 타협에 다름이 아님을 말해 준다.

이 결합은 현재도 지속되고 있다. 70, 80년대에 절에서 삼신각·산왕각은 한때 일제히 철거되었다. 그러나 이로 인해 절을 찾는 사람들이 현격히 줄어들었고, 사찰들은 다시 이 신전들을 복원할 수밖에 없었다.

절멸시킬 수 없는 존재의 소리, 남아 있는 마고의 위력

그러나 조선조 여성 문화와 유교의 싸움이 유교의 완벽한 승리로 끝난 것은 아니다. 어떤 가부장제 체제라도 완벽하게 빈틈 없이 여성을 노예화할 수는 없다. 그 체제는 다른 비인간적인 체제와 마찬가지로 인간의 존재성과는 근원적으로 적대적인 체제이므로, 빈틈과 반란자를 준비하고 있게 마련이다. 여성주의의 소리를 듣기 이전에 가부장제에 상처받지 않은 대모는 여성들에게 원형으로 무의식에 자리 잡고 있다. 딸들은 가부장제하에서라도 그녀를 지지해 주는 그 무엇 – 어머니, 아버지, 친구, 신화나 전설 같은 민담, 소설이나 영화 속의 주인공 등등 – 과 의미 있는 만남을 이루어 낼 때, 가부장적 여성성의 틈바구니를 비집고 나오는, 망상이 아닌 존재의 소리를 들을 수 있다. 조선조 몇몇 여성의 삶은 의미 있는 타자를 만나기 어려운 경직된 가부장제 속에서라도 스스로 자유를 희구하는 여성의 존재/생명으로의 몸짓은 절멸되지 않음을 보여 준다. 예를 들면 황진이黃眞伊, 1506-1544는 오늘날 국문학사적으로 중요한 평가를 받는 한시들을 남기고 있다는 것은 차치하고라도, 그녀가 서화담徐花潭과 한 계약 결혼은 자생적인 여성주의자로서의 면모를 유감없이 보여 준다. 앞 삼년은 황진이의 집에 서화담이 머물고 뒤 삼년은 서화담의 집에 황진이가 머물고, 경제적 분담을 반씩 했다는 것은 가히 파격적인 계약혼의 모습을 보여 주는 것이다. 이에 대해 시인 고정희는 "사랑하되 머물지 않으며 결혼하되 집을 짓지 않는" 황진이의 해방의식의 반영으로 본다1990: 20-21.

한편 그 무엇과의 만남이 이루어지지 못할 때라도 탈가부장적 공간, 생명과 자유 그 자체로의 자연은 남아 있다. 가부장제는 여성에게 자연까지 박탈하지 못했다. 자연은 여성에게는 자유의 공간이었다. 보부아르는 19세기 여성작가들이 자연에서 구원을 발견한 점을 다음과 같이 주목하고 있다.

아버지의 집에는 어머니, 규칙, 습관, 관계 등이 지배하고 있다. 그녀는 이런 과거로부터 빠져 나오고 싶어한다. … 그녀는 자기의 해방을 기권으로써 지불한다. … 그녀는 동시에 가족과 남성에게서 해방되어, 주체와 자유를 가진 존재가 된다. 그녀는 숲의 비밀 속에서 자기 혼의 고독한 환영을 발견하고, 평원의 광대한 지평선 속에 초월성의 실감 있는 형태를 발견한다. 그녀 자신이 무한한 광야요, 하늘을 향해 솟은 산정이다. 미지의 미래를 향하여 출발하는 이 길을 그녀는 더듬어 갈 수 있으며, 또 그 길을 더듬어 갈 것이다. 언덕 꼭대기에 앉아서, 그녀는 자기 발 밑에 펼쳐진, 제공된 세계의 모든 부를 지배한다. 출렁이는 물과 반짝이는 빛을 통해 그녀는 자기가 아직 모르고 있는 환희와 눈물과 황홀을 예감한다. 못의 잔물결과 태양의 반점이 그녀에게 막연히 약속하는 것은 그녀 자신의 모험이다.… '삶이란 말 한마디는 인생이란 동적부洞籍簿에 기재되는 추상적인 운명이 아니라, 그것은 미래요, 육체적인 부富이다. 한 육체를 갖는다는 것이 이제는 수치스런 약점으로는 보이지 않으며, 사춘기의 처녀는 어머니의 시선 아래에서 거부하는 저 욕망의 나무 속에서 가지를 향해 올라오는 수액을 인식한다. 그녀는 이제 저주받은 존재가 아니다. 그녀는 자랑스럽게 나뭇잎과 꽃들과의 혈연관계를 받아들인다.' 1993: 520-521

자연 속의 자유는 여성들에게는 빨래터, 우물가, 나물 캐러 간 산에서의 수다와, 떳떳하게 먼 나들이가 허용되었을 절에 가기 등으로 여성들 곁에 늘 있어 왔다. 경상도 지역에서는 봄에는 마을 여자들이 해치라고 해서 하루 날을 잡아 봄나들이를 다녀오는 풍습이 70년대까지도 있었다. 새만금의 조개 채취 여성 어민들, 제주 해녀들은 바다를 자신들의 놀이터로 표현한다. 이같이 자연은 여성에게 놀이터로, 일터로 옛날부터 지금까지도 늘 가까이 있었다. 90년대에 지역의 작은 산들을 개발하려는 일련의 바람과 이에 대응하는 주민들의 반대 운동이 있었다. 이 운동의 첫 시작은 1994년 서울 강서구의 우장산을 깎아 구민체육센터를 짓기로 한 강서구청에 대항하는 지역 엄마들의 싸움이었다. 엄마들은 체육센터는 실제 지역민들은 사용할 수 없는 고가의 회원제로 운영될 것이고, 수영장이 생기면 수질이 오염되어 약수터를 이용할 수 없게 되며, 그러면 아이들과 산에 오르는 일상의 기쁨도 사라질 것이라고 판단하였다. 빌라 앞 마당에서 고구마 순, 마늘을 함께 까면서 이런 의견이 오갔고, 우장산 인근의 연립주택과 아파트 별로 반상회를 열고, 차를 타고 다니면서 메가폰으로 홍보하여 야외 반상회를 열고, 구의원을 불러 질의하면서 운동은 시작되었다. 등산객들에게 칼국수 점심을 대접하면서 반대 서명을 받고, 황폐해져 가는 우장산과 나무의 죽음을 상징하는 표시로 하얀 이불 호청을 찢어 흰 띠를 만들어 3,000여 그루의 나무마다 감았다. 어머니들의 힘겨운 노력은 강서양천겨레사랑주민회와 만나면서 힘을 얻어 마침내 우장산 개발을 막아 낼 수 있었다김정희, 2005: 130-131. 그런데 이 운동의 주역인 어머니들은 연립주택이나 아파트의 실주인이 아닌 세입자라는 것은 잘 알려져 있지 않다. 세입자 여성들을 이같이 똘똘 뭉치게 한 건 무엇이었을까? 그건 여성과 자연 간에 끈끈히 이어지고 있는 유대가 아니었을까?

한편, 우리 역사 속에서 자연 속에서 자유를 본 대표적인 여성은 허난설헌許蘭雪軒, 1563-1589이다. 그녀의 문집은 신선 사상으로 점철되어 있어, 도교의 영향이 그녀에게는 절대적이었음을 알 수 있게 한다. 난설헌은 그녀의 유명한 한문 산문인, 신선 세계를 읊은 '광한전백옥루상량문'廣寒殿白玉樓上樑文을 8세에 지었을 만큼 천재였다. 다른 규방가사와 마찬가지로 난설헌의 시집에서 가장 큰 비중을 차지하는 것은 사랑이다. 규방가사들은 완곡하게나마 사랑하고 사랑받고픈 마음을 솔직하게 표현하고 있어, 조선조의 무성애적인 열녀상이 양반 여성들에게 반드시 이상적 여인상은 아니었음을 드러낸다.[41] 허난설헌의 경우도 많은 시들이 연인들이 사랑하고 연애하는 모습을 읊고 있으며, '효침아지체' 效沈亞之體, '하' 夏, '효최국보체' 效崔國輔體 같은 시들에서는 성적 욕망을 우회적으로 표현하고 있다. 그러나 전체적으로 사랑의 기쁨, 아름다움을 읊은 노래보다는 이별의 애잔함과 상처, 님에 대한 그리움과 안타까움을 읊고 있는 시들이 더 많다. 기생방으로 가 버린 남편과, 못 이룬 사랑에 대한 자신의 회한이 변방에서의 군역과 전투로 인해 헤어져 있는 선남선녀, 함께 살아도 먹고살기 위해 늘 남편과 떨어져 있게 되는 뱃사공 아내의 회한, 임금님 사랑을 받고 싶은 궁녀의 회한 등을 통해 표현되고 있다. 이루지 못한 사랑의 회한 외에도 시집 오기 전 친구에 대한 그리움, 오빠에 대한 그리움, 죽은 자식에 대한 그리움 또한 현실의 그녀를 고독하게 하는 것들이다. 이같이 자유롭게 사랑하고 사랑받고 싶으나 그렇지 못한 것에 대한 회한을 드러내는 시들만으로는 허난설헌을 조선 후기의 자생적인 여성주의자라고 부르기는 어렵다. 임금님 사랑을 받고 싶은 궁녀의 안타까운 마음을 그리는 데서는 일부다처제의 무분별한 수용의 면모까지 보여 실망스러움조차 느껴진다.

그러나 다행스럽게도 그녀는 여기에만 머물지는 않았다. 그녀는 민중 시인으로의 면모 또한 나타내고 있다. 부귀영화를 누리는 양반과 헐벗고 굶주리는 민의 생활을 비판조로 읊고 있으며感遇, 성을 쌓아 도적 떼를 막겠다는 것의 어리석음을 지적하고築城怨, 배를 주린 채 자신은 입어 보지 못하고 양반집 아씨가 혼롓날 입을 비단을 밤새워 짜고 있는 가난한 아가씨에 주목한다貧女吟. 시인 고정희는 이 시를 두고 "여자를 피압박 계급으로 직시한 최초의 시인이 아니리까."라고 읊고 있다고정희, 1990: 2.

그녀는 이같이 사랑을 이루지 못한 한과 민중의 고달픈 삶에 대한 분노를 자연 속에서 잊고자 한다. 그녀에게 선경仙景으로 묘사되는 자연은 도피의 공간이기도 하고 압제적인 현실을 대신해 줄 유토피아적 세계에 대한 그녀의 갈망의 표현이기도 하다. 이러한 의의를 지니는 그녀의 자연시는 도교적인 신선 사상과 결합된 선시仙詩이다.

그녀의 배경을 보면, 양반 가문에서 어떻게 그녀 같은 가부장제의 이단자가 나올 수 있었던가가 이해된다. 그녀의 아버지 허엽許曄은 서화담의 고제자高弟子였다. 서화담은 조선 사회에서 도가 철학을 가장 적극적으로 수용하여 유기론唯氣論을 주창한 도가 철학자였다. 또한 그녀는 동생 허균과 더불어 당대의 불우한 최고 시인인 손곡 이달蓀谷 李達에게 글을 배웠다. 손곡은 기생을 어머니로 두었다. 집안 자체가 유교를 국교로 하던 당시 조선의 주류에서 이탈해 있는 도가 철학자의 집안이었고, 이러한 그녀의 성장 배경은 동생 허균과 더불어 조선 봉건 사회에 반기를 들게 하였다허난설헌, 1994: 10-11; 1972: 24, 434-435.

그녀가 남편과의 소원함, 두 아이의 죽음과 유산, 시어머니의 학대 속에서 요절하게 되는 27세에 남긴 책은 수레에 실을 정도로 많았다고 하나 그녀의 유언에 의해 모두 불살라졌고 200여 수의 시만 남아 있을 뿐이다. 유교 계급 체제와 가부장제에 대한 비판을 담은 도가적인 그녀의 시는 유교 이데올로기 속에 휩싸여 있던 조선 땅에서 발표될 수 없었다. 이미 이 시기에 조선 계급제/가부장제 사회는 이러한 자유로운 비판을 용인할 수 없을 만큼 경직되어 있었다고 보인다. 난설헌의 시는 1606년 선조 38년에 중국 사신 주지번朱之蕃이 동생 허균에게 건네받아 명에 가지고 가서 출판하였다. 발간된 그녀의 문집으로 낙양洛陽의 종잇값이 오를 정도로 인기를 얻었다앞글: 433, 443. 이렇게 조선의 여성이 힘겹게 펼쳐 보인 자유 정신은 본국의 여성들에게 들려지지 못하고 외국 땅에서 먼저 소리를 내게 되었다.

이후 조선 후기에는 김호연재, 윤지당, 정일당, 빙허각, 사극당, 금원, 경춘과 같은 여성 지성인들의 출현을 볼 수 있다. 이덕무와 같은 실학자조차 여성은 여사서女四書를 대강 읽어서 뜻을 통하고 조상 계보, 역대 나라 이름, 성현의 이름 등만을 알면 되었지 그 이상은 알 필요가 없다고 말하던 그 시절에 친정과 시가의 동등 대우, 부모와 시부모에 대한 대등한 효를 말했고, 남편과 '자네'라는 호칭을 하며 내기 바둑을 두고 살았으며, 조심스럽게 정치 담론을 시도하기도 하였다. 이들 여성들은 자신의 능력은 물론 여성들 전체의 능력에 대한 확신으로, 여성들의 영역으로 한정된 구속에 대한 내적 갈등을 내비치거나 이로부터의 과감한 탈피로 모습을 드러내었다. 그러나 이 사대부 여성들의 꿈은 자신이 과거에 응시할 수 없었기에 아버지와 남편 또는 자식의 출사, 과거 급제를 통한 가문 부흥이나 출가외인의 이념에 갇혀 있을 수밖에 없는 한계를 안고 있기도 하였다이혜순, 2007; 문희순, 2002.

구한말의 성 평등론은 19세기 말─20세기 초의 동학·증산교·원불교 등과 같이 유·불·선, 그리고 나아가 기독교의 일부 요소까지도 통합하고 있는 민족종교에서 보다 분명한 원리로 나타난다. 이 사상들은 여성을 하늘님 또는 산 부처라고 지칭하며, 여성 교육을 강조하고, 부부 각자의 물질적 생활의 자립을 강조한다. 즉 동학은 천지만물을 시천주侍天主라고 보는 일원론적인 관점에서 남녀를 평등하게 본다정세화, 1994: 97. 증산교는 기존의 천존天尊 시대에 이어 도래할 인존人尊 시대를, 몇천 년 동안 남자의 완롱거리와 사역거리에 지나지 못하던 여자의 한을 풀어 정음정양正陰正陽의 남녀평등은 물론 모든 인간의 평등이 구현되는 시대로 보고 있다앞글: 101. 원불교는 남녀노소 선악 귀천의 모든 사람과 금수초목이 다 일원一圓*으로부터 왔고, 만물은 성품에서는 노소와 귀천 차별이 없는 평등한 존재라고 본다『대종경』 변의품 19; 『정전』 교의편 제4절 일원상 서원문. 특히 소태산 대종사는 과거 여자의 교육받지 못함이나 재산 상속권 인정받지 못함을 과거의 잘못된 타력 생활 조목으로 지적하면서 대안으로 결혼 후 부부의 물질적 생활의 자립, 남녀의 평등한 교육권 등 자력 양성의 조목을 제시함은 물론 가정 살림의 사회화까지 전망한다『대종경』정전 교의품 2·3·4, 전망품 27.

그러나 이러한 성평등론·만물평등론은 교리의 세부 내용이나 현실 적용에서는 한계를 드러내고 있는 면도 있다. 천도교 제2대 교주 최시형이 여자들의 수도를 위하여 설한 「내수도문」은 만물의 생명성을 존중하는 태도로 살림 살 것을 권면하고 있다. 가정 살림의 남녀 공유나 사회화를 전망하기에는 아직 시기상조였을까? 이러한 전망과 결합하면, 내수도문은 남녀 모두가 준수해야 할 생태적 가정 살림의 법설로 오늘날도 여전히 유효할 것이나 안타깝게도 배타적인 여성 규범으로 제시됨으로써 오늘날의 여성주의 담론과 만나지기 어렵게 된다. 증산교는 '남녀동권시대'의 도래를 천명하는 데서 남녀 평등 사상이 투철한 것으로 보이나, 일대 교주 증산 자신은 여성 대표인 수부首婦를 둔다는 명목뿐, 실제로 교리에 부합할 만큼 평등을 실천한 증거는 없다. 원불교의 경우는 교리상으로는 남녀 교무 모두가 혼인을 할 수 있으나 현실에서는 여성 교무는 혼인을 하지 않고 있다. 이는 성 차별적이라기보다는 여성이 혼인 생활을 영위하면서 성직을 수행하는 것이 현실적으로 어렵다는 이유로 묵인되고 있다. 이 문제는 성직자인 부인을 보필하겠다는 굳은 의지를 갖는 남편이 나와야 현실적으로 풀릴 수 있는 문제로 보인다.

구한말 이러한 남녀 평등론적인 사상은 문화적으로도 영향을 미쳐 유순

* 일원은 언어나 형상으로 파악할 수 없으나 우주만유를 통해 자신의 모습을 드러내는, 원불교에서 진리를 지칭하는 불가의 청정 법신불에 해당한다.『대종경』교의품 3

과 순종, 내외의 수행, 남자와의 접촉 기피 등과 같은 행동 지침에 집중되어 있는 여도女道를 거부하는 여성 영웅 소설이 등장하게 된다. 이 소설들에서 여성은 남장을 하고 과거에 나가거나, 대장군으로 전쟁에 나가 공을 세우고 벼슬을 받는다. 또한 남편과 첩을 벌 주고 가부장적인 유아적 남성에게 시련을 줌으로써 남성 우월주의를 극복하는 것을 표현하고 있다. 이 여성 영웅 소설 중에는 '동성결혼' 모티프가 들어 있는 소설들도 있는데, 이는 작가가 남성 우월주의의 악순환이 가부장적 결혼에 있음을 간파하고 있음을 말해 준다. 이것은 당시 여성 작가의 의식이 동학과 같은 민족 사상에서 달성했던 것보다 더 높은 수준의 여성주의 의식에 도달하고 있음을 보여 준다차옥덕, 1999: 170, 175. 더군다나 『홍계월전』 같은 여성 영웅 소설의 활자본 회수가 8회에 이를 만큼 인기 있었다는 것은 이러한 여성주의 의식이 일반에게 거부감 없이 수용되고 있었음을 말해 준다.

그런데 우리가 19세기 전반부를 식민 상태로 보냄으로써, 이같이 상당한 저력과 대중적 기반을 형성해 가고 있는 여성주의를 현실화해 내는 작업은 반세기 이상 단절되어 오늘에 이르고 있다. 그 결과 오늘날 우리에게 전수되고 있는 불교와 전통 생명사상의 모습은 조선 말의 동학, 증산교, 원불교, 여성 영웅 소설의 성 평등론의 연장선상에 있는 것이 아니라 그 이전의 가부장제와 타협하고 유교에 굴복했던 굴절된 형태이다. 예를 들면, 80년대 말 수도권에서도 아들을 낳기 위해 산부인과에서는 태아 성 감별을 하고, 절에 가서는 아들을 낳게 해 달라고 비는 젊은 엄마들을 보는 것이 낯설지 않았다. 가부장제 이전의 모계 문명에서 생사를 주관했던 대모신大母神이었을 삼신 할미가 가부장제 문화 속에서는 아들을 점지해 주는 가부장제의 시녀로 전락하여 삼신각을 통해 명맥을 유지해 오고 있었던 것이다. 그러나 여성들이 삼신각에서 성별을 떠나 임신과 태아의 안녕을 기도하는 순간, 삼신할미는 원래의 생명신으로서의 자기 모습을 되찾을 수 있다.

이러한 부정적 모습이 전부인 것은 아니다. 관세음보살은 본래 인도에서는 아바로키테슈바라Avalokiteśvara로 불리는 남성 보살이었다. 이 보살은 중국으로 건너오면서 외모가 수려한 여성 관세음보살이 되어, 오늘날에도 여성들의 무의식에 대자대비 보살로 깊이 각인이 되어 있다. 예를 들면, 90년대 초반 중년 여성들의 베스트셀러였던 법성 스님의 『마음 한 번 돌리니 극락이 예 있구나』법성, 1993라는 수필집에는 기독교도였던 스님이 죽을 병에 걸려 불교 신도였던 어머니에 의해 절에 업혀 가서, 꿈속에서 귀부인으로 화한 관음보살이 준 생수를 먹고 병을 고치는 이야기가 실려 있다. 또한 이 책 뒤의 「여성 불자들의 삶에서 본 생명여성주의 윤리 - 작은 해탈에서 머물고 말 것인가?」라는 논문을 보면 오늘날에 불교의 가르침에 의존해 신실하게 살아가는 여성 불자들의 모습을 볼 수 있다.

한편 한국 불교의 가장 두드러진 특징 중의 하나는 비구니 스님의 확고한 위상일 것이다. 티베트 불교나 남방 불교에서 여성은 부처님 당시와 달리 스님이 될 수 없고, 오로지 스님 견습생이라 할 수 있는 사미니만 될 수 있다. 여자들은 때로는 결혼도 놓친 채, 일을 하여 번 돈을 출가한 남동생이나 오빠의 수행을 뒷바라지하는 데 다 쓴다.

반면에 한국과 대만에서는 부처님 당시처럼 비구니 승단이 유지되고 있다. 한국에서 여성은 비구니가 될 뿐 아니라 주지 스님이 되기도 하고, 학자 스님으로 비구를 가르치기도 하며, 큰스님으로 법문을 열기도 한다. 남방 불교는 세속의 가부장제의 영향을 받아 본래 평등한 불교 정신을 잃어버린 남성 위주의 불교 제도가 유지되고 있지만, 한국 불교는 여전히 주요 승직은 비구 중심이라는 한계에도 불구하고, 비구니의 위상은 전 세계를 통해 가장 높다. 이 차이는 어디서 연유하는 것일까? 이 역시 마고의 딸들로서의 위력 때문이 아닐까?

여성주의 철학 시대의 도래

하이데거는 철학을 다음과 같이 정의하고 있다.

> 우리는 '철학은 무엇인가?'라는 물음의 대답을 철학의 정의에 관한 역사적
> 진술을 통해서가 아니라, 존재자의 존재로서 우리에게 전승되어 온 것과의
> 대화를 통해서 발견하는 것이다. 존재자의 존재에의 상응이 철학이다. …
> 필로소피아는 존재자의 존재가 건네는 말에 주의하는 한에 있어서 말하는,
> 특별히 수행된 상응이다. 상응은 오직 우연히, 그리고 때때로가 아니라, 필
> 연적으로 언제나 조응된 것이다. 하이데거, 1961: 55-56

존재성을 상실치 않은 탈가부장제의 소리를 내는 자, 곧 그는 여성철학자
이며, 그녀고와 상응하는 우리는 바로 여성주의 철학을 하고 있는 것이다.
바야흐로 여성주의 철학의 시대가 도래했다고 해도 과언이 아닌 시대에 우
리는 살고 있는 것이다. 티끌 속에 우주가 들어 있듯, 우리가 소리를 내고 들
을 수 있음에는 탈가부장제로의 여행의 전 과정이 이미 다 들어 있다. 이토
록 소리를 내고 듣는 것은 소중한 것이다.

소리 들음은 궁극적으로 가부장적 여성성을 탈각한 자기 소리를 듣는 것
으로 귀결된다. 우리가 다른 여성주의자들의 소리를 듣는 것은 결국은 이 자
기 소리를 듣기 위함이다. 이 자기 소리는 실체적인 자기 소리가 아닌, 공·무
위의 소리이다. 그것은 임제가 "안으로나 밖으로나 만나는 것은 바로 죽여
라."라고 말하듯이, 그 어떤 경상境上=대상도 나의 주인공이 될 수 없게 하는 영

원한 부정의 정신이며, 순간순간 다르게 자기를 생기生起해 가는 소리이다.*

한편, 여성주의의 소리는 충분히 깊고 충분히 널리 퍼지는 메아리는 여전히 아닌 것 같다. 가부장제의 압제를 고발하고 비판하기에만도 힘에 벅찼던 것이 선배 여성주의자들의 시대였다고 본다. 이제 우리의 소리는 우리가 어떤 어머니로 어떤 세상에서 어떻게 아이를 기르고 싶은지, 어떤 일의 세계 속에서 살고 싶은지까지를 폭넓고 깊게 말하고 씨 뿌려야 하는 단계에 왔다고 생각된다. 금세기 초에 동학, 증산교, 원불교에서 이미 사상적 단초는 엿보인다. 오늘날 한국의 생명여성주의는 이러한 20세기 초의 여성주의적인 사상적 단초를 보다 발전시키고, 미해결의 과제였던 실천·사상의 현실화를 이루어 내는 과정에서 정립되어 갈 수 있을 것이다. 이 과정에서 가부장적 남성성과 동화되는 것을 여성 해방으로 착각하는 미몽에 빠지지 않기 위해서는, 불성의 여성적 표현인, 왜곡되지 않은 모성과 살림은 깊이 새롭게 음미해야 할 가치일 것이다.

모성이야말로 창조의 위대한 원동력이지요. 대지는 모성입니다. 수많은 생명을 균형과 조화에서 벗어남이 없이 길러 내고 있는 것입니다. 농부도 모성입니다. 농작물을 자식같이 돌보고 자라나게 하고 열매 맺게 하니까요. 요즘 세태는 그 모성이 사라져가고 있습니다. 대지의 모성은 빈사상태이며 농

---

* 볼린의 『우리 속에 있는 여신들』, 『우리 속에 있는 남신들』과 같은 서구 여성심리학은 바로 이 자기 소리 듣기에 큰 도움을 주는 성과이다. 한국 여성주의에서도 무속 신화, 구전 설화, 『산해경』 등의 연구를 통해 우리 문화 속의 탈가부장적 원형과 가부장적인 문화의 상징으로서의 여성성의 차이를 구명해 내는 것은 한국 여성주의의 자기 소리 내기와 관련된 중요한 연구 과제로 생각된다.

부들은 땅을 괴롭히고 뭇 생명들을 학살하며 수탈을 일삼고 있지 않습니까?
박경리, 1995: 134

무엇보다도 중요한 것은 모든 생명을 거두어 들이는 모신과도 같은 지리산의 포용력입니다. 문자 그대로 억조창생의 생명들이 그 품에 의지하여 씨앗을 뿌리고 있지요. 지리산은 그 첩첩산중에 깊은 골짜기가 있어 동학교도나 의병들뿐만 아니라 천주교도들에게도 은신처가 되었으리라 여겨집니다. 말하자면 애초부터 사람 사는 세상에서 살 수 없는 사람들이 그 품에 들어가는데, 그들의 도덕성을 따지기 전에 그들은 약자들입니다. 인간의 제도와 불화한 자들을 모신은 안아들입니다. 박경리, 한겨레신문, 1995.4.6

한국을 비롯한 아시아 지역 몇몇 국가에서는 전통적으로 내면화되고 생활화된, 여성이 지닌 자연친화적인 사고방식과 행동양식의 지혜가 전 지구적인 위기를 극복할 수 있는 열쇠 중의 하나임을 시사 받을 수 있을 것이다. 급기야 환경운동의 대부 최열 씨가 대담하기에까지 이른 효재 신드롬은 그 단적인 예가 될 것이다.* 한국에서는 여성이 전통적으로 담당해 온 양육, 식생활 및 주생활 관리, 간호 등의 가정 관리 행위를 통틀어서 한국의 고유 언어인 '살림'이라는 말로 지칭한다. 이는 생명을 살려 내는 행위를 동시에 지칭하기도 하는 말이다. 즉 여성의 역할은 통틀어 생명을 살려 내는 것이었다.

죽어 가는 지구를 살려 내어 활기차게 움직이게 하려면, 이제까지는 가정

---

* 환경재단 웹레터 Green Report 68호(2010. 10. 15)는 최열과 이효재의 대담을 〈친환경 살림꾼 '효재'를 만나다〉라는 제목으로 싣고 있다.

내의 전통적인 역할에 국한되어 왔던 살림의 개념을 사회적으로 확대하여 인구의 절반을 차지하는 여성이 가정을 균형 있게 돌보던 경험으로 지역 사회 경영에 참여하고, 국가의 정책 결정 및 경제 운용 과정에 참여하며, 지구적 의사 결정 과정에도 중요한 영향력을 미칠 수 있어야 한다. 또 나아가서 모든 생명이 평등하며 건강하게 살아가는 사회를 만들기 위해 근본적이 구조 변화를 초래할 수 있어야 한다. 이 과정은 여성이 없으면 해 낼 수 없지만, 또한 여성들의 힘만으로 되는 일도 아니다. 여성과 환경, 지속가능한개발에 관한 NGO네트워크, 1995:131~133.

따라서 지구 환경 위기를 극복하기 위해서는 더욱 여성의 사회적 세력이 확대되어야 하며, 남녀가 대립되는 관계가 아닌 견제·균형 속에서도 서로 협력하는 관계를 이루어 가야 한다. 21세기 생명 위기를 극복해 가기 위해서는 남녀 평등과 함께, 경제적 평등, 나아가서 모든 생명의 평등이 구현되어야 한다.

3. 민의 생명 전통과 불교

우리나라의 오래된 절들은 가장 윗자리에 산신각산신각이나 삼성각, 칠성각이 있다. 심지어 수덕사에는 산신이 대웅전 오른쪽 한쪽 편에 좌정하고 있어, 대웅전에 산신각이 동거하고 있음을 보여 준다. 무속의 사당들이 절의 가장 윗자리를 차지하고 있는 것은 다른 나라에서는 찾아볼 수 없는 한국 절의 특징으로, 삼국 시대에 불교가 들어오기 이전에 이미 전통 사당들이 이른바 산속의 명당은 다 차지하고 있었음을 추측케 한다. 산신각은 한국의 토속신인 산신령을 그 화신인 호랑이와 함께 모신다. 산신령은 단군이며, 산신각은 불교 도래 이전의 단군 문화를 보여 준다는 설도 있다.

그러나 경남 산청군 지리산 대원사 산왕각의 산신처럼 산신이 여성인 경우도 있다. 더군다나 그 전각의 명칭이 '산왕각'山王閣임을 주목해 볼 필요가 있다. 지모신인 '여신'에게 '산왕'이라는 호칭을 붙이고 있는 것은 토속 종교의 비非가부장제 문화로서의 특징을 말해 주며, 그 '여신'은 '산왕'이란 말 말고 다른 어떤 호칭으로 신앙되었을까 궁금해진다. 혹시 마고는 아니었을까? 강진 월출산 자락의 무위사에는 요즘 사람들이 '여자 미륵'이라 부르는 돌에 새겨진 여신상이 있다. 과거 그 일대는 99개 사찰이 있는 거대한 불교문화권 지역이었다. '여자 미륵상'은 수암사가 폐찰되면서 무위사로 옮겨 온 것이다. 그 여신상은 '여자 미륵'이 아닌 옛 사람들의 숭배했던 '마고신'으로 보인다.이 책 79쪽 그림

한편 독성각은 천태산天泰山에서 홀로 선정을 닦아 독성獨聖·독수성獨修聖이라 불린 나반존자那畔尊子를 모신다. 칠성은 수명장수신壽命長壽神으로 일컬어지는 북두칠성을 뜻하며, 칠성 신앙은 보통 중국의 도교 사상과 불교가 융합되어 생긴 신앙으로 인식되고 있다. 그러나 한국에 중국의 도교가 수입된 것은 영류왕榮留王 7년624년의 일이며, 불교가 도입된 것은 고구려에 이미 민간 경로를 통해 들어와 있던 불교를 소수림왕 2년, 372년에 공식적으로 인정했다는 설이 있고,『삼국유사』「가락국기」에 따르면, 48년 허왕후許皇玉와 그녀의 오빠 장유화상이 가야에 오면서 불교를 함께 가져왔다는 설이 있다. 그 어떤 설이든 간에 중국 도교의 수입은 불교보다 늦게 이루어졌다. 늦게 수입된 도교 사당이 수백 년 먼저 수입된 불교의 절을 제치고 윗자리를 차지한다는 것은 타당하지 않다. 이보다는 칠성 신앙은 앞장에서 살펴 본 토속 도교, 즉 무속 신앙으로 이해되는 것이 타당해 보인다.

이같이 한국의 절에서는 산신·독성·칠성신의 삼성을 따로 모실 경우에

는 산신각·독성각·칠성각 등의 전각 명칭을 붙였고, 삼성을 함께 모실 때
는 삼성각이란 명칭을 붙였다. 이는 앞에서 살펴본 절의 행사로 흡수된 무
속 의례 팔관회와 함께, 한국 불교의 무속과의 떼려야 뗄 수 없는 관계를 말
해 준다. 현대 한국 불교는 원효 등을 위시한 역대의 큰 조사祖師 중심의 흐
름을 강조하면서, 애써 무속과의 관계를 회피하고 싶어 하는 경향도 없지
않다. 그러나 무속과 불교의 동거가 회피하고픈 떳떳치 못한 전통일까? 이
러한 기피에는 무속을 충분히 지성적이지 못한 미개한 미신으로 보는 심리
가 깔려 있는 것으로 보인다. 그렇다면 무속은 부끄러운, 그래서 현대 사회
에서는 버려야 하는 미개한 미신이기만 한 것일까? 베이트슨Bateson은 인간
자신으로부터 단서들을 얻어 이 단서들, 즉 인격이나 마음에 관한 개념을
자연에 확장 적용하는 정령설animism은 자연계와 인간을 동일시하는 토템 숭
배totemism와 더불어, 오늘날 우리가 인간관계나 인간 사회 생태계와 같은 마
음이 내재해 있는 구조와 마음을 분리하는 근본적 과오에 비하면 훨씬 더
일리 있고 나쁘지 않은 생각이었다고 말한다1989: 495-496. 베이트슨의 이러한
지적에 따르면 정령설과 토템 숭배를 특징으로 하는 무속보다 이원론에 기
반하는 근대 사상이 오히려 미개하고 야만적이다.

  여기서는 불교와 무속의 혼융이 사실상 한국 민중 불교의 특징임을 설화
를 통해 살펴보면서 현대 사회에서는 이러한 혼융성이 어떻게 창의적으로
계승될 수 있는지를 숙고해 보고자 한다.

전통 생명사상과 융화된 불교

  역사 속에서 민중이 수용한 한국의 불교는 불교 경전으로 전승되어 온 불
교 사상이 아니다. 한문으로 된 불교 경전은 소수 엘리트 고승들에게나 유

의미하였고, 민중은 외래 종교로서의 불교를 새롭게 받아들였다기보다는 토착 신앙인 무속 신앙을 그대로 유지하면서 이 토착 신앙 안에 불교적 소재를 부분적으로 흡수한 것으로 보인다. 이러한 한국 불교의 특성은 '한국적 불교로의 변용' 혹은 이보다 더 나아간 급진적인 주장으로 불교라기보다는 '불교를 받아들인 토착 신앙'이라는 두 부류의 해석이 있다.

한국에서 무속과 불교의 습합習合 현상에는 무속이 불교적 소재를 수용하는 면과, 불교가 무속의 신앙이나 의식을 수용하는 면의 양면이 모두 관찰된다. 무속에 수용된 불교는 불교라기보다는 토착 신앙이고, 이 경우 불교는 토착 신앙을 풍부하게 하는 데 도움이 된 소재일 뿐이다. 한편, 불교가 무속의 신앙이나 의식을 수용한 경우, 이 경우도 사상으로서의 불교와는 무관하고 한국적으로 변용된 불교이다김태곤, 1986. 여기서 더 나아가 유동식은 이 경우도 무속에 수용된 불교와 마찬가지로 불교라기보다는 불교를 받아들인 토착 신앙으로 보아야 한다는 견해를 제시한다.

> 불교가 와서 재래의 토착신앙을 흡수하는 것이기보다는 토착신앙이 불교를 받아들이는 형태를 취했다고 보아야 한다. 특히 엘리트가 아닌 민중에 있어 그러하다. 민중은 불교를 자기 나름대로 받아들이기 시작했다. 따라서 삼성 각三聖閣의 존재는 후래後來의 것이기보다는 불교를 받아들인 모체母體의 잔류현상殘留現象으로 보아야 할 것이다.유동식, 1973: 143

'탈가부장적인 생명 문화를 어떻게 창조하고 만들어 갈 것인가.' 하는 입장에서 필자가 관심을 갖는 것은 전통적인 생명 사상을 담고 있는 무속 설화가 불교를 융화하여 자신의 친親생명적이고 합자연적인 내용을 보다 풍부하게 전개해 가고 있는 면이다. 한국의 설화는 대부분이 무속 설화이다.

무속 설화는 물활론적 자연관을 갖고 삶, 우주 구성원이 하나같이 영혼을 지니고 있다고 생각하며 여기서 사령死靈·위령威令·동물·나무와 풀 같은 식물로부터 산·토지·강 같은 자연물, 그리고 해·달·별 같은 천체에 이르기까지 모든 것들은 숭배 대상으로 융숭한 대접을 받는다김욱동, 2000: 29.

한편, 동화의 원형들이 물활론적 세계관에 바탕을 두는 설화적·신화적 구조를 가지고 있다는 것을 볼 때, 인간은 아무리 진보하더라도 유아기 시절에 물활론적 사고를 한번은 거치고 지나간다. 아무리 인간과 사회가 진화한다고 하여도, 동화가 논리적인 서사 구조를 갖게 되지는 않는다. 유아기는 인류의 계통발생학적 진화 과정의 초기를 거치는 과정으로 보인다. 또한 융Jung에 의하면 신화는 집단 무의식의 반영이기도 하다. 따라서 우리가 아이들에게 어떤 동화를 들려주는가는 바로 아이들의 무의식을 어떻게 형성해 주고 있는가의 문제가 된다. 무의식이 중요한 것은 우리의 행동이 전적으로 의식적인 것이 아니고 때로는 무의식으로부터 더 압도적인 영향을 받기 때문이다융, 1990.* 마찬가지로 집단 무의식을 반영하며 이미 형성된 서사 내용으로 다시 후손들의 무의식을 형성하게 되는 설화나 동화가 갖는 중요성은 바로 여기에 있다.

앞장의 논의에서 살펴보았듯이 기원전 3, 4천 년경 이전의 인류는 남성 신을 몰랐다. 여신은 그리스, 로마 신화에서 가부장적 제왕으로서의 남신 밑에서 특정 직능을 부여받은 직능신에 불과했던 것이 아니라 전지전능한 신이었다. 또한 당시는 인간은 자신을 자연과 대립하거나 자연 위에 군림하는 존재로 생각하지 않고 모든 존재가 생명의 망 속에서 연결되어 있음을

---

* 존재의 투명성의 정도에 따라 의식과 무의식의 불일치 내지 일치 여부는 결정될 것이다.

경외하였다Christ, 1989: 314. 따라서 여신은 전지전능하되 뭇 생명에 군림하고 지배하는 신이 아니라, 내적으로 연결된 생명들의 옴살스러운 표상 혹은 그러한 생명 관계에 대한 감수성, 전율적으로 느껴지는 신성성의 상징으로서의 신이었다.

여신 신앙은 선사시대에 일어났던 사건이다. 따라서 우리는 불행하게도 이러한 여신 신앙의 기록을 거의 갖고 있지 못하다. 그러나 우리는 '살리다'의 명사형인 '살림'이 다름 아닌 여성의 일상 일, 일상 삶을 지칭하는 말이라는 데서 가부장제를 몰랐던 당시 우리 여성 조상들의 얼, 힘을 확인하게 된다. 우리는 여성들이 전통적으로 해 온 일을 가사노동家事勞動, domestic labour이라는 타자화된 언어로밖에 표현하지 못하는 다른 민족과는 달리 타자화되지 않은, 자기 삶의 주인으로서의 얼을 온 우주를 향해 내뿜는 '살림'이라는 말을 갖고 있다. 이 말로 우리 여성 선조들은 여성의 말과 행동과 생각을 노예화하는 가부장제라는 사회를 몰랐을 당시, 그녀들이 그 어떤 노예성에도 오염되지 않은 생명 감수성으로 충만한 무한히 넓고 당당하며 포용적이며 살리고 보듬고 길러내는 육체적·정신적 힘 그 자체였음을 말해 주는 흔적을 우리에게 남겨 주고 있다.

그 다음으로 그 혼 어머니들의 전능함의 흔적을 부분적으로 우리에게 증명해 주고 있는 또 하나의 자료가 바로 무속 설화이다. 무속 설화는 역사의 변천에 따라 재창조를 거듭해 왔기 때문에 전前 가부장제의 여성의 전능함을 순수하게 증명하지는 못한다.* 전지전능한 신은 옥황상제나 환웅인 남신이 되고, 원래 전지전능한 신이었을 생명신인 삼신은 옥황상제에게 직능

---

* 그렇다고 오늘날의 여성들에게 설화의 잠재적 위력이 힘을 상실했다는 의미는 아니다. 나는 오히려 설화의 위력을 부활시켜야 된다고 보는데, 이에 대해서는 뒤에서 설명된다.

을 부여받는 직능신으로 그 모습을 드러낸다. 바리데기도 딸이라서 버림 받는, 가부장제가 주는 고통을 겪고 나서야 생명신으로 다시 좌정한다.

불교를 자기 소재화하고 있는 몇몇 무속 설화는 가부장제의 힘이 위력을 발휘해 가는 현실 속에서 민초 여성들이 '주인'으로서의 얼을 지켜 가고자 했던 안간 힘 – 무속 여신들이 겪는 고난을 생각해 보라! – 을 웅변해 주고 있다. 실제 여성들은 그렇게 함으로써 앞선 어머니의 얼을 계승해 갔다.

예를 들면, 삼신의 유래와 내력을 담은 「삼승할망본풀이」현용준·현승환 역주, 1996: 24-36에서 민초 여성들은 삼신이 될 맹진국 따님 아기가 석가여래를 아버지로 석가모니를 어머니로 하여 태어났다고 묘사한다. 옥황상제는 맹진국 따님 아기를 생불왕으로 세운다. 옥황상제에게 생명신의 직분을 부여받지만, 옥황상제에 버금하는 신적 존재인 석가여래/석가모니가 부모고 자신 역시 생불왕이 된다. 여기서 삼신은 옥황상제와 동격의 신이 되는 효과가 발생한다. 삼신의 유래를 담은 또 다른 설화인 「제석본풀이」서대석·박경신 역주, 1996에서 삼신이 '세존'으로 지칭되는 것 또한 이와 같은 효과를 발한다. 제석본풀이에서 "어느 댁에 삼신이 없으며 삼한 세존이 없겠소."라는 구절이 나온다. 여기서 '세존'이란 말은 석가 세존을 가리키기보다는 출산이나 생산을 관장하는 신을 가리킨다. 삼한 세존이란 곧 삼신 제석, 삼신 제왕, 삼신 상제와 같은 뜻으로 자주 쓰인다. 영호남 지방에서 농신에게 바치기 위하여 햇곡식을 넣어 모시는 단지를 세존단지라고 불렀다김웅동, 2000: 62-63.

한편 「제석본풀이」에서 민초 여성들은 불교를 육화시킴으로써 자기들이 접근할 수 있는 종교로 만든다. 출가하는 것이 최상의 존재가 되기 위한 지름길이라는 공식적인 불교 담론은 아이를 낳고 기르고 살림 사는 여성들에게는 소외적이다. 그녀들에게 힘이 되는 것은 그들의 삶의 조건 속에서 그녀들과 같은 삶을 살아가는 존재가 신적 존재로 고양될 수 있다는 담론이다. 그들은 당금애기와 스님이 가정을 차리고 아이를 기르는 설화를 만들고, 그 설화를 공유하면서 자신들에게 필요한 육화된 불교 담론을 집단적으로 창조해 간다. 「제석본풀이」가 성인놀이풀이, 삼태자풀이, 제석굿, 세존굿, 생굿 등 다양한 이본異本으로 지역마다 다양하게 편재했다는 것은 이 담론이 여성들과 더불어 두루 존재하는 삶의 문화였음을 말해 준다.

「창세가 무가」서대석·박경신 역주, 1996: 18-24는 미륵의 창조 설화라는 점에서 앞에 언급한 고대의 창조 설화와는 달리, 불교 유입 이후 비교적 후대에 형성된 것으로 보인다. 이것은 불교 유입 당시까지도 이를 소재로 창조 설화를 만들어 낼 만큼 발화發話의 왕성한 생명력을 민초들이 지니고 있었음을 보여 준다. 이 신화 역시 구약의 창세기 신화와는 달리 생태적인 창조 신화임을 김욱동2000은 잘 포착해 내고 있다. 불과 물도 미륵이 창조해 낸 것이 아니고, 그가 이 세계에 태어나기에 앞서 이미 존재해 있었다. 다만 그는 물의 근원과 불의 근원을 찾아낼 따름이다. 인간의 씨앗이라고 할 벌레 역시도 직접 만들어 내지는 않는다. 남자를 상징하는 금벌레가 먼저 떨어지고 여자를 상징하는 은벌레가 그 다음으로 떨어지지 않고 열 마리가 두 쟁반에 동시에 떨어지는데, 여기서 남녀의 위계는 없다. 벌레가 어린아이가 되고 어린아이가 다시 어른으로 성장하여 부부가 되고 자식을 낳고 여기서 인류가 퍼져 나간다. 창조는 현실 세계에서 인간이 출생해서 성장하여 가정을 이루는 과정과 일치한다. 일상 삶의 생명 과정을 창세의 과정과 동일시하는 상상력, 그만큼 일상 삶의 생명 과정을 긍정하고 있는 민초들의 감수성과 상상력이 여실히 드러나고 있다.

미륵과 석가의 싸움에서 비열하고 부도덕한 속임수를 써 이긴 석가에게 미륵은 인간 세계를 내어주고 도망을 친다. 석가가 인간 세계를 통치하고 지배하면서 그동안 누려온 평화와 조화는 깨어지고 인간은 다른 생물을 지배와 정복의 대상으로 삼기 시작한다. 석가와 함께 산에 들어간 스님 3,000명은 노루와 사슴을 잡아 그 고기를 구워 먹고, 이를 위해 나무를 벤다. 다만 두 스님만이 이를 거부하는데, 이들은 죽은 뒤 한 사람은 산에서 바위가 되고 다른 사람은 소나무가 된다. 여기서 인간과 자연의 정복자로 석가를 내세우는 불경不敬스러움은, 제도화된 불교는 자신들보다는 권력의 편에 있다는 민초들의 희극적 비판으로 보인다. 그러면서 민초들은 본래 불교의 정신대로 사는 두 스님과의 동일시를 통해 불법의 정신을 구현하는 삶을 사는 것은 민초라는 발화를 하고 있다.

생명 사상으로서의 무속 설화

앞에서 무속 설화가 친생명적·합자연적이고 가부장제 노예성에 오염되지 않은 여성들의 보살피고 길러 내는 육체적·정신적 힘과 얼의 흔적을 남겨 주고 있으며, 과거 민초들의 삶 속에서 살아 숨쉬는 텍스트였음을 살펴보았다. 한편, 오늘날 무속 설화의 생태성이나 여성 구술 문화로서의 특징에 주목하는 연구들은 이루어지고 있지만, 그것은 연구일 뿐, 더 이상 무속 설화가 우리의 일상 삶의 일부로서 살아 숨 쉬는 담론은 아니다. 설화는 이제 과거 우리 조상의 생태성을 증명해 주는 유물일 수밖에 없는가?

설화 자체가 화석화되어 가고 있는 것은 아니다. 무속 설화와 달리 『그리스·로마 신화』는 계속 현대적으로 다시 쓰여지면서 베스트셀러의 반열에 오르고 있다. 아이들은 만화로 된 『그리스·로마 신화』를 읽는다. 그런데 『그리스·로마 신화』는 인간의 심리적 원형을 보여 주는 신화의 속성을 지니고는 있지만, 이미 그것은 가부장제 사회에 들어선 인간들의 분열되고 치졸하고 공격적이고 패권적인 심리적 원형들로 가득하다. 또한 그 신들은 우리의 심리적 원형과 괴리감을 보이기도 한다.* 예를 들면 딸을 하데스에게 빼앗기고 비탄할 뿐인 데미테르는 전혀 우리의 어머니 원형과 맞지 않는다. 우리의 어머니 원형은 버려진 딸이면서도 스스로 타자를 살려 내는 생명신으로 좌정하는 바리데기이다. TV 드라마 「신데렐라 언니」에서도 계모 송강숙^{이미숙 분}은 바리데기와 같은 이타적 사랑과는 백팔십도 다른, 딸에 고착된 배타적 사랑을 보이지만 하느님, 신령님, 부처님하고 '맞짱 뜨면서' 은조를 살린 게 자기라는 고백에서는 전도된 모습이기는 하나 '살려 내고야 말겠다'는 바리데기의 생명 오기는 그대로 계승되고 있다.

> 너 업구 쓰레기통두 뒤졌어. 드러운 거라두 안 먹이는 거보다 날 거 같아 뒤져 멕이구 너 탈났을 때, 밤새 열 오르구, 니 눈동자가 저 뒤루 까무룩 넘어가 흰자만 희번득일 때, 하느님 아부지, 부처님 신령님한테, 내 새끼 죽이기만 해 보라구, 내가 가만 놔둘 줄 아느냐구, 하늘이구 나발이구 간에 한 입에 꿀꺽 삼켜 잘근잘근 씹어주겠다구, 사람으루 품위 지키며 살기 그날 밤으루 포기했어. 내가 누군지 알아? 하느님 부처님하구 맞장 떠서 이긴 년이야 내가! 너 하나 살리겠다구!! 광목천? 백 번두 끊을 수 있어, 이년아! 「신데렐라 언니」 6회, 2010.4.16 방영

이러한 전통들을 가짐에도 왜 우리는 『그리스·로마 신화』가 아이들의 우

---

* 성인 여성들도 우리의 심리적 원형과 다소 괴리감을 보이는 그리스·로마 신화의 『우리 속의 여신들』을 부족한 대로 우리 자신을 성찰하는 텍스트로 받아들여 왔다. 예를 들면 나는 여성학 수업에서 『선녀는 왜 나무꾼을 떠났을까?』와 같은 우리 신화 속의 여성성을 분석한 책이 나오기까지는, 학생들에게 자신의 기질을 성찰하는 매체로 『우리 속의 여신들』을 곧잘 권장해 왔다.

선적인 필독서여야 한다고 생각하는 것일까? 오늘날 아이들의 무의식은 할머니나 어머니가 들려 주는 옛날이야기가 아니라, 첫 장난감과 첫 동화, 그리고 TV의 만화 영화 등이 결정한다. 여아의 첫 장난감은 공주 인형이나 바비 인형이며 남아의 첫 장난감은 총칼이고 곧이어 게임기가 된다. 백번 다시 태어나도 팔등신이 될 확률은 별로 없는 동양인인 우리에게 팔등신을 넘어 십등신인 바비 인형이 주는 주술성은 생각보다 막강하고 끔찍하다. 예뻐지기 위해 죽기까지 하지 않는가? 여성단체는 성형 문화에 대항해 힘겹게 싸우지만, 바비 인형이 아이들의 무의식이 되고 있는 한, 이미 그 싸움은 이길 수 없는 싸움이다.

제도 변혁 중심의 여성 운동 과정에서 천착되지 못해 온, 탈가부장적인 무의식의 형성은 사실 여성 운동이 첫 번째로 고민해야 할 의제 중의 하나이다. 이미 유아로서 자신의 얼을 빼앗긴 여아들이, 그리고 제우스가 일등 남자라는 상을 갖는 남아들이 얼마나 '여남이 함께 행복한 세상'을 만들어 낼 수 있겠는가? 우리는 무엇으로 새롭게 무의식을 형성해 갈 것인가?

아이들이 바비 인형이나 총칼을 모르고 그리고 신데렐라나 인어공주, 싸우는 로봇 동화를 모른 채 초기 유아기 몇 년을 보낸다고 생각해 보자. 대신 아이들은 부모나 할머니·할아버지에게 설문대할망, 마고, 장길손, 바리데기, 삼신할망, 창세가 무가의 설화들을 구전으로 혹은 그림 동화의 이야기로 들으며 큰다고 생각해 보자. 혹은 이 설화가 만화 영화로 제작되어 아이들이 대형 화면으로 그 설화에 흠뻑 빠져 들 기회가 있었다고 상상해 보자. 「춘향전」만큼이나 아이들에게 그 설화들이 친숙한 이야기가 되는 문화를 상상해 보자. 그 아이들이 성인이 된 사회는 달라질까? 탈가부장제 이야기와 장난감을 그들의 첫 이야기와 장난감으로 주며 두 아이를 기른 어머니로서 나는 사회는 의미 있게 달라질 것이라고 직관한다.

두 아이 모두의 첫 장난감은 동물 인형이었다. 아들은 초등학생이 되어서도 사촌 형이 준 검도봉을 갖고 놀고, 택견 동작을 해대면서도 동물 인형을 가장 즐겨 가지고 놀았다. 노래 부르기와 그림 그리기를 정말 좋아하였고, 빨리 아빠가 되어 아이를 길러 보고 싶다고 모성을 종종 표현하였다. 동물 인형과 칼 싸움을 잘해 왕자를 이겨 먹고 왕자와 친구로 잘 지낸, 여성학 수업시간에 학생들이 과제물로 제출한 개작 신데렐라 이야기를 들으며 자란 딸은 '신데렐라는 어려서 부모님을 잃고요, 계모와 언니들에게 구박을 당했더래요…'라는 노래를 어린이집에 배워 오면서, 종래의 신데렐라·인어공주 이야기에 대단한 갈증을 느꼈다. 이 이야기를 더 이상 멀리하는 것이 능사가 아니라 판단해서, 딸이 여섯 살 때 처음으로 신데렐라와 인어공주 그림 동화를 사 주었다. 그러나 그 이야기들을 딱 한 번 들었을 뿐 다시는 읽어 달라고 하지 않았다. 뿐만 아니라 거품으로 사라지려는 인어공주를 도저히 받아들일 수 없었던 딸은 왕자를 찌르고 인어공주가 다시 부모님과 언니들에게 돌아갈 수 있도록 각본을 고쳐 읽어 달라고 내게 주문하였다.[42]

무속 설화를 그림 동화, 만화, 만화 영화로 살려 내자. 이 과정에서 설화는 재창작될 수도 있을 것이다. 예를 들면 가부장제하에서 버림받는 딸이 고통을 넘어서서 생명신으로 좌정하는 바리데기 설화는 억압과 고통 속에서도 생명의 가치를 알고, 끝내 생명을 길러 내고 보살펴 온 어머니들의 육화된 세계관이다. 고통을 생명의 힘으로 이겨 내 온 생명력으로서의 어머니들의 세계관이다. 가부장제는 지속되고 있고 여전히 버림받는 딸은 나오고 있다. 따라서 바리데기 설화는 현재의 판본 자체로 여성들에게 근원적인 힘을 준다. 그러나 변화하고 있는 사회 속에서 가정 속에서 지지 받으며, 특히 아버지의 지지를 받으며 자라나고 있는 여자아이에게 바리데기는 그다지 매력적이지 않음은 물론 거부 대상이 될 수도 있다. 따라서 우리는 아마도 바리데기의 복수 판본을 갖는 것이 나을 수 있다. 이러한 접근은 다른 설화들에서도 마찬가지로 요구된다. 탈가부장적이며 생명 친화적인 집단 무의식이 여성들에게 자리 잡게 된다면, 절의 삼신각은 더 이상 아이를 잉태한 어머니가 아들을 달라고 비는 가부장제의 사당이 아니라, 소중한 생명을 주심에 감사 드리며 순산을 기원하는 어머니의 성소聖所로 다시 부활할 것이다.

현대 불교는 불교와 샤머니즘의 혼용을 증거하는 삼신각의 존재를 부끄러워한다. 이러한 부끄러움은 타당한 의미를 갖는 것일까? 「삼승할망본풀이」, 「제석본풀이」를 아이들에게 들려 주어 삼신할머니를 부활시키는 것이 팔정도 수행이나 십선업법, 오계의 실천과 양립할 수 없는 것인가? 삼신할미로 상징되는 생명의 우주적 기운에, 생명 주심에 감사함을 표하는 것은 깨달음의 도정에서 결정적 장애라도 되는 것일까? 환생한 붓다라도 물활론적으로 세계를 이해하는 유아기는 거치게 마련이 아닌가? 과거 무속 신앙이 기복 신앙이었다 하더라도 서민들이 구하고자 한 복은 자연과 인간이 함께 하며 인간이 기본적으로 생명을 유지하기 위해 필요한 정도의 것을 원하는 소박한 복이었다.

우리 역사 속에서 민중·여성의 불교는 붓다의 가르침인 불교 사상으로서의 불교가 아니라, 불교적 소재를 수용한 토착 신앙이었다. 설화 형태로 전승되어 온 전통적인 생명 사상이라 할 수 있는 토착 신앙은 물활론적 세계관에 바탕해, 서민 여성들이 가부장제의 힘이 위력을 발휘해 가는 역사적 현실 속에서 생명 과정의 '주인'으로서의 얼을 지켜 온 역사이자 문화이다. 오늘날 우리는 여성 문화의 이 유산을 화석화된 문화유산으로 고이 보존하기만 할 것인지, 이 설화를 창조해 낸 선조 어머니들의 얼을 오늘의 딸들에게 전수하는 통로를 만들어 낼 수 있을 것인지 기로에 서 있다고 할 수 있다.

생명 사상으로서의 불교와 불교를 소재로 수용하고 있는 무속 설화가 양립 불가능하다고는 보지 않는다. 우리는 무속 설화를 들으면서 생명 친화적 감수성을 체화한 아이로 성장하고, 부모가 되어 다시 그 이야기를 아이들에게 들려주면서 불교 사상을 자기화하는 보살행이나 자비의 삶을 지향할 수 있다. 이것은 불교에만 적용되는 것이 아니라 다른 종교에도 적용될 수 있다. 독실한 기독교 신자이면서 산의 돌탑에 작은 조약돌 하나를 얹으며 기원하는 것이 이상하지 않은 우리 문화는 이미 탁월한 혼융성을 보여 주고 있다. 생명은 불이不二이다.

4장

    살림은 일반적으로 아이를 기르고 성인들의 하루하루 활동력을 재생시켜 주는 여성의 집안 일을 일컫지만—사실 이것만 해도 대단한 일이다—, 여기에 국한되지 않는다. 새만금 갯벌에서 조개를 채취하는 여성들은 이 일을 갯살림이라고 부른다. 여기서 '살림'은 집 바깥의 일을 지칭한다. '나라國家 살림'이란 말도 쓴다. 이때 살림은 경제적인 측면을 강조하는 국가 경영, 국가 정치를 의미한다. 애초에 살림이 가구에 감금될 운명의 언어라면 이런 어법은 가능하지 않을 것이다. 그러나 우리가 이 말을 자연스럽게 사용한다는 것은 애초에 살림이 가구 안에 갇힌 말이 아니었음을 말해 준다. 내외의 경계가 탄력적으로 달라질 수 있고, 살림의 마음이 살아 있는 활동은 애초부터 다 살림이었던 듯하다. 본문 중에서

4. 여성의 불성인 살림에 대한 사유*

1. 생명 위기의 시대에서 살림의 시대로

오늘날 생명의 위기는 아무리 강조해도 지나침이 없다.이 책의 43-51쪽 참고
생명 위기 시대에 대한 대처가 심각하게 논의되는 가운데, 이 위기를 넘어
서기 위해서는 여성의 힘이 절대적으로 필요하다는 범 지구적 공감대가 형
성되고 있다. 예를 들면, 유엔 새천년 계획UN Millennium Project Task Force 대책본부
는 새천년 개발 목표 성취 정도를 측정하는 지수로 지방 정치 단체에서의

* 이 글은 World Life-Culture Forum_Gyeonggi 2006(organized Life Peace Foundation, in Kintex
of Koyang City, Gyeonggi Province, Korea)에서 "Sallim and Life Movement", ("살림과 여성 생
명운동", 세계생명문화포럼 - 경기2006 - 생명사상과 전 지구적 살림운동, (사) 생명과 평화의 길, 2006.
6.20-23)라는 제목으로 발표했던 글이다. 이 글의 일부는 『초록 눈으로 세상읽기』(UNEP한국
위원회 엮음, 한울아카데미, 2007)에 수록되었다. 여기서는 본래의 글에 율려에 대한 사유를
약간 덧붙이고 제목을 위와 같이 고쳐서 소개한다.

여성의 참여를 이용할 것을 권고하고 있다엘리자베스 가토, 2005. 2003년부터 매해 개최된 이 세계 생명 문화 포럼에서도 김지하를 위시한 여러 발표자들의 글에서도 후천 세계를 여는 주역은 여성임이 거듭 강조되고 있다. 위기를 넘어서는데 절실하게 요구되는 여성의 이 같은 힘은 살리는 일을 맡아 온 자로서의 힘이다. 수천 년의 가부장제 세월의 천대 속에서 여성들이 행여 꺼질새라 고이 고이 불씨를 간직해 온 이 살림의 힘이 이제 지구의 모든 생명을 살릴 수 있는 힘으로 주목을 받고 있는 것이다.

이 글은 우선 살리는 성스러운 일로서의 살림과 천대받으면서 여전히 궁상맞고 위기에 빠진 살림의 두 얼굴을 일단 조명해 본다. 부처와 중생이 둘이 아니듯, 불성佛性으로서의 살림과 천덕꾸러기로서의 살림 또한 둘이 아니다. '위기'危機라는 한자어는 '위험이 곧 기회'라는 의미를 담고 있다. 살림의 위기는 더 깊어졌지만, 이 위기가 기회가 될 수 있다면 그 길은 어떤 길일까를 여성을 중심으로 교육·가정·지역·기업·국가·국가 간 관계에 걸쳐 생각해 보았다.

나는 이 글을 한국의 여성 생명 운동을 연구하고 부분적으로 거기에 참여하고도 있는 위치에서 썼다. 따라서 글은 불가피하게 한국의 여성 생명 운동 중심적이다. 그러나 '티끌 속에 우주가 들어 있고', '하나의 구슬이 구슬의 전체 망을 비춘다는 인드라망'처럼 한국의 생명여성주의자의 시야에 들어오는, 한국적 상황과 연결된 선에서는 아시아적·지구적 생명운동까지 언급을 시도하였다.

2. 살림의 두 얼굴

살리는 성스러운 일*

한국 문화에서 살림은 가장 일반적으로는 가사노동을 일컫는다. 이때 살림은 한자어의 '가사노동'家事勞動이나 영어의 'domestic labour'와 외연은 같지만, 내포intention에서는 근본적으로 다르다. 우리는 너무 오랫동안 '살림'이 '죽임'의 반대말로서의 살림이라는 것을 잊은 채 살아 왔다. 이러한 오랜 망각에도 불구하고, 살림은 그 말 자체로서 '생명을 살리는 일체의 활동'이라는 의미, '생명을 제대로 살게 해야 살림이다.' 라는 가치관적 지향을 담고 있다. 이 같은 의미, 가치관적 지향은 웅장하고 당당하며 자비/사랑의 마음心, maeum 혹은 혼魂, sprit을 느끼게 하는 우주적 생명력이다. 우리가 이 '살림'의 마음을 '아하!' 하고 알아차리게 되는 순간, 온갖 장애의 마음을 뚫고 아마도 이 언어를 만들었을 여성 선조들의 시공을 초월하는 기가 우리에게 공명이 된다. 이 공명을 받아 정현경은 살림이스트Salimist를 다음과 같이 기술한다; "살림이스트는 모든 것특히 죽어가는 지구을 살아나게 함. 살림은 한국 여성이 매일 하는 가정 일을 일컬음. 꽃나무 가꾸기, 우물 지키기, 소·닭·개 키우기, 그리고 집의 영들을 돌보기 등 살림은 또한 망가지는 것*냄비, 신발, 그리고 가슴 등을 고치는 일을 일컬음. 한국 사람들이 '저 여자 살림꾼이

---

*살림이 살리는 성스러운 일이라는 이 조명은 새롭지는 않다. 진작부터 살림의 마음을 부활시켜내는데 앞길을 연, 여성 생명운동에 헌신해 온 여성들, 여성환경연대의 살림꾼 회원들, 김지하 선생님, 정현경 선생님 등에 의해 살림은 성스러운 일로 부활되어 왔다. 이 모든 분들 모두에게 깊이 감사드린다.

네!' 하고 말하면 그것은 그 여성이 모든 것을 살아나게 하는 기술, 예술, 전문성이 있음을 말함. 예를 들면 모든 사람을 배부르고 행복하게 먹이는 것, 가족의 평화, 건강, 풍요함을 끌어내는 것이때의 가족은 모든 종류의 생명을 포용하는 큰 가족 개념을 의미, 아름다운 삶의 환경을 만드는 일 등." 2005:172

한편, '가사노동'家事勞動이나 'domestic labour' 란 언어는 이런 공명을 주지 못한다. 오히려 이 언어들은 무력을 독점한 남성 전사라는 죽임의 계급과 더불어 생겨난 부계 혈통 유지 수단으로서의 가구에 가두어지게 된 여성의 대 패배를 연상시킨다. 최근 서구 여성주의자들이 돌봄caring이 사회 질서를 재편하는 중심 가치가 되어야 한다고 말하면서 가사노동 대신에 돌봄이라는 말을 즐겨 쓰고 있는 것도 이와 무관하지 않다고 생각된다Noddings, 1984; 허라금, 2004. 반면에 살림은 여성의 역사적 대패배 이전에, 인류가 '지배와 종속 또는 억압', '주인과 노예', 그리고 이것의 은유이며 현실 질서로서의 '남과 여', '문명과 자연'과 같은 이분법적 질서, 가부장제라는 것을 몰랐을 시대에 인간/여성의 투명한 우주적 혼연일체의 혼 어머니의 기백을 증거한다. 살림은 아름다운 율려의 음 속에서 창조되었고 지유地乳를 먹고 살았다고 느꼈을 만큼 풍요롭고, 가부장제가 도래하지 않았던 마고성 시대[43]의 언어일 듯 싶다. 다시 『부도지』 마고 신화의 초입부를 상기하면 다음과 같다.

선천시대에는 오직 8呂의 음만이 하늘에서 들려왔고 실달성과 허달성, 마고대성이 모두 이 음에서 나왔다. 짐세朕歲 이전에 율려가 몇 번 부활하여 별들이 출현하였고 짐세가 몇 번 종말을 맞이할 때, 희로의 감정이 없는 마고가 선천을 남자로, 후천을 여자로 하여 배우자 없이 궁희와 소희를 낳아 두 딸에게 오음 칠조의 음절을 맡아보게 하였다….

선천시대의 팔려의 음, 몇 번의 부활을 통해 별들을 낳은 율려는 무엇일까? 그건 바로 우주의 들숨과 날숨이다. 우주의 숨인 율려의 음을 통해 우주가 창조된다. 이렇게 우주의 숨을 느끼는 마고는 희로의 감정이 없다. 오욕칠정을 여읜 부처의 경지다. 이러한 우주의 숨길을 느끼고 우주를 배우자로 삼는, 이같이 더 이상 넓으려야 넓을 수 없는 마고의 이 우주적 넓음을 이해하는 마고의 딸들이 아니라면 누가 '살림'을 발화할 수 있었겠는가?

우리가 살림의 의미를 알고 이를 발화하면, 그때마다 "우리는 거대한 생명의 순환 체계 속에서 순리대로 살다 가고자 하는그리고 윤회를 수용한다면 '자기 진화의 끝에 다다를 때까지 다시 돌아오고자 하는' 생명이다!", "우리 모두는 지고한 가치를 지닌 생명이며 삶입니다!"라는 고백을 하는 셈이다. 극히 짧은 한 단어이지만 결연한 기도문이다.

살림은 일반적으로 아이를 기르고 성인들의 하루하루 활동력을 재생시켜 주는 여성의 집안 일을 일컫지만—사실 이것만 해도 대단한 일이다—, 여기에 국한되지 않는다. 새만금 갯벌에서 조개를 채취하는 여성들은 이 일을 갯살림이라고 부른다. 여기서 '살림'은 집 바깥의 일을 지칭한다. '나라國家살림'이란 말도 쓴다. 이때 살림은 경제적인 측면을 강조하는 국가 경영, 국가 정치를 의미한다. 애초에 살림이 가구에 감금될 운명의 언어라면 이런 어법은 가능하지 않을 것이다. 그러나 우리가 이 말을 자연스럽게 사용한다는 것은 애초에 살림이 가구 안에 갇힌 말이 아니었음을 말해 준다. 내외의 경계가 탄력적으로 달라질 수 있고, 살림의 마음이 살아 있는 활동은 애초부터 다 살림이었던 듯하다.

인류가 지구상에 출현해서 살아 온 300만 년을 하루로 치면 3세기 정도 지속된 근대는 약 8.6초에 불과하다. 가구 내 살림에만 전념할 것을 명하는 전업주부라는 범주가, 그것도 일부 계층에서만 생겨나서 지속된 것은 이렇게 숨 네다섯 번 쉴 정도의 짧은 시간에 불과하다. 여성은 나머지 23시간 59분 51.4초의 시간을 가정 살림꾼으로만 산 것이 아니고 농민·상인·도제·장인·예술가·의녀…로 살아 왔고, 앞으로도 그렇게 살아갈 것이다. 살림은 가구에 갇힌 활동이 아니라 이 전 영역을 관통하는 정신이었고 활동이었다.

여성이 통사적으로 통합적인 존재였음을 보여 주는 예들을 들어 보겠다. 고대 사회에서 여성은 부역에 남자와 동등하게 참여했다. 품 팔아 아버지를 봉양하다 부역을 나가게 되어 아버지 봉양을 걱정하는 설씨녀 이야기[44]와 고구려 봉상왕 때 남녀를 부역시켜 성과 왕실을 지었다는 기록[45] 등이 이를 말해 준다. 신라 시조 혁거세는 알영과 함께 6부를 돌며 농사와 양잠을 감독했다勤督農事촉고 한다.[46] 이 농사와 양잠을 살펴본다는 것은 오늘날로 치면, 국가 경제의 근간이 되는 산업단지를 시찰하는 것이다. 신라 3대 유리왕 때 기록*을 보면 여성들의 길쌈 대회가 7월 16일에서 8월 15일까지 한 달 동안 매일 새벽에 시작해서 전등도 없던 그 시절에 밤 10시까지 열렸다. 시합이 끝나는 날 진 편이 이긴 편에 주식을 제공하고 가무와 온갖 유희가 일어난다고 했다. 오늘날 전 세계 축제라 할 수 있는 올림픽이나 월드컵도 한 달 동안 이어지지는 않는다. 얼마나 융성한 축제인지를 짐작할 수 있다. 아직까지도 우리 민족의 명절인 추석의 기원은 이 같은 여성 축제였던 가배였다. 물론 이

---

* 왕이 6부를 정한 후, 이를 두 부분에 나누어 왕녀王女 두 사람으로 하여금 각각 부내部內의 여자를 거느려 편을 짜고 패를 나눠 추秋 7월 기망旣望, 16일부터 날마다 일찍이 육六(6)부部의 마당에 모여 길쌈을 시작, 을야乙夜에 파罷하게 하고, 8월 15일에 이르러 그 공功의 다소를 고사考查하여 지는 편은 주식酒食을 장만하여 이긴 편에 사례하고 이에 가무歌舞와 온갖 유희가 일어나니, 이를 가배嘉排라 한다. 이때 진 편의 한 여자가 일어나 춤추며 탄식하기를, 회소회소會蘇會蘇라 하여 그 음조가 슬프고 아름답거늘, 후인後人이 그 소리로써 노래를 지어 이름을 회소곡會蘇曲이라 하였다. 『삼국사기』 권 제1 신라본기 제1 유리이사금(24-57)

대회의 개최자가 여성이 아니라 남자 왕이라는 점은 남성 민중의 노동과 더불어 여성 노동이 가부장제 국가 체제에 흡수되고 있음을 보여 준다.* 그러나 살림의 마음을 놓치지 않은 여성 노동은 가부장적 제도로서의 부계 가구와 마을 경계 안에서 주로 수행되었다는 진화론적 한계 속에서도 노예 노동으로 완벽하게 전락하지 않은, 여성 자신과 타자를 살리는 노동이었다.

'사랑받는 아내, 성공하는 남편'은 1980년대 한 여성잡지의 슬로건으로 아파트 시계탑이나 옥외광고판에서 쉽게 볼 수 있었다. 한국의 산업화는 남자들에게 수면 시간 외에는 공장과 회사가 자기 삶의 전부가 되기를 요구했고, 따라서 가정은 식민지 시대처럼 가정생활 면에서는 부父/夫 부재가 지속되고 오히려 더 강화되었다. 산업 자본주의는 이 부 부재의 집안을 여성이 종족 재생산에만 헌신하며 맡아 주기를 바랐고 이 슬로건은 바로 이러한 산업 자본주의의 남성 중심 욕망을 압축적으로 표현하고 있다. 그러나 우리는 이 슬로건은 중산층 가족에만 적용될 수 있는 이데올로기임을 잘 알고 있다. 우리 모두가 알 듯이, 한국이 산업국으로의 진출을 선포한 100억 달러 수출의 주역은 십대 여성 노동자들이었고, 이러한 지배적 이데올로기 속에서도 여성의 경제 활동 참가율은 늘 40%를 넘었다. 깨어 있는 전업주부들은 생협 등 다양한 시민운동을 통해 전업주부 자체를 초월하여 한국 시민사회의 주역이 되었다. 오늘날 35만 명에 이르는 여성 CEO들 중에는 아파트 시공의 필수품이 된 루펜—음식물 쓰레기 처분 시설—을 개발한 이희자 사장처럼 가정 살림에서 얻은 아이디어로 창업을 해 성공을 한 경우도 적지 않다.

* 진 편의 여자가 부르는 노래가 슬픈 가락의 회소곡이었다 함은 상당한 힘(생명력)을 여전히 가지고 있으면서도 앞으로 딸들이 살아갈 시절은 점점 더 가부장제가 강화되어 여성의 자유를 옥죌 것이라는 예감을 했기 때문은 아니었을까?

천대받으면서 여전히 궁상맞고 위기에 빠진 살림

1) 천대받은 살림과 살림꾼 여성

살림은 그 마음의 장엄함과는 상반되게, 최소한 5천 년 이상 지속되어 온 가부장제라는 야만적인 체제하에서, 그리고 가뭄과 홍수·폭풍·전염병과 같이 피해가기 힘든 자연의 자기 운동 앞에서 속절없이 하루하루를 살아 낼 수밖에 없었던 궁상맞고 박해받은 상처투성이의 살림이기도 하다. 살림이란 말을 만들어 낸 대모들의 딸들은 살림의 기백을 지닌 어머니들의 딸들이라고 믿기지 않을 만큼, 억압받고 천대받는 세월을 수천 년 보내게 된다. 때로는 이 궁상맞음과 박해와 상처가 너무나 심해서 살림꾼 여성들은 살림의 그 마음을 잃고 분열된 자기를 살리기 위해 가족을 떠나기도 한다.

여성으로서는, 민족 정신으로 떠받들어지는 고조선의 홍익인간弘益人間의 이념도 순수하게 받아들이기 힘들다. 서기전 8-7세기경의 고조선에는 순장 제도를 볼 수 있다. 정치 지배 계급의 성원이었던 가장이 죽으면 그 권속, 신하, 처첩, 가내 노예가 함께 묻혔다. 여기서 이미 일부다처제가 지배 계급에서는 실행되고 있었고 가부장은 가구원에 대한 절대적인 생사여탈권을 갖고 있었음을 보여 준다노태돈, 1990: 44, 75-76. 민족의 정체성을 굳이 찾아야 한다면, 율려라는 평화로운 음악으로 세상을 창조했다는 마고성 시대로 거슬러 올라가면 안 될까? 동옥저에서는 고구려에 여자를 바쳤는데, 이것은 여자가 이제 남자의 정치적 거래의 공물이 되고 있음을 보여 준다. 이미 생명이 아니고, 그저 물건이다. 여성이 남성 정치의 희생양이 되는 이 역사는 고려 시대에 원나라에 여자를 공물로 바치던 풍습을 거쳐 일제 시대 정신대로 이어진다. 이는 당시 세계를 재패한 제국 아래서 어쩔 수 없었던 일이라 이해하고 넘어간다 하자. 보다 근원적인 가부장제는 '환향녀'還鄕女; 고향에 돌아온 여자라는 말에 있다. 원나라에 갔다 돌아온 여자들을 남편들이 받아주지 않아 생긴 환향녀라는 말이 정숙하지 못한 여자를 지칭하는 욕인 '화냥년' 으로 쓰이게 되었고 이는 오늘날까지도 이어지고 있다. 이렇게 여자를 물건으로 취급하는 가부장제 문화 속에서 살아오면서 여성은 자기들끼리도 천대하고 천대받을 만큼 타락하기도 했다. 17세기 조선 중기 이후부터 만연되었을* 고부 갈등이 그 전형적인 예다. '시집 가면 귀머거리 3년, 벙어리 3년, 장님 3년' 이라는 말이나, 며느리밥은 나오지 않는 작은 솥으로 밥을 짓게 해서 그 며느리가 굶어 죽어 '소쩍 소쩍'** 하고 우는 소쩍새가 되었다는 소쩍새 신화는 고부 갈등의 극단성을 말해 준다.

2) 궁상맞았던, 여전히 궁상맞은 살림

한편으로는 먹고 살기 위해 늘 안간힘을 써야만 했던, 그리고 진화론적으로 생계 경제를 담당했던 여성의 하루하루의 살림은 성스러운 만큼 궁상맞은 것이기도 했다. 더 이상 애를 쓸 수 없을 만큼 전력투구하여 애를 쓰며 살아도, 때로는 자식들을 기르고자 한 그 살림은 아이 하나 지켜 내지 못한다. 농촌의 할머니들 얘기를 들으면, 농번기에는 논일, 밭일은 해야 하고 아이는 봐 줄 사람이 없어 아이를 나무 밑에 묶어 놓고 일을 했다고 한다. 때로 아이는 독사에 물려 죽거나 다쳤다고 한다. 방 안에 먹을 것을 두고 방문을 걸어 잠그고 나갔을 때는 어떤 일이 벌어졌을까? 조개를 채취해 살림을 산, 새만금 갯벌의 어머니는 참으로 궁상맞은 이야기를 들려 준다.

---

* 고려시대까지는 서옥제婿屋制라고 해서 딸, 사위, 손자들이 살 집을 뒷마당에 지어주어 함께 사는 일종의 처가살이가 주요한 거주 형태였다.
** '소쩍' 은 '솥이 작아' 라는 말을 새울음 소리로 변형한 것이다.

그 전에 바다 댕기믄서 내가 벌어야 하는디 애기들 땜에 못 번께, 애기들을 방에다가 가둬. 인제 오강요강 씨쳐서씻어서 넣어 놓고 먹을 것, 과자, 우유 같은 거 사서 들여 놓고 바다 댕겨. … 인자 엄마 찾으러 간다고 바다 가면은 애만 잃는 거여. …바다 갔다 오면은 똥하고 오줌하고 방바닥에다 싸 갖고 막 손으로 다 으깨 갖고 그 똥하고 먹을 거하고 같이 그거를 막 먹은 거야. … 그래도 어떡해. 새끼들 안 굶겨 죽일란께 벌어야 되고, 그 이튿날 또 그렇게 하고 바다 나가고, 빈 몸으로 재금分家 나왔으니까, 몸땡이만 차고 나오니까 인제 열심히 안 하면은 우리가 살어 갈 길이 없잖아. 그냥 할 줄 몰라도 이를 악물고 댕겼지.윤박경, 2004:62

　이런 궁상맞음은 우리가 보릿고개를 못 넘기던 60, 70년대로 끝난 일일까? 경제 규모가 세계 10위라는 나라에서 부모나 조부모 모두 생업에 매달려 있는 시간 동안 아이들이 개에 물려 죽고 불에 타 죽고 보육원에서 학대받는 사건이 연이어 일어나고 있는 것이 한국이다「어린이 참변 왜 잇따르나」, 한겨레신문 2006.2.11. 3교대로 돌아가는 공장에 다니는 어머니 노동자는 오후 출근 시간에 맞추어 들어오기로 한 아빠가 늦으면, 어쩔 수 없이 우는 애를 놔 두고 밖에서 문을 걸어 잠그고 출근을 한다. 한국 사회에서 여성이 직업을 갖는 것이 남편의 아이 돌보기나 가사 참여에 미치는 영향은 거의 없다. 맞벌이 가족에서 여성이 가사를 전담하거나 주로 하는 가정이 86.4%이고 공평하게 분담하는 가족은 10.1%에 불과하다. 전업주부 가정과 취업주부 가정을 통틀어 여성은 하루 평균 3시간 18분을 가정 살림에 쓰는 반면 남자는 26분만을 쓴다통계청, 『생활시간조사』, 2005; 『사회통계조사보고서』, 2003. 특히 육아기의 아이를 가진 경제활동 참여 여성들의 '이중 노동' 강도는 극단적이다. 자기 아이를 봐 주시는 어머니를 힘들게 하는 죄인이라는 괴로움 '나 몰라라' 하는 남편에 대한 적대적 감정, 둘째아이는 꿈도 꿀 수 없을 만큼 절대적으로 힘에 부치는 하루하루의 나날이 이들의 삶이고 심정이다. 살림이라기보다는 하루하루 살아남기 위한 육아 전쟁, 생존 전쟁이 있을 뿐이다. 경제 규모는 세계 10위이지만 아이 살림은 뒤에서부터 세계 10위일 듯 싶다.

그런데 육아가 절대로 분담되지는 않는다. 항상 애를 데리러 가는 문제는 나 혼자 동동거리게 되는 거, 내가 최후의 보루인 거, 내가 벌어서 내 수입으로 사는데도 내가 이렇게 해야 되나 그런 생각 때문에 괴로웠다. 심리 상담을 받은 적도 있다. 혼자 끙끙 앓다가 내가 피해자라는 생각 때문에 그게 우울증으로 왔었다. 복직을 생각하면 마음이 무겁다. 나는 친구를 만날 시간도 없고 회식도 일차만 겨우 하고 그렇게 살았는데 복직하게 되면 나한테도 그걸 보장해 줘라, 신랑한테 요구를 할 생각이다. 내가 이만큼 양보할 테니 일주일에 몇 번은 니가 해라 이렇게 할라고 … 엄마가 죄인 같다. 엄마니까 내가 챙겨야 하는 거. 이제는 그렇게 안 한다. 아빠도 끌어 들여야 한다. 김정희 외, 2004: 78

아이 키우기 힘들어서 회사 그만두고 싶다는 생각이 자주 들었다. 아기 낳기 전에 예상했던 것보다 훨씬 힘들다. 아기를 먹이고 씻기고 죽 쑤고 데려다 주고 회사 가서 일하고 퇴근해서 아기 데리고 와서 밤 새 쓴 것과 아침에 남기고 간 빨래를 하고 나면 밤 11시. 다행히 애는 잘 자지만 개인 생활이 전혀 없어서 숨이 턱까지 올라와서 석 달 했는데도 3년 한 것 같다. 앞 글:74

이렇듯 극단적인 이중 노동을 감수해야 하는 경제 활동 참여 여성들의 가정 살림은 또 다른 의미에서 궁상맞기 짝이 없다. 이중 노동은 어머니들로 부터 생명을 기르는 체험이 주는 기쁨을 향유할 순간과 기회를 빼앗아 가고 있다.

아이를 기르기 위해 아예 아이와의 동거를 포기해야 하는 지경의 삶도 존 재한다. 여성부가 폐쇄하려다 부모들과 시설장들의 반발로 폐쇄하지 못하 고 묵인하고 있는 24시간 보육시설에 아이를 보내는 아동의 부모들은 때밀 이, 포장마차, 간병인 등과 같이 낮밤이 바뀐 생활을 하시는 분들이 대부분 이다. 낮에는 잠을 자야 하고 밤에는 일을 나가기 위해 아이를 24시간 보육 시설에 맡긴다. 이분들이 한 달에 한두 번이라도 아이를 집에 데려가도록 부모들을 독려하는 것이 어린이집 원장들의 큰 일이라고 한다. 부모들은 애 를 떼어 놓고 이렇게 하지 않으면 월세, 보육료를 감당하지 못한다. 24시간 보육을 이용하는 가정의 경계를 넘어서면, 생물학적인 부모-자식 유대가 해체된 세계가 있다. 최근 한국에서는 일 년에 8천명의 아이들이 버려지고 있다.

팍팍한 삶은 부모가 자기 아이를 학대하게 한다. 보건복지부 조사에 의하 면, 2005년 아동학대는 하루 평균 12.6건이 발생했고 가해자는 친부가 66.1%2천554명로 가장 많고 이어 친모28.4%, 1천98건, 계모3.7%, 142건, 계부1.0%, 38건 의 순이었다 '보건복지부, 「아동학대, 하루 12.6건 발생」, 2006.4.27.

아이를 때리는 것만이 아동학대는 아니다. 사실상 한국 사회의 가장 큰 아동학대, 반反 살림은 교육이다. 전국교직원노동조합 서울지부가 2006년 4 월에 서울 초등 4~6학년 4,392명을 상대로 한 조사에 따르면, 학원·과외 공 부 시간을 2시간~4시간 30분을 쓰고 있다. 수요일을 제외한 평일 6시간의 학교 수업을 합치면 하루 8~10시간 30분 공부에 '시달리고' 있다 「서울 초등 고 학년 방과 후 과외·학원 순례 공부 하루 10시간 시달려」, 2006.5.3. 문제는 이 학대는 사실상

부모, 학교, 학원, 대학 모두가 공모하고 있다는 데 있다.[47] 괴로운 부모 중 일부는 대안학교로 도망도 치지만, 대부분의 부모들은 학원비를 대고, 학원에 아이를 차 태워다 주며 무력하면서도 적극적으로 이 체제에 적응하며 살아간다.

부모가 이 체제에 괴로워하면서도 적극적으로 공모하게 되는 구조적 요인은 날이 갈수록 심화되는 양극화이다. 상위 10%의 연소득은 1억 원을 넘는 반면, 하위 10%는 1천만 원을 겨우 넘는다「연 가구소득 상위 10% 1억…하위10%」, hani.co.kr, 2006.5.11. 성찰의 부재는 계급 추락에 대한 공포를 만연하게 하고 부모들을 체제의 적극적인 공모자가 되게 한다.

3) 궁상맞음을 넘어 불임을 고착화하는 개발주의

마지막으로 이 시대 가장 광범위하고 심각하게 아이와 어머니를 힘들고 지치게 하는 것으로 생태계 파괴와 환경 오염의 문제를 짚고 넘어가지 않을 수 없다. 2003년 15~44세 유배우 가임 여성을 대상으로 한 연구에 따르면 불임 발생률은 13.5%에 이르고 불임 부부는 전국에 총 63만 5천 쌍으로 추계된다황나미, 2003. 그러나 이 추계는 여성만을 대상으로 한 연구이기 때문에 불임 남성을 고려하면, 불임 부부는 20%를 넘고, 백만 쌍 이상이 될 것으로 추정해 볼 수 있다. 불임은 만혼, 스트레스, 환경 오염 등이 원인이라고 말해지지만, 그 심각성에 비해서는 생태계 파괴 및 환경 오염과의 관련성이 거의 천착되고 있지 못하다. 2005년 한국의 출산율은 세계 최저인 1.08명으로 떨어졌다. 2005년에 태어난 신생아가 43만 8,000여 명인데 불임 부부가 100만 쌍 이상이다. 이것은 육아에 대한 사회적 지원의 부재, 가부장적 가족 문화와 더불어 불임이 저출산의 핵심 원인임을 말해 준다. 이 모든 것은 '가부장적 남성 중심 문화' 라는 한 문구로 요약된다. 불임, 그리고 저출산을 생태학적 재앙의 하나로 바라볼 필요성이 분명함에도 불구하고 국가의 저출산 대책에는 이에 대한 인식이 전무하다. 전국의 산을 농약으로 범벅된 골프장으로 만들고 새만금·천성산의 뭇 생명을 죽이는 개발주의는 불임의 문화에 다름이 아니다. 불임의 문화 속에서, 자연의 불임·살해를 주도하는 인간이 어찌 다산의 풍요를 가질 수 있을까? 불임의 개발주의와 우리 인간의 불임이 동전의 앞뒷면임을 깨닫지 못하는, 세대 재생산의 최저 임계치에 이미 도달한 한국 사회는 쉽사리 '사회적·개인적인 자기 보존 능력'을 회복할 것 같지 않다. 세계 10위의 경제 규모, 그러나 '환경지속성지수ESI'는 1백46개 국 중 1백22위2005년, 2380시간이라는 세계 최고의 연간 노동시간2004년, 이 거리만큼 불임은 광대하다.

불임의 문화 속에서는 태어난 아이들도 힘들고 비실비실하다. 민노당 조사에 의하면, 현재 우리나라 어린이의 6명 중 한 명은 아토피 질환을 앓고 있으며, 0~4세 어린이의 5명 중 1명은 천식을 앓고 있다. 일선 현장 의사들의 추정 결과에 따르면 아토피 유병율은 약 40%, 천식은 약 23%라고 한다. 어머니의 자궁은 더 이상 신성한 장소가 아니고 다이옥신이 득실대는 오염된 공해 창고이다. 오염된 자궁에서 세상으로 나오면 대기오염, 먹을거리 오염, 전자파 오염 등이 아이들을 기다리고 있다. 유전자 조작 식품이 제재 없이 수입되고, 7·8년 이상 상하지 않는 밀가루를 99.8% 수입해서 먹는 나라이다. 1992년 2월에 풀을 쑤기 위해 산 밀가루가 2009년에야 썩어서 버렸다. 그런 밀가루로 빵을 만든 베이커리들은 '갓 구어낸 신선한 빵'이라는 문구를 간판으로 버젓이 내걸고 있다. 개발주의의 대세에 획기적인 변화가 없는 한, 아토피 유병율은 50~60% 천식은 30~40% 불임률은 20~30%로 계속해서 의기양양하게 상향 행군을 할 것이다.

3. 부활하는 살림

반만년 이상의 세월을 가부장제 속에서 살아 오면서 여성들은 살림의 그 장엄한 마음을 잊어버린 채 살아 왔다. 그 몇천 년 동안 살림은 새경 안 받고 일해 주면서 아들을 낳아 길러 주어야 노년에 반짝 어른 대접을 해 주는, 길들여진 살림이 되어 버렸다. 살림의 마음은 노예성과 착종되어 종적이 묘연해졌다. 그래서 바로 얼마 전까지 주부들에게 "뭐 해요?"라고 물으면 "놀아요."라거나 "아무 것도 안 해요."라고 자연스럽게 대답했다.

살림이 아무 것도 아닌 것이 아니라는 것을 재인식하는 작업은 1970, 80년대에 들어와 서구 여성주의자들에 의해 시작되었다. 서구 여성주의자들은 부불 노동인 가사노동이 경제적 가치를 갖는 노동임을 증명하기 위한 다양한 논의를 전개했고, 여성학의 발전과 함께 우리도 이에 깊은 영향을 받았다. 이혼 시 전업주부의 재산 분할 청구권이 인정되고1989, 주부 사망이나 사고 시 보험에서 가사노동 가치를 인정하게 된 것 등은 바로 그 성과이다.

서구 여성주의에서 가사노동은 앞에서 언급했듯이 이제 돌봄caring 혹은 돌봄 노동care work으로 얘기되면서, 돌봄은 앞으로 구축되어야 할 새로운 사회 질서의 방향을 제시해 주는 핵심적인 가치로 새롭게 자리매김되고 있다Noddings, Nell, 1984; 허라금, 2004.

한편 우리나라의 경우, 1970년대부터 가시화되기 시작한 수질 및 대기오염·농약남용·해양 오염 사고 등 공해 및 환경 문제에 대응하여, 1980년대에 들어와 민주화 운동의 한 부문운동으로 반공해 운동이 전개되기 시작하였고, 주부 중심의 반공해 운동 단체로 서진옥에 의해 1986년 공해반대시민운동협의회가 결성되었다구도완, 1996:151=53. 또한 1980년대 중반부터 NGO들을 중심으로 우리 농산물을 직거래하는 운동이 시작되었고, 이 운동의 연장선상에서 1988년 한살림, 1989년 한국여성민우회 생협, 1990년 부천 YMCA 생협 등의 생협들이 창립되었다. 1993년 생협전국연합회가 회원 생협들과 물류 사업을 개시하였고, 1994년 가톨릭의 우리농산물살리기운동본부 등이 결성되었으며, 이들 생협에 현재 약 40만 명 정도의 회원들이 참여하고 있다. 1990년대에 들어와 여성 환경 활동가들은 음식물 쓰레기 퇴비화 운동, 쓰레기 소각장 반대 운동, 폐유 수거나 폐유로 비누 만들기 운동, 지역 하천 살리기 운동, 반핵 운동, 반개발 운동, 환경 교육, 평화운동 등과 같은 크고 작은 환경운동을 전개해 왔다. 빈민 운동으로 시작하여 소외 계층의 아이들을 보살피기 위한 공부방 운동을 해 온 공부방연합회와 부스러기 선교회 등에 소속된 교사들이나 대안학교 교사의 80~90%도 여성들이다.

상호 연계 없이 남녀혼성 환경 단체·여성 단체·생활협동조합 등 각 운동 현장에서 다양한 운동을 해 오던 여성 환경운동가들은 1995년 북경 여성대회를 위한 준비모임으로 '여성과 환경, 지속 가능한 개발을 위한 NGO 네트워크'를 결성하면서 처음으로 함께 모이고 「한국여성 NGO위원회 환경분과 보고서」를 작성했다. 이 보고서에는 살림이 여성 생태 운동의 체험적·정신적 구심점이며 비전임이 여성들 자신에 의해 집단적으로 분명하게 천명되고 있다. 이것을 한반도의 생명 파괴를 가슴 속 깊이에서부터 아파하는 여성들의 '살림 선언'이라 부르면서 이를 소개한다. 이 '살림 선언'은 여성 환경운동에서 여성 생명 운동으로의 전환점이기도 하다.*

여성은 생명을 이어가는 전달자, 생명 관리자로서의 역할을 통해 동서고금의 다양한 사회에서 남성보다 더욱 자연 친화적이며 전일적인 사고방식과 행동양식을 보여 왔다. 그러나 이런 여성의 활동은 제대로 평가받지 못하고 여성들은 남성에게 종속된 존재로서 열등하고 부수적인 역할밖에는 하지 못하는 것처럼 인식되어 왔다 … 여성이 지닌 경험과 전망은 현재의 위기를 극복하는 데 큰 기여를 할 것이다. 생명에 대한 경험이 여성에 비해 크게 부족한 남성으로서는 현재와 같은 총체적인 환경 위기를 극복할 역량에 근본적인 한계를 안고 있기 때문이다.…

한국을 비롯한 아시아 지역 몇몇 국가에서는 여성이 지닌 자연 친화적인 사고방식과 행동 양식의 지혜로 전 지구적인 위기를 극복할 수 있다는 점을 시사할 수 있을 것이다. 한국에서는 여성이 전통적으로 담당해 온 양육, 식생활 및 주생활 관리, 간호 등의 가정 관리 행위를 통틀어서 한국의 고유 언어인 '살림'의 개념으로 지칭한다. 이는 생명을 살려 내는 행위를 동시에 지칭하기도 하는 말이다. 즉 여성의 역할은 통틀어 생명을 살려 내는 것이었다. 죽어가는 지구를 살려 내어 활기차게 움직이게 하려면, 이제까지는 가정 내의 전통적인 역할에 국한되어 왔던 살림의 개념을 사회적으로 확대하여, 인구의 절반을 차지하는 여성이 가정을 균형 있게 돌보던 경험으로 지역 사회 경영에 참여하고, 국가의 정책 결정 및 경제 운용 과정에 참여하며 지구적 의사 결정 과정에도 중요한 영향력을 미칠 수 있어야 한다. 또 나아가서 모든 생명이 평등하며 건강하게 살아가는 사회를 만들기 위해 근본적인 구조 변화를 초래할 수 있어야 한다. 이 과정은 여성

---

* 이에 앞서 1989년 한 살림과 민우회 생활협동조합의 창립 선언문과 「한살림선언」이 있었다. 민우회의 생활협동조합운동은 여성들의 모성성을 여성 환경 운동의 주 논리 중의 하나로 정리하고 있고, 한살림 운동은 그 주체를 여성으로 상정하고 있다. 그러나 민우회 활동에서 생태적 시각은 생협과 여성환경센터의 활동에도 불구하고 비주류에 머물러 있었다. 한살림 운동은 그 이론적 전거의 여성 친화성에도 불구하고 신과학과 동학을 그 사상적 전거로 삼음으로써(한살림 모임, 1990:36) 여성이 몸으로 행하는 구체적 체험으로서의 살림이 한살림 운동에서 적절히 자리매김되지 못하고 있다.

이 없으면 해 낼 수 없지만 또한 여성들의 힘만으로 되는 일도 아니다.여성

과 환경, 지속 가능한 개발에 관한 한국 NGO네트워크, 1995:131-33

위 선언이 명시하고 있듯이, 여성 생명 운동의 차별성은 다른 사회운동들처럼 사상에서 자기 젖줄을 찾는 것이 아니라, 여성 자신이 몸과 마음을 움직여 해 왔고 하고 있는 활동·체험으로서의 살림에 토대를 둔다는 데 있다. 여성의 생명 감수성의 근거를 이리가라이Irigaray나 김지하처럼 여성의 임신·출산 능력에서 찾는 경우도 있지만Irigaray, 2000:39-44; 김지하, 2004:220-21, 위 「살림선언」은 임신·출산보다는 살림 행위에서 여성생명운동의 전거를 찾고 있다. 필자의 생각에도 임신·출산은 여성 배타적인 체험은 아니다. 태아는 훗날 의식 수준에서 기억해 내지 못할지언정, 자궁에서의 어머니와의 공생관계를 자각한다. 우리 모두에게, 여자나 남자나 출산을 체험한 여성이나 그렇지 않은 여성에게나 자궁에서 어머니와의 공생은 공유 체험으로 우리의 무의식 속에 내장되어 있다. 이 체험 역시 포유류의 생명체들에게는 궁극의 체험이겠지만, 여성에게는 체험의 세월이나 강도로 볼 때, 살림이 보다 궁극의 체험이다. 임신으로 힘들어하는 여성들에게 먼저 어머니가 된 여성들이 해 주는, "그래도 뱃속에 있을 때가 한갓지지."라는 이 한마디 말은 도저히 어떤 특정의 사상도 삼켜 버릴 수 없는, 살림 체험의 구체적 육체성과 현재성을 간결하게 표명하고 있다.

아이를 낳지 않아도 기르고 살림을 살아 보는 것은 생명여성주의자 혹은 생명주의자가 되기 위한 전제 조건인 듯 싶다. 비혼非婚인 한 생명여성주의자는 조카들을 돌본 체험을 자신의 생명 감수성의 전거로 말한다. '바람의 딸' 한비야는 생명을 낳지 않았지만, 우리 시대 그 누구보다도 많은 아이들을 보살피고 기르고 있는 '흔 어머니' 이다. 이렇게 생명을 기르는 체험은

여자만이 할 수 있는 일이 아니다. 우리는 깊이 존경하지 않을 수 없는, 가난한 이들을 위해 자기 일생을 바친 많은 남성 대부父女들과 성직자, 그리고 이런 일들과 관련된 실무를 묵묵히 맡고 있는 남성들이 다수 존재함을 알고 있다. 그러나 이러한 '어머니 같은 일부 남성들'은 진화론적으로 보면, 우리에게 남성의 진화에 희망을 품게 하는 돌연변이들이다. 대부분의 남성들은 전사로 길들여졌기 때문에 살림에서 배제되어 왔고 가능한 한 생명 감수성을 퇴화시키는 압력을 받아 왔다. 이 남성들이 살림 체험을 공유하는 것은 살림 문명의 성패를 가늠하는 요건이 될 것이다.

신생아는 포유류 새끼들 중 가장 무능하다. 그래서 집중적이고 강도 깊은 육아를 필요로 한다. 최소한 내가 받은 육아만큼 다른 어떤 생명을 몸으로 보살피고 기르는 것은 생명의 순환을 위해 요구되는 인간의 보편적 의무이다. 생물학적 부모가 되는 것은 이 의무를 이행하게 하는 주된 생물적/사회적 경로이지만, '돌보고 길러 보는 체험'이 중요한 이상 불임이나 비혼도 근본적인 문제는 안 된다. 우리 사회, 그리고 세계에는 심화되는 양극화 구도 속에서 돌봄을 필요로 하는 사람들이 너무나도 많기 때문이다. 또한 돌봄이 반드시 비성인만을 돌보는 일일 필요는 없을 듯 싶다. 우선 건강한 성인이라면 남에게 전적으로 의지하지 않고 자기 재생산을 위한 살림만이라도 체험할 수 있다. 남성에게 절실히 요구되는 개인 자치다. 그리고 우리 주변에는 어린 아이들, 연로한 부모를 비롯해 장애인, 노숙자, 노인, 청소년 등 보살핌을 필요로 하는 많은 사람들이 있다. 돌보는 자원활동이나, 돌봄 워커즈, 상담이나 쉼터와 같은 일에 종사하는 분들과 같이 소명감을 갖고 돌보는 일에 종사하는 것도 살림의 의무를 방기하지 않게 하는 좋은 통로가 될 것이다. 과거처럼, 그리고 현재도 그렇지만, 모든 보살핌을 고립된 핵가족 속의 전업 주부 여성에게 내던져 팽개쳐 버리고 외면하는 것이 아니라, 작은 단위의 대면적인 돌봄의 공동체적 네트워크를 만들어 낸다면, 보다 많은 이들이 보살핌을 체험하며 성숙해 갈 수 있을 것이다.

사람을 돌보고 기르는 체험 없이 자연을 돌보고 기르고 지키는 데 전념하는 분들도 드물게는 있다. 이는 가능하지만, 천성산을 지키는 지율 스님과 같은 성직자나 그와 유사한 경지에 달한 사람들에게서나 관찰된다. 대법원의 판결을 앞두고 사람들이 지율 스님에게 가장 많이 던지는 질문 중의 하나는 바로 재판의 결과에 대한 것이다. 지율 스님은 그 질문을 "자식을 전쟁터에 보내는 부모에게 그 자식의 생사를 묻는 질문과 같이 잔인한 질문"이라고 말한다2006.5.23. 성직자이기에 가능해 보이는 그 자연을 지키는 마음은 부모의 마음이라고 말한다.

대학생 때부터 생명운동에 전력투구했던 한 생명여성주의자는 아이를 낳아 보고 길러 보기 전의 자신이 얼마나 설익은 존재였던가를 토로한 적이 있다. 이것이 보다 일반적이다. 생명여성주의자들은 이 구체적인 몸으로 행하는 살림의 체험의 바탕 위에서 동학이든, 신과학이든, 불교든, 노장 사상이든, 서구의 생태 철학이든 이런 것들을 참고로 수용하여 통합한다. 사상이 먼저가 아니라 살림 체험이 선재한다. 그러나 여성들의 「살림선언」이 명시하고 있듯이 살림을 나라 살림에까지 확장시켜 가겠다면, 살림 체험의 바탕을 갖춘 위에 생태적인 과학 지식과 전문성을 흡수하는 것 또한 절대적으로 필요하다.

4. 살림의 경계, 살림의 길

한국 사회에서 살림과 살림의 마음은 이제 생명운동의 확고부동한 기반으로 자리 잡아 가고 있다. 한국 최초로 유기농 농산물을 직거래 하는 생협 운동을 시작한 '한살림'은 살림보다는 서구의 생태과학과 한국의 동학 사상에 기반을 두고 있기는 하지만, 1986년 '한살림 농산'이라는 농산물 직거래 가게를 낼 때부터 이 이름을 사용하고 있다. 여성환경연대는 「살림선언」을 발표한 이후, 운영위원 회의를 살림꾼 회의, 운영위원들을 살림꾼으로 부른다. 대한 YWCA 연합회의 최근 슬로건은 '섬김, 나눔, 살림'이다.*

살림을 살아온 여성은 현대의 생명운동에 참여하기 이전부터 살림꾼 자체로서, 저 마고성의 창세 시대부터 생명여성주의자였다. 생명을 몸으로 느끼고 아는 이 살림꾼들은 남성 사냥꾼/전사들이 이끌었던 오랜 전쟁의 세월을 만나, 숨죽이고 또 숨죽이면서 살림의 불씨를 건사해 오늘에 이르렀다. 이제 숨죽이면서 살림의 불씨를 건사할 필요가 없어졌다. 생명의 위기가 깊어지자 사냥꾼/전사의 후예들은 앞다투어 자신들의 대권을 기꺼이 넘기겠다고 선언한다. 사실 살림꾼들은 대권을 넘겨 받을 생각은 없다. 그 대권이란 걸 해체하고 싶다. 해체하고 그저, 나누고 함께 평화롭게 살고 싶은 것이다. 이런 새로운 진화의 길로 나아가기 위해서 좀 더 자신 있게 시방 +方의 경계가 없는 살림을 살아갈 필요는 있어 보인다. 그 길은 이런 게 아닐까?

생명 감수성을 기르는 교육

언제나 그래왔듯이 가정은 살림의 근간이고 근간이 될 것이다. 가정은 우

* "YWCA는 섬김, 나눔, 살림으로 당신과 함께 희망의 창을 열어가고 싶습니다. 섬김으로 사랑을 꽃피우고 나눔으로 행복을 키워가며 살림으로 참 평화를 만들어갑니다." http://www.ywca.or.kr/

리가 뱃속에서부터 살림과 생명을 체험하는 첫 장소, 원형적 장소이기 때문이다. 세계 평화주의자들에게 가장 큰 골칫거리였던 부시의 배타적인 기독교 근본주의를 그의 유년 시절, 가정 밖의 세계에 가치를 둔 어머니·아버지로부터 물리적·심적으로 배척받았던 상처의 흔적으로 분석하는 글을 읽으며 고개를 끄덕인 적이 있다. 생명체는 우선적으로 사랑받으며 살기를 원한다. '네 몸을 사랑하듯 남을 사랑하라.', '살아 있는 생명을 죽이지 마라.' 라는 예수와 부처의 황금률은 나 자신이 사랑받으며 살기를 원하는 이 절대 명제를 타자에게도 적용하라는 것이다. 이 생명의 절대 명제와 황금률을 몸으로 체험할 수 있거나 거부당하는 첫 장소가 바로 가정이다.

생명 감수성을 기를 수 있는 첫 번째 장소는 가정이다. 부모는 생명 감수성을 몸으로 일러주는 첫 스승이다. 이 스승은 학력이나 재력 등으로 그 수월성이 결정되지 않는다. 열강의 핵무기 폐지를 위해 무일푼으로 인도에서 러시아, 유럽을 거쳐 아메리카까지, 걸어서 3만 리의 평화순례를 감행한 녹색 운동가 사티쉬 쿠마르는 자기 생애 최고의 스승은 학교 문턱에도 못 가본 일자무식이었던 그리고 출가로 9살에 이별한, 자기 어머니였다고 말한다. 그 어머니는 어린 쿠마르에게 "얘야, 너는 모든 걸 알고 있다. 네 속에, 너의 영혼 속에 모든 것이 다 들어 있어, 도토리처럼." 이란 말을 해 주셨다. 우리 어른들이 쿠마르의 어머니와 같을 수 있다면, 이 세상은 그 순간 평화가 도래하리라 확신한다. 그리고 이 교육은 특히 남아가 돌봄, 살림을 체험함으로써 전사로서의 정체성을 해체하는 과정을 포함할 것이다. 남성의 살림 체험은 인류 진화의 성패를 가르고, 오늘날 전 세계적으로 보편적인 현상인 가족의 불안정성을 넘어설 수 있는 핵심 요소이다. 후천의 세계를 여성 혼자 열어 갈 수는 없다. 남성의 동반 협조는 필수다. 이 남성이 진화하지 못하고 여전히 사냥꾼과 전사의 아들로 머물러 있다면 새로운 후천 세계가 열리기 어렵다. 살림 체험은 남성을 생명에 눈뜨게 할 수 있는 가장 손쉬운 방식이다. 어머니들은 이미 굳어진 남편에게 실망했다고 해서 아들까지 포기할 필요는 없다. 여성들이 어머니로서 교사로서 남아를 수많은 쿠마르로 키워 낼 수 있다면, 이는 후천으로 들어서는 한 길일 것이다.

다만 우리는 가정을 이성애적·혈연적 핵가족으로 국한할 필요가 없을 것이다. 척박한 환경 속에서 어쩔 수 없이 생물학적 부모가 포기한 아이를 훌륭하게 키워 내는 양부모들이 너무 많이 있다. 우리는 이 양부모의 범주에 책임감 있는 독신의 부나 모, 동성애 부모를 포함시킬 수 있을 것이다. 이성애 부부에 한한 입양 자격은 조속히 폐지되는 것이 마땅하다. 자신의 동거coupling의 방식으로 인해 육아의 선택권을 제약당해서는 안 된다.

자연 교육을 요체로 하는 생태 교육은 생명 감수성을 기르는 또 하나의 지름길이다. 한국에는 1994년 공동육아에서 시작한 자연 교육이 각 어린이집으로 퍼져 나가고 있고, 유럽에도 건물 없는 '숲속 유치원 운동'이 활발하게 전개되고 있는 것으로 알고 있다. 이곳들이 생명주의자, 살림주의자들의 진지이다. 절망스러운 것은 학교가 무수한 비인간적 기재는 차치하고, 가장 근본적 문제점으로 체계적으로 생명 감수성을 박탈한다는 것이다. 1학년부터 생물과 무생물의 구분을 배우면서 서구 이원론을 학습해 간다. 이 학습은 아이가 생태학적 앎을 체득할 기회를 갖지 못하는 한, 고등학교·대학교 때까지 더욱 더 정교한 지식 형태로, 그리고 시험이란 강요된 내재화 기재를 통해 학습된다. 생명을 생명답게 기르는 생산성은 없으면서 비대해지고 견고해질 대로 견고해진 이 골칫덩어리를 어떻게 할 수 있을까? 학교 종사자들과 교육부 공무원들이 학교를 진화시킬 수 있을까? 시민사회가 진화의 압력을 행사하고 학교 변혁의 청사진을 제시하고 실천적으로 협조할 수 있을까? 아니면 학교는 암세포에 불과하고 대안교육에서 전적인 희망을 찾아야 할까? 혼자서는 답하기 힘든, 생명주의자들이 함께 마주하지 않으면 안 되는 큰 숙제이다.

가정 - 지역과 기업, 국가와 세계를 살림 살아야 한다

1) 가정 살림과 분리되지 않는 지역 살림

반복되는 출산·육아와 더불어 집 부근의 생계 경제 활동에 국한되어 온 것이 여성의 삶이다. 살림의 통합성·전일성도 이 지리적 경계를 크게 벗어나지는 못했다. 그러나 과학적 지식의 발달로 인간이 가임기를 알게 되고 피임법이 발달하고 소자녀 가족이 일반화되면서, 여성이 사적인 종족 보존 중심의 삶에서 벗어날 수 있는, 여성 생애 양식의 근본적인 전환 조건이 마련되었다. 지구가 지속 가능하기 위해서는 더 이상 전사의 문화를 방치해서는 안 된다는 범지구적 각성이 일어나면서, 후천後天의 시대를 여는 일은 여성에게 달려 있다는 소리도 들린다. 비로소 경계를 모르는 살림이 제 본성대로 시방十方으로 뻗어나갈 수 있는 조건이 갖추어진 셈이다.

우선 이제 살림의 최소 단위는 가정 하나만을 언급할 수 없게 되었다. 살림의 최소 단위는 가정-지역이다. 1990년대에 일어난 여성 생명 운동의 특징들 중의 하나는 지역의 개발 - 산을 개발해 스포츠 센터를 만드는 것이나 러브호텔을 설립하는 것-을 막거나 공장 유독 가스 오염 등의 문제에 항의하는, 지역의 어머니들이 자연발생적으로 결집하여 전개한 운동이라는 점이다. 현대의 생태계 파괴나 오염은 그 영향이 최소한 동洞이나 구區 정도의 지역이거나, 황사와 같이 전국적이거나 초국가적이다. 따라서 이에 대응하는 최소 단위는 가정이 될 수 없다. 즉, 가정-지역이 된다. 먹을거리 문제도 마찬가지이다. 개인적으로는 수입 농산물과 복합 오염으로 범벅된 먹을거리로부터 자유롭기 힘들다. 유기농이나 친환경 농산물을 직거래 하는 지역 생협은 최소 수백에서 수천 명의 조합원을 두고 있다. 지역 생협은 주 1회 주문 구매라는 번거로움이 있기는 하지만, 상업적 유기농 매장들보다는 상대적으로 가격이 저렴해 전국에 약 40만 명 정도의 어머니 조합원들이 있다. 개별 가구의 밥상이 지역을 기반으로 한 생협에 의해 보장된다. 한국의 유기농 생산과 유기농 시장은 시골 곳곳을 누비며 유기농 생산자를 찾아내고 생협과 연결시킨, 발로 뛰면서 생협을 만들어 낸 초기 여성 살림꾼들이 없었다면 지속될 수 없었다.

지역 생협과 지역 여성 단체들은—이 둘은 중복되기도 한다—유기농 직거래 운동 외에도 기초의회 모니터 사업, 여성 예산에 대한 조사, 지역 아이들을 위한 다양한 체험학습 프로그램 운영, 샛강 살리기를 위시한 다양한 지역 생태 파수꾼 노릇, 소외 이웃 돌보기 등의 다양한 활동을 해 왔다. 이 일들을 지속적으로 해 가면서 명실상부한 지역 살림으로 정착시켜야 한다. 의회 모니터 사업과 같은 것은 지역 단체의 사업 수준을 벗어나 지자체로부터 공공성을 인정 받는 민관 협력의 공공 제도로 발전해 가야 한다고 생각된다. 스스로 전문성을 갖추어 자원 활동으로 수행해 온 지역 주민과 아동들을 위한 프로그램은 보다 전문성을 갖춘 적절한 수준의 유급 시민노동으로 발전시켜 갈 필요가 있다. 자원 활동은 타인의 행복이 곧 나의 행복이라는 생각에 기초하는 의미 있는 공동체적 활동이고 살림의 일부인 것이 분명하다. 그러나 자원 활동은 사회를 전체적으로 경영하는 전망과 실질적인 경영이란 측면에서는 많은 부분 부족한 것이 사실이다. 그래서 자원 활동의 대안으로 제3부문론과 이의 토대인 시민노동론이 제시되고 있다벡, 1999: 221-26, 250-57.

시민 노동의 예로서 사업자 협동조합일명 '워커즈' :Worker's collective이 있다. 두 명에서 수십 명이 공동 출자해서 만들어지는 워커즈는 미스Mies와 시바Shiva

가 대안적인 경제 활동 형태로 제시하는 소규모 생계 유지 경제의 한 형태로 볼 수 있다2000:372-94. 워커즈는 일본에서 초기 정착 단계는 넘어선 정도로 발달하고 있다.[48] 전국 600여 개의 워커즈에 17,000여 명이 종사하고 있다. 반면에 한국에서는 최근 맹아적인 형태가 선보이고 있다. 생협전국연합회, 사단법인한살림 소속의 지역 생협 조합원들은 급식, 반찬가게, 천연비누, 바느질, 간병 등의 사업을 워커즈로 시도하고 있다. 워커즈는 가구 살림의 경영성을 지역 사회 무대로 확장시킨다는 측면에서 앞으로 여성 주도로 운동과 사업의 경계를 허무는 새로운 시민 활동의 양식이 될 것이다.

마지막으로 지역 살림에서 중요한 과제의 하나로 여성의 기초의회 진출을 꼽을 수 있다. 풀뿌리 지역 활동가들은 양적으로 여성이 절대적으로 우위임에도 불구하고 기초의회에서조차 여성은 대표되고 있지 못하다. 2006년 지방선거에서 여성 기초의원이 차지한 비율은 4.6% 비례대표 제외에 불과하다. 각 나라 여성의원의 평균 비율이 11%를 넘고 북구의 여성의원 비율이 40~50%대인 것에 비할 때 이것은 세계적으로 낮은 수준이다. 2010년 우리나라 인간개발지수HDI는 12위로 2006-2009년의 26위 수준에서 껑충 뛰어올랐으나 남녀평등지수GEM는 104위에 불과하다. 그나마도 전년도 115위에 비해 11단계 상승한 수치이다. 전체 134개국 중 풀뿌리 여성 지역 활동가들의 정체성은 정치적이라기보다는 공동체적이다.

기초의원에 대한 정당 공천제 같은 제도는 풀뿌리 여성 리더들이 지역 정치의 역량을 갖추고 있음에도 불구하고 풀뿌리 제도 정치를 기피하게 만들고 있다. 현실적으로 기초의원의 당선 가능성을 높이기 위해서는 정당에 가입해야 하는데, 이것은 여성들의 지역 활동의 정체성과 맞지 않기 때문이다. 이런 여건 속에서 지역 의회 나아가 자치 단체의 장까지 진출한 풀뿌리 여성 지도자들은 보다 광역의 제도권 지역 정치 등으로 진출하여 자신들의 역량을 십분 발휘하기보다는 다시 하향하여 지역 안팎에서 소박한 봉사 활동을 하는 쪽을 택한다. 이것은 풀뿌리에서 성장한 여성 살림 정치의 역량이 사회적으로 확대·순환되지 못한 채 사회적으로 낭비되고 있는 것이다. 정당 공천제는 이런 면에서 그나마 싹트고 있는 지역 살림 정치의 숨통을 조이는 중앙 정치의 폭거라고 할 수 있다. 이런 제도가 유지되는 한, 기초의 원제는 어느 정도 부는 획득했으나, 사회적 지위와 명예는 지니지 못했던 남성들이 이것들까지 움켜쥘 수 있게 해 주는 제도적 장치에서 한 걸음도 나아갈 수 없다. 살림 정치의 토대 구축도 그만큼 지연될 수밖에 없다.

2) 기업 경영에서 기업 살림, 대안적 지구화로

생태계 파괴와 환경 오염, 그리고 부익부 빈익빈의 주범으로서의 기업이 아니라 지역 사회, 국가, 세계의 지속 가능성에 기여하는 기업이 가능하기 위해서는 CEO와 간부, 직원들이 생명 살림의 감수성을 갖는 것이 무엇보다도 중요하다. 이윤에서 그 추동력이 나왔던 기업을 자연을 살리고 소외계층을 살리는 나눔과 연대의 가치를 실현하는 기업으로 진화시킬 수 있는 것은 이 생명 살림의 감수성일 것이다. 1990년 대 초반부터 'As You Sow'와 같은 단체들이 주도하기 시작한 기업의 사회적 책임CSR:Corporate Social Responsibility 운동은 기업이 사회와 환경에 미치는 영향에 대한 책임의식을 갖고 사업을 운영할 것을 요구한다. 생명 살림의 감수성이야말로 이 기업의 사회적 책임이 원활하게 작동할 수 있게 해 줄 것이다. 기업은 이 생명 살림의 감수성 개발을 위한 여러 프로그램들을 실행할 수 있겠지만, 그 중 핵심적인 한 가지는 상대적으로 이윤 중심 가치를 덜 내재화하고 있는 여성이 중간 간부 이상의 직급에 일정 비율 이상으로 늘어나는 것이다. 노동부의 2004년 조사에 의하면, 과장급 이상 한국의 관리직 여성 비율은 공기업이 2.6%, 1천 명 이상 직원을 가진 민간기업은 4.3%에 불과하고2006.4.24, 한국 10대 기업의 여성 관리직 비율은 3.7%, 임원 비율은 1.3%에 불과하다 '좁은문' 기업 임원 여성엔 '닫힌문', hani.co.kr, 2005.9.5. 여성권한척도 세계 1위를 자랑하는 노르웨이 정부가 2006년 1월부터 '상장기업 이사회의 여성 비율 40% 의무화' 시행을 결정한 것과 비교할 때, 한국의 낙후성은 심각하다노르웨이 상장기업 이사회 '여성40%' 의무화, hani.co.kr, 2005.11.18.

기업 관리직 여성의 증가가 왜 살림 경영으로 나아갈 수 있는 가능성을 높이는지, 예를 들어 보겠다. 필자가 학교 운영위원을 하면서 한 가지는 꼭 해 놓고 나가야겠다고 해서 한 일이 있다. 급식용 콩나물, 두부, 된장과 같은 콩류 식품과 밀가루 및 그 제품을 우리 농산물로 바꾸겠다는 안이었다. 초등학교 급식의 경우 학교 직영이라서 우리 농산물을 많이 이용하고는 있지만, 수입콩은 가격 단가가 매우 낮아, 학교는 1kg에 1천원 하는 수입콩으로 만든 된장을 이용하고 있는 실정이었다. 유전자 조작 식품과, 수입되는 식품의 문제점을 열거하며, 운영위원들을 겨우 설득했다. 그렇지만, 1kg에 7,000원 하는 된장과, 두세 배는 비싼 콩나물·두부·고추장 등은 어떻게 안정적으로 공급할 수 있을지 막막했다. 단체 급식이라서 1인당 하루 식비를 50원~100원만 올려도 아이들에게 토종 우리콩, 우리밀 제품을 먹일 수 있다. 그러나 학교는 절대로 다른 학교보다 급식비를 단 돈 1원이라도 더 비싸게 받는 것을 싫어한다. 이 난제를 풀어 준 것이 영양사였다. 고기 네 번 먹이는 것을 세 번 먹이는 식으로 고기 소비를 줄이면, 급식비를 올리지 않고도 국산 콩류 식품과 밀 식품을 먹일 수 있다는 것이었다. 영양사의 이러한 융통성으로 우리콩, 우리밀 제품이 급식 재료로 쓰일 수 있게 되었다. 전국적으로 학교 급식에 들어가는 우리밀 제품이 연간 8억 정도 된다. 아마도 이런 미미한 변화나마 다른 초등학교에서도 이 같은 방식으로 급식비 인상 없이 우리 밀을 먹음으로써 이루어 낸 결과일 것이다. 영양사의 융통성은 살림꾼의 특징이다. 시어머니가 "사람 사는 건 팔모다."라는 말씀을 하시곤 했다. 이 말은 어려운 살림 형편에서 자식들을 어떻게든 살려 낸 어머니들의 지혜·융통성을 보여 준다. 살림의 이런 특성이 초등학교 급식을 바꾸어 내고 있다.

그러면 회사의 급식은 어떨까? 우리밀 운동을 오래 하신 한 분은, 기업 단체 급식에 우리밀과 그 제품을 사용하게 하기 위해 시도해 봤지만 허사였다고 한다. 상대적으로 비싼 단가 때문이었다. 회사의 급식 관련 업무를 책임지는 당담자는 거의 남성 관리자들이다. 학교의 운영위원 어머니들이나 영양사들이 보여 주는 탄력적 사고를 하지 못한다. 일반인들이 상식적으로 이해하기 힘든 수십 억 원대의 CEO 급여 상승 대신 직원들의 급식비 상승을 꿈도 꿀 수 없다. 기업의 사회적 책임이 거론되면서 많은 회사들이 사원들의 자원 활동을 조직하거나 공부방 지원 등 빈민 계층을 돕는 일에 나서고 있다.[49] 그런데 도시 빈민이 누구인가? 농사꾼이었거나 농사꾼의 자식들이다. 사원들에게 싼 수입 농산물 급식을 제공하는 수십 년의 한국 근대화 속에서 도시 빈민이 형성되었다. 사원들에게 여전히 싼 수입 농산물을 먹이면서 다른 한편으로 빈민을 지원하는 기업의 사회적 책임 프로그램에 뭔가 모순이 느껴지지 않는가? 대기업이 하청기업의 적정 납품 단가 이하로 납품가를 책정하고, 공정위원회가 이를 알아도 제재를 가하지 않는 사례에서도 비슷한 모순이 느껴진다「삼성 계열사 잇단 납품가 후려치기, 공정위 적발하고도 처벌 안해」, hani.co.kr, 2006.5.25. 문제가 된 기업은 최초로 사회봉사단 사장을 임명하여 언론의 주목을 받기도 했다. 한국 그리고 아시아적 맥락에서 기업의 사회적 책임의 첫 번째 측정 지표는 단순한 사회 봉사량이나 지원금이 아니라, 이 같은 아시아적 혹은 국가적인 특수한 맥락을 고려해서 구성되어야 할 것이다.

요컨대 한국과 같이 쌀을 제외한 농산물 자급률이 5% 이하인 나라의 기업의 사회적 책임 지표는 사원들에게 어느 나라 농산물을 먹이느냐가 포함되어야 할 것이다. 약간의 탄력적 사고로 농산물 자급률에 의미 있는 변화를 가져올 계기가 될 수 있는 이런 일들이 남성 관리자 문화 속에서는 일어나기 어렵다. 이런 맥락에서 이미 식량 제국주의자, 그리고 탄탄한 복합체를 이룬 기업과 국가 관료의 손 안에 들어간 우리들의 운명을 뒤바꿀 수 있는 비방도 여성의 손 안에 들어 있는 듯 싶다. 단 여성이 살림의 '마술 손'을 행사할 수 있도록 사회 곳곳에 편재해야겠다. 여전히 여성 부재의 영토는 너무도 많다.

기존의 기업을 어떻게 살림 경영으로 전환시켜낼 것인가 하는 과제와는 별도로 새로운 '살림형 기업'의 모델들이 개발되어야 한다. 이와 관련된 몇 개의 의미 있는 사례가 나오고 있다. '토리 식품'의 창업자 김영선 대표는 처음에는 주부로서 식품영양학 전공을 살려 집에서 국산 토마토를 원료로 케첩을 만들어 주변의 생협 조합원들에게 공급했다. 수요가 폭발하자 공장을 세웠고 2010년 40억 매출이 예상된다「기업 활동을 통해 지역공동체의 복원을 꿈꾸는 친환경 농산물 가공회사」, http://www.krdf.or.kr. 무공해 천연세제를 상품화한 '살림원'의 정해순 대표 역시 비슷한 경우이다. 앞에 언급한 워커즈도 살림 경영의 모델이 될 수 있을 것이다. 이러한 초록기업의 성공 사례들이 좀 더 축적되어 사회적으로 확산되고 알려짐으로써 돈 버는 사업과 살림의 가치관이 유리되지 않는다는 인식과 풍토가 사회적으로 자리 잡을 수 있을 것이다.

공정무역은 지구적 교역 수준으로 확대된 '살림형 기업' 활동의 모델이다. 네덜란드 막스 하벨라르 재단의 커피 공정무역에서 시작된 이 운동은 대안적 지구화의 한 모델이 되고 있다.* 공정무역은 여성들이 주로 많이 참여하고 있으나 남성과 함께 전개하고 있는 사업이다. 아시아에서는 일본의 네팔리 바자로가 네팔Nepail Bazaro과 공정무역을 시작하여** 네팔 경제에 활력을 불어넣고 있는 것을 기점으로, 한국에서는 두레 생협이 필리핀의 사탕수수 생산자들과 공정무역을 개척하였다. 아름다운 재단은 유기농 커피를, 페어트레이드코리아는 네팔·방글라데시 등 아시아 여성 생산자들이 짠 천으로 만든 옷을 공정무역으로 수입한다. 공정무역은 단순히 사업이 아니라 일상적인 사업과 소비를 통해 과거 제국주의 국가 국민들이 식민지 국민들에게 실질적으로 사죄하는 새로운 지구화된 살림의 양식이다. 네팔리 바자로를 만든 츠치야 하루요는 그 과정이 너무나 힘들어 비행기를 타고 네팔을 오가며 비행기 사고가 나서 죽었으면 좋겠다는 생각을 한 적이 한두 번이 아니었다고 말한다. 이제 일본에는 네팔리 바자로 옷을 취급하는 공정무역 제품 전문 가게가 500군데가 넘는다고 한다. 이 같은 엄청난 모험을 감행하며 이제 여성은 세계를 살림 살 수 있는 가능성을 열어 가고 있다.

3) 국가의 관료 통치에서 살림 통치로

양성 평등 임용 제도가 실시되고 있고, 여성 총리가 나오기까지 했으나, 한국에서 국가는 다른 사회제도와 마찬가지로 여전히 남성 중심적인 제도이다. 2005년 7급·9급 공무원 임용시험을 통해 새로 선발한 공무원 중

---

*네덜란드의 막스 하벨라르 재단이 그 선구. 1988년 멕시코로터 수입된 커피에 공정무역(fair trade) 레이블을 붙여 시장에 내기 시작했다. 1988년 253킬로그램에 불과했던 이 커피의 수입이 1990년대 후반에는 3,000킬로그램으로 늘어났다. 네덜란드 슈퍼마켓에서 90퍼센트가 팔리고 있으며 유럽 전역으로 번져가고 있다. 힐러리 프렌치, 2001:73

**교역량은 의상 품목의 경우만 연 6억이고(2005년 현재) 이는 네팔 무역의 3위를 차지하고 있고 그 외 교역량을 합치면 공정 무역은 네팔 무역의 1위를 차지하고 있다. 네팔의 무역 사업은 공정무역과 더불어 시작되었다 해도 과언이 아니다. '공정무역 간담회' 여성환경연대, 2006. 5. 17

50.5%가 여성이다. 이렇게 하위 공무원직에서 여성 합격자는 과반수를 넘어서고 있다. 그러나 5급 이상 관리직 공무원의 경우 지방직에서 여성이 차지하는 비율은 5.9%, 국가직에서는 8.4%에 불과하다. 심지어 244개의 시·군·구 기초자치단체 중 42곳은 5급 이상의 여성 공무원이 전혀 없다「양성평등 임용제도, 이제는 남성에게 유리」, 2006.5.12.

국가 행정에 참여하는 여성 비율이 낮다는 것은 문제이지만, 여성 비율의 증대만으로 국가의 남성 중심성이 해결되기 힘든 면이 있다. 이 국가의 남성 중심성은 추호의 의심의 여지 없이 여전히 승승장구하고 있는 개발주의, 물량주의적 발전주의의 결과이다. 진시노다 볼린Jean Shinoda Bolen, 1984은 남성 중심 조직에서 남성과의 경쟁을 즐기며 목표를 성취할 수 있는 여성은 어머니 없이 제우스의 머리에서 태어난 아테나Athena 형 여자들이라고 말한다. 심리적으로 여성이라기보다는 남성인 여자들만이 공적 제도에서 남성화되면서 살아남고 승승장구하는 것을 즐긴다는 말이다. 반대로 생명을 돌보는 어머니의 딸로 태어난 여성들은 공적 제도에 진출하지 않거나 진출해도 염증을 느끼고 떠나게 된다.

여성가족부의 정책 사례들은 양적인 여성 비율의 증대가 국가의 관료 통치를 살림 통치로 바꿀 수 있는 묘약이 아님을 실질적으로 보여 준다. 여성 단체가 해 오던 상담 활동을 장악하려는 여성부의 정책으로 여성 단체와 여성부는 이미 충돌을 한 바 있다「여성단체-여성부 충돌」, hani.co.kr 2002.12.8. 독재정권 때부터 빈민운동 속에서 발전해 온 공부방들을, 운영비를 지원하면서 지역 아동센터라는 국가 기관으로 흡수한 방과 후 아동 정책안 역시 현장의 반발을 사고 있는 면이 있다.* 지역의 여성 환경단체들은 자신들의 생태적 사업 안이 여성부의 프로젝트로 선발되기 힘들다는 것을 무수히 경험하고 있다. 여성부의 「2005년 보육 사업 안내」에는 '24시간 보육'에 대한 내용이 빠져 있다. 공식적으로 인정하지 않겠다는 뜻이다「여성부는 몰라도 너무 모른다」 hani.co.kr. 2005.11.2. 즉 "부모가 기를 형편이 안 되거든, 고아원에 보내라."는 뜻이고, 이 업무를 보건복지부의 업무로 치부하고 정책적 고려 대상에서 제외시키고 있다. 앞서 언급했듯이 24시간 보육은 생계의 마지노선에 있는 밤샘 노동을 하는 부모들이 기꺼이 보육료를 지불하며 아이를 포기하지 않고 있는 마지노선이다. 한 달에 한두 번이라도 아이들은 부모와의 재회를 학수고대한다. 여성부의 이러한 정책 방기 속에서 24시간 보육은 일부 원장들과 교사들의 종교적 헌신성으로 유지되고 있다. 그 실태가 베일에 가려진 24시간 보육 시설들도 있다. 그 속에서 아동들이 어떤 경험을 하고 있는지는 어쩌다 기사화되는 어린이집의 아동학대 기사 속에서 얼핏 유추해 볼 수 있을 뿐이다.

이런 사례들을 보면 국가의 다른 부서는 차치하고라도 여성 운동의 결실로 획득해 낸 여성가족부의 행정 방식조차 너무 거칠고 관료적이다. 아무 여성이나 공적 제도에 들어간다고 남성 관료 제도에서 답습한 관료주의 문화에 변화가 오지는 않는다. 급식을 우리 농산물로 하고, 무상급식·직영 체제로 전환하고자 하는 변화가 일고 있는 것은 생명을 기르고 보살피는 심성을 지닌 어머니 운영위원들과 영양사들이 존재하기에 가능한 것이다.

한국 여성들의 지배적인 심리적 원형 중의 하나는 자기를 버린 부모를 생명의 약수를 구해 와 살려 내는 '바리데기' 이다. 바리데기는 서구의 여신

---

* 공부방 운동은 크게 부스러기 선교회 소속 공부방과 공부방연합회 소속 공부방으로 대별된다. 전자는 지역아동센터로 전환을 하였으나 후자는 이를 거부함으로써 위기를 맞고 있다. 공부방연합회의 한 관계자는 수십 년 동안 자신들이 개척해 온 공부방 운동의 정체성을 버리고 지원금을 받아 국가 제도로 흡수당하느니 해체되는 것이 나을지도 모른다는 의견을 피력한다. 혹은 국가가 어차피 손대지 못하는 사각지대가 여전히 있기 때문에 지원을 받지 못하더라도 비합법 단체로서 자신들의 역할이 계속 존속될 수도 있을 것이라고 본다.

중에서는 '성숙한 데미테르'라고 할 수 있을 모성과 생명의 신이다. 바리데기가 아버지를 살려 낸 후 지상의 영토를 다스리는 왕이 되기를 거부하고 생명의 신으로 좌정했듯이 이 원형은 본능적으로 생명 감수성을 거세해 버리는 현실의 영역은 피한다. 바리데기의 딸여성들은 국가 체제 안으로 들어가 이를 변혁시키기 위해 분투하고 싶어 하지 않는다. 오히려 자기 몸으로 손수 보살피는 일을 찾아 나서 묵묵히 이 일을 수행할 뿐이다. 보살피고 공동체적인 자원 활동을 하고 있는 무수한 여성들이 바로 바리데기들이다. 그러나 바리데기만으로는 나라를 변화시킬 수 없을 듯 싶다. 다행히 우리에게는 자청비自請妃, 제주도무가 세경본풀이의 주인공의 원형이 또한 존재한다. 자청비는 나중에 다시 살려 낼지언정, 자기를 성폭행하려 한 남자 하인정수남을 자기를 지키기 위해 일단은 죽인다. 서양의 아르테미스 여신과 유사하다. 자청비는 현실의 반反 생명성을 묵과하지 않고 싸워서 이겨 낸다. 이 싸움은 남성 전사들의 전통적 싸움과는 다르다. 오히려 마지막 한 명의 중생을 구해 낼 때까지 해탈을 연기하고 지옥까지 가는 고통을 감내하겠다는 보살의 싸움이다. 하늘에 거하기를 거부하고 곡물 종자를 가져와 땅의 생명을 돌보는 자청비가 정수남을 일단 살해하는 것은 야만적인 남성 권력을 마음으로 용서하는 것이며, 한恨에 머무르는 것이 아니라 그 권력에 당하지 않는 현실의 힘, 현실의 지혜를 갖고 활용하겠다는 것이다. 이는 회피적 초월이 아니라 구질구질하고 비상식적이고 부정의한 이 현실에 참여하겠다는 것이고, 그리고 참여는 결코 아름다울 수만은 없다. 천국만 있는 참여는 없다. 자기 내면의 자청비를 활성화시켜 내는 여성들이 많아질 때, 국가의 초록화도 가능할 것이다.

마지막으로 현대의 자청비로 왕가리 마타이Wangari Maathai*와 메리 로빈슨Mary Robinson**을 떠올리게 된다. 마타이는 개발주의 독재 정권 속에서도 생명의 나무 심기를 포기하지 않았고 정부 관료로 입성하는 것도 피하지 않았다. 메리 로빈슨은 명예직으로서의 대통령으로 역대 어느 통치자도 해결하지 못했던, 북아일랜드와 영국 간의 만성적 분쟁을 종식시켰다. 이 두 대모는 생명 가치와 국가의 통치가 함께 갈 수 있는 가능성을 보여 준다. 여성이 후천 세계의 주역이 될 수밖에 없다는 인류적 공감대가 형성되고 있기에, 부모들이 생명 감수성이 거세되지 않는 아이들만 길러낸다면 국가 통치까지 나아가는 살림의 통치력을 발휘할 수 있는, 왕가리 마타이나 메리 로빈슨이 나올 것이라고 본다. 그러면서 개발주의의 선봉대장, 식량 제국주의의 충실한 하수인으로서의 국가 역할에도 균열이 올 것이며 살림의 통치가 가능해질 것이다.

* 케냐 출생으로 환경운동가이자 정치 운동가이다. 그녀는 지속 가능한 발전, 민주주의 그리고 평화에 기여하여 아프리카 여성으로는 처음으로 2004년 노벨 평화상을 수상하였다.
** 아일랜드 최초의 여성 대통령을 역임했다. 유엔 인권고등판무관을 맡아 인권운동에 나섰다.

5장

구체적으로 이 장에서 제기하는 질문들은 다음과 같다. 불교 생명 윤리는 어떤 논리를 갖고 있는가? 불교 생명 윤리가 여성 불자의 경험과 삶 속에 용해되어 작동하고 있다면, 그것은 어떤 모습으로 나타나는가? 또 불교의 생명 윤리를 체화한 여성 불자는 개인적·사회적 차원에서 생태적 주체로서의 면모를 충분히 보여 주는가? 그렇지 못한 면이 있다면 그것은 불교 생명 윤리의 내재적인 결함에서 비롯되는가 혹은 윤리 외적인 요인에서 비롯되는가? 이러한 질문에 답하기 위해 불교의 생명 윤리로서 「팔정도」와 「오계」를 살펴볼 것이다. 여기서는 이 두 윤리가 생태적인 불교 윤리로 불릴 수 있는가를 이와 관련한 찬반 양론을 비교하면서 검토해 보고자 한다.

두 번째로 불교 윤리를 내재화해 가는 과정에서 여성 불자들이 실존적·사회적 주체로서 자신을 세우는 과정을 구체적인 사례담을 통해 연구한다.

본문 중에서

5. 불교의 생명 윤리와 재가 여성 불자

1. 떠나지 않은 여자들의 작은 해탈

생활 속에서의 해탈을 꿈꾸며

2004년에 모 대학 강사가 부인과 자식들을 두고 자살하였다. 얼마 전에는 우수한 연구 실적을 내놓던 대학교수가 자살하였다. '공부한 게 죄'가 되는 것은 비정규 연구자들만의 일인 줄 알았는데, 이제 자본주의의 초착취 기제는 정규나 비정규를 가리지 않고 정신 나간 망나니의 칼질을 하고 있는 듯하다. 2004년 그 강사의 자살 기사를 접하면서, "부인과 아이는 어떻하라고…. 내 강사 할 때보다는 낫구만, 죽기는 왜 죽어."라는 소리가 저절로 입에서 나왔지만, 나 역시 공부한다는 것이 무슨 대역죄가 되는 것같이 비참해지는 현 상황을 이해할 수 없어 그처럼 분노하였다. 그런데 내가 분노로서만 힘들었던 그 고통의 터널을 지나올 수 있었을까? 의식 수준보다 더 심층의 생존 기제機制는 또 다른 구원을 찾아가게 했다. 그것은 결국 내 내부 존재 자체의 힘을 끌어내는 과정이었고, 그 과정은 작은 해탈이었다고 감히 말할 수 있다.

그런데 이것이 나라는 한 물건의 특수한 적응 방식이었을까? '아니지. 미치지 않기 위해 망가지지 않기 위해 일상을 평온하게 살고 싶은 소박한 소망을 지켜 내기 위해 드러나지 않는, 많은 여자 그리고 남자들이 날마다 작은 해탈을 이루어 내면서 어제와 오늘, 내일을 살아가고 있지.' 라는 앎은 자연스럽게 내게 밀려온다. 이것은 자연스런 체험적 앎이다.

나는 이러한 앎을 일반화할 수 있는 어떤 사회과학적 통계나 자료를 갖고 있지 못하다. 이 장은 내게 자연스럽게 다가온 이 앎을 확인하는 과정이었다. 이런 초월을 해 내지 않고는 불합리 그 자체인 이 현실을 어떻게 하루라도 견뎌 낸단 말인가?

역시나 그들재가 여성 불자은 작은 초월을 일구어 내며 살아가고 있었다. 물론 사례의 수는 제한적이다. 다만 나는 제대로 된 구조적 처방이나 심리 치료의 처방일지라도 그것들은 오늘 당장 나와 우리의 힘이 되지 못하고 중생은 별도의 생존 기제를 찾아 내지 않을 수 없고, 이 장의 몇몇 사례들은 주체적인 중생의 한 대처 경로를 보여 준다는 것을 안다. 이 경로는 이 땅의 많은 민民이 자기 삶을 살아가고 있는 한, 초월에 이를 수 있는 주된 방식이라고 통찰할 수 있을 뿐이다. 사회가 이나마 이렇게 유지되고 있다는 것은 이런 보이지 않는 작은 초월의 삶의 방식을 고려하지 않고는 설명될 수 없다는 것이 나의 생각이다.

여성철학회에서 이 논문을 발표했을 당시,2004 내가 작은 해탈이라고 부른 여성 불자들의 생활 속 작은 초월—흔히 초월을 현실을 떠나는 것으로 오해하는데 초월은 두 발을 땅에 굳건히 디디면서도 동시에 그 땅/삶의 구속으로부터 자유로움을 말한다. —에 대해 거기 있던 대부분의 여성들은 동의하지 않았다. 그녀들은 내가 초월로 보는 현상에 대해 굴욕으로 보고 있었다. 정말 그럴까? 그녀들 대부분은 당시의 나처럼 학술진흥재단의 고학력 인구의 사회적 일자리 정책에 포섭된 연구교수이거나 이보다 더 열악한 시간강사였다. 요컨대 그 중에서도 열두 달 모두 월급 받고 4대보험이 되는 연구교수냐, 이보다도 열악한 정당하지 못한 수준의 연 여섯 번 강사료로 족해야 하는 시간강사냐의 차이는 있었다. 못된 나는 더 열악한 노동자들의 처지를 생각하며 나의 상태를 감사하기보다는, 이런 저런 불합리를 몸으로 겪으면서 대학 카스트 제도의 바라문 지식인의 사회적·진보적 발언이나 행태를 냉소적으로 바라보게 되었다. '당신의 안마당이나 먼저 정의 구현을 해 보시지, 수신제가修身齊家도 못한 주제에 무슨 치국治國을 하겠다고…' 라는 비아냥거림과 함께. 그런데 분노는 분노하는 이의 몸을 아프게 한다. 그러니 내가 살자니 분노를 거두어들이는 초월을 찾아갈 수밖에 없었다. 이 초월을 군이 굴욕으로 보고 싶어 했던 내 부류의 육두품들은 자신들의 처지를 달리 어떻게 해석하고 있었을까?

내가 여기 소개할 많은 여성들의 출발은 나와 동일하였다. 그들 중 다수가 페미니즘이라는 용어조차 들어 본 적이 없기도 하다. 그들이 걸어온 윤리적 주체로서의 여정이 과연 페미니즘적인지, 이때 페미니즘이라는 기준과 특성은 기존의 페미니즘과 무엇이 다른지를 비로소 물어 볼 수 있는 여유가 약간 생겨 난 것 같다. 다만 이 연구의 대상인 여성들은 고통의 현장을 떠나지 않으면서 고통을 초월해 내고 있는데, 이것이 유일한 불교적 의미의 주체화 경로는 아님을 지적할 필요가 있다.

불교에는 좀 더 급진적인 또 하나의 처방이 있다. 괴로우면 그 괴로움의 현장을 떠나라는 처방이다. 어머니, 아내, 직장인…이라는 내 위치가 괴로움의 원인이라면 다 내려놓고 그 현장을 미련 없이 떠나라는 것이다. '다 내려놓고 떠난다는 것'은 떠남이 또 다른 욕망을 찾아가는 떠남이 아니라는 의미이다. 『비구의 고백, 비구니의 고백』이 보여 주는 초기 불교의 비구니 승단에 귀의한 여자들의 목소리는 이쪽에 더 가깝다.

11. 육신을 굽게 하는 세 가지 - 절구통, 절굿공이, 그리고 포악한 남편으로부터 놓여난 저는 아주 홀가분하기만 합니다. 저는 삶과 죽음으로부터도 자유롭습니다. 얽히고설킨 삶 가운데로 저를 끌어들일 만한 것은 이제 그 뿌리조차 보이지 않습니다.227쪽

23. 잘 해탈한 비구니여, 그대 손에서 절굿공이가 떠날 날이 없더니, 잘 벗어났다. 내 고통 몰라라 하던 옛 남편은 그 그림자마저도 보기 싫었다! 우리집 솥단지는 텅 비어 있기 일쑤였다.231쪽

73. 어리석은 사내들이 눈독 들이던 이 육신을 아주 보기 좋게 단장하고, 그물을 던져 놓은 사냥꾼처럼 저는 창가娼家의 문에 서 있었습니다.

74. 은밀하게 또는 드러내 놓고 요란한 몸단장을 과시하면서, 많은 사람들을 희롱하고 갖가지 야릇한 짓을 행했습니다.

75. 그러한 제가 지금은 머리를 깎고 대의大衣를 걸친 채 탁발을 나와, 나무 밑에서 망상妄想을 초월한 경지를 체득하고 앉아 있습니다.

76. 천계天界와 인간계人間界의 멍에는 모두 벗어던졌습니다. 일체의 욕망을 떨쳐 버리고, 저는 홀가분하고 평안해졌습니다.이상 241쪽

97. 제가 아직 집에 있을 때, 저는 수행승이 말하는 설법을 듣고, 오염되지 않은 진리, 형안·불괴不壞의 경지를 맛보았습니다.

98. 그래서 저는 아들도 딸도 재산이랑 양식도 모두 내던지고, 머리를 깎고 출가하여 집 없는 생활로 들어갔던 것입니다.

99. 제가 아직 정학녀正學女였을 무렵, 바른 도를 닦아, 탐욕과 노여움 그리
　　고 이로부터 일어나는 온갖 번뇌를 끊었습니다.이상 244쪽

　아, 그러나 위와 같이 가족을 버리고 출가할 수 있으려면, 얼마나 모진 마
음이어야 할까? 나의 연구는 떠나지 않은 여자들의 작은 해탈에 대한 연구
이다. '산속의 도보다 저잣거리의 도가 더 크다.'는 말이 있듯이, 저잣거리
속의, 가정과 일터 속의 보살들을 보여 주고 싶은 것이다.

생태 윤리, 녹색 윤리, 환경 윤리

　지구 생태계의 파괴는 60년대 이후 자연과 인류의 생존을 위협하는 절체
절명의 위기로 인식되고 있고 오늘날 '지속 가능성'은 인류의 화두가 되고
있다. 그리고 이와 같은 위기를 자초한 것이 다름 아닌 인간이며, 이는 인간
중심적인 세계관과 윤리에 뿌리를 두고 있다는 것이 인식되면서, 그 대안으
로서 인간과 자연의 공존을 가능하게 하는 윤리에 대한 모색이 환경 윤리·
생태 윤리·녹색 윤리 등의 이름으로 모색되고 있다박이문, 1994, 1997; 양명수, 1997;
진교훈, 1998. 또한 생태계 파괴를 가져온 발전의 기저에는 근대 서양 철학의
자연과 인간에 대한 위계적이고 본질주의적인 이분법이 깔려 있다는 인식
은 대안적인 세계관·윤리를 모색하는 과정에서 생태주의적 세계관을 내재
하고 있는 동양 사상에 대한 관심을 환기시키고 있다. 예를 들면, 박이문은
고대 인도의 힌두교·불교 및 고대 중국 사상의 모체인 역학과 이러한 전통
에 뿌리 박은 노장 사상은 일원주의적 사상으로서, 이것들은 녹색 윤리가
인간 중심주의의 극복을 전제로 하는 이상 녹색 윤리의 철학적 근거가 된다
고 본다박이문, 1994: 237.

본 연구 역시 이와 같은 인식선상에서 불교의 생명 윤리가 재가 여성 불자*와 어떻게 관계 맺고 있는지를 연구하고자 한다. 기존 논의들에서 환경 윤리, 생태 윤리, 녹색 윤리 등으로 불리는 것을 이 글에서는 생명 윤리로 부르고자 한다. 이때 생명 윤리는 생물학 및 의학의 실행 과정에서 출생, 삶, 죽음 등과 같은 인간 생명에 대한 간섭의 정당성 여부를 고려하는 생명 윤리보다는 넓은 의미의 생명 윤리이다.

이것은 궁극적으로 생태 윤리·녹색 윤리는 그 가치가 개체 생명과 전체 생태계의 생명을 조화롭게 유지시켜 가는 데 있다는 것과, 그것이 여성과 맺는 관계에 주목함을 강조하기 위함이다. 이것은 생태여성주의의 일반적인 문제의식이기도 하다. 기존의 생태 윤리·녹색 윤리는 그 윤리가 인간을 넘어서서 다른 종을 윤리적으로 고려하는가에는 관심을 가지면서도 그것이 여성과는 어떤 관계를 맺는지에 대해서는 무관심한 것으로 보인다. 한편 김종욱의 지적처럼 환경이란 용어는 인간을 중심에 놓고 그를 원처럼 둘러싸고 있는 주변 세계를 일컫는 말이므로, 환경 윤리는 인간을 위한 환경 보존과 자연 보호로서 인간 중심적 윤리의 또 다른 변종이 되기 쉽다김종욱, 2003: 75-76. 따라서 본고에서는 주로 생명 윤리란 용어를 쓰면서 생태 윤리, 녹색 윤리의 용어를 맥락에 따라 혼용하되 환경 윤리라는 용어는 피하고자 한다.

구체적으로 이 장에서 제기하는 질문들은 다음과 같다. 불교 생명 윤리는 어떤 논리를 갖고 있는가? 불교 생명 윤리가 여성 불자의 경험과 삶 속에 용해되어 작동하고 있다면, 그것은 어떤 모습으로 나타나는가? 또 불교의 생명 윤리를 체화한 여성 불자는 개인적·사회적 차원에서 생태적 주체로서의 면

---

* 여성 불자에는 비구니와 재가 여성 불자가 모두 포함된다. 본 연구의 대상은 재가 여성 불자인데, 이하에서는 '재가 여성 불자'를 '여성 불자'로 축약하여 사용한다.

모를 충분히 보여 주는가? 그렇지 못한 면이 있다면 그것은 불교 생명 윤리의 내재적인 결함에서 비롯되는가 혹은 윤리 외적인 요인에서 비롯되는가?

이러한 질문에 답하기 위해 불교의 생명 윤리로서 「팔정도」와 「오계」를 살펴볼 것이다. 여기서는 이 두 윤리가 생태적인 불교 윤리로 불릴 수 있는가를 이와 관련한 찬반 양론을 비교하면서 검토해 보고자 한다.

두 번째로 불교 윤리를 내재화해 가는 과정에서 여성 불자들이 실존적·사회적 주체로서 자신을 세우는 과정을 구체적인 사례담을 통해 연구한다. 「팔정도」, 「오계」가 여성 불자의 삶 속에서 어떻게 작용하고 있으며, 두 윤리의 축적된 실천의 결과로서 보살행은 어떻게 전개되고 있으며, 그것은 어떻게 전망해 볼 수 있는지 등을 연구한다. 이는 불교 윤리가 개인 윤리에 머물지 않고 사회 윤리로서의 여성주의적인 생명 윤리로 작용할 수 있는가에 대한 경험 연구라고 할 수 있다. 필자는 불교 윤리의 생명 윤리성 여부에 대한 관심 못지않게 과연 이 윤리가 현실에서, 특히 여성 불자의 경험 속에서 실제로 작동하고 있는 윤리인가 하는 데 관심을 갖는다. 아무리 고도의 논리적 완성도를 갖는 윤리라 해도 현실에서, 작동하지 않는 한, 살아 숨쉬는 윤리라 할 수 없기 때문이다. 이런 견지에서 필자는 불교 윤리의 사회적 작동 측면을 여성 불자를 중심으로 살펴보고자 한다. 생명 윤리로서의 불교는 논리적으로나 현실적으로 여성에게만 국한되지 않고 남성에게도 작용 가능한 논리이다.

그러나 이 글은 여성학, 여성 철학의 정체성에 충실하여 연구 대상을 여성 불자에 국한한다. 가부장제 및 자본주의 체제와 같은 지배 체제는 여성만 억압하는 것이 아니고 남성도 억압한다. 따라서 남성의 부정적 체험에 대한 연구도 이루어져야 한다. 서구에서 남성해방적 관점에서의 남성 체험에 대한 연구는 여성학의 영향을 받아 기존의 남성 중심적인 학문 일반과는 또 다른 의미에서의 남성학Men' s Studies이라는 학문 분야 속에서 이루어지고 있다. 다만, 『부처님 어떤 복을 지을까요』2002, 현대불교신문사와 같은 책에 소개된 남성 수기를 참고해 볼 때, 남성 불자도 신심이 깊어지면, 본고에서 여성 불자들이 보여 주는 '참회와 인욕 → 집착에서 벗어나는 작은 해탈' 의 특성을 드러내는 것으로 보인다. 다만 남성 불자들의 경우 구체적인 체험의 소재, 고통의 소재가 여성들과는 차이를 보일 것이다.

이러한 접근은 환경 혹은 자연이나 생태계를 파괴로부터 보호할 수 있는 가를 중심으로 생태주의 혹은 녹색 윤리가 논의되고 사고되는 것과는 차별성을 보인다. 근대 세계관의 이분법은 인간 / 비인간자연이나 동식물, 정신 / 몸, 백인 / 유색인, 남성 / 여성 등과 같이 사물, 자연, 사회, 세계를 상호 배타적이며 위계적 관계라는 내재적 속성을 지니는 대립적 쌍으로 인식한다. 이러한 이분법에서 여성·자연은 남성·문명과는 본질적으로 다른 열등한 존재로 인식된다. 따라서 이러한 이분법을 넘어서고자 하는 세계관과 윤리에 대한 모색에서 이른바 생태 윤리와 여성이 맺는 관계에 대한 고찰은 그것이 생태계 파괴와 종의 멸종을 막고 생태적 균형을 회복하는 데 기여할 수 있는가에 대한 고찰에 앞서는 질문이다. 여기서 중요한 것은 '여성은 개인 존재로서 가부장제하의 여성과는 다른 자율적인 윤리적인 주체가 되고 있는가?' 이다. 불교와 생물학에서 자유 혹은 자율은 생명의 생명성을 보장해 주는 필수조건이며바렐라, 1994 이분법적 세계관에서는 여성은 자연과 더불어 본연의 생명성을 따라서 자유를 부정당하고 대상화된 존재였기 때문이다.

마지막으로 불필요한 오해를 피하기 위해 부언하자면, 이 글이 보여 주고자 하는 작은 해탈은 그저 작은 초월들 중 하나일 뿐이라는 것이다. 이 글이 보여 주는 작은 해탈이 다른 종교에서의 초월보다 더 우월한 윤리적 삶이라고 말할 생각은 없다.

2. 불교의 생명 윤리로서의 팔정도와 오계

불교 윤리와 불교에서 완전한 인간을 의미하는 붓다 또는 아라한은 자기도 남도 해치지 않는 사람, 즉 윤리적으로 완성된 인격자를 의미한다. 이런 면에서 불교는 그 자체로 윤리학이라고 말할 수 있다. 박병기는 불교 윤리가 근본적으로는 스스로를 자율적으로 규제하게 하는 덕 윤리적 성격이 강하면서도, 강제적으로 부여되는 율律을 갖고 있어 의무 윤리적 보완성도 갖고 있다고 본다박병기, 2003: 287. 안옥선 역시 불교 윤리는 탐진치 지멸止滅에 의한 인간 성품 형성을 핵심으로 하는 덕의 윤리로 본다안옥선, 2000: 35-37. 그러나 불교 경전에 언급된 윤리적 덕목들은 모두 언급할 수 없을 정도로 그 수가 많다. 그 중에서 팔정도八正道는 붓다의 최초 설법이면서 그 이후 45년 동안 계속 가르치신 것이고 최후의 설법이라는 점에서 불교의 핵심 윤리이다. 오계五戒 역시 불자가 되기 위해서는 반드시 받아야 하는 계율이다.

팔정도

팔정도八正道는 고집멸도苦集滅道라는 붓다의 가장 기본적 가르침인 사성제四聖諦 중에서 괴로움에서 벗어나는 길인 도에 해당한다. 또한 팔정도는 불교의 기본 교리, 수행법, 일상 삶의 부분으로서 여성 불자들에게 강한 실천력을 유발하는 도덕이면서 동시에 도덕적 실천으로 작용하고 있다. 팔정도는 여성 불자 주체의 변화 과정을 설명해 줄 수 있는, 도덕적 실천에 내재된 논리이자 불교–도덕적 실천으로 보인다.

목정배는 정견正見, 정사正思, 정어正語, 정업正業, 정명正命, 정정진正精進, 정념正念, 정정正定으로 구성되는 팔정도를 불교 초기 윤리로 육바라밀을 대승불교 윤리로 구분하고 있다목정배, 1995. 그러나 이러한 구분은 무의미해 보인다. 조계종 불교대학의 교리 공부 교재인 『불교 입문』1999에는 팔정도와 육바라 밀 모두가 다루어지고 있으며, 팔정도가 육바라밀六爬羅密보다 더 앞에서 소개되고 있다. 또한 팔정도와 육바라밀은 내용적으로 상이한 덕목이라기보다는 중복되는 것이다. 예를 들면 육바라밀의 지계持戒는 팔정도에서 정어·정업에, 정진精進은 정정진에, 선정禪定은 정정에 해당하며 인욕忍辱은 정견·정사와 정정진의 수행과 깊은 관련이 있다.

여성 불자들이 교리 공부에서 가장 먼저 배우는 것이 사성제이다. 그러나 사성제를 배우는 것과 사성제를 깊이 이해하는 것은 별개의 문제이다. 틱낫한에 의하면, 사성제를 깊이 이해한다는 것은 고통과 고통의 형성 그리고 고통은 전환될 수 있다는 사실과 그 전환의 길을 보게 되는 것이고, 이것이 바로 팔정도의 하나인 정견正見이다틱낫한, 2004: 75. 정견을 갖게 되는 과정에는 반드시 내가 지각한 그대로가 참이 아니라는, 즉 고통의 주 원인인 주관적 지각의 오류를 깨닫게 되는 과정이 수반된다. 주관적 지각의 오류에 대한 깨달음은 참회라는 행위로 표현된다. 즉 '나는 피해자고 상대가 고통의 원인이다.'라는 주관적 지각이 진실이 아님을 보게 되면서 참회의 행위가 발생하게 된다. 그러나 이러한 지각의 주관성의 오류에 대한 깨달음은 자연발생적으로 일어나지는 않고, 이러한 변화를 가져올 만큼의 정견과 상호의존하는 팔정도의 다양한 수행을 필요로 한다.

정사유正思惟에 대해 붓다는 존재를 이치에 맞게 사유하여 무상함을 관찰하는 것이라고 말한다S.N.Ⅲ.51-52, 『쌍윳따 니까야』 4권: 145-146.[50] 틱낫한은 정사正思; '올바른 생각' 또는 '올바른 의도'와 관련된 수행을 다음과 같이 소개한다. (1) 확실한가? 즉 잘못된 지각이 아닌가? (2) 지금 무엇을 하고 있는가? 즉 지금 여기에 존재하고 있는가? 생각이 백 리 밖을 달리고 있지는 않은가를 질문하고,

(3) "안녕, 습관의 힘이여!" 하고 인사를 건네며, 습관적인 사고 및 행동 방식과 절친해짐으로써 습관의 힘을 줄어들게 해야 한다(틱낫한, 2004: 88-89).

정어正語는 잘 설說해진 말, 가르침만을 말하는 것, 사랑스런 것만을 말하고 사랑스럽지 않은 것은 말하지 않는 것, 진실만을 말하고 거짓은 말하지 않는 것이다(S.N. I.188, 『쌍윳타 니까야』 1권: 425. 혹은 거짓말妄語, 이간질하는 말兩說, 거친 말惡口, 쓸모없는 말綺語을 하지 않는 것으로 설명된다『붓다의 말씀』: 50-51, 117-18; 빅쿠 보디, 1984: 65-66, 70-71.

정업正業은 몸으로 행하는 불건전한 행위不善業를 그만두는 것, 혹은 올바른 신체적 행동을 뜻한다. 붓다는 구체적인 생활 윤리로 십선업十善業/십불선업十不善業을 말한다. 십선업은 불살생不殺生, 불투도不偸盜, 불사음不邪淫, 불망어不妄語, 불양어不兩語, 불악구不惡口, 불기어不奇語, 탐貪 · 진瞋 · 치痴 삼독의 버림으로 구성된다SN.IV.321, 『쌍윳타 니까야』 7권: 291.

정명正命은 바른 생계로서 오계의 어느 하나도 거스르는 일 없이 생계를 꾸려 나가는 것이다. 불자는 무기·노예·고기·술·약이나 독약을 팔거나, 예언을 하거나, 점을 치는 일을 해서는 안 되며, 사기나 위약으로 재산을 축적해서도 안 된다틱낫한, 2004: 148; 『붓다의 말씀』: 123.

정정진正精進/正勤은 육바라밀에서는 정진精進에 해당한다. 정근은 심층 의식인 장식藏識* 속에 있는 아직 나타나지 않은 불건전한 의식의 씨앗을 막

---

* 불교의 유식론唯識論에서는 의식을 8종으로 구분한다. 눈과 보이는 물건과의 관계에서 생기는 식은 안식眼識, 귀와 소리의 관계에서 생겨나는 의식은 이식耳識, 코와 냄새와의 관계에서 생기는 식은 비식鼻識, 혀와 맛의 관계에서 생겨나는 식을 설식舌識, 몸과 닿임의 관계에서 생겨나는 식을 신식身識이라 한다. 이는 눈·귀·코·혀·몸이라는 감각의 식으로 전오식前五識이라 불린다. 육식은 공간·시간 개념을 의식하고 명칭을 이용하는 의식意識이며 칠식은 항상 나我를 집착하고 있는 식, 즉 아집의 작용을 하는 식으로 밀라식末那識으로 불

고, 이미 나타난 불건전한 씨앗은 장식으로 돌려보내고, 장식 속에 있으나 아직 나타나지 않은 건전한 씨앗에 물을 주고, 이미 나타난 건전한 씨앗에는 자양분을 제공해서 의식에 머물게 하고 강하게 만드는 훈련이다틱낫한, 2004: 131. 불교에서는 하루도 거름 없는 정진을 요구하며성열, 1988: 296, 본 연구의 정보 제공자들인 여성 불자들은 이러한 정진을 일상화하고 있다.

올바른 마음 챙김의 능력인 정념正念; 틱낫한은 이를 專念과 자주 混用한다:틱낫한, 2004은 사마타samatha 수련과 위빠사나vipassana 수련에 의해 증진된다. 사마타 수련 혹은 명상은 생각과 습관의 힘濕氣, 부주의, 우리를 지배하는 격한 감정을 멎게 하는 수련으로 좌선이나 행선의 방법이 있다. 위빠사나 수련은 관찰이 자타에 대해 동시적으로 일어나게 하는 수련으로 이 수련으로 우리는 자신의 장식까지 볼 수 있다. 붓다는 우리의 몸과 느낌, 마음 그리고 마음의 대상을 정념 수련의 대상으로 제시한다틱낫한, 2003: 42-45, 93-94. 마음 챙김은 우리의 호흡의 일어남과 사라짐에 대한 관찰로 시작해서 우리의 모든 육체적·정신적 현상을 알아차리는 능력을 계발하는 것이다. 따라서 정념을 수행하면 전도된 주관성에 빠지지 않고 정견이 확고해진다. 대승 불교권에서는 스님들 중심의 수행법으로 내려온 관법觀法이 위파사나 수련인데, 최근에는 남방의 위빠사나 수련이 도입되어 퍼져 가고 있고 관법 수행 또한 새롭게 부각되고 있다.

올바른 집중을 뜻하는 정정正定=samdhi은 선정에 드는 것을 목표로 한다. 선정에는 빛의 세계, 청정의 세계, 무한한 공간의 세계空無邊處, 무한한 의식

리기도 한다. 팔식은 이들 일곱 식이 활동한 경험을 축적하고濕氣 또한 그러한 식들의 활동을 산출하는 종자를 축적하여 환경과 자기의 상호 교류를 계속 유지하는 아뢰야식이다. 월포라 라후라, 1983: 37-38, 다케무라 마키오, 1995: 30.

의 세계識無邊處, 아무 것도 없는 세계無所有處, 지각되는 것도 지각되지 않는 것도 아닌 세계非想非非想處, 지각과 감수가 소멸한 세계想受滅處의 일곱 가지 세계가 있다SN. II.149, 『쌍윳타 니까야』 3권: 66.

팔정도의 덕목들은 하나 하나가 별개로 존재하는 것이 아니다. 하나에는 나머지 일곱 가지가 들어 있고, 한 덕목의 증진은 다른 덕목들의 증진에 의존하며, 또한 다른 덕목들의 증진을 고무하며, 이는 동시적으로 일어난다. 틱낫한은 이를 팔정도의 상즉相卽 원리로 설명한다틱낫한, 2004: 125-130. 예를 들면 바른 언어를 구사하는 정어는 잘못된 언어를 잘못된 언어로 알고, 바른 언어를 바른 언어로 아는 정견, 잘못된 언어를 삼가고 바른 언어를 행하도록 마음 챙김을 하는 정념, 잘못된 언어를 삼가고 바른 언어를 행하는 정진 등을 상호 고무하면서 동시에 일어난다앞의 글. 팔정도는 직선적으로 하나가 계발되고 다음 것이 계발되는 것이 아니라 모두가 하나로 순식간에 계발된다마아잔 수메도, 2003: 113. 이것은 티끌 속에서 우주적 연관을 보는 불교의 무한 연기緣起의 세계관으로도 설명된다.

이상에서 살펴본 팔정도가 불교의 생명 윤리인 것은 삶의 과정을 고통과 괴로움으로 점철되게 하는 집착을 멸하여 주체가 자유로운 생명 과정인 해탈에 들어서게 하는 윤리이기 때문이다. 즉 팔정도는 고통스러운 존재가 집착을 멸한 상태인 본연의 자타불이의 생명 과정에 들어서게 한다는 점에서 생명 윤리이다.

오계

불자들은 불佛, 법法, 승僧 삼보三寶에 귀의하고 오계五戒를 수계함으로써 정식 불자로 인정된다. 따라서 오계는 남방 불교와 북방 불교 모두에서 불자들이 생활에서 각별히 유념하게 되는 불교의 가장 기본적인 도덕이다. 또한 오계는 내용적으로 팔정도의 부분이기도 하다.

오계는 살생을 하지 않음不殺生, 주지 않는 것을 가지지 않음不偸盜, 삿된 성행위를 하지 않음不邪淫, 거짓말을 삼감不妄語, 술에 취하지 않음不飮酒의 다섯가지 계로 구성된다. 부처는 이 오계를 지켜야 하는 이유로 이 다섯 가지를 어김으로써 우리 자신이 원한과 두려움, 괴로움과 슬픔을 겪게 되기 때문이라고 말한다S.N.Ⅱ.68-69, 『쌍윳타 니까야』 2권: 218-219.

불교의 수미일관된 관심사는 고통의 존재와 이 고통에서 벗어남, 즉 해탈로 명명되는 평화이다. 부처의 오계를 지키는 이유에 대한 설명은 오계가 불교의 이러한 기본적 관심사에 직접 연결되어 있음을 보여 준다. 오계 중 불망어는 팔정도 중 정어와 관련되고 나머지 네 가지는 정업에 해당된다. 틱낫한은 오계를 지키지 않고서는 정념, 즉 명상 수행도 할 수 없다고 단언하면서, 오계를 지키는 것을 정념 훈련의 필수 요건으로 강조한다틱낫한, 2003: 111. 또한 정업은 정명과도 연결된다.

오계 중 특히 불살생은 불교의 생명 윤리로서의 성격을 분명히 한다. 사다티사Saddhatissa는 선정 수행正定을 통해 증오심을 버리고 인내심을 키우며 자비심을 쌓음으로써 불상생을 할 수 있게 된다고 말한다1994: 118-121. 김종욱은 불교는 포괄적이고도 적극적인 방식으로 이해된 불살생과 방생을 상호 존중적 자비의 구체적인 행동 지침으로 삼되, 그런 당위의 근거는 상호의존적 연기緣起와 비실체적 공空에 확고히 뿌리 내리고 있는 생태불교 윤리라고 말한다.* 여기서 포괄적이고도 적극적인 방식으로 이해된 불살생이란 자비

---

* 불교 생태 윤리의 이런 특성에 대해 최종욱은 불교 생태 윤리는 존재와 당위, 사실과 가치가 분리된 서구 윤리학과 달리 사실과 가치가 분리되지 않은 생태 윤리라고 말한다. 2003: 81

가 일체 중생을 대상으로 한다고 보고 따라서 생태계와 그 구성원 모두의 생명을 배려하는 것을 의미한다. 자비의 포괄성에 대한 이러한 해석은 중생 개념의 포괄성에 기반한다. 불교에서 중생은 깨닫지 못한 범부, 최고의 감수 능력을 지니는 유정有情, 무수한 조건들이 화합하여 일어난 것이라는 뜻의 중연화합소생衆緣和合所生의 준말의 세 뜻을 지닌다. 여기서 중연화합소생은 상호의존적 연기로 형성된 생태계 전체를 가리킨다김종욱, 2003: 76-80. 중생에 대한 포괄적 해석에 근거하여 불교 윤리를 생태 윤리로 정초하려는 시도는 생태 불교를 기획하는 많은 사람들의 공통된 논리로 관찰된다.

앞장에서 살펴보았듯이 중생은 대승 불교에서는 생명 현상이 없는 무정, 즉 무생명체까지도 포함한다. 즉 성불할 수 있는 범위가 인간을 넘어 모든 생명으로, 다시 생명체에서 모든 무생명체로 확대되어 간다. 따라서 불교 윤리는 생물 중심적 윤리를 넘어서는 만물 생명 윤리라고 할 수 있다.** 불살생은 아래의 문구가 보여 주듯이 불교의 불살생 황금률로 표현되기도 한다.

… 장자들이여, 이 세상에 거룩한 제자는 이와 같이 '나는 삶을 원하고 죽음을 싫어하고 즐거움을 원하고 괴로움을 싫어한다. 나는 삶을 원하고 죽음을 싫어하고 즐거움을 원하고 괴로움을 싫어하므로 만약에 누군가 나의 목숨을 빼앗는다면 그것은 나에게 사랑스럽지 않고 마음에 들지 않은 일이다. … 나에게 사랑스럽지 않고 마음에 들지 않은 일로서 어떻게 남에게 영향을 끼

**최종욱(2003: 57)은 대승불교의 생명 개념이 무정까지 포함하는 것을 지적하면서 이는 불교 윤리가 생물 중심적 윤리를 넘어서 생태 중심 윤리임을 보여 주는 것으로 해석한다. 그러나 생태학에서 생명을 무생물까지 포함할지는 매우 모호하다. 오히려 배제하는 경향이 보다 심하다.

칠 수 있는가?' 라고 생각합니다. 이와 같이 생각하여 스스로 살아 있는 생명을 죽이지 않고 남에게 살아 있는 생명을 죽이지 않도록 권하고 살아 있는 생명을 죽이지 않는 것을 찬탄합니다. 이와 같이 하면 그의 육체적 행위는… 청정해집니다. S.N.V. 353-354, 『쌍윳타 니까야』 11권: 140-141

이러한 불교의 불살생 황금률에 기초하는 불교 환경 윤리학은 탐진치 지멸의 성품 형성을 통한 인간 변혁, 그리고 인간 변혁에 의한 자연 보호를 목표로 한다안옥선, 2000: 35-42.

그러나 이러한 주장들과 달리, 오계는 충분히 발전된 생명 윤리가 될 수 없는 내적 모순을 갖는다는 부정적인 견해 또한 제시되고 있다. 박이문은 녹색 윤리는 인간뿐만 아니라 동물들도 윤리적 배려를 하고자 하나 그러한 배려를 언제 어느 정도 그리고 어떻게 측정할 수 있는가에 대한 대답이 될 수 있는 구체적 척도·규범은 제시할 수 없다는 문제점을 지님을 인정한다박이문, 1994: 241. 만물의 연기성에 근거한 자비의 윤리도 여기서 예외는 아니다. 슈미트 하우젠Schmit Hausen, 1999은 생태계의 먹이사슬이란 보석이 아니라 고기로 이루어진 인드라의 그물을 짜고 있는 생명체들의 결합이기 때문에 상호의존의 불교 윤리가 현실 윤리가 되기 어렵다고 본다. 김종욱 역시 불교의 만물의 상호 의존성에 입각한 상호 존중의 윤리는 바이러스의 이익과 인간의 이익이 충돌할 때 그 이익의 우선순위를 수립하는 규칙을 제시하지 못하고 있고, 이는 불교 윤리가 자신을 생태 윤리로 정립하기 위해서는 넘어서야만 할 난관이라고 본다김종욱, 2003: 83.

불교의 생명 윤리로서의 가능성에 대한 이러한 비판은 불교의 자비가 먹이사슬의 상호 의존을 무시한 것이 아니라 바로 이를 직시하고 이러한 연관을 삶의 원초적 괴로움품으로 인식하는 데서 비롯되는 것이라는 사실을 간과한다. 이와 연관해 우리는 붓다의 다음 말씀을 살펴볼 필요가 있다.

세존 : 수행승들이여, 물질적 자양분이란 어떻게 여겨져야 하는가?

수행승들이여, 예를 들어 두 사람의 부부가 적은 양식만을 가지고 황야의 길을 나섰는데, 그들에게는 사랑스럽고 귀한 아들이 있었다고 하자. 그런데 수행승들이여, 그 두 사람의 부부가 황야를 지날 때 갖고 있던 적은 양식이 다 떨어져 버렸는데도 그들은 아직 황야를 빠져나오지 못했다. 그때 수행승들이여, 그 두 사람의 부부는 이와 같이 생각했을 것이다. '우리들의 적은 양식이 다 떨어져 버렸지만 아직 황야를 빠져나가지 못했다. 우리 모두가 죽지 않기 위해서는 귀한 아들을 죽여서 말린 고기나 꼬챙이에 꿴 고기를 만들어 아들의 고기를 먹으면서 황야를 빠져나가는 것이 어떨까?' 그때 수행승들이여, 그 두 사람의 부부는 황야를 빠져나오기 위해 귀한 아들을 죽여서 말린 고기나 꼬챙이에 꿴 고기를 만들어 아들의 고기를 먹으면서 '아들은 어디에 있는가, 아들은 어디에 있는가.' 라고 가슴을 후려쳤을 것이다.

수행승들이여, 그대들은 이것을 어떻게 생각하는가? 그들은 놀이 삼아 자양분을 먹을 수 있겠는가? 그들은 취해서 자양분을 먹을 수 있겠는가? 그들은 진수성찬으로 자양분을 먹을 수 있겠는가? 그들은 영양을 위해 자양분을 먹을 수 있겠는가?

수행승 : 세존이시여, 그렇지 않습니다.

세존 : 수행승들이여, 그들은 오로지 황야에서 빠져나올 때까지만 그 자양분을 먹은 것이 아닌가?

수행승 : 세존이시여, 그렇습니다.

세존 : 수행승들이여, 물질적 자양분은 이와 같이 여겨져야 한다고 나는 말

한다. 수행승들이여, 물질적 자양분이 올바로 알려질 때 다섯 감역의 쾌락에 대한 욕구도 올바로 알려진다. S.N.II.97-98, 『쌍윳따 니까야』 2권: 282-283

여기서 부처는 먹는다는 것은 육식이든 채식이든 다른 생명을 먹는 것임을 인식하고 있다. 부처는 적어도 욕계欲界*에서는 내 생명이 다른 생명, 다른 생명의 죽음에 의존한다는 사실을 명확하게 인식시키기 위해 그 다른 생명을 자식에 비유하고 있다. 이런 비정한 먹이사슬을 인식할 때 우리는 식탐食貪을 낼 수 없다. 따라서 음식 섭취에 관한 한 자비는 다른 생명의 죽음에 의존하는 개체 생명을 인식함으로써 탐으로 먹지 아니하고, 그러한 습관을 버리는 것을 의미한다. 아래의 문구에서 보듯이 남의 생명이 곧 음식이지만, '배에 맞는 음식의 양'을 알고 그만큼 먹는 것은 불선업不善業이 되지 않으며 해탈에 방해되는 것은 아니다.

… 몸을 수호하고 말을 수호하고 / 배에 맞는 음식의 양을 알고 / 진실이 나의 수확이며 / 온화함이 나의 휴식이네. / 내적인 평온解脫으로 이끄는 / 정진이 나의 짐을 싣는 황소라네. / 슬픔이 없는 곳으로 도달해서 / 가서 되돌아오지 않는다네. S.N. I.172-173, 『쌍윳따 니까야』 1권: 387-388

박이문은 '녹색 윤리는 다른 종에 대한 배려를 언제 얼마만큼 그리고 어

---

* 불교에서는 세계를 욕계, 색계, 무색계로 설명한다. 욕계란 존재가 번식을 위해서 반드시 암수가 결합을 해야하는 세계로 여기에는 아귀, 축생과 인간, 사황천, 도리천하늘나라의 세계가 포함된다. 욕계 위의 색계는 욕심이나 욕망이 없는 고도의 정신적 경지의 세계이고, 그 위에는 무색계가 있다. 무색계는 존재의 생명 길이가 수천 만년으로 욕계의 생명 길이에 비해 영원이라고 할 정도이다. 법륜, 1996(2): 133

떻게 측정할 수 있는가에 대한 대답이 될 수 있는 구체적 척도·규범을 제시할 수 없지만, 어떤 형태로든 금욕주의가 절실함을 주장한다.'고 말한다박이문, 1994: 241. 여기서 녹색 윤리의 척도·규범이 제시되지 않은 금욕주의는 그만큼 설득력을 지닐 수 없게 된다. 불교는 이에 대해 '탐욕 없이 물질적 생존을 유지함'을 생명 윤리의 척도·규범으로 제시한다. 문제는 우리 스스로 탐식에 눈이 멀어 '배에 맞는 음식의 양'을 스스로 속이는 것이다. 불교는 팔정도, 특히 알아차림의 능력을 계발시켜 주는 정념 훈련에 의해 자기 기만을 벗어날 수 있다고 말한다. 결국 불교는 이렇게 말하는 것으로 보인다; "일상의 물질적 섭취는 몸 받고 태어난 욕계 존재들의 어쩔 수 없는 괴로운 조건이다. 정량의 음식만을 섭취하며 장차 죽음으로써 내 한 몸을 자연에 보시하게 되면, 그것은 생태계 전체의 종의 균형을 파괴하지는 않을 것이다. 그리고 그것은 업이 되지 않는다."

바이러스와 인간 간의 이익의 충돌 또한 이러한 맥락에서 생각해 볼 수 있다. 한의학에서는 사람의 몸은 마음과 구분된 몸이 아니다. 건강은 몸과 마음의 상태가 조화롭게 되어 있는 상태이고 질병은 이 조화가 깨진 상태이다노영범, 2000: 211. 사상의학에서 보면, 몸과 마음은 하나임이 보다 분명하게 드러난다. 탐욕스럽고 인자하지 못하고 사랑이 부족하면 짜증과 분노심이 많게 되고 간장에 문제가 생긴다. 간장 기능이 왕성하면 측은지심과 의협심이 많아진다. 의로운 사람은 심장 기능이 원활하고 의롭지 못하면 심장에 문제가 생긴다. 사리를 잃지 않고 자기 기분과 자기 이욕을 좇으면 공포심이 많게 되고 신장에 위축이 오게 된다. 비장의 기능이 약한 사람은 예의범절에 밝지 못하고 근심이 많고 포용성이 떨어진다. 자기 고집을 많이 피우고 독단적인 사람은 폐장에 문제가 생길 수 있다이제마, 1999.

그런데 이러한 오장 기능의 조화는 유전학적 요소와 환경적 요소에 영향을 받게 된다. 유전학적 요소는 불교적으로 인식하면 자신의 업에 따라 받은 몸이다. 환경적 요소에는 개인과 사회의 생활 방식과 환경이 포함된다. 질병을 유발하는 맥락의 이러한 복합성은 질병을 그저 약리적으로 치료해야 할 사안으로 이해해서는 안 됨을 말해 준다. 질병은 자신의 수양, 음식 조절과 생활 습관 교정을 위시한 자신의 생활 방식의 변화, 더 나아가 나를 둘러싼 환경의 변화가 함께 이루어져 치유되는 복합적인 현상이다. 건강을 유지하기 위해서는 이 모든 것에 대한 통찰과, 그 통찰에서 비롯되는 복합적인 실천이 요구된다. 그리고 실천에는 개인적인 실천뿐만 아니라 개발로부터 산을 지켜 내는 것과 같은 사회적인 실천도 포함된다. 질병을 불러오는 이러한 복합적인 인연의 고리들에 대한 성찰 없이, 약물에 의한 바이러스 퇴치, 더 나아가 유전공학이 실현시켜 주게 될 동물 살해나 장기 매매 등을 수반할 수밖에 없는 장기 이식 등의 방안에만 의존하는 것은 불교적으로 볼 때 또 하나의 업을 짓는 것이다.

자신의 삶을 성찰하고 참회와 생활의 변화가 뒤따를 때 오히려 자연치유력은 원활하게 작동할 수 있다. 불자들의 신행信行 수기현대불교신문사 엮음, 2002 와 본 연구의 사례 16은 이러한 성찰과 참회에 따른 치유의 과정들을 잘 보여 준다. 성찰과 참회가 따르면서도 약물이나 수술에 의존할 수 있다. 이 경우 분명 나는 바이러스를 위시한 질병인자들의 생명보다 나의 이익을 우선한다. 그러나 그것은 '배에 맞는 음식의 양을 알고' 그만큼의 음식을 먹는 것이 업이 되지 않듯이, 업이 되지 않는다. 설사 업이라 해도 그것은 치유된 이후의 선업을 쌓는 삶에 의해 상쇄될 수 있을 만큼 미미한 것일 것이다. 그러나 장차의 유전공학의 치료 전략인 동물 살해에 의한 인간 생명의 유지는 설사 환자의 성찰이 수반된다고 하더라도 적지 않은 업이다. 왜냐하면, 살생의 업은 살해 대상이 고통을 분명하게 느낄수록 커질 것이기 때문이다.

즉 살해되는 존재의 대상에 대한 수受: 느낌, 상想: 지각, 행行: 의도, 사유, 식識: 의식의 능력이 분명할수록 살생의 업은 커진다.

또한 법륜 스님은 불교의 중중무진연기重重無盡緣起는 모든 것이 모든 것과 중중첩첩 연관되어 있다는 것으로, 개체를 독립된 생명으로 보지 않고 모두 한 덩어리의 생명으로 보게 한다고 말한다. 따라서 동물들 간의 조화와 균형을 생각한다. 개구리가 생존할 수 있는 근원은 물벌레만이 아니라 뱀도 개구리를 살리는 역할을 하는 것이고 따라서 뱀, 개구리, 물벌레 등이 서로가 서로를 살리는 존재로 다 필요하다고 파악한다법륜, 1996: 83. 이러한 설명은 불교가 개체 생명의 존중 논리만 있지, 종과 생태계를 존중할 수 있는 논리를 제공하지 못한다는 주장이 잘못된 것임을 보여 준다.

불교가 중국에 전래되면서 승려들이 식사를 탁발에 의존하는 남방 불교와 달리 북방 불교는 절 소유의 땅을 갖게 되었고, 따라서 '일일부작이면 일일불식' 一日不作 一日不食이란 말이 나올 정도로 노동을 중시하게 되었다. 따라서 북방 불교에서 승려들은 한 끼 식사만을 하지는 않고, 최근에는 일반인을 위한 사찰 음식 대중 강좌가 진행될 만큼 사찰 요리법이 발달해 있다. 또 명상 생활을 위주로 하는 남방 소승불교와 달리, 북방 대승 불교는 승려들의 사회적 활동이 활발하고, 이는 좀 더 많은 식사량을 요구하게 된다. 이와 같이 달라진 역사적 맥락 속에서 심신의 청정함을 유지할 수 있는, 생태적으로 합리적인 승려들의 생태적 식사 규칙을 하루 한 가지 식사로 못박을 수는 없다. 여기서 지켜져야 할 규범은 탐식이 아닌 생태학적으로 적정한 식사이고, 구체적인 식사 횟수나 식사량은 맥락에 열려 있게 된다. 이런 사고방식이 생태학적 합리성이다. 탐진치 근절에 기반하는 이러한 생태적 합리성은 스님뿐만 아니라 일반인들에게도 요구되는 불교의 생명·생태 규칙이라고 할 수 있다. 부처님이 다른 나라가 침략하는 기회를 주지 않기 위한 군대를 간접적으로 인정하고 있는 데서, 이러한 생태적 합리성은 용인되는 것으로 이해된다.*

이상에서 살펴보았듯이 불교가 개체 생명들의 이익이 충돌할 때 그 이익의 우선순위를 수립하는 규칙을 제시하지 못하기 때문에 불교 윤리가 생태 윤리로 정립되기 어렵다는 주장은 참이 아니다. 불교가 생명 윤리로 정초되는 데 논리적 결함이 있는 것은 아니다. 오히려 문제는 불교의 윤리를 변화한 현대 사회의 맥락에 접합시키고자 하는 실천적 노력의 미흡함이나 부재에서 찾아볼 수 있다.

오계를 현대의 맥락에 접합시킬 때, 그것은 매우 근본적이고 급진적인 실천으로 연결된다. 예를 들면, 정토회**는 수계자 서원에서 오계를 현대적으로 해석하고 있다. 불살생은 폭력, 살인, 고문, 사형에 대한 반대와 인권 존중, 전쟁과 핵무기를 반대하는 평화 옹호, 공해 추방과 자연 보호로 이해된다. 불투도는 도적질에 대한 금기뿐만 아니라 매춘이나 마약 판매·도박 등 부정한 직업을 갖지 않고 정당한 노동에 의한 생활을 하는 것과, 남녀·인종·직업·학벌 등에 따른 임금 차별을 반대하는 것, 평등 분배를 위해 노력하는 것 등으로 이해된다. 불사음은 부부 간 상호 정절을 지키는 것뿐 아니라 미인 대회·상품 선전 등으로 인한 인간의 상품화 반대, 인간을 성적 쾌락

---

*부처는 악마 빠비만이 침략할 기회를 주지 않도록 하기 위해서 수행자가 해야 할 정진을, 당시의 릿차비 족이 "나무 조각을 베개로 삼아 게으르지 않고 열심히 훈련에 임하고 있어…마가다국의 왕인 아자타사투가 그들을 침략할 기회를 얻지 못하" 듯이 그만큼 게으르지 않고 열심히 정진해야 한다고 비유하여 설명하고 있다(SN.Ⅱ.267, 『쌍윳타 니까야』 3권: 408에서 인용).

**정토회 : 1988년 '정토포교원' 으로 시작한 불교단체로 법륜이 이끄는 수행공동체. 종교와 사회운동의 두 측면에서 아우르고 있다. http://www.junto.org

의 도구·노동의 도구·전쟁의 도구로 사용하지 않고 인격적으로 대하기, 여성의 지위 향상을 통한 남녀 평등 실현에 노력하기 등으로 이해된다. 불망어는 거짓말과 욕설을 금하는 것 외에도 신뢰 돈독, 직업적 양심 지키기, 정보 독점과 왜곡에 대한 반대와 언론 자유 옹호로 이해된다. 끝으로 불음주는 술에 취하는 것을 금하는 것 외에 스포츠의 직업화 거부와 스스로의 심신 단련, 마약 등 중독성 물질에 취하지 않는 것, 향락적이고 소비적인 문화 추방과 주체적이고 창조적인 문화 꽃피우기로 이해된다.정토회, 2004

틱낫한 스님 역시도 정념 훈련이며 정명이기도 한 오계의 실천을 자본주의적인 그리고 강대국 중심의 국제 질서라는 현대적 맥락에서 언급한다. 농부가 화학 제품을 쓰는 것은 정명 실천에서 어긋나며, 강이나 대기를 오염시키면서 무기를 제조하고 파는 회사에서 일하는 것은 정명이 아니다. 정명을 지킨다는 것은 그저 개인의 문제만이 아닌 우리의 공업共業인데, 공업에서 벗어나기 위한 노력은 그 인연의 연결고리에 있는 사람들의 실천을 함께 요구한다. 예를 들면 도살업자의 생계 수단은 그릇된 것이지만 그것은 우리의 육식 문화와 연결되어 있고, 미국·러시아·프랑스·중국·독일의 무기 산업의 번창에 대한 책임은 전 세계 정치인·경제인·소비자 모두에게 있다. 이의 변화를 위해서는 이 문제에 대해 강제력을 갖는 국가적 차원의 토론회가 필요하다2004: 148-152.

틱낫한과 정토회, 그리고 인드라망과 같은 국내 불교 단체에서 관찰되는 참여 불교의 모습은 불교의 윤리를 현대 사회의 맥락 속에서 사유할 때 나타나는 불교의 현대적 모습이다. 주류적인 불교의 모습은 이와 다르다. 불교는 초기 사부대중四部大家 : 出家·在家/男·女공동체의 모습을 상실하고 대중을 소작인으로 부리는 지주로 존재하고 있으며, 기복 불교를 조장하는 돈의 종교가 되고 있고, 곡해된 업과 삼독심의 교리는 사회적 무관심을 조장하고 있다.김종만, 2003; 노르베르 호지, 1997; 박영록, 2001; 변홍철, 1998; 유정길, 1999; 윤남진, 2003. 또 다음에서 살펴보겠지만 본 연구의 사례들에서는 절의 가부장제가 여성 불자들이 보살행을 시방으로 펴 나가지 못하고 좌절하게 되는 걸림돌이 되고 있음이 확인된다.

〈표1〉 구술자의 일반적 특성 (2005년 기준)

구분	나이	교육정도	가족관계	소속
사례1	73	박사 학위	아들 내외, 손녀(딸은 결혼)	불교여성단체 고문
사례2	63	대졸	시어머니, 남편(아들, 딸2 결혼)	불교여성단체 이사, 회장
사례3	59	대학원(재)	시아버지, 남편, 아들(딸2 결혼)	불교여성단체 이사
사례4	43	대졸	남편, 딸, 아들	불교단체 사무총장 역임, 식당 운영
사례5	46	대졸	미혼	조계종 단체 직원
사례6*	38	대졸	남편, 아들 2	불교단체 총무국장
사례7*	36	대졸	남편, 1남1녀(7세, 5세)	전업주부
사례8	37	대졸	남편, 1남1녀(11세, 9세)	불교단체 국장
사례9	54	고졸	남편, 1남1녀	자원 봉사연합회 팀장
사례10	62		남편, 1남2녀	불자봉사모임 봉사부장
사례11	72	대졸	남편, 2남1녀	불자봉사모임 회장
사례12*	52	대졸	남편, 1남1녀	포교사
사례13	56		1남1녀	불교 자원 봉사단 팀장
사례14*	52	대학원졸	1남	회사 대표
사례15	55	고졸	1남2녀	교도소 교화 봉사자
사례16	56	대학원졸	2남1녀	개인 사업
사례17*	65	고졸	2남1녀	주부
사례18*	44	대졸	2남	주부, 명상 지도자
사례19*	45	대졸	1남1녀	주부
사례20	44	대졸	2녀	주부, 불교단체 사무국장

* 표시자는 요청에 의하여 구체적 면담 내용을 생략함.

3. 여성 불자 삶 속에서의 불교 생명 윤리

팔정도와 여성 불자의 자기 변화[51]

본 연구를 위해 〈표1〉에서 보는 바와 같은 20명의 여성 불자를 심층 면접하였다. 정보 제공자들은 70대 2명, 60대 1명, 50대 10명, 40대 4명, 30대 3명이다. 인터뷰는 2003년 9월 3일에서 2004년 5월 20일까지 이루어졌다.* 정보 제공자들은 모두 불교대학을 통해 불교의 기본 교리를 학습했고, 오계와 삼귀의를 수계했으며, 일상생활 속에서 수행 정진을 지속적으로 하고 있는 신심이 두터운 여성 불자들이다. 대부분이 친정어머니나 시어머니가 독실한 불교 신자로, 본인이 본격적인 신자 생활을 하기 이전부터 불교적 환경 속에 있었으며, 모두 10년 안팎에서 40여 년 가깝게 신실한 불자 생활을 하신 분들이다.

여기에서는 불교의 생명 윤리인 팔정도가 여성 불자의 삶 속에서 어떻게 체화된 생활 윤리로 작동하고 있는가를 살펴보고자 한다.

> 사례 1
> 1900년 O월, 교수불자연합회가 조직된 첫날의 기억이 생생하다. 전국에서 모여든 교수들 수백 명이 묵을 방이 없어 대웅전을 제외한 여타

---

*이 책 발간에 즈음하여 당시 인터뷰에 응했던 분들부터 책 발간과 관련하여 사례 소개를 해도 좋다는 승낙을 얻었으며, 그 과정에서 2010년 시점에서 일부 수정, 보완되기도 하였다. 또 일부 면담자는 구체적인 내용의 수록을 사양하였으며, 그 밖에 소개된 사례 내용도 대폭 축약하였음을 밝혀 둔다.

법당들이 하룻밤 묵을 숙소로 제공되었고, 잠 못 이루던 교수들은 달빛 환한 경내를 한없이 서성대며 달빛 따라 팍팍 피어나는 달맞이꽃을 벗하면서 초롱초롱한 별빛 맞던 감흥이 한동안 가시지 않아서, 송광사 4박 5일 출가수련회에 동참, 대혜월大慧月이란 법명을 법정 스님에게서 받았다.

1997년 2월 한양대학을 퇴임한 후에는 절집 생활로 새 인생을 시작, 집 가까운 법수선원 법회에 매일 동참하면서 절집 법도를 익혀 갔다. 예불 의식의 기초에서부터 천수경 외는 일, 염불, 송경, 선 수행, 기도하는 법을 배워 익혀 가는 생활로 나날을 메웠다. 신행의 묘미, 불경 해독에서 가슴 뿌듯해지는 법열, 도반들과 산사 순례를 하며 얻게 되는 흡족함, 기도의 저력 등 말로 다할 수 없는 충실한 불법과의 만남은 퇴임 후의 내 인생을 풍요롭게 했다.

1900년 불교여성개발원 발족과 더불어, 본원의 계획 일부인 교화부에 속해 일을 도우며 김천소년교도소를 방문, 어린 소년범들과의 안타깝던 월 2회의 대면 카운셀링을 이어온 7년 간의 교화 체험, 서울구치소 최고수最高守, 사형수들과 만나 그들과의 면담을 통한 교화 활동을 현재까지 면면히 이어오고 있지만 인간이 인간을 교화한다는 것은 그지없이 힘든 일임을 실감하게 한다. 최근에는 주2일 금강선원에서 불강을 듣고 선 수행, 일요일엔 집근처 천은정사의 예불에 동참하는 일과로 내 삶은 가득 차 있어, 더 이상 채울 틈 없음을 느끼고 있다. 한없이 고맙고 귀한 하루 하루다. 2010년 구술자가 직접 재정리

사례 2

조계종 불교여성개발원 창립을 위한 준비위원을 거쳐 창립 이후 불교 여성개발원 이사, 여성불자 108인 선정 위원을 역임하였다. 1994년 부산

여성불자회를 부산 여성 불자들과 함께 창립하여 현재까지 회장을 맡고 있다. 본인은 회장직을 맡아 줄 후배 여성 불자가 나서기를 고대하고 있지만, 아직까지 회원들이 계속 회장직을 맡아 주기를 바라기 때문에 어쩔 수 없이 회장직을 유지하고 있다. 이 단체는 불교가 기복 신앙을 벗어나 다양한 사회 활동을 해야 한다는 생각을 가진 여성 불자들이 교육과 실천을 통해 여성 불자들의 잠재력을 개발, 활용하여 지역 사회에 봉사하며 지역 발전과 불국토 건설에 기여함을 목적으로 창립하였다. 이 불자회에서는 매월 정기 법회 봉행, 군과 교도소 대상의 왕성한 포교, 여성 불자의 자질 향상을 위한 리더십 교육, 장학금 수여와 환경 보호 활동, 사찰 순례보궁참배와 사경 법회, 대외 협력 활동 등을 하고 있다. 스님들이 포교 법회를 500명씩 하실 때 이 단체 회원들은 주로 백팔주나 합장주, 초코파이 이런 것을 가져가 포교를 측면 지원한다. 다른 종교에서 하는 것보다 좀 허름! 한 편인데도 군인들이 많이 오는 편이다.

단체의 지역사회를 위한 봉사 활동으로는 매년 경찰의 날에 경찰 위문을 하고 있으며, 해마다 여름이면 해수욕장 청소, 어린이대공원 쓰레기 줍기, 산행 등의 활동을 하고 있다. 2010년에는 부산 남구 문현동 허허원에서 160명 노인을 대상으로 무료급식을 실시하고 있다. 이 외에 다도회, 참선 모임을 만들었다. 2010년에는 불교 문학지 『문학타임』에 시가 당선됨으로써 시인의 길에 또한 입문하였다. 2010년에 필자가 구술자의 자료를 정리

사례 3

불교를 모태 신앙으로 태어나서 불교 분위기의 가정 환경에서 자랐다. 그러나 두 딸을 기르는 동안은 절 출입을 잘 하지 못하다가, 30년 전 서른 초입에 막내 아들을 낳고 절에 다니기 시작했다. 불교 신자는 남을

이롭게 해야 하는데 그러기 위해서는 먼저 자기 자신이 많은 공부를 해서 옳은 행동을 해야 되고, 또 실천을 해야 되고, 남과 더불어서 같이 좋은 세상을 만들어야 한다고 생각하고 있다. 이런 불교 정신에 따라 10년 전인 50대부터는 불교대학 회장, 사찰 봉사, 무의탁 노인들을 위한 급식 봉사, 어린이집 자원 활동 보모 등 주 3일 정도, 다양한 사회 봉사 활동을 지속적으로 해 오고 있다. 가정에서는 다 장성한 자녀들에게도 경전 문구를 읽어 주거나 써서 주는 등 불교 가정으로 꾸리고 있다. 연로한 나이에도 불구하고 불교 공부를 더 하기 위해 불교 관련 대학원에 재학 중이다. 초하루 법회, 관음제일, 지장제, 약사제일의 법회와 일 년에 몇 번 있는 백일기도를 빠뜨리지 않고 참석하고 있다. 2005년 면담 당시 정리 내용

사례 4

불교는 친정과 같은 곳이다. 부부싸움을 하면 친정에 간 게 아니라 절에 갔다. 스님만 보면 가슴이 뭉클해지고 자신이 전생에 스님이었거나 스님이 되고 싶어서 목을 맨 사람이었을 것이라고 말하면서도, 신앙은 자기에게 맞는 것을 선택하는 것이기 때문에 어떤 종교가 더 나은가를 따지는 것은 무의미하다고 생각한다. 일상에서 지칠 때, 마음이 산란하고 복잡할 때, 남편이 미워지고 생활이 짜증스러워질 때 일상 속에서 늘 기도를 하지만, 자식의 시험 합격을 위한 기도 같은 건 해 본 적이 없다. 4대 독자 며느리로 제사 준비나 무슨 일 있을 때 준비를 해야 하는데 아침 9시에 나와 새벽 1시 들어가는 생활을 하니 여유가 없다. 김치는 공장에서 맞춰서 하고, 불고기는 양념 되어 있는 거 딱 사가지고 간다. 이런 상황에 불평하기보다는 요령껏 대처하면 된다고 생각하고 그렇게 한다. 스무 살 먹은 스님이 예순 살 넘은 할머니에게 "할매 왔어?"와 같은 식으로

반말을 하는 것은 불교의 잘못된 문화로, 시정되어야 한다고 생각한다. 자식이나 내 자신의 욕심을 채우기 위해 '무엇을 해 주세요' 라는 기도를 해 본 적이 없다. 그저 삶 속에서 보고 싶은 친구를 만나듯, 부모님을 뵈러 가듯, 그렇게 절을 찾고 있다. 10년 동안 장사를 하면서 스트레스와 마음 갈등이 많았지만 내가 불교를 알지 못했더라면 지금보다 훨씬 힘들었을 것이다. 다행히 부처님을 만나서 기도하고 마음의 위로와 안정을 찾을 수 있는 절이 있어서 많은 도움이 되고 있다. 수행을 잘 하는 스님들이야말로 중생을 존중할 줄 알고 소중하게 여겨야 된다고 생각한다. 2010년에 구술자가 직접 재정리

사례 5

사월 초파일 부처님 오신 날의 봉축 행사는 오랜 역사를 이어 내려오는 불교의 가장 큰 명절로 사월의 세시 풍습으로 자리 잡은 행사이다. 그중 가장 큰 행사인 연등축제는 불자들이 한자리에 모여 어우러지며 축제를 펼치고 시민, 외국인들과 함께 즐긴다. 나는 이 봉축 행사와 연등 축제를 주관하는 곳에서 실무를 맡고 있다. 이곳에서 일하게 된 인연은 매년 가져오고 있는 연등 행렬을 좀 더 신나게 했으면 좋겠다는 의견을 청년 학생들과 함께 제시한 데서 시작되었다.

불교학생회에 다닐 때부터 매년 적극적으로 참여해 오고 있는 행사가 거리가 너무 멀어 행사 치르기에 급급하고, 행렬 참여 순서 배정과 관련한 단체 간의 갈등이 깊어지고 있을 때였다. 봉축 실무팀에 참여하면서 우선 단체들과 협의하면서 흩어진 질서를 바로잡고 좀 더 행사를 즐겁고 다양하게 하는 의견들을 모으기 시작하였다. 젊은 단체들의 의견을 토대로 집행기구를 상설화하고 축제로 개편하는 작업을 하게 되면서 본격적

으로 일하게 되었다.

봉축 행사 중 대표 행사인 제등 행렬을 연등 축제로 개편하며 참여해 온 참가자들을 조사한 결과 참여한 사람들이 원하는 것은 신나는 축제, 자랑스러운 축제였다. 여러 달 열심히 준비해 온 행사가 스스로 만족함은 있었으나 신나고 자랑스러워서 주변 이웃들에게 오라고 할 정도는 아닌 행사였다. 연등 축제는 집결 장소를 동대문으로 옮겨서 행렬은 종로에서 3분의 1 거리로 줄여서 하게 되어 여유를 갖게 되었고, 조계사 앞과 종로를 축제장으로 바꾸며 참가자들이 즐겁고 신나는 축제를 만들고자 많은 노력을 기울였다.

연등 행렬 행사는 오래 전부터 내려오는 사월의 세시풍습으로 참가자들이 축제의 중심이 되어 참여하는 민속행사의 특징을 지켜 내려오고 있었다. 이 장점을 적극적으로 살려 참가자들의 자발적인 참여를 보다 활성화하여 역동적인 축제를 만드는데 집중하여, 등을 다양화하고 음악과 율동을 만들고 참여 행사를 개발하여 아름답고 흥겨운 신명나는 축제가 되도록 하였다. 그 결과 불자들이 정성으로 축제를 준비하고 신나게 즐기는 축제가 되고 있고, 불자들의 화합 협력의 마음과 문화 나눔의 밝고 따뜻한 좋은 기운이 시민과 외국인들을 오게 하여 축제가 풍성해지고 있다. 이는 불교가 갖고 있는 장점을 살려서 사회에 좋은 기운을 불어 넣고 역사와 전통을 계승 발전하는 데 기여하고 있다고 본다.

참가자가 중심으로 자리 잡아 민속성이 살아 있는 축제가 되는 데에는 많은 시간이 걸렸고 긴 시간을 함께 한 뜻을 같이하는 많은 사람들의 노력이 담겨져 이루어질 수 있었다. 희망적인 것은 평범한 사람들이 모여서 진지함과 정성으로 만들어가는 소박한 축제가 한국 축제의 모델이 되고 세계인이 참여하는 축제로 변모하고 있는 점이다.

불교 정신을 바탕으로 한 전통 문화를 살아 있는 오늘의 문화로 복원하는 일에 참여한 것은, 어렵지만 의미 있고 보람 있는 일이었다. 이제 젊은 불자들이 찾아오는 세계인과 함께 아름답고 신나는 축제를 만들어 가는 데 힘을 기울여 한국불교 문화를 세계에 알리는 데 더욱 노력하고자 한다. 2010년에 구술자가 직접 재정리

사례 8

중학교 1학년까지 개신교회를 다녔던 나는 사촌오빠의 권유로 불교에 관심을 갖게 되었다. 중고등학교 시절에는 주로 불교 관련 책을 읽는 정도였다가 대학 입학 이후 불교학생회 동아리에 가입하면서 본격적으로 불교 교리를 공부하게 되었다. 연기와 공 등의 불교 사상과 붓다의 삶에 매료되어 학업보다는 동아리 활동에 더 열심히 참여하였지만, 불교 신행 활동에는 전혀 관심을 두지 못했었다. 사회 문제를 이해하고 해결하는데 있어서 불교 사상을 어떻게 적용할 수 있는가에 대해서만 관심을 기울였을 뿐 나 자신의 진로와 미래 설계를 깊이 생각해 보지 않은 상태에서 대학을 졸업했다.

신행 활동에 관심을 갖게 된 것은 대학 졸업 이후부터였던 것 같다. 대학 시절 함께 했던 불교 단체에서 일하게 되었고, 그때 후배들의 수행 프로그램을 기획하면서 참선과 절을 집중적으로 시도해 보았다. 하지만 이것이 지속적으로 이어지지는 않았다. 특히 참선은 개인적으로 혼자 하기 쉽지 않다고 느껴져서, 가끔 기간을 정해 놓고 108배만 하곤 했다. 때로는 다른 불교 단체 활동가 몇몇과 출근시간 전에 한 장소에 모여 절을 하고 독경을 하였다. 절을 하는 기간 동안은 생활이 활기차지고 자연스럽게 스스로를 되돌아보게 되는 순간이 많았지만 인내심이 부족해서인지

약속한 기간을 다 채우지 못하고 중단하기도 했다.

　결혼 후 아이를 키우면서 신행 생활을 할 수 있는 마음의 여유가 더더욱 없어졌다. 지금 돌이켜 생각해 보면 시간이 부족했다기보다는 신행 활동의 필요성을 절실하게 느끼지 못해서였던 것 같다.

　불자가 된다는 것은 부처님의 가르침을 제대로 이해하고 이를 삶 속에서 실천하는 것이라고 생각한다. 이런 의미에서 볼 때 내가 진실한 불자인가? 하는 생각을 가질 때가 많았다. 입으로만, 아니 머릿속으로만 불교 교리를 이해한 것은 아닌지…. 더욱이 불교적인 방법으로 자신의 문제를 돌아보고 이를 극복해 보려고 하지 못했다. 그러다 보니 나이가 들수록 더 자만해지고, 가까운 사람들, 특히 가족과의 소통에서도 상대방을 이해하기보다는 자기 중심적이 되었다.

　아주 열심히는 아니지만, 현재는 신행 활동을 하려고 노력하고 있다. 얼마 전부터 108배를 다시 시작했다. 절을 다시 하기로 마음먹게 된 데에는 외국 불교 단체 활동가들의 영향이 조금은 작용했다고 할 수 있다. 일을 계기로 교류 활동을 지속해 온 외국의 불교 단체 활동가들은 대부분 금연·금주를 비롯하여 5계를 철저하게 수지하는 것은 물론이고, 일상적으로 참선과 명상 수행을 행하고 있다. 그들은 환경오염, 경제 불평등, 성 불평등, 빈곤문제와 같은 사회 문제뿐만 아니라 개인적 문제를 불교적인 관점에서 이해하고, 사회와 자신의 삶을 변화시키기 위한 힘을, 불교 교리에 대한 정확한 이해와 더불어 오계 수지, 수행 속에서 얻고 있었다. 어쩌면 신행 활동에 충실한 그들을 보면서 내가 불자라고 하기에는 참 부끄럽다는 생각을 갖게 되었다. 물론 그런 생각을 갖고서도 실행에 옮기기까지 오랜 시간이 걸렸다.

　근본적인 계기는 매우 개인적이고 원초적인 문제 때문이었다. 나이가 들면서 마음이 자꾸만 불안해지고 있었다. 시간이 지날수록 더욱 많아질 가까운 사람들의 죽음, 그리고 언제든, 누구든 거부할 수 없는 죽음을 나는 어떻게 받아들 것인가? 가끔씩 이런 마음이 들 때면, 내가 불교를 제대로 이해하지 못하는구나 하고 생각하게 되었다. 그래서 108배라도 다시 해 보자, 그리고 가능하면 참선이나 명상에도 접근해 보자고 마음을 먹게 되었다.

108배는 집에서 쉽게 편하게 할 수 있다는 점에서 좋다. 그러나 참선이나 명상은 어떻게 할 것인가? 초보자인 나를 이끌어 줄 스승이 필요한 것은 아닌지, 앞으로 풀어 나가야 할 과제다. 그리고 현재의 내 수준에서는 수행을 위하여 게으름과 귀찮은 마음을 가장 먼저 극복해야 한다. 어쨌든 수행을 통해서 앞으로 마음과 내 삶에 좋은 변화가 일어나고, 그 힘으로 주변 사람들에게 좋은 영향을 주며, 더 나아가 사회의 긍정적인 변화에 조금이라도 기여할 수 있기를 기대하고 있다.2010년에 구술자가 재정리

사례 9

인터뷰 당시, 무료급식 팀장을 맡고 있으면서 무료급식 봉사자 총 관리까지 하고 있었다. 그 외에도 소년소녀 가장 결연, 독거노인 결연, 반찬 갖다 드리고 말벗 해 주기 등 사회 복지 봉사도 함께 하고 있었다. 당시 관리하고 있는 봉사자는 약 500명에 이르렀다이하는 2005년 시점의 인터뷰 내용을 정리한 것이다.

봉사는 직업처럼 이루어진다. 일주일에 월 화 수 목 금 토 일요일까지 매일 나오고, 매월 둘째 넷째 일요일 월 2회를 스스로 가족봉사의 날로 정해 집에 있는다.

살림은 잠을 좀 덜 자고하루 서너 시간 잔다 아침저녁으로 한다. 아침 새벽

5시 라디오 불교방송 예불 맞춰서 기도 좀 하고, 그리고 6시부터 생활에 들어간다. 밥 안치고, 세탁기 돌리면서 청소기 돌리고, 샤워하고, 주로 빨래 너는 거 시간이 모자라면 남편이 도와주고 애들도 도와주고, 너는 동안 밥상을 차리고, 설거지 하고 9시 20분 되면 집에서 나온다. 저녁에 들어가서는 반찬을 오밀조밀 만들어 놓고 세탁기를 한 번 더 돌린다. 세탁기는 빨래감을 하루 두 번 검은 색, 흰색 분리해서 돌린다. 저녁 살림이 끝나면 기도를 한다. 봉사자들 중에는 믿고 상담을 해 오는데, 상담자의 전화를 받다 보면 열두 시가 넘어 새벽 한 시를 훌쩍 넘기기도 한다. 가끔 절에 가서 일천배를 하는데 두 시간 반쯤 걸리는 게 마음으로는 10분, 20분뿐이 안 걸리는 것 같이 느껴진다.

애들도 어렸을 때부터 봉사시키면서 키웠다. 애들은 병원 응급실 같은 데로 보냈다. 이런 봉사를 시켰기 때문에, 시키지도 않았는데 엄마 하는 것을 봐서 그런지 육바라밀을 이용해 일기를 쓴다. '오늘은 정진의 날, 더욱 노력하리라.' 이런 식으로….

애들을 일찍 절에 보내다 보니까 좋은 점이 참 많았다. 어렸을 때, 작은아이가 여섯 살, 큰애가 열 살 됐을 땐데, 두 형제가 동생이 뭘 잘못해 가지고 다툼이 있는데 형이 때리려니까 말려 달라고 내 뒤에 와서 막 엎드려서 내가 말려 주지를 않았더니, 숨고 하다가 급하니까, 화장대에 동자승 인형이 있었는데 그걸 높이, 들고 얼굴은 수그리고 '인욕, 인욕!' 그러는 거였다. 그러니까 형이 못 때리면서 돌아서서 주먹을 쥐고 왔다 갔다 하더니, 주먹을 풀고 갔다. '짜식 그건 배워가지고, 나무 관세음보살!' 이러고 갔다. 그리고 그 뒤로 한 번도 그런 일이 없었다. 아이들을 위해 특별나게 해 준 것도 없다. 아이가 학원 다녀오면 새벽 한두 시 되는데, 그 시간이 내가 기도하는 시간이라서 기도하면서 기다려준 거밖에 없다. 애한테 해 준 거는 그것밖에 없고, 다른 엄마처럼 간식을 해 준 거 그런 거 없다.

그런데 무난히 대학 다 잘 들어가고, 그래서 내가 건강하게 봉사 다닌다는 게 고맙고 행복하다. 어떤 보살님들은 나한테 "보살님 기 받아서 살아가고 있는 거예요."라며 웃으시면서 말한다. 부인이 봉사하면서 행복해하는 걸 보고 신랑이 자주 가라 하는 분도 있다. 그래서 도와주시고 봉사하고 후원해 주시는 분들은 너무 감사하고 항상 염두에 두고, 봉사자라는 생각을 안 하고, 관세음 보살님이다 생각하고 일한다. 날이 갈수록 나같이 행복한 사람은 없을 거라고 혼자서 생각을 한다. '봉사 한다' 이런 마음보다는, '내 할 일이고 내 일이다, 절에 못 가는 것이 서운하지 않고 이 봉사처가 나의 도량이다.' 생각하는 거다. 부처님에 대한 공부하는 대신에 행을 해야 된다는 생각으로 다니는데, '이게 공부고 이게 내할 일이고 선행 도량이다.' 생각해서 다니는 거다. 급식 받는 대상들이 형제나 부모님처럼 느껴진다.

그런데, 정말 부처님 법이 참 좋은 거 같다. 미묘하게 만들어 놓으신 거 같다. 절에를 가면 법회를 못 맞추니까 일찍 들어가서 나올 때도 있고 그런데, 부처님이 그때 그때 모습이 다르다. 활짝 웃으실 때가 있고, 어떨 때는 미소만 띨 때가 있고, 묵묵부답할 때가 있고, 그럼 나는 "왜 그래요 부처님, 왜그래요?" 그러면, 그냥 미소를 띠어 주시고 "부처님, 저 왔어요." 이렇게 말하고. 어쩌다 봉사자가 없거나 그러면, "부처님, 뭐 줘야지 하지…." 그러면, 영락 없이 그 다음날 봉사자가 온다. 설마 그럴까 그런 분이 있겠지만, 그때 그때 다 들으시는 거 같다. 2005년 면담 내용 정리

사례 10

시댁이 불자 집안이었고, 할머니가 계신 한 암자를 친정 삼아 다닌 지가 25년이나 되었다. 시집 와서 시누이가 아파서 돌아가신다고 하다가 살아나기를 한 세 번을 거듭했다. 그 암자는 인연이 있는 오갈 데 없는 할머니들 거처하라고 친구들하고 사 준 암자이다. 본인은 친정 어머니가 없어서 할머니가 엄마 같고 고모 같아서 일 년에 대여섯 번 가서 자고 온다. 또 부처님을 모셨기에 초파일에는 백여 명씩 사람들이 오고, 그럴 때는 가서 봉사를 해 주어야 한다. 이 할머니가 암자에 오고 나서는 할머니를 모실 형편이 못 되었던 자식들도 다 잘 되었다. 할머니는 아픈 사람들이 오면, 만져 주는 건 아니고 어디 가서 뭘 먹어 보라든가, 풀어 버리라든가 이렇게 저렇게 하라고 말씀을 해 주시는데, 그러고 나면 아픈 사람들이 낫는다. 그래서 사람이 끊이질 않는데, 이제 여든 일곱이고 나이가 많아지니까 사람들을 다른 데로 가라고 하고 못 오게 한다.

남편이 택시 기사이고 넉넉치 않은 살림인데도 보현의 집, 노인정, 장애인 복지관, 절 등에서 열심히 봉사 활동을 하고 있다. 보현의 집은 불교 계통 노숙인 쉼터인데, 이곳에 가서는 밥을 해 준다. 노인 불자 여성들의 봉사 모임의 봉사 부장이다. 이 모임은 노인 여성들인 보살들이 노후에 좋은 일 하자고 모여 회비를 모아 양로원에 가고 스님이 기아棄兒들을 키우고 있는 절에 가서 보시해 드리고 선방도 간다. 이 모임의 회장님을 성지 순례에서 만난 이후 계속해서 이 모임 봉사를 해오고 있다. 한편, 용돈을 모으고 지역 주민들의 후원을 받아 동네 노인정의 150명 되는 노인들에게 매년 세 번 넉넉한 잔치상을 차려 준다. 절에서는 우편 발송, 북한 동포들에게 보내는 비누·옷 포장하는 봉사를 한다. 절에 가면 참배만 하고 바로 나와서 주방이나 이런 데 가서 일을 거든다. 본인은 기도할 줄도 모르고 자신은 일하는 것이 편하고 그래서 일하는 것이 기도고 백팔배라고 생각한다. 인터뷰 내내 밝은 표정에 인터뷰 끝나고 함께 전철역으로 걸어가는데 나필자보다 걸음이 훨씬 빨라 애써 보조를 맞추어야 했을 정도로 건강하고 활기가 넘치셨다.2005년 면담 내용 정리

사례 11

70세를 넘은 고령임에도 불구하고 앞의 사례 10이 속한 여성 노인 보살들의 봉사 모임 회장을 맡고 있었고, 육십 세를 넘긴 정도로 밖에 보이지 않았다. 조계종 합창단, 자원 봉사 활동 등 재가 불자의 불교 사회 참여를 개척한 산 증인이다.

조계사 합창단이 76년에 창단되어 있었지만 종단의 지원이 제대로 되지 않고 있었다. 찬불가를 이해해 주지 않는 당시의 환경 속에서 8년을 찬불반을 맡았다. 고졸로서 초등교사의 경력이 있어서 당시 과외를 가르치고 있었고, 그 수입으로 2년 동안 매월 20만원의 지휘자 월급을 본인이 직접 주면서 점심 사먹이면서 합창단을 이끌었다. 피아노는 월 5천원 사례하다 '조금 올려줍시다.' 제안하여 만원으로 올렸고, 이 비용은 절이 부담하였다. 시간이 흘러서, 합창단을 이해하는 젊은 보살들이 늘어나면서 스님과 노보살들에게 이해받지 못했던 합창단이 이들에게 받아들여지고, 이들의 지지로 점심을 절이 부담해야 한다는 의견이 간신히 받아들여졌고, 그러면서 절이 합창단 점심을 제공하게 되었다. 이 과정에서 '매미 새끼들같이 노래만 하면서, 무슨 밥이냐.' 는 노보살들에게 항의하느라 언성을 높이기도 했는데, 이 과정에서 젊은 보살들이 지지를 해 주면서 극적으로 점심 제공에 대한 절의 동의를 이끌어냈다. 그러면서 당시 몇 개 있던 절의 합창단 경연대회를 열고 이를 부처님 오신 날 프로

그램으로 KBS에 내보내면서, 쇠퇴 기로에 서 있던 절 합창단들이 늘어나서 이제는 절마다 합창단을 두게 되었다. 그리고 이때부터 지휘자 사례비가 절에서 나오게 되었다. 이후는 조계사 신도회 총무를 10년 가까이 맡았다. 조계사 법당에서 사회를 6, 7년 보는 동안은 일요일 날 한 번도 놀러간 적이 없었지만, 그 삶이 기쁘고 즐거웠다. 그러면서 조계종 사회복지 재단을 측면에서 열심히 지원했다.

스님이 새로 오셨는데 여자 보살들이 스님을 잘못 모셨다. 스님이 재가불자를 인도해 주시지만, 재가불자도 스님을 인도해 드려야 하는데, 그렇지 못한 풍토가 되자 사표를 쓰고 나와서, 1983년 자원 봉사 발대식을 갖고 현재의 자원 봉사 모임을 만들어 활동해 오고 있다. 이 모임은 나이든 여성 보살들이 월 회비를 만원씩 내면서 운영하는데 현재는 회원이 백 명이 넘는다. 회비만 내는 보살도 있고 회비도 내고 봉사도 하는 보살들도 있다. 봉사에 대한 불교적 이해에 대한 회원 교육도 본인이 직접 한다. 강사를 초빙하면 몇십 만원씩 들기 때문이다.

수련은 아침 5시에 라디오 예불로 시작해서 참회 기도문을, 아침·점심·저녁 3분 정도씩 나누어 하루 108번 암송하고 2년 전부터 시작한 금강경 만 번 독송을 목표로 하루에 7독씩 하고 있고, 인터뷰 당시는 6천 번을 넘게 독송하고 있는 상태였다. 일반인이 금강경을 전체 한 번 독송하는 데는 30~40분이 걸리지만 구술자는 한 번 독송에 15분이면 된다고 하였다. 2005년 면담 내용 정리

사례 13

1988년 남편이 죽고 49재를 지내고 바로 절에 다니기 시작하였다. 불교가 맹목적으로 좋아서. 딸 하나는 시집을 가고 지금은 아들과 살고 있

다. 마흔 살 때 결혼 생활 18년 하고 남편이 죽었다. 너무 일찍이 삶과 죽음을 겪으면서, 돈 그거 사람 죽으면 그만이라는 거를 일찍 알아서 가진 돈은 얼마 없었는데도, 주변에서 그렇게 봉사만 해서 어떡하냐는 시선도 있었지만, 그걸 무시하고 종교 생활에 전념할 수 있었다. 돈만 벌다 나도 죽어 버리면 그만이라는 걸 빨리 몸으로 부딪쳐 알았기 때문이다. 이렇게 살아온 것에 후회는 없다. 오히려 정신적인 건강 얻은 거를 큰 복전이라고 생각한다. 오늘도 절에 가고 내일도 절에 가고 일주일에 4, 5일은 절에 가서 살다시피 하면서 살 때도 있었는데, 외롭다 괴롭다 그런 걸 못 느끼고 마냥 재미있게 살았다. 그냥 절에만 가고 봉사 활동 하고 돌아다니고 이러다 보니까 그냥 재미있게 살았다.

지금은 조계종 사회복지 재단의 자원 봉사단의 팀장을 맡고 있다. 한 팀은 네다섯 명에서 열 명까지 되는데 네 명을 이끌고 있다. 봉사팀은 최소 네 명이 되어야 하는데 치매 노인들 목욕시키려면 최소 네 명의 인원이 필요하기 때문이다.

처음에는 생활고 때문에 유료 간병인 교육이 있어서 그 교육을 받았는데 교육을 받다 보니 체력적으로 도저히 안 되겠다는 걸 느꼈다. 그래도 교육을 받았는데 책임을 지고 살아야겠다는 생각에서 3주 교육 끝나고 간병 봉사를 시작한 것이 지금까지 이어져 오고 있다. 대가 없이 하니까 마음이 즐겁고 또 병원 봉사의 경우 환자들이 반겨 주고, 이번 주에 가서 다음 주에 못 가면 안부 막 궁금하고 그런 걸 느껴서 빠지지 않고 열심히 다녔다. 진짜 물불 안 가리고 주 4, 5일씩을 봉사다녔다. 이제는 몸이 힘들어 주 1, 2회 봉사만 하고 있다.

새벽 4시에 일어나 한 시간 동안 예불을 드리는 생활을 해 오다가 일년 전부터 몸이 안 좋아 저녁 예불을 드리고 있다. 예불은 무엇을 꼭 성취하기를 바라서라기보다는 부처님께 대하는 예의이고, 자신이 정신을 쏟고 의지를 하고 항상 마음 정리를 하고 모든 걸 맡기고 사는 삶을 살게 하니까 좋다. 일상 생활 사는 게 다 부처님 가피고 주위에 좋은 사람들만 만나고 그런 것이 다 부처님 가피 아니면 쉽게 살아갈 수 없는 생활이라고 생각하면서 살고 있다. 2005년 면담 내용 정리

사례 15

법사로서 교도소 재소자 교화 봉사를 15년째 하고 있다. 교도소 법회를 한 시간 반에서 두 시간 정도 본다. 상담할 사람 있으면 법회 끝나고나 아니면 다른 시간을 내서 자매결연 맺어가지고 상담을 해 준다. 영등포 구치소와 서울 구치소를 나가는데, 서울 구치소 같은 경우는 그냥 사형수들하고 교리 공부 할 때도 있고, 개인적인 상담을 할 때도 있고, 다방면으로 같이 어울린다. 과거에는 법사들이 없어서 매주나 격주로 교도소 봉사를 갔는데 구술 당시는 월 1, 2회 봉사를 나가고 있었다.

자매결연은 밖에 가족이 없다든가, 그 안에서 생활하기가 힘들면, 본인이 요청을 한다든가 아니면 교도관이 봐서 이 사람은 어떤 간접적인 보호자라도 필요하다 싶으면 드나드는 법사님들한테 자매를 맺어 주는 것을 말한다. 자매결연을 맺으면, 법사들이 올 때 따로 불러서 상담을 하게 한다. 재소자들은 자기를 교도소에 들어오게 한 사람들에 대한 원망심으로 가득 차 있거나, 나무아미타불을 많이 하면 빨리 나갈 수 있다는 식의 불교에 대한 얄팍한 이해를 갖고 있다. 나무아미타불, 관세음보살을 아무리 많이 해도 자기가 지금 고통에 처해 있는 상황의 원인을 돌이켜 참회하고 반성해야 잘못이 되풀이되지 않는다는 것을 강조하면서 남에 대한 원망을 자신에게서 원인을 찾도록 돌리는 데 주력한다. 그러면

서도 그 와중에서도 가끔 억울한 사람, 안 들어와야 될 사람이 들어와 있는 사람을 만나고 그럴 때는 함께 마음이 아프다. 말주변도 없고 그렇다고 가방끈이 길어 대학을 나온 것도 아니고 인물이 잘난 것도 아닌 자신이 15년 넘게 법사 봉사를 할 수 있었던 것은 부처님 힘 아니면 할 수 없는 기적이라고 생각한다. 불광사에서 교리 교육이나 포교사 교육을 다 이수했지만, 재소자들하고 마주쳐 보면 이론이 필요없고 그 사람들을 인간적으로 진실하게 대해 주는 거, 그거만큼 좋은 법문이 없다는 걸 다니면서 터득해가지고, 말주변이 없어도 진실은 통하더라 해서 용기를 가지고 다니고 있는 거다. 가면 엄마처럼 기뻐하며 맞는다.

교도소 봉사는 혼자 하는 일이 아니고 뒤에서 모르게 이름 밝히지 않고 도와주시는 분들 도움으로 지속해 오고 있다. 불광사 다닐 때 친했던 법우들이 모르는 사이에, 한 열 명이 후원 모임을 만들어서 두 달에 한 번 회비를 이 만 원씩 모아 준다. 초파일이나 연말이나 어떤 행사 때는 별도로 몇십 만 원씩 도와준다. 예를 들면 몇십 명 생일 법회를 해 달라고 교도소에서 요청올 때 몇십 만원 드는데, 이런 비용을 다 조달해 준다. 또 자녀 생일에는 좋은 일에 써 달라고 5만원 10만원 주시는 분들도 있다.

남편은 신혼 초에는 많이 아팠고, 아픈 사람이라 성격이 거칠고 짜증내고 음식 먹는 것도 트집부리고, 반찬값도 일일이 타서 써야 하고 무지하게 힘들게 했다. 일찍이 남편한테 바라는 마음을 버리고 남편의 인격을 믿고 모든 일을 맡기고 자식도 자식의 인격에 믿고 맡기고 자신의 할 일을 충실히 하면서 남편과 남편 가족, 시부모에게 진심으로 잘 하였다. 광덕 스님에게 내 할 도리를 다 하면서 상대방을 믿고 맡기는 것, 그게 부처님 가르침이라는 가르침을 받았다. 스님은 늘, '내가 밝아야 가정이 밝고, 가정이 밝아야 사회가 밝고, 사회가 밝아야 전 세계가 극락세계가 된다.”고 하셨다. 실제 이렇게 생활하다 보니 남편하고 트러블이 없어졌음은 물론이고, 남편이 어느덧 든든한 도반이 되었다. 처음에는 남편 출근하면 낮에, 남편 모르게 봉사를 다녔다. 지하철 두 번 타고 가거나, 차 있는 도반들에게 책이랑 잡채, 떡 등 먹을 것 실어다 달라고 부탁하면서 교도소를 다녔는데, 어느 날 남편이 힘들게 다니지 말라고 차를 사 주었다. 집의 가정 경제도 모두 맡겼다. 옛날에는 아빠랑 이혼하라던 딸들이 “아빠 같은 사람 있으면 당장 시집가겠다.”고 하면, 혼자 빙그레 웃음이 나온다. 불교를 만나지 않았다면 지금 어떤 모습으로 살고 있을지 모르겠다.

모태 신앙이긴 한데, 친정어머니는 기복신앙이셨다. 광덕 스님 있는 불광사를 다니면서 불교는 절대 그것이 아니라는 거, 복은 내가 지어야 받는다는 것을 알게 되고, 교도소 봉사에서도 이것을 강조한다. 웃음이라도 한 번 남에게 웃어 줘서 남을 편하게 해 준다든지 해서 복을 지어야 복을 받는 거지 관세음보살이 복을 갖다 주는 게 아니라는 것을 계속 반복해서 얘기한다.

지금은 옛날 같지 않아가지고 범죄도 많이 거칠어지고, 심각한 범죄들이 많고, 여성들도 전보다 많이 거칠어졌다. 자신도 힘들게 살아온 가운데 불교 포교의 포문을 연, 불광사의 광덕 스님을 만나 정화되고 좋아졌고, 늘 스님이 “하나를 배우면 남에게 열을 베푸는 회향하는 삶을 살아야 한다.”는 말씀을 하셨는데, 그 말씀대로 살려고 노력하다 보니 이렇게 지속적으로 법회 봉사를 해 오게 되었다. 함께 봉사를 시작한 선배분들이 계셨는데 생활, 가족 상황 때문에 중도에 그만 두는 가운데 혼자만 봉사를 지속해 오고 있다.

불광사를 다닐 때는 염불선 하면서 나를 바라보며 행복하고 가라앉히면서 행복했다면, 안국선원에서 간화선·참선을 하면서는 행복해 하는 나를 뽑아내면서 편안하고 행복하다. 처음에는 혼란이 왔지만, 지금은 광덕 스님께 들었던 법문과 안국선원의 스님께 듣는 법문이 접목이 되면서 너무 좋고 감사하다. 스승 복은 타고났구나 하고 산다. 2005년 면담 내용 정리

사례 16

불심이 강한 친정어머니 밑에서 자랐다. 어머니는 정월 대보름이고 4월 초파일이고 입춘 날이 되면 도봉산 삼각산 절에를 가시는데, 짜개진 쌀은 다 골라내고 공양을 손수 지어서, 그리고 새벽에 일어나 누구보다도 법당에 먼저 올리려고 애쓰시는 불심이 계셨다.

응용미술과를 나왔는데, 대학교 1학년 때 박물관에 가서 보고 거기에 대한 느낌을 써 오는 숙제가 있었다. 박물관에 가니까 불상들이 많이 있는데, 어느 불상 앞에 가서 있었는데, 입가에 미소가 배어 있는데 '저 분은 무슨 마음이 저렇게 편안하시고 저런 편안한 마음이 나올 수가 있을까.' 하는 마음이 들었다. 결혼하고 나서 다닐 절을 찾다가 불광사에 들렀는데 석촌호수 옆에 마침 광덕 큰스님 내려오시는데, 인연인지, 웃으시면서 내려오시는 그 모습이 대학 시절에 봤던 조각상 미소하고 일치되었다. 그래서 바로 법당에 들어가게 됐다. 그때까지만 해도 절은 조용하고 이름 있는 날에만 사람 많이 오고, 절밥 얻어먹고 나오는 그 정도로 인식하고 있었다. 엄마 기도 소리는 구슬프고 구성지다 생각했었다. 그런데 불광사에서는 찬불가가 흐르고 신도가 활기차고 남자 신도가 삼분의일이 되었다. 등록한 바로 다음 날 교회로 치면 구역장인, 명등이 바로 집에 찾아 왔다. 그분들이 열심히 불러내어 새벽 예불을 나가게 되었다. 여자로서는 일찍이 자동차 운전을 할 줄 알았는데 그분들이 새벽 예불을

가야 되는데 자기들이 차가 없으니까 운전수 노릇을 해 달라고 해서 거절하지 못하고 새벽 예불을 보기 시작한 것이 꼬박 10년을 하게 되었다. 처음에는 108배조차 힘겨워하던 불자였는데 1,080배를 매일 동안 하는, 그런 수행을 하고, 마하반야바라밀 염불을 하면서 뭔가 마음에 와 닿는 게 많았고. 마음이 바뀌어지면서 남존여비 사상이 강한 시어머니하고 많았던 갈등도 스스로 해소되었다. '전생에 내가 시어머니를 저렇게 괴롭혔구나. 받아서 다시는 안 만나는 사이가 되자. 그 빚을 갚음으로 해서…'라는 마음으로 대했는데 나중에는 그런 마음까지도 없어졌다. 그러면서 관계가 좋아지면서 시어머니가 돌아가셨다.

포교사 교육을 하면서는 1년 동안 숙제, 리포트를 써 내려면 한 과목 당 두 권씩은 읽어야 했고, 대학과 똑같이 A·B학점을 받았고, 이렇게 공부하는 가운데 염불, 108배의 의미 등 교리가 정립되었다. 1,080배 하면서는 '정말 하심下心할 수 있고, 정말 되는구나.'를 느꼈다. 불교인으로 생활하면서 황금시절이었다. 그때는 얼마나 극성스러웠던지 관악산 연주대가 보통 걸어가면 1시간 40분에서 2시간 가까이 가야 하는데 거기를 뛰어서 40분에 올라가고 새벽예불 하고는 또 뛰어 내려와가지고는 집에 가서 얼른 밥 먹고 가서 불교 합창단 연습에 갔다. 합창하는 순간은 부처님 말씀이 자기한테 정말 공명되는 시간이다.

그때 불광사가 교세가 늘어나니까 신도들이 불광사 포교당을 구마다 세우자고 청을 했다. 그러자 광덕 큰스님은 "너희들 하나 하나가 다 포교당이다. 민들레가 하나의 몸에서 홀씨가 되어서 사방에 흩어지듯이, 너희들이 사방에 흩어져서 포교당이 되라, 집만 많이 지어 놓는다고 포교당이 아니다."라고 하셨다. 사회 곳곳에서 사회를 밝히고, 사회 그 자리가 수행해야 할 자리고 우리가 깨달아야 할 자리고 우리가 고통도 구제하는 법을 알아야 한다는 것을 그때 알았다.

살면서 남편이 혈액암에 걸렸을 때가 가장 힘들었지만 부처님의 가피로 잘 극복하였다. 머릿속에는, 염주를 돌리지는 않았지만 계속 관세음보살이 돌아가고 있었고, 누워서도 피곤하고 힘드니까 관세음보살 관세음보살 하다 보면 깨어나서도 관세음보살 염을 하면서 일어나기도 했다. 뭔가 죄업이 인제사 나타났는데 염불을 해서 녹여 낼 수 있었다는 것이 나와 남편에게 행운이었다고 생각한다. 이렇게 생각하고 병원에서도 벙글벙글 웃으니 사람들이 환자 있는 집 같지 않다고 했다. 옷도 밝은 옷만 입었다. 밝음이 밝음을 부른다고 스님께서 어두운 일이 있을 때일수록 밝은 옷을 입으라고 말씀하셨기 때문이다. 남편에게 자력을 주어야겠다는 생각에서 "애들 결혼 하나도 안 시키고 그러면 안 돼. 그걸 다 보려면 당신 스스로 기도를 해요."라고 말하였다. 그랬더니 남편은 투석하면서 손에 전기를 꽂아서 손끝이 빨갛게 됐는데, 그 손으로 하얀 시트에다 계속 반야심경을 썼다. 이렇게 하면서 우리 부부는 병마를 넘겼다.

불교 여성 단체의 이사를 맡고 있고 어린이 포교 활동을 하는 OOO의 회장을 10년째 맡고 있다. 불광사 광덕 스님 계실 때 1기 포교사 출신으로 포교사 교육을 마치면서 광덕 스님은 자기 있는 곳이 법당이 되라고 가르치셨는데 무슨 일을 해야 될까 고민하였다. 당시는 많은 불자들이 절 불사 시주를 많이 하고 있었는데, 그런 장엄하게 잘 지은 절도 사람이 많지 않은 경우들이 꽤 있고, 그래서 그런 불사보다는 교육에 투자할 수 있는 불사를 해 보자는 생각을 하였다. 일반 학교 교사들이 거의 기독교를 믿는 젊은 사람들이라 알게 모르게 기독교 교육이 되면서 불교 애들이 일반 학교에서 소외감을 느끼는 것을 많이 보았기 때문이다. 또한 불광사에서 포교사들이 상담을 맡아서 했는데, 너무 마음이 불안하고 자살하고 싶고 그런 급박한 사람들과 전화로 대화하다 보면, 누그러져가지고 마음 돌리는 걸 많이 봤고 그 중에는 청소년들도 꽤 있었다. 가정이 파탄이 오고 이혼하는 집이 너무 많으니까. 그 아이들이 이야기하고 싶고 그래서 청소년 전화가 많이 왔다.

그래서 교육 불사에 뜻을 가진 사람들이 모여 이 모임을 만들었는데, 아직까지 불자들의 의식이 절 짓는 것은 복이 된다고 생각하는데 교육 불사 같은 일에 시주하는 데에는 마음이 열리지 않고 있다. 또 IMF를 맞으면서 교육 불사는 주춤하고 박사님을 모시고 불교 경전을 공부하고 있다. 아함경부터 반야·화엄·법화경들을 한번씩 훑고 구술 당시 시점에서는 정토·극락 장엄경을 공부하고 있었다. 여전히 마음은 불교 초등학교를 만들고 싶다는, 교육 불사에 대한 염원을 두고 있었다.

웨딩숍을 운영하고 있다. 응용미술을 했고 도자기를 해서 그룹전도 했었다. 본인의 꿈은 작은 화랑을 경영하는 거였는데, 딸이 의류학과를 나와서 딸한테다 초점을 맞춰야겠다 싶어서 힘을 실어주고자 웨딩숍을 열었다. 진심으로 비즈 하나를 놓으면서도 그 사람들의 행복을 기원하면서 놓고 우리 옷을 입는 것이 축복이 될 수 있기를 바라면서 웨딩복을 만든다. 2005년 면담 내용 정리

사례 20

어머니는 매일 아침마다 기도하시고 무슨 일 있으면 관세음보살 찾으셨다. 그런 분위기에서 자랐고 어머니 따라 절에 다니는 정도였다. 도선사에서 오계 받으실 때 '너도 받아라.'라고 하셨는데, 그때는 지킬 자신이 없어 받지 않았다. 1996년 정토회에서 삼귀의 오계를 받을 때는 불자로서 각오가 생겼다. 내 스스로 불자라고 생각하게 된 거다. 오계 중 불

살생 계율을 지키기 위해서 벌레는 주로 쫓는 방법을 쓴다. 노랑 은행잎을 갈아 놓으면 바퀴벌레가 없어진다고 해서 해 봤더니 씽크대 밑에 깔아 놨더니, 없어졌다. 죽이지 말라니까 우리 불자들 한 번 생각해 본다. 바퀴벌레도 생명이니까 갑자기 죽게 되면 얼마나 억울할까? 탁 죽이면 개바퀴벌레도 고통을 받을 거 같다. 다른 도반들도 바퀴벌레 나오면, 별거 아니지 하는 태도로 그냥 치운다. 문경 수련장에 바퀴벌레 엄청 많은데, 그런 게 어울려 있는 게 자연이구나 하며 대수롭지 않게 여긴다. 지렁이를 화분에 넣고 거기다 음식물 쓰레기를 넣으면 지렁이가 먹는다. 지렁이를 분양받은 지 한 달이 되었는데 아직은 징그럽다. 과일껍질, 감자껍질, 상추 꼬랑이 등을 냉장고 보관했다가 화분에 넣어 주면 지렁이가 먹는데, 화분 일곱 개면 얼추 해결된다고 한다. 5학년 딸은 그냥 꺼내서 만지작거리다 놔 주고, 학교에서 애완동물 가져오라고 할 때 흙에다 지렁이를 담아 가져 간다.

아버님이 오래 오래 아프셔서 병수발하고 조계사 들르면 108배 했는데, 이때 광고로 이 단체의 '깨달음의 장' 광고를 보았고 아버님 첫 제사가 끝나고 여기를 다녀왔다. 시어머니, 시아버지, 시할머니와 10년 살다 보니 화가 많이 났다. 학교에서 배운 걸 못 쓰고, 그런 게 허망하고 불뚝불뚝 화가 나고 평안하지 않았다. 깨장 수련을 가서 이런 나 자신을 보면서 옳고 그름이 없다는 걸 어렴풋이 알았고, 내가 나쁘다고 생각하는 게 내 생각이라는 걸 새기면서 내려왔던 기억이 난다. 지금도 누굴 보면서 나쁜 마음 들면 그 사람이 나쁜 게 아니라 내가 미워하고 있구나 하면서 나를 본다. 깨장을 다녀와서 이런 단체가 있다는 걸 알게 되었고 1996, 97년 북한 동포돕기 서명할 때부터 본격적으로 활동을 시작하였다.

가끔 빼먹기도 하지만, 아침마다 새벽기도를 한다. 수행문을, 참회문을 읽고 108배 하고 좋은 일을 한 가지 하자 약속하고 가족 환경 실천 체크리스트를 체크하고 그러면 한 시간 흘러간다. 수행 일지는 매일 쓴다. 밥 먹을 때 게송하고 개인 컵 들고 다니는 건 어느 정도 되고, 뒷물하기는 아직 잘 안 된다이 단체는 휴지를 쓰지 않고 500ml 우유통에 물을 넣어 가지고 다니면서 직접 손으로 변을 닦고 손을 우유통 물로 씻는다. 그래서 이곳에는 휴지가 없다.: 필자 주 장을 볼 때, 투명망을 사용하면서는 비닐 사용이 많이 줄었다. 남편에게 강권하지는 않는데, "우리 투명망 쓰기로 했어." 하면 남편도 소주 사 올 때 주머니에 넣어 오고 나를 약간 존경하고 인정해 준다. 환경 스페셜 같은 프로그램을 보면서, "저거 다 우리 집에서 하는 거 아니야? 웰빙이 별 거 아니네." 한다. 플러그 다 빼고 TV도 없앤 지가 8개월 됐다. 휴면기를 가져 보면 그 편한 마음을 느낄 수 있고 시간이 엄청 남는다. 아이들도 TV 끊어지니까 컴퓨터도 안 하게 되고 책으로 가고, 우리 옛날에 하던 식으로 낙서하고 만화 그린다. 일단 끊어 보면, 자기의 하기 싫어하는 마음을 보게 된다. 일회용 생리대는 안 사용한 지 3년 되고, 딸들은 천 생리대를 쓴다. 큰 딸은 고3인데 시험 기간에 촛불시위 나가는 애는 우리 애밖에 없고, 단과 학원 다닌 적은 있지만, 과외를 한 번도 안 했다. 다른 엄마들이 과외 안 하고 학교 다니는 애라고 구경온다고 한다. 혼자 사이트 다 뒤져서 자료 모으고 공부하는데 전교 10등 안에 든다.

경전 공부는 법륜 스님이 하시는 경전 강의를 듣는다. 지금은 스님이 부산에서 설법하신 금강경을 영상으로 보고 있다. 금강경이야말로 함께 사는 것을 고민하는 사람들이 나를 비우는 경이다. 너무 너무 재미있다. 때로는 백일 동안 6천 만원 모금을 한 보살님의 수행담이나 남편과의 갈등을 해소한 이야기를 듣기도 한다.

신도들은 주로 여자이고 매주 수요일 법회에는 150명이 참가한다. 다른 절보다는 옛날에 학생운동 하던 사람들이 많고 정토행자, 사회 실천을 전제로 해서 나도 이롭고 사회도 이로운 정토행자 불사를 하고 있다. 일상적으로 매일 활동봉사하시는 분이 60명이고, 주 3회 이상 봉사하시는 분들도 계시다. 40대 50대 주부들이 많고 간부급들은 40대이다. 60명이 팀장급이고 그 밑으로 100여 명이 있다. 전국적으로 치면 팀장급이 4, 5백 명 된다. 팀장은 오전 열시에서 3시 정도까지 일한다. 자기 부서 일이 생기면 밤낮 없이 일하게 되기도 한다. 천도제, 영가천도 등 제사는 우리가 다 지내고 제사 비용은 JTS 좋은 벗으로 다 간다. 이쪽의 예산이 일 년에 20억 된다고 한다.

북한 돕기 서명과 모금 활동하고 나서, 냉전 분위기를 화합 분위기로 만드는 데 정진을 해 보자 해서, 전 신도가 참여해서 24시간 염불 소리 끊이지 않게 해 보자 해서 2000년 3월 1일 그때부터 조를 짜서 한 시간씩 목탁을 친다. 5분 전에 선실에 와서 인사하고 목탁을 한 5분 함께 치다가 넘겨 받는 식이다. 하루에 24명이 필요한데 어떤 사람은 세 시간도 하고, 몇만 명이 했을 거다. 조계종 자원 봉사연합회에서 와서 하기도 하고 교수님이 와서 하기도 하고 6학년 아이들이 하기도 하고 우리 남편이 그거 해서 마음이 녹겠냐 했는데 그렇게 해서 감동을 했고, 불법의 가르침을 새기게 되고 스님이 뭐 하라고 하면 옛날에는 따졌는데 지금은 그냥 한다. 해 보면 일이 되게 되어 있다. 2005년, 면접 내용 정리

본 연구 사례의 신심이 두터운 여성 불자들에게서 관찰되는 일반적인 특징은 참회와 인욕, 그리고 그 결과로서의 마음의 평화이다. 이는 곧 고통의 원인인 집착을 내려놓는 과정이다. 집착인 줄 모르면서 혹은 집착인 줄 알면서도 집착을 내려놓지 못하는 것이 많은 사람들의 모습이지만, 사례의 여

성 불자들은 이 내려놓음을 훌륭하게 수행하고 있다. 이것은 어떻게 가능한 일일까? 극단적인 상실이나 고통의 경험 자체가 별다른 노력 없이도 쉽게 집착을 버리게 하기도 하지만*사례 10, 13, 대부분의 경우는 고통 속에서 절을 찾게 되고 교리 공부를 하면서, 사성제·팔정도·인연법 등을 학습하고 수행을 몇 년씩 하면서 비로소 집착을 내려놓게 된다.

실제 사례의 불자들은 다양한 수행으로 정정진을 일상 삶 속에서 실천하고 있다. TV나 라디오의 새벽 예불을 함께 드리고 기도나 백팔배로 하루를 열거나사례 4, 8, 7, 9, 11, 12, 20, 『금강경』, 『반야심경』, 『천수경』, 『보현행원품』, 『능엄경』, 『원각경』 등의 경전 독송을 아침 혹은 저녁마다 하기도 하며사례 9, 11, 12, 14, 15, 사경을 하거나사례 2, 9 간화선看話仙 또는 위빠사나 수련을 아침 혹은 저녁으로 하거나사례 15, 17, 18, 19 월 1회 정도 집중 수행사례 12하는 분들도 있다. 지금은 바쁜 생활 속에서 일상생활 속에서 마음 관찰을 하는 것으로 그치고 있는 분들도사례 5, 6, 7, 10, 13, 14, 16 과거 한때는 3년 동안 절 생활을 했다거나사례 7, 집에 불당을 차려 놓고 경을 읽고 기도 생활을 했거나사례 14, 새벽 예불을 10년 동안 다닌 것사례 16)과 같이 집중적인 수행 경험을 갖고 있다. 대부분 마음만 먹으면 언제든지 일천배는 거뜬히 할 수 있는 공력들을 지니고 있다.

본 연구의 전체 20 사례 중 14 사례는 불자로서 살아가면서 감내하기 어

* 신행 수기 모음집인 『부처님 어떤 복을 지을까요』2002에는 지속적인 수행의 경험 없이 이 와 같이 극단적 상실과 고통의 절벽에서 집착을 내려놓게 되는 사례들이 소개되고 있다. 이 책의 필자들은 유서를 써 놓을 정도로 몇 번의 수술을 거듭한 중병 앞에서 혹은 자폐아나 암에 걸린 자식을 둔 어머니로서 지칠 대로 지친 상태에서 우연히 절과 인연을 맺게 되고 마지막으로 일천배, 삼천배나 해 보자는 심정으로 절을 하면서, 혹은 꿈 속에서 부처님을 보면서 고통이나 그 원인이 사라지는 것을 경험한다.

려운 고통에 직면하였다. 이혼을 생각할 만큼 남편이나 시어머니와 심각한 갈등에 직면하거나_{사례 12}, 본인 또는 가족이 암과 같이 이겨 내기 어려운 질병에 걸리거나_{사례 16}, 한창 보살펴야 할 어린 자식이 있는데 남편과 사별하기도 하였다_{사례 13}. 자식과 같이 애정을 쏟았던 일에서 인간관계의 갈등으로 손을 떼야만 하기도 했고_{사례 4}, 화냄의 어리석음을 알면서도 일이 되기위해 싸우고 화를 내기도 한다._{사례 8}

이들을 불자로 명명할 수 있는 특징은 이들이 이와 같은 직면한 고^{kamma}를 해소해 가는 방식에서 드러나고 있다. 즉 앞에 언급한 바와 같은 지속되는 수행 생활을 통해, 불자들은 고통 앞에서 우선은 상처받고 분노하기도 하지만, 수행을 하면서 연기법과 업의 교리를 체화하게 된다. 이 과정은 정견, 정사유, 정업의 팔정도 윤리를 체화하는 과정으로 볼 수 있다. 이 과정에서 고통의 원인을 밖에서 찾던 태도에 변화가 생겨 자신을 참회하고 인욕의 과정을 거쳐 집착을 내려놓는다. 타자와의 관계는 고통을 주고 상처받는 관계를 넘어서서 좀 더 온전한 인간적 관계로 성큼 다가선다.

인욕은 바른 생활을 의미하는 정업의 한 방식으로 볼 수 있다. 본 연구의 사례들에서 관찰되는 인욕의 주된 형태는 신실한 전적인 포기로 고통을 끌어안는 인욕이다. 신실함이란 내 고통의 원인으로 보이는 타자를 고통을 가하는 사람으로 대상화하는 분별심을 버리고, 존중해야 하는 인격체로 전적으로 승인하는 태도를 말한다. 이는 내가 아니라 상대가 내 고통을 경감하거나 사라지게 하기 위해 변해 주어야 한다는 아집을 전적으로 포기하면서 고통을 끌어안는 것과 동시에 일어난다.

인욕이 인욕하는 사람의 일방적인 고통의 감수로 끝난다면, 그것의 능동적 행위성은 설득될 수 없다. 인욕은 인욕이 아니라 굴욕으로 비추어질 뿐이다. 그러나 인욕의 과정에서 상대방 또한 극적인 변화를 보이고 이로 인해 자타관계는 풍요로운 인격적 소통의 관계로 변화한다.

필요할 때마다 매번 생활비를 타서 쓰게 하고 가계부를 적어 보여 주어야만 했던 남편들은 어느 새 부인의 보시 행위를 적극적으로 지원하는 도반道伴으로 변해 있다사례 9, 15. 심지어 교도소에 먹을 것, 책 등을 한 보따리 싸 가는 부인이 힘들지 말라고 자가용을 사 주고 집세 관리까지 맡긴다. '왜 당신은 나한테 바라는 게 없냐?'고 뭔가를 더 해 주고 싶은 마음을 내보인다. 옛날에 엄마에게 이혼하라던 딸은 그 옛날은 잊은 채, 이런 모습을 보며 아빠 같은 사람이 있으면 얼른 결혼하겠다는 말을 한다사례 15. 자기를 키워 준 부모가 농촌 붕괴의 현실 앞에서 빈곤으로 추락하자 13평 아파트를 팔아 시댁을 도와주는 남편을 원망하던 분별심을 버리고 남편을 부처로 보며 살아온 사례 12는 이제는 남편은 인생을 함께 걷는 도반이라고 표현한다. 이같이 남편을 구도의 길을 함께 걷는 도반으로 이해하는 것은 다른 불자들에게서도 관찰된다사례 2, 3, 7, 8, 9, 10, 11, 16, 18, 20. 또한 사례 19의 불자는 자신의 지혜롭지 못한 처신을 깨닫는 수행 과정에서 화를 자제하는 남편의 변화하는 모습을 경험한다. 마침내 종교 생활을 못하게 하던 남편은 "자신에게 좋게 되는 게 자기가 그런 걸 느끼는 게 당신이 기도를 열심히 해서 그런 것 같다"는 말을 할 정도가 된다. 사례 14는 여자 몸으로 혼자 사는 자신의 재산을 가로채기 위해 자신을 납치하고 전 재산을 경매에 들어가게 한 사람들에 대한 불타는 복수심을 내려놓고 마지막 남은 재산을 정신대 할머니들의 보금자리를 마련할 수 있도록 내놓는 인욕을 보여 준다.

이같이 자타 변화의 결과 속에서 인욕은 인욕하는 자의 굴욕이 아니게 되며, 고통을 받는다고 생각했던 자와 고통을 준다고 생각되던 자 쌍방이 상호 배려하는 상생적 관계로 전환한다. 설사 상생관계에까지 이르지 못했더라도, 모든 걸 인과의 진리에 맡기고 가해자에 대한 분노는 내려놓게 된다.

각자는 수행 내공에 따라 부처와 큰스님, 또는 자신의 멘토인 선배 불자의 저항할 수 없는 권위에 밀려 인욕의 정진 속으로 떠밀려 들어가기도 한다. 이와는 정반대로 항복지심을 위한 고통스런 자기와의 싸움 없이 편안한 마음으로 인욕을 하기도 한다. 인욕에 돌입하는 시점에서 이와 같은 차이는 있지만, 인욕은 그 어느 경우든 불자들을 번뇌로 뒤덮인 세속적 일상 속에서 비세속적인 작은 해탈로 인도한다. 여기서 작은 해탈은 불자들이 궁극의 해탈에 이른 것은 아닐지라도 그 궁극의 해탈로 인도하는 문 안에 들어서 있음을 의미한다. 불자들은 대부분 수행의 결과 번뇌에 마음을 휘둘리지 않고 평정한 마음으로 살아가고 있음을 고백한다. 서두르는 마음이 없어지고, 마음이 평온해지고, 부드러워지고, 편안해지고, 외부 자극이나 환경에도 무덤덤해지고, 사물을 치우침 없이 보게 되고 집중력은 강해진다. 실제, 보통 사람이라면 마음에 상처가 될 상황 속에서도 마음의 평정을 잃지 않는 모습을 보여 준다. 그래서 세상 살기가 편해졌고 이런 자기 모습의 변화에 따라 주변 사람들도 편해졌다고 느낀다.

한편, 바쁜 직장 생활에서 별도로 수행 시간을 잘 내지는 못하나 일이 포교이고 곧 수행이라는 생각으로 살면서 일상에서 마음 관찰을 하는 데 주력하는 불자들은사례 5, 6, 7, 10, 13, 14, 16 정명을 생활화하고 있는 것으로 보인다.

여성 불자의 일상 삶 속에서의 오계

오계 중 여성 불자들이 일상적으로 부딪히는 불교 윤리는 식사나 벌레에 대한 대처 방법 등과 관련된 불살생의 계이다.

불교는 정명의 실천으로서 도살, 정육점, 사냥꾼, 어부와 같은 불살생의 계율을 어기게 되는 직업을 피할 것을 요구한다. 이는 불교에서는 행위의 의도성이 선업과 불선업을 구분하는 요인이 되는데, 살생하는 직업은 살해의 의도를 매번 집중적으로 강하게 불러일으키기 때문이다. 틱낫한은 "소가 도살될 때마다 그의 의식에는 어떤 인상이 남게 되는데, 그것은 꿈을 꾸거나 명상을 하는 도중에 혹은 임종시에 되살아나게 될 것이다…. 그는 자기가 살고 있는 지역의 승가와 함께 계속해서 전념과 내관을 수행해야 한다. 그러면 통찰력이 깊어짐에 따라 살생을 해서 살아갈 수밖에 없는 상황에서 벗어나는 방법이 떠오르게 될 것틱낫한, 2003: 151"이라고 말한다. 불교에서 임종 시 떠오르는 기억은 다음 생을 보여 주는 것이다. 임종 시 도살을 기억한다는 것은 다음 생에서 그가 받을 생이 비참할 것임을 말해 주는 것이다. 부처와 제자들의 대화는 소·양·돼지 도살업자, 사냥꾼, 화살 만드는 사람, 말몰이꾼이 받는 업의 끔찍한 광경을 상세하게 묘사하고 있다.* 따라서 남방 불교는 채식을 지향하되 탁발이라는 현실적 여건 속에서 살생의 직업을 금함으로써 채식을 유도하는 전략을 택하고 불자와 스님들에게 육식을 금하고 있지는 않다. 이는 부처가 수행승들은 탁발에서 어떤 음식을 얻든지 만족해야 한다고 가르치고 있는 데서S.N.II.194-195, 『쌍윳타 니까야』 3권: 170 연유하는 것으로 보인다.

남방 불교와 달리 북방 불교는 절에서 자체 음식을 해 먹을 수 있기 때문

---

* 예로, 도살업자의 업은 다음과 같이 묘사되고 있다;
"목갈라나: 벗이여, 나는 깃자꾸나 산에서 내려오면서 뼈다귀들이 하늘을 나는 것을 보았습니다. 그것을 독수리와 까마귀와 솔개가 서로 다투어 잡아채어 갈비뼈 사이를 쪼아 찢으니까 매우 고통스런 소리를 내는 것을 보았습니다….
세존: 수행승들이여 그 사람은 라자가하에 사는 도살업자였다. 그는 업보가 성숙하여 오랜 세월, 오랜 백 년의 세월, 오랜 천 년의 세월, 오랜 십만 년의 세월을 지옥에 떨어져 그 업의 남은 과보에 의해 이와 같이 스스로 초래한 자기 자신의 삶을 경험하는 것이다."
SN.II.255-256, 『쌍윳타 니까야』 3권: 353

에 객관적으로 채식을 할 수 있는 조건에 있었고 이것은 스님과 불자 모두에게 채식을 요구할 수 있던 배경이 되었다고 보인다. 그러나 현실에서 불자들은 육류 대신 콩고기, 콩소시지로 식단을 바꾸는 경우사례 20도 있기는 하지만, 대부분 육식 생활을 하고 있다. 지키지 못하면서 불자로서 서원을 해야 하는 윤리는 형식화되고 윤리로서의 힘을 상실한다. 불교는 사실 이런 면에서 오계를 좀 더 구체화하고 현실화하여 불자들에게 제시할 필요가 있다고 본다. 앞에서 인용한 식사와 관련한 부처의 가르침의 핵심은 탐식을 하지 말라는 것이었다. 오늘날 정도를 넘어선 육류 문화는 탐식과 무관하지 않다. 탐식을 금하는 것만 분명히 하여도 육류 중심의 음식 문화는 상당히 위축되는 결과를 낳을 수 있을 것이다.

불살생의 계를 따르게 될 때 불자들은 바퀴벌레, 파리, 모기, 개미 같은 집벌레들을 잡을 수 없게 된다. 승단은 불살생만 가르칠 뿐 불자들이 일상에서 접하는 이런 상황에서 살생을 피해 갈 수 있는 구체적인 삶의 지혜까지는 설명하지 않는다. 예를 들면 한 불자는 바퀴벌레를 쫓는 데 은행잎이 효험이 있다는 소리를 동료 불자에게 듣고 씽크대 밑에 은행잎을 깔아 놓아 바퀴벌레를 집에서 사라지게 할 수 있었다고 말한다. 한 불자는 모기장을 침으로써 집에서 살충제를 사용하지 않게 되었는데, 이런 실천의 보급은 살충제에 의한 환경 파괴를 그 어떤 환경 운동보다도 효율적으로 막을 수 있다. 그러나 이런 전략과 실천은 신심이 돈독한 일부 불자들 간에 사적으로 유통되는 정보이거나 개인적 실천에 그칠 뿐, 승단은 이런 정보를 불자 교육의 주 내용으로 적극적으로 제공하지는 않는다. 이런 정보가 없는 신심이 돈독한 불자는 집안에 뒤끓는 개미를 열심히 쓰레받기에 쓸어 담아서 밖에 버리기도 하지만, 이런 경우는 드물고 대부분의 불자들은 "극락왕생 하소서!", "인도왕생 하소서!" 하며 벌레들을 죽이는 행태를 보이곤 한다.

사실 불교의 오계는 별도의 환경 운동을 통해 환경 문제 해결을 시도하는 접근과는 달리, 불교적 일상생활의 방식 속에서 환경 문제 자체를 발생시키지 않을 수 있게 하는 윤리이고, 이것이 불교적인 생태 실천이라 할 수 있다. 그러기 위해서는 오계를 제시하는 데 그쳐서는 안 되고 계를 지킬 수 있는 다른 삶의 방식을 적극적으로 제시하고 시도할 수 있어야 한다. 그러나 이러한 시도는 뒤에서 살펴보겠지만, 정토회의 '쓰레기 제로 운동' 외에는 관찰되지 않는다.

한편 불자들은 공통적으로 불교적 가정교육이 자녀 교육에 큰 도움이 되었음을 지적한다. '임신 기간의 수행이 훌륭한 태교가 되어 아이가 인성이 착하다.', '어릴 때 오계를 배우고는 아스팔트에 나와 있는 지렁이는 흙으로 옮겨 주고 잡은 벌레는 반드시 놓아 준다.', '인욕을 배우고는 싸움을 피한다.' 등과 같이, 아이들은 어른보다 더 생명 감수성을 빠르고 강하게 체득한다고 말한다.

보살행과 그 한계

자기 마음의 다스림은 자기 변화에 그치지 않는다. 그것은 타자, 사회와의 관계의 변화를 가져온다. 수행자들은 수행 속에서 남편, 시댁, 직장 동료 등 자기를 둘러싼 일차적 관계에서 평화를 경험하는 데서 그치지 않는다. 여성 불자들은 수행을 지속하고 교리 공부를 하고 교단에서 운영하는 불교대학을 졸업하고 법사 자격증을 따기도 한다. 이런 과정을 거쳐 그들은 회향回向을 한다. 팔정도와 오계를 내실 있게 실천하는 삶은 주체를 보살행으로 이끈다.

불교 단체에서 활동을 하거나 자기 사업을 하는 사람들은 일 자체를 회향으로 이해한다. 즉 일 자체가 보시고 포교이니 행복한 삶이라고 여긴다사례 2, 3, 4, 5, 6, 8, 9, 10, 11, 13, 15, 16, 20. 놀이방을 하고 식당을 운영하며 친환경적인 공원형 납골 건축 사업을 하고, 혼례복 드레스숍을 운영하는 불자들 역시 그일에 성심을 다하며 봉사며 보시라고 여긴다. 그들에게 일은 돈을 벌기 위한 수단에 앞서 보시이다. 아이들을 봐 주어 엄마들이 마음 편히 일할 수 있어 좋고, 직원들에게 일자리와 월급을 줄 수 있어 좋고, 돈 없는 서민들에게 혐오감 없는 싼 납골당을 보시해서 좋고, 혼인의 출발점에서 축복을 해 주는 직업이라 좋다사례 4, 7, 14, 16.

자원 봉사 활동을 하는 불자들은 한 군데가 아니라 여러 곳을 정해 놓고 주 4, 5일을, 혹은 월 2회 휴일을 제외하고는 매일 직장 생활하듯이 정규적으로 봉사한다. 이들의 봉사 활동은 대부분 10년 넘게, 길게는 30여 년 동안 지속되어 왔다. 자원 봉사자들 불자들의 비율은 조사마다 편차가 있긴 하지만 약 20%이고 기독교와 가톨릭 신도는 50~60%를 차지한다박경일, http://www.dongguk.ac.kr/~pki/nonje/eassy/bul.html. 불자들의 자원 활동은 오히려 다른 종교 신도에 비해 저조한 편이다. 그러나 기독교나 가톨릭의 자원 봉사자들이 교회나 성당의 조직적인 후원을 받는 것에 비해, 자원 봉사 활동을 하는 여성 불자들은 절로부터 이러한 후원을 받지 못하고 스스로 봉사 활동의 장과 후원자들을 확보해 간다. 스스로 모든 것을 챙겨 가며 어렵게 자원 봉사 활동의 리더가 되어야 하는 이들은, 한편으로는 기독교계의 잘 짜인 자원 봉사 틀을 부러워하지만사례 15, 어떤 지원도 없다는 이 조건은 그들을 매우 역량 있는 자원 봉사 지도자로 키우는 토양이 된다. 자원 봉사 활동 리더가 된 여성 불자들은 한 명이 적게는 10명 안팎에서 많게는 500명까지의 자원 봉사자들을 거느리고 있는 걸어다니는 복지기관이다사례 9, 11, 12, 13, 15. 이들은 한결같이 뜻이 있는 곳에 길이 있음을 경험한다. 그리고 자신이 혼자 하는 일이 아니라 이름 밝히지 않고 도와주는 사람들이 있어 가능함을 강조한다. 이들의 자원 봉사 활동은 노인이나 노숙자·실업자 무료급식, 소년·소녀 가장 결연, 독거노인 결연이나 반찬 해다 주기, 교도소 법회와 상담, 병원 안내와 거즈 만들기나 호스피스 활동, 사찰이나 교단의 행정을 보조하고 행사 돕기, 노인정 봉사, 경로잔치, 큰스님 법문 녹취, 군 포교, 사찰 내 신도들 대상의 상담, 어린이와 청소년, 대학생을 위한 불교 교육 포교 활동, 장애인 복지관의 장애인들 돌봐 주기, 사찰 내 불자 합창단 운영 등과 같이 광범위하다.

헌신적인 자원 봉사로 표현되는 여성 불자들의 자비행은 대승 불교의 자비 윤리인 보살 윤리에 기초한다. 보살에서 보菩는 깨달음을 일컫고 살薩이란 것은 살타薩埵의 준말로 중생을 뜻한다. 즉 보살은 위로는 보리깨달음를 구하고 아래로는 자비를 써서 중생을 구하는 상구보리上求菩提 하화중생下化衆生을 행원으로 하는 사람을 일컫는다. 서구 여성주의의 보살핌의 윤리학이 자신과 가까운 유한관계에 국한되는안옥선, 1997: 92 윤리의 특성을 보이는 것과는 달리, 보살행은 시방으로 뻗어 가는 자비로서 무차별적으로 관계에 열려 있다.*

그러나 여성 불자의 자원 활동은 걸림 없는 활달 자재한 모습을 보이는 것만은 아니다. 대부분의 경우 여성 불자들은 회향 속에서도 번뇌하는데, 이는 일이 되기 위해 싸워야만 하거나 화냄에서 완전히 떠났을 만큼 수행은 안 된 상태에서 참아야만 하는 등의 이유에서 발생한다. 이것은 이들의 회

---

* 촌장이여, 만약에 그 고귀한 제자가 이와 같이 탐욕을 떠나고 미움을 떠나고 어리석음을 떠나 올바로 알고 주의를 기울이고 자비로운 마음을 한 방향으로 가득 채우며, 마찬가지로 두 번째 방향으로, 세 번째 방향으로, 네 번째 방향으로, 위로, 아래로, 횡으로, 모든 경우에, 모든 상황에, 모든 곳으로 세상을 광대하고 멀리 미치고 무량하고 원한 없고 장애 없는 자비로운 마음으로 가득 채웁니다. S.N.Ⅳ.321, 『쌍윳타 니까야』 7권: 291

향이 궁극의 해탈은 아니기에 이해할 수 있으며, 이 경우 번뇌의 녹임은 여성 불자들 자신의 과제로 남는다. 여기에서 주목하고자 하는 것은 승단의 가부장제와 구조적 연기 속에 있는 여성 불자의 번뇌이다.

사례 11의 불자는 한국 불교에서 평신도로서 불교 합창단을 활성화하고 자원 활동의 장을 개척한, 드러나지 않은 불교 현대화의 주역이라 할 만하다. 그녀가 회장으로 있는 봉사 단체 회원들은 그녀가 머리를 깎지는 않았지만, 스님이나 마찬가지라며 그녀에 대한 존경심을 표한다. 그러나 노보살들과 스님들의 몰이해 속에서, 절이 합창단원들에게 밥을 먹일 것을 요구하다가 노보살들과 싸우기도 하고, 자원 봉사 발대식을 해 놓고도 자원 봉사를 못 하게 하는 스님과 절에 한을 품기도 한다. "스님은 스님이라고 머리 깎고 마음대로 회향하겠지만, 난 왜 그러는지 모르겠어요. … 바로 못하는 게 너무 한스럽고." 그러다 보니 사람들에게 보시를 못하게 하는 스님들이 밉기도 하다. 그녀는 이러한 업장을 녹이려는 듯, 지금도 새벽 예불을 드리고 금강경 1만 번 독송의 원을 세워 몇 년째 독송을 지속하고 있고 참회의 기도를 올리고 있다.

사례 12는 절 마당에서 산 수 년의 생활을 한 단계 뛰어 넘어 회향하는 삶을 살고자 법사 자격증을 딴다. 그러나 스님들은 교육만 시켜 놓고 정작 절에서 신도 교육이나 관리를 위해 법사를 활용할 생각은 하지 못하고 불사만 하려고 한다. 아이들 포교에 뜻을 두고 온갖 교육 관련 자격증을 따고 중학교와 대학교에서 법사 활동을 하지만, 정작 불교계는 나이가 들었다고 관련 일에 채용해 주지 않고 아이들 간식만 대라고 한다. 또한 법사 활동비에 대한 체계적 지원이 전무한 속에서 월 수십만 원의 활동비를 스스로 부담하며 활동을 한다. 이런 것들은 교단과 스님에 대한 실망으로 연결된다. 그러나 다시 불교 희망의 주역은 자신과 같은 이름 없는 자원 활동가 풀씨임을 자긍하고, 내가 좋아서 하는 일이니 인연 닿는 한까지 하고 불교계에서 활동 못하면 다른 곳에 가서 계속하겠다는 뜻을 다짐하며 평정심을 회복한다. 그녀 역시 새벽 예불, 금강경 독송, 월 1회 선원에서의 집중 수행을 하며 '내가 앉은 곳은 어디든지 법당'이라고 생각하며 평상심을 유지한다.

사례 15와 사례 16의 여성 불자들은 다니던 절의 큰스님의 선지식에 인도되어 신실한 불자의 길에 들어섰다. 둘 모두 큰스님 밑에서 일반 신도들의 관리와 상담을 맡는 명등 보살이라는 임원직을 수행했는데, 관리하는 법등 수가 20여 개이고 거기에 속한 신도는 3~400명이 넘었다. 사례 15는 명등 보살을 구청장에 비유하고 있다. 또한 사례 15는 교도소 법회를 홀로 주관하고 재소자 상담을 맡는 보살행을 15년이나 지속해 왔다. 고졸이라는 학력에도 불구하고 이렇게 재소자들에게 교리를 가르치고 법문을 들려 줄 수 있는 자신의 성장에 스스로 놀란다. 사례 16의 여성 불자도 남편의 암을 즐겁고 기꺼운 참회로 이겨내고 50여 명의 회원이 소속된 도솔회라는 불자들의 모임을 이끌고 있다. 이들은 그들의 선지식이었던 큰스님의 사후, 주지 자리를 놓고 후배 스님들이 싸움을 하는 것을 경험하고는 절에 기반을 둔 활동보다는 독자적인 활동에 주력하고 있는 사례이다.

이상에서 살펴본 바와 같이 여성 불자들은 승단 소속의 봉사 팀에 속해 있는 경우도 사실상 승단의 지원은 거의 받지 못한 채, 스스로 자원 활동가를 조직하여 사적인 후원회를 두고 보살행을 하고 있거나 종단 밖에서 자원 활동을 하고 있다. 보살행은 영역의 광범위성에도 불구하고 주로 자원 활동가 개인의 육체적 노력 봉사 형태로 운영될 뿐, 교육 포교와 같이 육체적 노력 봉사를 넘어서는 영역은 뜻을 갖고 만든 조직은 있어도 활동이 거의 없거나 종단에서 활동할 장을 발견하지 못하고 퇴행적인 회향으로 향하는 조짐마저 보이고 있다.

보살행의 이와 같은 한계는 여성 불자들의 쌓인 공력을 알아차리지 못하는 종단의 가부장제 문화와 관계가 있다고 보인다. 여성 불자들은 불자들에게 반말을 쓰는 등 불자들을 우습게 아는 스님들의 가부장성을 지적하기도 한다. 이런 현상은 절의 가부장적 문화의 한 단면에 불과하다. 절에서 발견되는 보다 심각한 가부장제의 폐해는 불교대학 등을 통해 여성 불자들의 역량을 개발해 놓고 이들이 계속해서 역량을 펼쳐 나갈 수 있는 체계에 대한 고민을 하지 못하고 있다는 점이다. 여성들은 절의 불교대학을 통해, 또는 스스로 큰스님의 법문을 이곳저곳 찾아다니며 배우면서, 혹은 탁월한 큰스님을 주지 스님으로 만난 인연 덕택에 불교계를 다방면으로 끌어갈 만한 여성 리더들로 성장해 오고 있다. 그러나 승단은 이러한 성장을 보지 못하고 그저 주기적인 기복적 불교 행사에 물질적 보시나 해 주는 수준의 여성 불자를 기대하고 있을 뿐이다.

4. 작은 해탈을 넘어설 수 있을까?

이 장에서는 불교의 생명 윤리인 팔정도와 오계가 여성 불자와 어떻게 관계 맺고 있는지를 논구하였다. 연구의 질문들은 다음과 같았다. 불교는 생명 윤리로서의 특성을 지니는가. 그렇다면 불교 생명 윤리는 어떤 논리를 갖고 있는가? 불교 생명 윤리가 여성 불자의 경험과 삶 속에 용해되어 작동하고 있다면 그것은 어떤 모습으로 나타나는가? 또한 불교의 생명 윤리를 체화한 여성 불자는 개인적·사회적 차원에서 생태적 주체로서의 면모를 충분히 보여 주는가? 그렇지 못한 면이 있다면 그것은 불교 생명 윤리의 내재적인 결함에서 비롯되는가 혹은 윤리 외적인 요인에서 비롯되는가?

이러한 질문에 답하기 위해 불교의 생명 윤리로서 팔정도와 오계를 이론적으로 살펴보았다. 즉 이 두 윤리가 생태적인 불교 윤리로 불릴 수 있는가를 이와 관련한 찬반 양론을 검토하면서 이론적으로 검토해 보았다. 그 결과 불교 윤리는 생명 윤리로서의 논리성을 충분히 갖추고 있다고 보았다.

두 번째로 불교 윤리를 내재화해 가는 과정에서 여성 불자는 사회적인 윤리적 주체로서의 모습 또한 보여 주고 있는가를 살펴보았다. 여성이 불교 윤리를 내면화하면서 윤리적 주체가 되는 과정은 기존의 여성주의적 의식화 과정과는 매우 다르다. 후자에서는 여성은 자신의 고통이 자신만의 고통이 아니라 가부장제 구조하에서 여성들이 일반적으로 겪는 고통이라는 것을 의식화하게 된다. 그러나 불교적 주체화 과정은 자신의 참회에서 시작하고 자신의 고통의 원인인 집착에서 벗어나는 과정이다. 그러면서 가해자라고 생각했던 시댁이나 남편과의 화해가 수반되고, 분노해야 할 사회에 대해 분노하기보다는 소외된 사람들을 위한 회향의 삶에 들어선다. 자기를 분노하게 했던 대상에 사랑의 시선을 보내게 되는 매우 역설적인 과정이지만, 이 과정은 가부장제하의 종속적 여성이 경험하는 노예적 굴욕이나 인내의 과정과는 다른, 여성이 개인적·사회적 주체로 서는 과정이기도 하다. 바로 이 점에서 이 과정을 불교적인 작은 해탈의 과정일 뿐 아니라 여성주의적 과정이라고 본다.

한편 불교 윤리의 내재화에서 쌓여진 공력은 여성 불자들을 보살행으로 나아가게 하는 힘이 되고 있었다. 여성 불자들은 광범위한 영역에서 보살행을 실천하고 있음에도 불구하고, 기성 종단에서 그 보살행은 한계를 모르고 시방으로 뻗어 나가는 자비행으로 발전해 갈 것이라고 낙관하기는 어려웠다. 필자는 이것이 여성 불자들의 쌓인 공력을 미처 보지 못하게 하고 따라서 이들의 보살행이 시방으로 뻗어 나갈 수 있는 체계를 만들지 못하는, 종단의 가부장제 문화와 관계가 있다고 보았다.

불교의 생명 윤리는 오랜 수행의 공력을 쌓은 여성 불자들에게 내면화되어 역동적으로 작용하고 있는 살아 있는 윤리이다. 이 윤리에 힘입어 여성 불자들은 작은 해탈이라 칭할 수 있는 보살의 삶도 영위하고 있다. 그러나 그들의 보살행은 자비가 애초 그러하듯이 시방으로 뻗어가야 함에도 불구하고 일정 지점에서 멈추어 있다. 이 장애를 넘어서기 위해서는 불교계가 굳어진 습習으로서의 불교 내 가부장제를 성찰할 수 있어야 한다. 그러나 이러한 성찰 역시 불교계 내 불교 여성주의가 이에 관한 한 죽비를 내려칠 만큼 성장하지 않는 한, 가능해 보이지 않는다.

6장

여기서는 2장에서 살펴본 불교의 마음론에 근거하면서 또한 이 마음론이 생활과 마음공부를 둘로 보지 않음에 대한 논의를 진전시키면서, 여성이 마음을 회복해 가는 여정을 불교적으로 사유해 보고자 한다. 이러한 불교적 사유는 체계 읽기와 청정한 마음의 회복이라는, 구조적 독해와 존재론적 독해를 넘나드는 방식으로 진행된다. 흔히 불교적 사유는 체계는 무시한 채로 존재의 자기 결정성을 절대화하는 것으로 이해되고 있다. 그러나 여기서는 이는 잘못된 것임을 지적하고 이 두 측면을 모두 이해하는 것이 불교적 사유라는 인식하에 논의를 전개해 나갈 것이다.

6. 여성이 마음을 회복해 가는 여정에 대한 사유

1. 생활과 분리되지 않는 마음공부

이 책의 2장에서는 불교의 마음론을 마음의 세 차원번뇌의 상태, 번뇌를 가라 앉힌 상태, 번뇌를 녹인 상태, 만물의 생명성, 집착을 내려놓음으로써 생기는 자유자재한 무위의 위력이라는 불교 마음공부의 핵심 사상을 갖고 살펴보았다. 문제는 '여성'이라는 가부장적인 사회적·문화적·역사적 코드, 혹은 전도몽상의 미몽과 하나 된 몸으로 그리고 가부장적으로 규정된 여성의 삶에서 완벽하게 자유로울 수 없는 여성으로서 이 같은 본래의 성품, 생명 감수성, 무위의 위력을 어떻게 회복할 수 있을 것인가이다. 화학에서 새로운 존재物質의 창출은 공식화된 화학반응에 의해 가능하다. 그러나 인간에게 존재 변환을 위해 예비되어 있는 과학적인 도식이나 공식은 없다. 인간의 존재 변환의 화학 방정식을 가능하게 하는 것은 성찰의 과정이다.

성찰은 밖의 대상이 아니라 자신을 향한 비판 행위이다. 그런데 자아의 의식은 하나의 층이 아니라 몇 개의 층으로 구성된다. 불교에서는 이를 팔식八識으로 구성되어 있다고 하고* 초심리학에서는 표층 의식·잠재의식·무의식의 세 층으로 구성되어 있다고 한다.[52] 대개 성찰은 이성적인 자기 비판에서 끝날 수 있는데, 이 경우 성찰은 자아의 표층 의식 수준에서 더 깊이 들어가지 못한 것이다. 여성주의적 성찰은 칠식의 자기 집착적 자아, 팔식이 담고 있는 전全/前 가부장적 의식까지도 대면할 정도까지 깊이 있게 진전되지 않으면 근본적인 성찰이 될 수 없다. 근본적인 성찰을 위해서는 칠식, 팔식 또는 무의식의 깊이까지 내려가 그것을 의식적으로 의식할 수 있는 집중력이 필요하고, 이는 곧 마음의 투시력을 말한다고 볼 수 있다.

이 같은 근본적인 성찰은 어떻게 가능할까? 근본적인 성찰의 방법은 먹기 좋은 떡으로 '이거다' 라고 우리에게 주어져 있지는 않다. 훌륭한 책이나 예술 작품, 그 어떤 것도 감동이나 감화를 통해 독자나 청자를 근본적인 성찰로 이끄는 계기가 될 수 있다. 그것은 그들 작품이 얼마나 온 마음으로 만들어진 것인가와 수용자의 의식, 마음의 상태에 달려 있다고 보인다. 사기邪氣만 전염성이 있는 것은 아니다. 감화력은 마음의 전염성을 말한다. 무의식까지의 성찰을 도와주는 다양한 심리 이론과 심리 기법들도 도움이 될 것이다. 예를 들면 도나 조하Danah Zohar와 이안 마셜Ian Marshall, 2000은 한 단계 한 단계 논리적으로 하는 사고 IQIntelligence Quotient, 지능지수와, 감정에 의해 추동되며

---

* "우리들은 보통 우리의 눈이 외부의 파란 것을 본다고 말한다. 그러나 사실은 파랗다고 하는 색깔을 자기 자신에게 보여 주는 작용혹은 사물이나 사건이 있고, 그 위에서 분열된 주관 - 객관이 상정된 것에 불과하다" 이같이 불교의 유식론唯識論에서는 "하나의 사물·사건에 있어서 주와 객을 분절화시키는 단계를 식이라고 한다." 이 식에는 8종이 있다. 185쪽 각주 참조.

패턴 인식적이고 습관을 형성하는 지능인 EQEmotional Quotient, 감성지수와 구분되는 제3의 지능인 SQSpiritual Quotient, 영성지수를 말한다. SQ는 이드id · 본능 · 신체 · 감정 · 무의식과 연관되는 1차 심리 과정과 에고ego와 연관되는 2차 심리 과정과는 구분되어, 이 두 간극을 메우고 통합하며 변형시키는 잠재력을 갖는 제3의 심리 과정인 SQ의 중요성을 언급한다. SQ는 이성과 감성, 정신과 신체의 대화를 용이하게 하며 자기에게 능동적이며 통합적이고 의미 부여를 하는 중심을 제공한다. 대개 우리는 2차 심리 과정인 에고 수준에서 생활을 하는데, 심리의 다양한 유형들은 이 에고의 유형을 말한다. 우리가 인생의 의미와 가치를 깊이 직관할 수 있으려면 이 특정 유형의 에고에 갇히지 말고 자신의 에고 유형을 상대화하여 관조하면서 이 에고 유형을 넘어서서 자신의 영적 중심에 닿아야 한다. 이 영성은 종교를 가능하게 하고 종교적 교리나 신앙은 이 영성의 각성에 도움을 주기도 하지만, 이 영성의 계발이 반드시 관습적 종교에 의존하지는 않는다. 영성의 계발이 반드시 종교를 필요로 하는 것은 아니라는 말이다. 두 저자는 관습적 종교보다는 심리 분석이 이러한 에고 유형에 대한 성찰을 인도함으로써 에고를 넘어서는 존재의 핵으로의 영성의 각성을 돕는다고 주장하는 듯하다Zohar and Ian : 2000: 7-24. 최근에는 심리적 접근은 불교의 명상이나 도가적 수련을 적극적으로 수용하여 전개되는 양상을 보인다이영돈, 2006; 마하리시 마헤시 요기, 2005.

한편, 반야불교와 도교는 역사적으로 근본적인 성찰을 위해 다양한 방법을 발전시켜 왔다. 기성 불교에서는 참선이 중시된다. 참선은 감각 지각의 과정에서 좋아함 · 싫어함 · 탐욕 · 자만 · 독단적 견해 등과 같이 감각 지각을 방해해서 감각적 느낌을 왜곡시키는 주관적 태도와 편견 · 자아의식의 침입을 제거하여 원만구족한 자성을 깨닫는 것을 목적으로 한다53칼루파하나, 1992: 45; 민태진, 1994: 456. 이같이 불교의 집착을 버리라는 수행론은 조화로운 삶이라는 도의 길을 가기 위해서는, 남을 지배하기 위한 잘못된 지식이나 자기 중심성을 버려 참사람으로 복귀하라는 노자와 장자의 수행론과 다르게 보이지 않는다. 참선에 의해 정신 집중이 절정 상태로 유지되는 것을 삼매三昧라고 하는데, 이 삼매는 "화경火鏡이라고 하는 볼록렌즈로 140억 개나 되는 번뇌망상의 빛신경세포를 말함을 다스려 자기가 목표로 하는 한 개의 광파만을 한 곳으로 모아 초점을 맞추는 것과 같은 현상으로" 비유해 볼 수 있다민태진, 1994: 361-362.

여성이 자아의 일부인 가부장적 상징의 의식층을 직면하고 다시 이를 넘어 대모신을 상기해 내기 위해서는 이러한 참선의 집중력이나 이에 비견될 수 있는 근원적인 성찰의 방법이 동원되어야 한다. 이런 근원적인 성찰을 이루어 내지 않고는 입으로는 여성주의의 담론을 흘리면서 몸은 가부장제에 의해 주조된 여성 그대로인 기막힌 분열을 극복해 낼 수 없을 것이다. 참선의 과정은 물론 쉽지 않다. 그러나 성찰의 우물을 파내려 간 그만큼, 실상에 가까워진 자기를 바라볼 수 있고 그것은 다시 자기 정화의 길을 가게 한다. 존재 성찰의 에너지, 그것은 빗자루를 타고 날아오를 수 있는 마녀의 집중력의 힘만큼이나 대단할 것이다. 살림의 모성, 자리이타自利利他라는 불씨를 활활 타오르며 꺼질 줄 모르는 불꽃으로 키워 낼 만한 존재성의 힘은 우리의 성찰력에서 샘솟아 나온다.

여기서 참선은 개인적인 좌선에 머무는 것으로 오해되어서는 안 된다. '부분 속에 전체가 들어 있다.'는 화엄경의 진리는 개인의 변화가 이미 세상을 변화시키는 거보를 내딛는 것임을 말해 주는 동시에, 나의 변화가 전체의 변화와 더불어 일어나지 않으면 나의 변화 역시 한정적일 수밖에 없음을 말해 준다. 참선은 몰입을 의미한다. 가부좌를 하고 앉아 하는 참선은 '몰입으로서의 생활', 즉 '생활로서의 참선'으로 나아가기 위한 연습과 훈

런이라고 할 수 있다. 생각, 행위, 삶이 한치의 오차도 없이 하나인 상태가 몰입의 상태이고, 몰입으로서의 생활을 영위해 가고자 하는 것에 참선의 진정한 뜻이 있다. 대승 불교는 아래 『금강경』이나 『유마경』의 구절처럼 참선을 이미 이같이 이해하고 있었다.

> 모든 보살과 마하살은 마땅히 이와 같이 청정한 마음을 내야 한다. 마땅히 모양에 집착하는 마음을 일으켜서도 안 되며 소리, 향기, 맛, 촉감, 의식의 대상에 머무르는 마음을 일으켜서도 안 된다. 응당 그 어디에도 집착함이 없이 자기 마음을 내야 한다.[54]

> 그래 사리불이여, 반드시 이렇게 앉는 것만이 연좌宴坐, 坐禪라고 생각지 말라. 연좌라고 하는 것은 마음과 몸이 삼계에 얽혀서 나타나지 않도록 주위에 대해서 집착을 버리는 것이 곧 연좌이다. 멸정滅定, 일체 모든 생각 다 끊어버린 상태을 일으키지 않고, 가지가지 참된 위력과 단정한 행위를 나타내는 것이 연좌이다. 도법道法을 버리지 않되, 그러나 범부사凡夫事를 나타내는 것을 연좌라고 한다. 마음이 안에 있는 것도 아니고, 밖에 있는 것도 아님이 연좌이다.[55]

그러나 제도화된 불교나 정신수양에만 치중하는 요가 수행은 이 같은 대승선大乘禪의 정신을 충분히 현실화해 내지는 못하고 '대승'이라는 이름에도 불구하고 소승적인 승가 공동체나 명상 공동체 중심으로 치우치는 경향이 있음을 부인하기 어렵다. 여기서 2장에서 지적했던 바, 비교秘教·명상·요가·주술·기타의 대안 건강술과 같은 것들이 사회적·경제적·정치적 맥락으로부터 분리된 파편화되고 사치스러운 영성주의로 전락했으며, 이러한 파편화된 영성으로는 영혼spirit과 물질·경제와 문화 간의 이분법을 극복할 수 없다는 시바의 비판이 제기된다Mies and Shiva, 1993: 19. 한편 원불교에서는 무시선법無時禪法을 말하는데, 이는 『금강경』과 『유마경』의 생활과 유리되지 않는 선을 전면적으로 강조하면서 계승하고 있는 것으로 보인다. 무시선법에서 선은 "원래에 분별 주착이 없는 각자의 성품을 오득하여 마음의 자유를 얻게 하는 공부"이다. 또한 "모든 분별이 항상 정靜을 여의지 아니하여 육근을 작용하는 바가 다 공적 영지의 자성에 부합"하는 "삼학을 병진하는 공부법"으로 대승선大乘禪이다『원불교전서』 정전: 72-73. 삼학이란 정신수양精神收養, 사리연구事理硏究, 작업취사作業取捨의 세 공부를 일컫는다. 정신수양은 염불, 좌선, 기도 등을 통해 "안으로 분별성과 주착심을 없이 하며 밖으로 산란하게 하는 경계에 끌리지 아니하여 두렷하고 고요한 정신을 양성함"을 이른다. 사리 연구는 인간의 시비이해是非利害와 천지의 순환·작용과 만물의 생로병사와 흥망성쇠의 변태를 연마하고 궁구함을 이른다. 필자가 보기에 사리연구에는 일상사에서의 사리 연구뿐 아니라, 자연과학과 사회과학 연구가 모두 포함된다. 작업 취사는 모든 일에서의 안이비설신의眼耳鼻舌身意의 육근 작용에서 정의는 취하고 불의는 버림을 이른다앞글: 46-49. 즉 정의로운 실천과 행위를 일컫는다. 선을 이같이 삼학을 함께 병행하는 것으로 이해하면, 선은 일이 없을 때는 잡념을 제거하고 일심을 양성하며 일을 할 때는 불의를 제거하고 정의를 양성하고 활용하는 것이 된다앞글: 75. 여기서 수도 혹은 마음공부는 심신을 적적하게 만드는 것으로만 낙을 삼는 것을 넘어서서, 세상 일을 등지지 않으며 일·생활과 분리되지 않고 개인·가정·사회·국가·세계에 두루 활용되는 것이 된다앞글: 53; 『원불교전서』 교의품 33, 수행품 3.

이 같은 삼학의 성찰법·무시선법을 여성과 여성 문제에 적용해 보면, 성찰·수행은 본래의 성품자리 일심을 양성해 가는 노력을 하면서 일상생활 자체를 탈가부장적 방식으로 영위하며, 이런 개인들이 모여 구성되는 여성주의자들, 즉 여성운동가들과 일반 여성이 만나 개인적·집단적인 탈 가부장적인 혹은 여남 상생적인 변혁의 실천을 일구어 내는 것이 된다. 이것이 가부장제의 전도망상에서 개인적·집단적으로 탈출하여 자유의 나라로 나아가는 것이다. 단 이 과정에서 가부장제의 전도망상이 또 다른 전도망상으로 대치되는 것을 자유로 착각해서는 무위의 자유를 회복할 수 없다. 그것은 한 번 더 존재가 뒤틀리는 것일 뿐이다.

2. 가부장적인 마음의 몽상을 알아차리기

마음의 가부장적 굴절을 질문하기

여기에서는 오늘의 시점에서 여성 생명의 위기이며 나아가 온 생명의 위기로 연결되는, 여성 존재가 굴절되어 있는 양상을 고찰해 보고자 한다. 즉 마음이 가부장적으로 굴절됨으로써 여성이 존재성을 어떻게 상실하고 있는가를 살펴보고자 한다. 이러한 작업은 가부장적 여성성을 재생산하는 일련의 질서, 즉 현대 가부장제 체제에 대한 독해와 함께 이루어진다.

체계 읽기는 분별적인 사회과학적 접근으로, 마음에 대한 성찰과는 무관하다는 이분법이 지배적이다. 이러한 이분법은 사회구조적 결정론과 자기 결정의 절대화라고 할 수 있는데, 전자는 사회과학을 자기 영역으로 후자는 종교를 자기 영역으로 삼고 있다. 그러나 이 둘 모두 환원론으로 진실에 다가가지 못한다. 원불교 소태산 대종사는 좌선을 하면, "공적空寂에 빠지지도 아니하고 분별에 떨어지지도 아니하여 능히 동정動靜 없는 진여성眞如性을 체득할 수 있나니라."라고 말한다『원불교전서』 정전 수행편. 공적에 빠진다는 것은 타력의 기반이 되는 관계나 사회 제도와 구조를 무시하고 자기 결정론을 절대화하는 원자론적인 해탈론에 빠짐을 의미한다. 분별에 떨어진다는 것은 자신의 행과 불행의 주체이며 궁극적으로 제도와 구조를 변혁해야 할 당사자·주인공으로서의 자신을 보지 못하고 자기 밖의 관계와 사회 제도·구조를 절대화함을 말한다. 원불교는 천지은·부모은·동포은·법률은의 사은四恩과 자력 양성·지자 본위智者 本位·타자녀 교육·공도자 숭배의 사요四要를, 빠짐 없이 밟아야 할 인생의 요도要道로 제시한다. 이 사요 중 자력 양성을 설명하면서 여성의 경제력, 교육권, 상속권 등을 인정하지 않았던 것을 과거의 잘못된 타력 생활 조목으로 지적한다『원불교전서』교의편. 이는 사실상 과거 성 차별 제도의 그릇됨을 지적하고 있는 것이다. 기본 교리가 잘못된 제도에 대한 비판을 담고 있는 것이다. 부처님도 출가자 집단이라는 당시의 카스트 제도와는 완전히 다른 평등한 수행자 공동체로서의 새로운 제도를 만든 것이다. 이러한 것들은 많은 오해에도 불구하고 불교는 사실 이 두 접근법―사회과학적 접근과 마음에 대한 성찰―을 통합하는 중도中道적 접근임을 말해 준다. 따라서 근대 사회 제도, 구조 혹은 체계를 독해하고자 하는 사회과학적 접근은 불교적 접근과 유리되지 않음은 물론 만물의 행복한 삶을 구현하려는 동일한 지향을 공유하면서 서로를 필요로 한다.

이같이 체계와 마음을 별개의 배타적 실체로 보지 않으면서, 여기에서 다루고 있는 마음의 가부장적 굴절은 모성과 성이다. 이 둘은 여성주의, 특히 급진여성주의에 따르면 가부장제의 두 물적 토대이다. 즉 가부장제하에서 모성은 강요되는 노동이다. 자녀의 출산 여부·양육 조건과, 이른바 훌륭한 양육이라는 것의 기준을 결정하는 것은 남성이고 여성은 다만 이러한 조건과 기준하에서 하찮은 일이 되어 버린 모성을 수행할 뿐이기 때문이다. 모성 이데올로기는 강제된 모성을 여성에게 부과하는 기제이다. 모성 이데올로기는 여성에게는 자녀 양육의 타고난 능력이 있으며 여성만이 진정으로 성취할 수 있다고 말한다. 또한 여성이 존경받을 수 있는 유일한 방법은 훌륭한 어머니가 되는 것이라고 말한다. 그러나 이 이데올로기의 이면에는 여성은 스스로를 부양할 수 없고 여성과 아이는 남자에 의해 부양받는 자라는 인식이 있다.Jaggar, 1983: 256-260 ; R.통, 1995: 129-137; A 리치, 1976

여성주의 가족 연구에서 모성 이데올로기에 대한 비판은 계속된다. 모성 이데올로기는 가정 폭력, 일상적 스트레스, 알코올 중독, 자녀 유기, 가족의 분열, 근친 강간과 같은 가족 내 갈등과 폭력을 은폐한다랩, 1991: 288. 초도로우에 의하면 어머니가 일차적 양육자인 현대 핵가족은 서로 다른 성별 심리를 갖는 여아와 남아를 생산한다Chodorow, 1978. 여아는 모성 능력과 모성 욕구, 친밀한 관계를 잘 이끄는 능력을 지니는 대신 관계에 함몰됨으로써 자율성이 발달되지 않는다. 반면에 남아는 돌봄의 능력과 욕구가 억압당하고 확고하면서도 과도한 자아 경계를 특징으로 하는 자아를 갖게 된다. 이 같은 성별 사회화 과정을 통해 여성은 일차적 어머니로 재생산되고 있다.

한편, 성 통제 또한 가부장제가 여성을 지배하는 또 다른 토대이다. 남성 문화는 여성에 대한 성 통제에 기초하며, 남성은 여성 소유를 위해 경제적·법적·이데올로기적·물리적 강제 수단을 동원한다. 특히 가부장제하의 이성애는 남성 지배, 여성 종속의 뿌리가 되는 제도라고 비판된다. 왜냐하면 성 정체감은 단순히 성 정체감이 아니라 자아 정체감의 핵심인데, 여성은 제도화된 이성애로 인해 남성이 원하고 필요로 하는 성적 대상으로 존재함으로써 자신의 몸으로부터 소외되기 때문이다C. MacKinnon, 1991; Jaggar, 1983: 260-265; R.통, 1995: 169-172. 밀레트는 가부장제하에서 성애는 여성의 품위를 잃게 하고 여성을 모욕하는 것이며, 성은 배설·폭력과 일치하며, 여성은 성적 위안소·합법적 희생자가 된다고 말한다C. MacKinnon, 1991; Jaggar, 1983: 260-265; Millette, 1970;

R. 통, 1995: 169-172.

모성과 성의 두 축을 중심으로 여성을 통제하는 것은 우리 역사 속에서도 예외는 아니었다. 처첩이 죽은 가장과 함께 묻히는 고조선의 순장 제도에서 이미 가부장적인 일부다처제의 정착을 볼 수 있다노태돈, 1990. 부여에서 질투한 여성은 죽임을 당했고 그 시체는 산꼭대기에 버려졌다이옥, 1984: 249. 고려에서 원나라에 공녀로 갔다 돌아온 여성들은 남편들이 받아들이지 않았고, 부인의 질투는 악덕으로 남편에게 버림받는 사유가 되었다. 간통죄로 처벌받은 여성 또한 남편에게 버림받고 자녀안恣女案에 올라 바느질하는 비가 되고 자손들의 사로仕路에는 제한이 가해졌다권순형, 1994.

이같이 고대 사회에서부터 단초를 찾아볼 수 있는 가부장적 통제는 조선 중기 이후에 오면 보다 강화된다. 조선 중기에 이르면, 여성은 이전 시대에 그나마 여성의 숨통을 트게 해 주었던 것으로 보이는 혼전의 성적 자유, 재혼의 자유 등을 박탈당한다. 양반 계급남성의 양적 확대를 통제하기 위해 재가녀 자식에게 과거 시험을 볼 수 없게 함으로써 여성에게 열녀상을 강요한다. 양인에게도 열녀 집안 자손이면 요역을 면제시켜 주고, 이것은 또한 신분 상승의 기회가 됨으로써 열녀상은 양인층에까지 확산된다조혜정, 1986. 여기서 어머니의 희생으로 자식의 계급적 신분 유지나 계급적·계층적 상승이 가능하게 되는, 가부장적인 모성과 정절이라는 성 통제의 강제가 결합되는 양상이 보인다. 오늘날의 교육 강박증 형태로 발현되고 있는 모성의 역사적 뿌리는 여기까지 거슬러 올라간다.

호주제 폐지, 이혼 시 여성의 재산 분할 청구권의 인정 등 80, 90년대 여성 운동의 성과가 있음에도 불구하고, 오늘날 한국 사회는 새롭게 주조된 모성과 성을 여성 종속의 일반적 기제로 십분 활용하고 있다.

모성과 성의 통제는 어떤 측면에서 접근하느냐에 따라 존재 외적인 구조적 문제로 조명할 수도 있고 존재 내적인 존재성의 문제로 조명할 수도 있다. 여성주의 연구에서는 모성과 성을 주로 역사적이고 구조적인 문제로 접근해 왔다. 그러나 여기서는 모성과 성을 구조와 존재성의 두 차원을 넘나들면서 접근하고자 한다. 이는 앞에서 밝혔듯이 이러한 통합적인 중도적 접근이 바로 불교적 접근이기 때문이다.

기성의 변혁론에서 존재론적 측면은 고려되지 않거나 조직론적 차원에서 도구적으로만 접근되고 있으나, 변혁을 생각할 때 이 같은 존재론적 접근은 간과될 수 없다. 가부장적 여성성을 스스로/함께 수용하기를 멈추는 것, 여성성의 역사적 최면을 스스로/함께 풀어낼 수 있는 것이 바로 여성 주체의 형성이며, 이 여성 주체가 제대로 형성되었을 때 비로소 근본적인 세상 변혁도 가능할 것이기 때문이다. 여성성의 최면에서 완전히 풀려 나는 것을 여성성에 대한 외재적 비판, 구조주의적·역사적 비판과 동일시할 수 없다. 그것은 새로운 인간형을 창조하는 문제이기도 하다. 이 문제는 다음으로 논의가 넘어가며 우선 여기에서는 모성과 성을 여성의 존재성의 위기, 가부장적인 마음의 굴절이라는 측면에서 접근해 보기로 하겠다.

그런데 마음의 가부장적인 굴절은 모든 여성에게 단일한 유형으로 표출되지 않는다. 그녀의 인성과 기질에 따라 가부장적 굴절은 제각각으로 나타난다. '좋은 아내', '안정된 가정'의 상相에 집착하는 여성은 습관적인 남편의 구타에도 불구하고 남편을 구원해 줄 수 있는 것은 자기라는 '구원 환상'을 지니고 살아간다. 이런 극단적인 경우까지는 아니더라도 자신의 생명성을 지키기 위한 행위는 스스로를 이기적으로 느끼게 되는 감정을 불러일으키기도 한다. 또는 근친 성폭력과 같은 극단적으로 야만적인 상황에서조차 남편으로부터 아이들을 보호해 주는 강한 어머니가 되기보다는 '너만 참으면 우리 집안은 문제가 없다.'고 말함으로써 근친 성폭력을 유지시켜 가는 피학적인 어머니도 있다. 일 중심의 자아 정체감을 가진 성공한 엘리트 여성은 가부장적 자본주의 체제에 성공적으로 안착한 엘리트 남성을 완전한 인간의 전형으로 수용하기도 한다. 그녀들은 가부장적 자본주의 체제의 주류에 편입되지 못한 여성들을 무능한 여성들로 간주한다. 일부 여성들은 한편으로는 남성의 여성에 대한 고정관념을 비판하면서 동시에 다른 한편으로는 '남자가' 세상에!, 바보같이, 한심하게, '자기도 남자라고…'와 같은 식의 남성을 억압하는 고정관념을 그대로 지니고 있기도 하다.

이 같은 여성의 기질과 인성에 따른 제각각의 때로는 중복되어 현상하는 마음의 굴절·분열을 이 장에서는 모두 고찰하지 못한다. 이 장에서는 오늘날 우리 사회에서 일반적인 여성의 몽상이 되고 있는 '맹모孟母로서의 모성'과 '피학적 성'의 두 가지 굴절에만 주목해 보고자 한다. 이 둘은 현재 우리 사회에서 여성의 부정적 체험 세계의 두 축이면서 동시에 가부장제를 넘어서는 데 가장 큰 힘을 낼 수 있는 잠재력을 지녔다고 보기 때문이다.

모성은 역사적 굴절을 거듭해 왔다. 그럼에도 불구하고 중첩된 역사적 굴절의 체험 이면에는 여성이 '가부장', '패권적 남성'이라는 것을 몰랐던 시절, 어머니가 실질적·상징적인 생명의 힘이었던 대모신大母神 시대의 원형적 체험이 살아 있다. 이 체험은 태고 시대의 인류의 보편 체험이므로 어떤 역사적 굴절을 겪더라도 소멸되지는 않는다. 다만 망각되어 의식의 표면에 떠오르지 않을 뿐이다. 또한 이 태고 시대에 성은 오늘날과 같이 남근 중심적으로 기형적으로 왜곡되고 부추겨지고 집착하는 대상이 아니라 오히려 생명력 자체였을 것이다.

생명의 위기로서 가부장적 여성성을 살펴보고자 하는 이 같은 작업은 여성이 청정한 마음으로 회귀한 본연의 생명력을 회복해 가기 위해서 필요한 첫 관문이다. 분석에 들어가기에 앞서, 피학적 성에 대한 분석은 일일이 직접 인용을 하지 못했지만, 필자의 10여 년에 걸친 여성학 강의에 제출된 학생들의 보고서 내용에 기반을 둔 것임을 밝힌다.

생명 위기로서의 가부장적 여성성

노자와 불교에 따르면, 궁극적인 존재의 정체성을 말할 수 있다면 그것은 어떤 사회 집단으로서의 동일성이 아니다. 공 사상에서는 고정적인 사회 집단으로의 정체성은 물론 개인의 고정된 정체성도 존재하지 않는다. 『유마힐소설경』維摩詰所說經에 나오는 아래의 문구는 여성의 고정된 실체로서의 여성성은 부정하고 있다.

사리불이 말했다. "당신은 왜 여인의 몸을 바꾸지 않습니까?"

천녀가 대답했다. "나는 12년 이래로 여인의 상定相을 찾아보았지만, 찾아낼 수가 없었습니다. 이제 무엇을 바꾼다는 말입니까. 비유컨대 여기 요술쟁이가 요술로 가짜 여인을 만들어 놓았다고 합시다. 어떤 사람이 그 허깨비 여인더러 당신은 '왜 여인의 몸을 바꾸지 않소?' 하고 묻는다면 이것을 말이 된다고 생각하십니까?"

사리불이 말했다. "말이 안 되지요. 허깨비에게는 고정된 상定相이란 게 없는 것이지요. 어찌 그것을 바꾼다 하겠소."

천녀가 말했다. "일체제법이 또한 이와 같습니다. 고정된 상이 없는 것입니다. 그러니 '어찌 여인의 몸을 왜 안 바꾸느냐' 고 물을 수가 없는 것입니다."

천녀가 말했다. "… 이런 숨은 의향을 갖고서 부처님은 '일체제법一切諸法은 여자도 남자도 아니다.' 라고 설하신 것입니다…"

천녀가 물었다. "사리불이여, 여인의 몸의 특징이 지금 어디에 있습니까?"

사리불이 말했다. "여신女身의 색상色相은 만들어지지도 않았고 변해지지도 않았습니다."

천녀가 말했다. "일체 제법도 또한 그와 같아서 만들어지지도 않았고 변하지도 않았습니다. 만들어지지도 변해지지도 않았다고 말하는 것, 이것이 바로 부처님의 말씀입니다." 『유마힐소설경』, 211, 213

한편 음양론에 대한 통속적인 이해에서는 여성은 음陰, 남자는 양陽으로 묘사된다. 그러나 『노자』에서 "만물은 음을 지니고 양을 안아 충기로서 조화를 이룬다."라고 설명하는 데서 보듯이, 순수한 음적 존재나 순수한 양적 존재는 없다. 만물은 그 자체 안에 음기와 양기가 조화를 이룬 화합체인 것이다. 여기서 음양은 독립된 실체가 아니라 상호 전제·상호 보완 관계 속에서 한데 어울려 존재함을 알 수 있다. 또한 대비되는 속성은 '평등한' 상호 전제 또는 상호 전화의 관계 속에서 통일되어 있다는 사상은 한 존재 속의 음양의 비율, 구성도 항상된 것이 아니라 끊임없는 변화에 개방되어 있는 것으로 보게 한다. 음양론의 한의학적 적용인 사상의학에서도 체질/기질을 폐肺·간肝·신장腎臟·비장脾臟의 음양 구성 비율에 의해 태양인·소양인·태음인, 소음인으로 나누는데, 여기서도 남성성과 여성성의 구분은 볼 수 없다이제마, 1992: 305-315. 이러한 노자의 음양론에서도 불교와 마찬가지로, 여성성과 남성성에 대한 대립적·배타적·위계적인 해석은 들어설 여지가 없다.

그럼에도 불구하고 세상을 대립 쌍으로 이해하면서 이를 음양 혹은 남성성·여성성으로 은유하는 사유는 인간의 가장 기본적인 사유로 인정해야만 할 듯 싶다. 동양의 우주관인 음양오행설도 이 이원론을 인정할 때 의미를 지닌다. 다만 이것은 우주와 자연, 인간사를 추동시키는 대립적인 성격을 갖는 기본적인 두 힘의 은유이지, 현실의 여성·남성으로 등치시켜 이해할 필요는 없다. 물론 동물을 포함해 인류 역사 속에서 생명을 낳고 기르는 일을 여성이 해 왔기 때문에 음양, 남성성/여성성을 끊임없이 현실의 남녀로 치환하는 것이 우리들의 뿌리 깊은 습성이 되고 있는 것이 현실이기는 하다. 또한 이로 인해 현실에서 여성이 보다 더 생명 감수성이 민감하고 폭넓게 개발되어 있는 경향이 있는 것도 사실이다. 그러나 경향성은 존재론적 실체 개념은 아니다. 음·양, 남성성·여성성을 생의 기본적인 두 추동력에 대한 은유로 이해할 때, 노자의 '그 수컷을 알고 암컷을 지키면 천하의 골짜기가 된다.'라는 말은 배타적인 성 이분법의 전통에서 벗어나 통합된 인성을 이상적으로 생각한 도가의 전통을 보여 준다.

　이상에서 살펴본 바와 같이 불교와 도가에서는 '고정된 여성성'은 존재하지 않는다. 이는 생명은 한곳에 머물지 않는 끊임없는 자기 부정과 결합한 생기生起로서의 삶이라는 불교와 도가의 전체 논지와 닿아 있기도 하다. 개체의 살아 있음·생명 활동은 전체의 살아 있음·생명 활동의 전제가 된다. 개체/부분 생명이 살아 있다는 것은 다른 것과의 상호의존적·상호보완적 연속선상에 존재하되, 그 어떤 절대 불변의 자기 실체를 지니지 않고 오로지 변화와 생성의 흐름 속에 있음을 의미한다. 그러나 '가부장적 여성성'은 여성이 여성의 몸, 사고와 행위 방식, 인성, 가치관, 세계관, 역할을 남성이라는 중심이 정의한 욕구와 필요에 맞춘 존재로 실체화할 것을 요구한다. 따라서 이 같은 가부장적 여성성은 무엇보다도 여성 개인의 자유, 생명 활동의 상실을 유도하는 반反생명적 힘에 다름이 아니다.

　개체 속에 전체가 들어 있다는 화엄경의 진리는 개체/부분과 전체의 불이不二를 말해 준다. 모든 생물체들은 살아 있는 개체/부분 생물체들의 유기적 집합체이다. 따라서 개인 여성의 생명성의 상실은 전체 생태계의 생명 위기로 연결된다. 즉 가부장적으로 실체화한 여성은 자기 생명성을 상실했음은 물론, 이로 인해 자신과 연결된 모든 존재의 생명 활동에 장애가 되며 이는 전체 생명의 위기 문제로 심화·확대된다. 예를 들면, 대부분의 여성은 생애의 1/2에서 2/3를 어머니로 보낸다. 아내를 구타하는 아버지 밑에서 다시 아내를 구타하는 아들이 나오듯, 생명력을 고갈당한 어머니 밑에서 생명력을 고갈당한 아이들이 나온다. 어머니는 자녀를 주어진 체제에 안착시키는 것을 모성으로 이해하고 아이는 주어진 체제에 안착하는 것을 삶을 어느 정도 잘 살아 내는 것으로 이해한다. 단 몇 퍼센트 안착할 가능성이 남아 있는 한, 사회주의권의 붕괴가 그랬듯이 한순간일 체제 붕괴의 그 순간까지 어머니와 자식물론 아버지도은 그 가능성에 매달릴 것이다. 어머니의 박제화는 모-자녀 관계를 통해 세대로 전승되고 이렇게 해서 개체와 전체의 자기 생명력을 파괴시켜 가는 거대한 반생명적 역사적 흐름이 형성된다.

요컨대 오늘날의 생명 위기, 생태계 파괴의 이면에는 그 파괴의 양식에 적응함으로써 그 체제를 확대하고 발전시켜 온 인간과 그 인간의 굳어진 행동 유형인 제도·구조가 있다. 생명성을 잃고 굳게 유형화된 행동 자체가 이미 제도며 구조다. 나 자신이 수단화되고 규정당한 타자에서 벗어나 타자를 이해利害의 대상이 아닌 나와 같은 또 하나의 생명으로 만나고 함께 삶을 일구어 갈 수 있지 않는 한, 전면적인 생명 위기로부터의 탈출은 불가능해 보인다. 무엇엔가 집착함으로써 안정을 얻는 여성 개체는 끊임없는 외부적인 부추김과 유혹, 강제를 수용함으로써 가부장적 여성성을 재생산하고 있다. 탈가부장적 개인들이 탈가부장적 세상을 만들 수 있다. 탈가부장적 개인화가 통합적으로 이루어졌을 때 탈가부장적 세상 만들기도 전면적인 변혁으로 일어날 수 있다. 탈가부장적 개인화가 부분적·분절적 변화에 그쳤을 때 탈가부장적 세상 만들기 역시 불구적인 것이 될 수밖에 없다. 전체는 개체/부분의 유기적 총화 외에 다름이 아니기 때문이다.

번뇌, 망상으로서의 가부장적 여성성은 에마 융Emma Jung의 개념으로는 문화 상징이다.

> 문화적 상징은 '영원한 진리'를 표현하기 위해서 사용되어 온 것이다. 아직도 많은 종교에서 사용되고 있는 것이다. 문화적 상징들은 많은 변형을 겪었으며, 심지어 다소간 의식적인 발전이라는 긴 과정을 겪기도 했고, 따라서 문명사회에서 받아들이는 집단 이미지들이 되었다. 그럼에도 그러한 문화적 상징들은 원래의 신령함 또는 '마력'을 많은 부분 유지하고 있다. 문화적 상징들은 어떤 개인들에게는 깊은 감정적 반응을 불러일으킬 수 있으며, 이런 심리적 부담으로 인해 그런 상징들은 편견과 아주 똑같은 방식으로 기능하게 된다. 에마 융, 1995: 104

가부장적 여성성의 문화 상징들은 한결같지는 않다. 그것은 시대와 역사, 문화에 따라 다른 모습으로 나타난다. 시대와 역사, 문화에 따라 남성의 권력 욕망과 욕망의 자원이 변화하기 때문으로 보인다. 여성은 그 변화에 따라 욕망의 자원, 욕망 대상이 되도록 여성성을 강요받아 왔다. 이 강요는 집착 위에 자아를 세우는 여성들로 하여금, 대모신을 그녀들의 의식에 떠올릴 수 없게 할 만큼, 또한 우리 문화에서는 맹모 상징이 의식 이면의 잠재의식적인 문화 상징으로의 자리를 굳힐 수 있을 만큼 철저한 것이었다. 신령함과 마력까지 지니는 상징의 뿌리 깊음은 그것을 주인이 아닌, 우리 내부에 들어와 주인 행세를 하는 '뒤바뀐 몽상'顚倒夢想으로 보기 어렵게 한다. 그러나 이 몽상을 무로 돌리는 체험 없이는 가부장제로부터의 탈출은 불가능하다. 생태여성주의가 말하는 영성을 깨친 인간, 불교와 도가에서 말하는 무위의 자유는 여성의 경우 무엇보다도 가부장적 여성성을 근거 없는 몽상으로 보고 이로부터 심신心身이 하나로 탈출하여 가부장제의 몽상으로부터 자유로워지는 데 있다. 그러면 우리 현실에서 맹위를 떨치고 있는 가부장적 여성성으로서의 맹모 상징과 피학성을 고찰해 보기로 하자.

맹모 상징

맹모孟母 상징은 맹모 신화가 웅변적으로 말해 주듯, 자식의 성공 여부는 어머니 하기 나름이라는 의식과, 자식을 세속적으로 성공시키는 것을 어머니의 일로 내면화하는 영향력을 발휘한다. 이는 집단적인 문화적 이미지를 말한다. 이 맹모 상징은 다른 문화의 모성 이데올로기나 모성 상징과 차별성을 보이는 우리 문화의 모성 상징으로 보인다.

가부장제 역사에서 여성의 삶이 기록으로 남을 수 있었던 한 가지 경로는 지배 계급의 엘리트로 성공한 남편과 아들을 통해서이다. 소위 왕과 위인의 어머니만 역사에서 기억될 권리를 얻었던 것이다. 국가의 출현은 남성 지배가 하나의 거대한 체제로 출현했음을 알리는 사건이기도 하다.

3세기에서 7세기 사이에 한국 고대 사회에서 유학이 지배 계급의 지식 체계로 선택되면서* 아마도 맹모는 양반 계급 어머니들의 어머니상이 되어

---

* 삼국 시대 유교가 지배 계급의 교육 이념과 내용으로 채택된 증거는 유교 교육 기관이 세워지고 있다는 데서 찾을 수 있다. 고구려는 372년소수림왕 2년에 양반층 자제들을 대상으로 9년 기간, 300명 정원의 유교 교육기관 '태학' 대학이라고도 함이 설립되었다. 신라에는 682년신문왕 2년에 마찬가지로 9년 기한으로 유학을 가르치는 '국학' 이 설립되었다. 백제의 교육기관에 대하여는 명확한 기록이 없어 수 없으나 오경박사五經博士 · 의박사醫博士 · 역박사易博士 등이 있었던 것으로 보아 한학의 수준이 매우 높았음을 짐작할 수 있다. 472년개로왕 18 북위北魏에 보낸 국서國書가 『위서』魏書에 실려 있고, 541년성왕 19 양梁나라

갔을 것이고 그래서 우리는 오늘날 이율곡·한석봉·이항복 등 '성공한 아들의 어머니'를 '현모'賢母인 맹모로 기억한다. 이 맹모 상징을 내면화하고 있는 어머니들이 서당 훈장이 신통치 못하면 모여 갈아 치우기를 다반사로 했다는 것은 자식 교육에 관한 한 이들의 권위는 가히 절대적이었음을 짐작할 수 있게 한다. 이항복이 어머니의 가르침으로 쇳조각을 버리지 않고 모으고, 이 쇳조각이 망한 대장장이를 다시 일어서게 하는 힘이 되었다는 일화에서는 '맹모'들의 가르침이 단순한 '과거 급제 지상주의'에만 갇혀 있었던 것은 아님을 말해 준다.

한편, 역사는 지배 계급 엘리트로 성공한 남아의 어머니만을 기록할 뿐이다. 딸의 어머니에 대한 교육은 『내훈』류의 서적들이 말하고 있는 시집살이에서 여성들이 갖추어야 할 자세, 덕목, 기능에 대한 것이었음을 짐작할 수 있다. 어머니는 딸에게는 보편적 인간적 품성과 자질에 대해 말한 것이 아니라 가부장제가 선호하는 현모양처의 여성성을 가르쳤던 것이다. 아예 교육의 기회가 없었던 서민 계층에서의 모성, 어머니상에 대한 역사적 정보는 별로 없는 듯하다. 어떤 어머니들은 합자연적인 삶의 지혜를 삶 자체나 노동을 통해 자식에게 일깨워 줄 수 있었을 것이고, 또 다른 어머니들은 자신의 한의 다발을 자식에게 저주처럼 떠안기고 가는 한의 화신이었을 것이다.

과거에는 맹모 상징이 계급적·신분적 한계 속에서 작용했다면 오늘날에는 이 맹모 상징이 전全 계급·계층의 어머니에게 확산되는 경향을 보인다. 여기에는 몇 가지 배경이 있다. 첫째로 여성에게 모성을 보편적으로 강제하

사신 육허가 와서 〈예론〉禮論을 강의하였으며, 근초고왕 때의 아직기阿直岐와 근구수왕 때의 왕인王仁이 일본에 한학을 전하였다. 이런 사실들을 보면 백제에는 일찍부터 한학이 광범위하게 수용되었음을 알 수 있다.

는 핵가족화와 가부장적 자본주의 구조가 있다. 가부장적 자본주의의 핵가족화 이전에는 육아는 여성이 하는 여러 일 중의 하나였다. 핵가족화 이전에는 육아보다는 생계 활동의 비중이 더 컸고 원주민 사회에서 육아는 여성들 간에 공유되는 일이었다.[56]

어머니가 유년기 아이의 성장을 혼자서 전적으로 책임지는 '어머니 양육'은 자본주의 사회에 들어와 도시화·핵가족화가 일어나면서 새로 생긴, 인류 전체 역사에서 보면 최근에서야 생긴 매우 이질적인 육아 제도라 할 수 있다. 비약적 생산으로 모유 수유 기간이 획기적으로 단축되는 발전 단계에 와서, 오히려 여성은 종족 보전에만 전념하라는 핵가족 문화가 발생한 것이다. 이것은 자본주의적인 방식으로 성별 분업이 재편되는 과정의 필연적인 결과였다. 가족이나 마을 공동체 안에서 수공업적으로 생산하던 것들을 공장에서 생산하게 되고, 공장 생산의 주 노동자는 남성이 되고, 여자는 가족 내에 남아 있는 인간 생산과 노동력 생산을 맡으면서 이와 병행할 수 있는 한에서의 주변적인 임노동이나 다른 생계 노동을 하게 되었다. 가부장적이고 자본주의적인 이 같은 성별 분업의 기초는 서구의 경우, 19세기 중반 자본가와 노동자 남성이 연합하여 숙련 노조로부터 여성을 배제하고 보호입법을 통과시킴으로써 마련되었다 J.Brenner and M. Ramas, 1984; 하트만, 1988. 20세기에 들어와서도 가사노동을 전부 상품으로 대체할 수 없으며, 가족 내에 수행해야 할 가사노동은 여전히 남아 있고, 자본이 여성이 남성과 대등한 조건에서 노동할 수 있는 비용을 제공하지 않는 여건 – 근무 시간의 유동성, 탁아소의 충분한 공급, 아이가 아플 때 쉴 수 있는 부모 휴가의 증대, 방과 후 탁아 등 – 속에서 여남은 성별 분업과 타협하게 되는 것이다 J.Brenner and M. Ramas, 1984: 60-62. 우리 사회에서는 성별 분업의 이 같은 재편 과정은 60년대 이후 경제 개발 계획이 추진되면서 현재까지 왕성하게 일어나고 있는 것으로 보인다. 80년대에 아파트나 빌딩 옥상의 옥외 광고에서 늘상 볼 수 있었던 '성공하는 남편, 사랑받는 아내'라는 표어는 이 같은 성별 분업의 재편기에 처해 있었던 우리 사회의 한 단면을 보여 준다.

여성을 맹모로 모는 두 번째 배경은 자본주의의 일의 주기·방식과 아이들의 생체 리듬이 일치하지 않는다는 것이다.* 인간은 매일 일정 시간 수면을 취하고 쉬어야 하지만, 기계는 365일 쉬지 않고 가동된다. 이것은 2교대, 3교대를 해 가며 기계에 인간이 맞출 것을 요구하고, 한밤중이라도 노동자는 기계의 흐름에 맞추어 근무해야만 한다. 기계의 흐름에 자신의 생활 리듬을 맞추어야 하는 노동자는 육아에서 배제되고, 육아를 담당하는 여성은 사회적 노동에서 배제되거나 주변화된다.

> 남편은 선박회사를 다녀요. 거래처의 외국가 아침이고 낮일 때, 여기는 한밤 중
> 이지요. 그러니 남편의 퇴근 시간은 일정치 않고 밤을 꼬박 새우고 아침에
> 들어와 몇 시간 자고 다시 나가요. 새벽 두세 시, 서너 시에 들어오는 것은 보
> 통이고, 남편은 나보다도 아이와 더 잘 놀아 주는 사람이지만, 남편에게 양
> 육의 도움을 기대할 수는 전혀 없지요. 그러니 나는 정식 출퇴근하는 직장을
> 꿈도 꿀 수 없어요. 32세 주부

기계의 쉼없는 가동을 위한 교대제 근무가 아니더라도 장시간 근무를 요하는 일의 세계 역시 아이들의 생활 리듬과 맞지 않는다. 결국 일의 조직에

---

* 여성 노동 연구의 자본주의에 대한 비판은 이윤 추구 동기에 의해 움직이는 자본이 가변자본의 증대를 수반하는 남녀 노동자가 대등하게 일할 수 있는 비용을 지불하지 않는다는 데 초점을 맞추고 있다. 이러한 비판의 초점이 전적으로 잘못된 것은 아니나, 보다 본질적인 문제인 이 문제를 지적하고 있지는 못하다.

서 살아남기 위해 여성은 믿을 만한 보모를 확보해 두어야 한다. 시가나 친정에서 함께 살든가 상주 가사 도우미를 두든가, 아이를 아예 시댁·친정·보모 집에 맡기고 주말에만 아이와 상봉하는 것과 같은 적응 전략이 있을 수 있고, 이것은 임노동을 하고 있는 여자들이 현실에서 실제 취하고 있는 전략이기도 하다.

그러나 이러한 전략은 여러 가지 문제에 봉착하게 된다. 첫째는 대부분의 여성이 보모를 쓰면서까지 가정 밖의 일을 지속해 갈 만한 고임금 직종 종사자가 아니라는 점이다. 우리 사회에서 여성은 90년대에는 남성 평균 임금의 50% 약간 넘는 임금을 받았고 최근 OECD 분석에 의하면 남성보다 38% 적게 받고 있다「한국여성 임금, 남성보다 38% 적다」, 한겨레신문, 2010.4.3. 둘째로 세계 최장의 장시간 노동 구조는 상식적인 모성을 갖는 대부분의 여자들에게는 갈등을 일으킬 수밖에 없는 구조이다. 그러니 전문직 여성이라도 아예 그만둔다거나 스스로 시간제로 전환하거나 일의 양이 상대적으로 적은 작은 직장을 택하는 등의 전략을 쓰는 경우가 나온다.

> 혼인해서 10년 넘게 상주 가정부에게 두 아이를 맡기고 직장 생활을 잘 했고 해외출장이 잦은 일이라서 이런 선택을 할 수밖에 없었죠. 그러나 이게 잘 사는 거라는 생각이 들지 않았어요. 수입은 맞벌이라 상대적으로 좋은 편이었지만, 남편의 씀씀이만 여유 있게 했을 뿐, 아파트를 더 빨리 장만한 것도 아니지요. 무엇보다도 아이들과 더 많은 시간을 보내고 싶었고, 최근에 결단을 내려 직장을 그만두었어요. 하던 일은 회사에서 파트 타임으로라도 해 달라고 해서 그렇게 해 나갈 요량이이구요.37세 여성, 전직 디자이너

외국에서는 대량 실업 사태에 직면해 노조와 기업이 노동 시간 단축으로

위기를 넘기고자 하는 모습을 보인다. 사회적 육아의 확대, 노동 시간 단축, 주 5일 근무제와 같은 것은 남녀의 대등한 노동 조건 확보에 기여하리라 보이는 것은 사실이다. 그러나 근본적으로 노동 시간 단축·주 5일 근무제는 자본주의 생산의 자동화·경영 합리화와 같은, 노동자를 자본주의 부문 밖으로 몰아내는 과정과 더불어 일어나기 때문에, 이것이 남녀에게 평등한 노동조건 확보에 기여하는 효과는 기대하기 힘들다. 역사적으로 자본주의 부문이 노동자를 밀어낼 때 그 첫 번째 표적은 남자보다는 여자였기 때문이며, 앞으로 자본주의 부문의 고용 흡수력은 감소될 것이기 때문이다.*

여성을 맹모라는 전업 어머니로 내모는 세 번째 요인으로는 교육이 경제 개발 과정에서 계층 상승의 유효한 수단이 되었으면서도 한국 사회에서 공교육은 교육 효과 면에서 무능한 제도이고 여기서 사교육 시장이 번창한다는 점이다. 사교육 자본의 일방적인 정보 홍수 속에서 사교육과 어머니의 맹모화는 결합하게 된다. 봉건시대에 맹모는 양반집 어머니들에 한정된 문화 상징이었다. 그러나 실제 학력 차가 노동 시장에서 임금 차와 지위 차의 중요한 변수가 되고 있는 반면에 공교육은 누가 보아도 제대로 기능하지 못하고 있는 오늘날의 상황은 맹모가 보편화되는 기반이 된다.**

---

* 현재의 세계적인 고용 위기가 일시적인 불황이라기 보다는 자동화의 피할 수 없는 추세 속에서 자본주의 부문의 고용 흡수력은 한계에 달했고 오히려 앞으로 이 부문의 노동자 수는 감소할 것이라는 분석으로는 V. 포레스테1997와 J. 로버트슨1996, 제러미 리프킨2005의 연구를 참고할 수 있다.

** 2008년 OECD 교육 지표에 따르면 한국의 1학급당 학생 수는 초등학교 31.6명, 중학교 35.8명으로 이는 조사 대상국 중 가장 많다. 경제개발협력기구 회원국의 평균치는 초등학교 21.5명, 중학교 24.0명이다. 통계청은 사교육비를 2008년 기준으로 20조9000억원, 학생 1인당 월평균 23만3000원, 사교육 참여율은 75.1%로 추정했다. 한국은행은 2009년 가계 소비에서 교육비가 차지하는 비중을 7.4%로 분석하였다. 이는 미국(2.6%), 일본(2.2%), 영국

둘째를 낳기 전까지 디자인실에서 근무했어요. 디자인 연구 차 외국에 출장을 자주 가게 되는데, 그럴 때면 영어회화의 중요성을 피부로 느끼게 되죠. 외국어는 어릴 때부터 감각을 익히는 것이 중요하다고 생각해서 영어학원에 아이를 보내요. 영어 공부는 4살 정도부터 시작하는 것이 좋다고 생각해요. M 영어학원, 민정이 엄마, 이창호 외, 1997: 37

전통 사회에서 육아와 교육은 가족의 어른은 물론, 마을 공동체 내의 어른들의 경험을 물려 받으면서 생활 교육으로 안정되게 이루어졌다. 오늘날 이런 공동체는 파괴되고 핵가족의 엄마들은 고립되어 있다. 이 고립되어 자신 없는 엄마들에게 전문가의 소리로 들려지는 사교육 자본의 정보는 엄마들의 유일한 의지처가 된다.

무엇이 좋은 것인지 어떤 것이 아이에게 필요한 것인지 제대로 알지도 못하면서 자꾸 다른 집에 있는 것들과 비교하게만 돼요. 누가 그런 것 좀 해 줬으면 좋겠어요. 앞글: 22

정보는 자본이 주도한다. 교재를 팔아야 생존하는 자본은 끊임없이 '사는 것으로 욕망이 충족된다.'는 광고 신화의 메시지와 '가부장제의 대리모적 욕망으로서의 맹모성'을 절묘하게 결합시켜 내는 데 성공하고 있다. 이

(1.4%), 프랑스(0.8%), 독일(0.8%) 등 주요 선진국과 비교해 볼 때 3배에서 최고 10배에 육박하는 높은 수준이다.
「학급당 학생수 초·중학교 모두 OECD 꼴찌」, http://www.ohmynews.com/NWS_Web/view/at_pg.aspx?/CNTN_CD=A0000977234,「과도한 사교육비가 '저출산·불우한 노후' 부른다」, http://www.womennews.co.kr/news/42898

결합에 큰 몫을 담당하는 것은 사교육 자본의 입이 되어 주는 TV 광고와 신문, 잡지 등의 대중 매체다. 대중 매체는 과거에는 양반 계급에만 살아 있던 문화 상징으로서의 맹모를 전 계층의 어머니에게 확산시키고 있다. 잡지와 같은 대중 매체는 성공한 자식을 둔 어머니를 일시에 현대판 맹모로 문화적으로 상징화해 낸다. 융은 문화 상징은 역사 속에서 의식적인 발전의 길을 걸으며 신령함과 마력의 감정을 자아낸다고 하였다. 이 마력은 아이의 자기 생성력을 압살시키는 데서 성취감을 느끼고, 생명을 길러 내는 어머니 역할이 자신의 한풀이로 전락한 것도 눈에 보이지 않을 만큼, 강렬한 것이다.

> 아무리 노력해도 교정되지 않는 발음들, 영어로 생각하고 말하라 하는데 죽었다 깨어나도 그것은 불가능할 것 같다. 그러면서 난 그 한풀이를 하듯 우리 태영이를 W에 보낸다. … 내 혀가 굳어지기 전에, 내 사고 체계가 한국어 순으로만 고정되기 전에 영어를 배웠더라면, 내가 겪었던 그 많은 좌절의 순간들을 안 느꼈을 수도 있었을 텐데… 이런 것을 보상심리라고 하나? … 너무나 적절한 상황에서 의사 표현으로 자연스럽게 튀어나오는 영어를 듣게 될 때 말할 수 없이 기쁘며 이 투자의 성공을 기대하게 된다. W학원, 태영이 엄마, 앞글: 38

그러나 맹모가 맹모이기만 한 것은 아니다. 맹모는 왜곡된 형태이기는 하지만, 진실의 한 단면을 보여 주기도 한다. 그것은 자식의 생존과 안녕을 염려하는 대모의 마음과 심리적 에너지이다. 그러나 이 대모의 마음은 체제 부정의 전망을 가지지 못할 때, 피라미드 체제의 사다리를 아이가 성공적으로 올라가 주기를 독려하고 채찍질하는 맹모의 열성으로 변하게 된다. 유년기의 최상의 교육은 놀이라는 상식을 망각하고 아이들에게 유년기를 빼앗고 중·고등학생의 자식에게는 노는 시간에도 공부하라고 강요하는 어머니가 된다. 대모의 무한한 심리적 에너지는 아이들의 생명성을 억압하는 데로 분출된다. 2000년대에 연간 200명대 수준이던 청소년 자살은 2007년에 300명을 넘어섰다.[57] '더 이상 공부 못하겠다.' 고 아이들이 비명을 지르며 횡사해 가는 이 '교육'敎戮으로서의 교육에 야합하는 맹모, 이것이 오늘날 우리 사회의 어머니됨의 현주소이다. 가부장적 여성성의 반생명성은 이같이 인간에게 특수한 교육이라는 재생산 과정을 거쳐 2세대에게 전이된다.

육아의 위기는 맞벌이 부부는 늘고 사회육아 시설은 부족하다는 양적인 문제에만 있는 것이 아니다.여성계의 육아 위기에 대한 인식은 이 양적 측면에 국한되어 있는 것 같아 안타깝다. 육아의 진정한 위기는 '육아'를 '살림'으로 알고 행하는 사적/사회적 모성이 점점 더 희귀해져 가고 있다는 데 있다. 아이에게 넓은 공간과 흙과 바람과 물을 빼앗고 플라스틱 장난감과 비디오만으로 온종일 실내에서 보내게 하는 건물 내의 놀이방과 어린이집이 충분히 세워지면 육아의 위기는 해소되는가? '살림'의 모성은 가부장적 맹모성에 의해 완전 진압당해 버린 것일까? 아직은 불씨가 꺼지지 않았다. 유치원 보내기를 거부하고 어머니들 자체의 품앗이 놀이방을 운영하는 실험들, 대안교육 모임에 몰려드는 어머니와 아버지들, 공동육아를 실험하고 있는 부모들은 이 불씨가 다시 소생하려 하고 있다는 기운을 느끼게 한다. 탈가부장적인 모성을 아는 어머니와 아버지가 완전히 멸종되지는 않았다는 것이 실가닥같이 남아 있는 희망이라면 희망일 수 있을 것이다.*

* 나는 모성이라는 말을 남자에게도 쓴다. 마찬가지로 부성이라는 말을 여자에게도 쓴다. 모성은 단순히 역할 이상의 원형적인 것이라는 생각을 한다. 보살핌, 인자함, 포용성 등의 특징을 나타내는 이 모성의 전형은 무속신화의 여신들에게 가부장적 윤색 때문에 산발적으로 나타나고 있을 뿐이다. 이 원형을 제대로 찾아내는 것은 과제로 남는다. 마찬가지로

여성과 아이 모두의 생명력을 고갈시키는 가부장적 상징이며 몽상이고 집착인 여성성, 그 첫 번째 것은 맹모성이라 할 수 있다. 맹모성은 대량 생산의 산업 자본주의와 가부장제에 기능적인 인간을 길러 낸다. 그 체제는 컨베이어 벨트라는 기계의 흐름에, 혹은 회사가 집이고 집이 하숙집인 회사형 인간의 삶에 자기를 맞출 수 있는 생명력을 고갈당한, 박제화한 인간을 요구했다. 과로사로 급사를 당하기 직전까지도 자신이 죽음의 문턱 바로 앞에 서 있다는 사실을 조금도 눈치채지 못할 정도로…. 그러나 지난 10여 년간 진전되어 온 정보화 혁명으로 자본주의는 근로자가 자신의 생명을 담보할 결의를 갖추고 있음에도 불구하고 더 이상 이들을 반가이 맞아 주지 않는다. 오히려 내뱉는다. 유능한 '공부 기계'로 '스카이' 대학에 들어간다 한들, 회사 인간으로서의 자식들의 수명은 10년에 불과하다. 이쯤에서 어머니들, 그리고 아버지들은 자신들의 맹모성도 자식을 체제에 안착시키는 데 절대적으로 기여할 수 없음을 알아차려야 한다.

피학적 성 : 열녀상과 선정성

가부장제하에서 여성의 성sexuality**은 여성의 생명성을 고양시키는 것이

'엄부자모'라는 말에서 압축적으로 표현되고 있듯이 부성의 원형도 있을 것으로 보인다. 여자라고 모성을 원형으로 남자라고 부성을 원형으로 갖고 있는 건 아니다. 모성적 아버지, 부성적 어머니가 있다는 것을 우리 경험은 말해준다. 또한 성인은 이 모성과 부성의 구성비는 다를지언정 둘 다를 갖고 있어 균형된 부모 노릇을 할 수 있다.
**sexuality로서의 성은 성교, 성관계를 포함할 뿐만 아니라 여성에게는 월경, 출산, 양육이라는 일련의 과정까지도 포함하면서도 이보다는 훨씬 더 포괄적인 개념이다. 즉 성은 신체구조와 심리구조, 사회적 규범과 특정 사회조직들에 의해 지지되고 있는 복합적인 스펙트럼으로 이해된다. 장필화, 1989: 51-52

아니라 이 생명성을 억압하고 굴절시켜 표출하는 반反생명적인 특징을 지닌다. 그것은 가부장적인 이성 관계에서 여성과 남성은 상호 주체가 되지 못하고 남성은 성적 욕망을 충족하는 지배적 주체, 여성은 그 대상이 되기 때문이다. 성적 대상이 된다는 것은 여성과 여성의 성이 생명 또는 성욕 없는 물건, 분절화된 몸의 대상 – 예를 들면 성욕을 유발하는 엉덩이, 손톱 등 –이나 열등한 동물적인 것으로 규정되는 것을 말한다.

벤야민에 따르면 가학/피학적 환상에서 주체의 타자에 대한 피학/가학은 타자의 인정을 받기 위해 죽음을 불사하는 투쟁을 표상하는 방식이다 Benjamin, 1988. 즉 주체는 종속되어 보이는 타자로부터 독립적인 것이 아니라 그에게 의존해 있다. 피학자에게도 피학은 '가학자는 내 고통을 통해 내게 의존되어 있다.'는 것을 느끼는 것, 즉 더 큰 권력에 접근하는 방식이다. 즉 피학자는 직접적인 고통 자체를 즐기는 것이 아니라 상실과 버려짐의 심리적psychic 고통을 육체적 고통으로 대체함으로써 또 다른 살아 있는 존재를 경험할 수 있음을 느낀다. 따라서 지배 상황은 프로이트가 상정하듯 긴장 해소를 추구하는 죽음 본능의 표현이 아니다. 지배 상황은 전지전능omnipotence의 이상에 사로잡힌 주체와 타자가 양자 간의 차이를 인정하고 이 차이를 만들어 가지 못하고 권력 욕망에 집착하는 데서 비롯된다. 양자의 경계를 가해와 고통의 감수를 통해 반복적으로 허묾으로써 서로 간의 긴장을 해소하는 것이다. 이 같은 벤야민의 분석에 따르면, 가학자와 피학자 모두 전지전능함에 대한 흠모를 자아 특징으로 갖는 패권적 자아의 전형이다. 그러나 곧 뒤에서 논하겠지만, 피학성은 자발적이기보다는 교묘하게 강제되고 길들여진다. 자기 생명이라는 개체 생명과 전체 생명의 조화가 생명 원리며 도道일진대, 자기 생명의 학살이 자발성에 기초할 수는 없는 것이다. 강제와 길들여짐의 역사가 축적되면서 피학성은 자발성의 외피를 입게 되기도 한다.

우리 문화에서 피학적 성과 사랑은 역사적으로 조선에 들어와 양반 계급의 범위를 한정할 필요성에서 비롯되었다. 즉 여성의 성sexuality 통제를 재가녀 자식의 과거 시험 기회를 박탈하고 열녀는 국가의 각종 포상 제도로 권장을 하는 것과, 다른 한편으로는 내외법·삼종지도의 유교 가부장제의 윤리가 사대부 집안과 향교 등을 중심으로 민풍화되는 과정과 결합함으로써 역사적으로 정착했다. 성 통제는 이미 고대 사회에서부터 모습을 나타내고 있지만, 열녀가 서민에게까지 보편적으로 이상적인 여성상으로 자리 잡게 된 것은 이조 중기 이후로 보인다. 왜냐하면 조선 초기까지는 여성의 재혼이 자유로왔고 아들이 없어도 양자를 들이지 않았고 외손 봉사를 했었기 때문이다조혜정, 1986; 이효재, 1990. 조선 중기 이후 편찬된 『삼강행실도』를 위시한 관찬서官撰書들에는 남편이 죽으면 당연히 따라 죽어야 하는 여성 인물, 따라 죽고자 했으나 연로한 시부모 봉양 때문에 봉양의 의무를 다하고 양자를 들여 시집의 후사를 잇게 한 뒤에 앞일을 당부하고 자살하는 여성 인물의 일화, 남편이 죽자 아이가 죽을 먹을 만큼 자랐을 때 자살한다는 열녀 예화나 설화가 소개되고 있다. 조혜정과 강진옥은 이러한 설화나 예화는 열녀 관념이 여성들의 일상생활 속에서 구체화되어 갔음을 말해 주는 증거, 즉 열녀/정조 관념이 서민 계층의 여성에게까지 뿌리내리는 민풍화를 보여 주는 증거라고 본다조혜정, 1986; 강진옥, 1995: 22-24.

그럼에도 불구하고 이러한 민풍화를 유교 가부장제의 피학적 성의 담론과 정치적 지배와 연관된 성적 지배가 절대적인 지배권을 확보함을 보여 주는 증거로 볼 것인가에는 의문이 남는다. 그것은 유교적 피학성의 담론에서 벗어난 '손병사 어머니'와 같은 전설이 민간에는 오늘날까지도 구전되어 오고 있기 때문이다. 이 전설은 열녀상에서는 벗어난, 활달한 여성상을 보인다.

자기 몸을 스스로 규제적으로 통제하는 열녀의 몸이 아닌, 살아 있는 몸을 보여 준다. '가마 속에 자신을 조신하게 은폐하는 규수', 이것이 우리가 알고 있는 혼례를 마친 양반집 규수의 시집 가는 모습이다. 그러나 손병사 어머니는 시댁 가는 길에 "비 안 오고, 날 따시고, 바람 안 불고" 그런 좋은 날은 놀기에 그만이라면서 며칠을 가다가 놀고 가다가 놀고 하면서 시집을 간다. 그 와중에 그녀가 소변을 보는 모습은 보다 분명하게 열녀적 몸에서 벗어나 있음을 보여 준다.

> 그래 놓고 쉰께네 이 여자가 고마 또 허뜩 걸어치더마는 고마 내리다 보고 고마 그, 마, 바우 틈에 올라 앉아서 고마 오줌을 그마 내리 싸재끼는 기라. 그란께네 그 하님下人이 있다가 이래 개라 줌서가려 주면서, "애시, 저 하인들이 많이 있입니더." "아, 그년, 참 밸별 소리 다 하네. 이 멀리 나와서 사타리 바람을 안 씨아쓰여." 철철철 그마 싸거든. 그래 그래도 할 수 없네. 시가에 또 간다. 가다가 노자 쿠고, 좋은 데만 있으믄 가다가 노자 쿠고, 노자 쿠고, 만날 가다가 노는 기라. 한국정신문화연구원, 1989: 115-116

민간에 구술되어 내려오는 이 같은 전설은 유교적인 피학적 열녀상과는 다른 여성상을 보여 주고 있는데, 이는 유교의 지배 담론에 정복당하지 않은 서민 여성들 자신들의 지식을 보여 준다. 이는 유교 가부장제와 여성 간의 투쟁의 한 단면을 보여 준다고도 볼 수 있다.* 그러나 30, 40년 전까지만

---

*푸코는 계보학을 역사적인 사례 분석, 반과학으로 설명하면서 지식의 테두리 밖에 존재하고 있는 소외된 지식, 정복당한 지식을 드러내는 것은 투쟁에 관한 역사적 지식을 얻는 것이라고 말하고 있다. 콜린 고든 편, 1991: 115, 120

해도 일반적이었던, 남아의 백일 사진을 발가벗겨 찍는다거나 "니 고추 쥐가 따먹었나 보자." 하며 남아가 스스로 자기 음경을 내보이게_{과시하게} 하는 것과 같은 남근 우월적인 민간 성풍속도 그 역사가 꽤 깊으리라 짐작된다. 이같이 민간의 성 규범, 풍속은 가부장적인 것과 탈가부장적인 것이 착종되어 왔으리라 보인다.

한편, 자본주의의 변화로 인해 가정 밖의 사회가 이윤 추구, 경쟁과 소외감, 적대감이 난무하는 산업자본주의의 반인간적 특징들로 팽배하게 되자, 가정과 여성은 이러한 비인간적 사회로부터의 마지막 피난처로 이상화되었다. 자본주의가 안정되면서 노동자와 나란히 주부가 출현하였다. 주부는 가사노동의 의무 외에 사랑, 개인적 행복과 가정적인 행복 등에 대한 책임을 맡게 되었다_{자레스키, 1983: 43-75}. 이러한 과정은 자본주의에 들어와서 여성의 남성에 대한 경제적 의존과 억압이 심화되는 과정이기도 하다. 파이어스톤_{S. Firestone}은 산업 자본주의의 사회에서 여성의 의존과 억압은 더 이상 사회적 기초만으로는 유지될 수 없게 되었고 여기서 여성을 거짓 숭배의 대상으로 격상시키는 낭만주의적 사랑이 출현했다고 본다_{1983: 131-160}. 80년대에는 우리 사회에서도 이 같은 낭만적 사랑의 이상화가 안착함을 관찰할 수 있다. 당시 한 유명 여성 잡지의 표어는 '성공하는 남편, 사랑받는 아내'였고 이 표어는 광고의 형태로 도처에서 쉽게 볼 수 있었다.

여성주의자들은, 낭만주의적 사랑이란 여성에게는 의존성에 대한 자기 기만적 감정이거나 피학적 고통의 다른 이름이고, 남성에게는 소유욕이거나 현대 산업 사회의 소외를 사회 구조적인 문제로 맞대면하지 않고 폐쇄적인 사적 관계로 도피해 버리는 반反사회적인 이성애로 본다. 또한 여자로 하여금 다른 모든 사회적 삶은 부정하게 하고 사랑을 유일한 가치로 추구하게 하는 신화, 이데올로기이기도 하다고 비판한다. 사랑에 대한 이런 견해는

드 보부아르S. de Beauvoir의 『제2의 성』The Second Sex, 1949, 화이어스톤의 『성의 변증법』The Dialectics of Sex, 1970, 밀레트의 『성의 정치학』The Sexual Politics, 1970 등과 같은 현대 여성운동의 사상적 기반이 된, 여성주의 고전들에 표명되고 있다. 보부아르는 여성이 남성의 소유물임을 즐기는 피학적 정서로서의 사랑을 가부장제하의 사랑의 전형으로 설명한다.

> 그남자: 필자 주가 자기의 존재를 만들어 나가는 것은 무엇인가를 한다는만드는 유일한 동작을 통해서이다. 이와는 반대로, 여자의 경우에는 처음부터 자기의 자주적 존재와 '타자 - 존재' 와의 사이에 충돌이 있다. 그녀는 남의 마음에 들기 위해서는 그 마음에 들도록 노력하지 않으면 안 된다. 즉 자기를 객체사물로 하지 않으면 안 된다. 그녀는 마치 살아 있는 인형처럼 다뤄지고 자유를 거부당한다. 이리하여 일종의 악순환이 되풀이된다.보부아르, 1993: 409

> 여자가 가장 즐거운 승리를 거두는 것은 비참의 밑바닥에 떨어졌을 때이다. 상대가 신이건 남자이건, 여자 아이는 가장 철저한 권리 포기에 동의함으로써 자기는 마조히즘을 즐긴다. 사자의 발톱에 할퀴어져 하얀 살을 선혈로 물들인 성녀 블랑딘, 유리관 속에 죽은 사람처럼 누워 있는 백설공주, 잠자는 미녀, 실신한 아탈라사토브리앙의 소설 〈아탈라〉의 여주인공, 멍들고, 상처를 입고, 무릎을 꿇고, 모욕을 당한 가련한 일군의 여주인공들은 그 후배에게 학대받고 버림받고 단념한 미녀의 매혹적인 위광이 이러하다는 것을 가르쳐 준다.앞글: 425

여성이 오늘날에도 이같이 피학적인 성과 사랑의 정체감을 갖게 되는 것은 유년기의 피학적인 성의 사회화 과정에서 출발한다. 한국 사회의 성 규범은 가정과 학교 중심의 공식 체계와 문화와 예술, 대중 매체, 광고의 영역인 비공식 체계로 이분화되어 있다장필화, 1989: 70-72. 공식 체계에서 성은 금기적이고 여아와 남아 모두 성적 백치아로 가정된다.* 그럼에도 불구하고 금기적 규제는 여아에게 보다 일관되게 적용되며 남아에게는 사소해 보이는, 그러나 우리 문화에서 매우 일반적인 '고추 장난'으로 남근 우월주의적인 성 정체감이 자리잡게 된다고 보인다. 위생의 이름으로 여아는 더운 여름에도 팬티를 반드시 입히는 반면, 남아는 벗겨 놓고 키우고, 굳이 화장실이 아닌 아무 곳에서나 소변을 보게 하고 음경은 그 자체로 소중하고 가치 있는 어떤 것임을 내재화시키는 관습을 통해, 남아는 음경을 지닌 자기는 여자보다 나은 존재라는 정체감을 지니게 된다.

> 딸이 여섯 살 때쯤이다. 밖에서 놀다 들어온 딸은 얼굴이 벌개져 씩씩거리며 들어왔다. 어떤 남자애가 "너 고추 없지?" 하며 놀렸다는 것이다. 딸은 그 놀림이 자기를 향한 멸시임을 알고 분해했던 것이다.40세 주부

'고추 장난'은 '음경을 지닌 정상적 남자와 결여된 존재인 여자'라는 프로이트식의 성 이분법이 우리 문화에도 뿌리 깊게 자리잡고 있음을 말해 주는 전형적인 예이다. 은폐되고 거부되는 여아의 성과 과시되는 남아의 성으

---

* H. 켄틀러Kentler는 아이는 엄마가 목욕을 시킨 후, 전신을 수건으로 닦아 주면서 예뻐 죽겠다는 반응을 나타내다가 엄마는 자신도 모르게 무의식적으로, 아마 몇 초에 불과할 순간적인 행동으로 생식기를 닦아 주면서는 무표정하게 되는 것을 통해 "어머니는 나를 있는 그대로 다 좋아하는데 아무런 가치도 없고 한 번도 불러지지도 않는 '저 아래의 한 곳'은 좋아하지 않는다. 차라리 내가 갖지 않았으면 좋았을 텐데…"라며 성을 부정적으로 학습하게 된다고 말한다. 켄틀러, 1988: 26

로 이분법적인 성의 사회화가 유년기의 수 년 동안 이루어진다고 할 때, 그 것은 공히 성에 관한한 서로 다른 두 종류의 인간을 양성해 내고 있다고 말할 수 있을 것이다.

여아의 성의 사회화 과정에는 거부화·은폐의 과정 외에도 가부장제적 사랑의 각본, 즉 사랑은 선택받음이며 자기의 소리를 잃는 것이라는 피학적 사랑의 각본이 '신데렐라'와 '인어공주' 같은 신화를 통해 주입되고 있다. 어떤 면역 주사도 없이 이 순간에도 많은 어린 딸들이 피학적 사랑과 선택 받음의 수용을 사랑으로 배워 가고 있다. 우리는 딸들에게 반생명적인 이성 애에 대한 집착을 덧씌워 주고 있는 셈이다.

존재/생명의 일부인 성을 거부하고 은폐하며, 사랑은 선택당함이고 말 못하는 고통이라 생각하는 여아의 성의 사회화 과정은 여아가 성을 부정적인 것으로 내면화한다는 데 그치지 않는다. 그 과정은 동시에 존재 본연의 생명성을 죽이는 과정이다. 이 과정을 통해 여성은 생명 없는 물건인 성적 대상이 되어 가는 것이다. 이 같은 성의 가부장적 사회화는 아마도 우리 문화에서는 열녀상의 정착과 그 역사를 함께 하며 최근에는 피학적 동화들이 여기에 가세하고 있다고 보인다.

성적인 잠복기의 과정 동안 여아는 자기 생명성의 한 측면인 성을 탈각한 무성적 존재로 길들여진다. 이것은 여성의 성이 타자에 의해 일방적으로 사용될 수 있는 물物이 되는 과정이지만, 성적인 남자는 반응 없는 죽은 물건 같은 석녀를 원하지는 않는다. 따라서 남녀 결합을 과제로 하는 비공식 체계가 가동을 한다장필화, 1989: 71-72. 여성은 성적이 될 필요가 있게 되는 것이다. 사춘기 이후의 육체적·성적인 성장은 여남으로 하여금 성적 존재로서의 자아에 눈뜨게 하는 자연스러운 계기가 된다. 그러나 성적인 눈뜸은 유년기의 공식적 체계 속에서의 성의 사회화의 기반 위에서 일어나게 된다.

타자/남성의 시선을 의식하며 은폐되어야 했던 성이 이제는 타자/남성의 시선/욕망을 끊임없이 의식하며, 그 시선과 욕망에 맞추는 성으로 노출되어야 한다. 이것은 무성적 존재가 성적 존재로 되는 참으로 역설적인 전환 과정이다. 이러한 역설적 과정은 '여자의 성은 남자의 시선/욕망을 의식하여 이를 충족시킬 수 있는 대상이 되는 것이다.'라는 명제가 이 과정에 일관되게 관철되고 있음을 이해하면, 더 이상 역설적이지 않게 된다. 이것은 푸코가 말하는 성 장치의 효과이다.

성 장치는 "결혼, 친족관계의 고정과 전개, 성씨 및 재산 상속에 관련된 제도"인 혼인 장치가 더 이상 권력 효과를 발휘하지 못하면서 새롭게 고안된다 푸코, 1990: 119. 즉 열녀, 정조와 같은 혼인 장치의 기제만으로는 더 이상 남성의 권력이 보장받기 힘들어졌다는 것이다. 혼인 장치에서는 성적 욕망의 통제가 문제였다면, 성 장치에서는 성적 욕망 자체의 산출이 문제가 된다. 성적 욕망은 더 이상 "파악하기 힘든 은밀한 현실이 아니라, 육체에 대한 자극·쾌락의 증대·담론에의 선동·지식의 형성, 그리고 통제 및 저항의 강화가 앎과 권력의 몇몇 중요한 전략에 따라 서로 연관되는 거창한 표면 조직망이다."앞글: 119

서구에서는 성 장치는 18세기 이후, 우리는 혼인 장치가 한창 정착하고 있을 즈음 여성 육체의 히스테리화, 어린이의 성에 대한 교육화 – 위험에 처해 있는 성의 싹을 부모·가족·교사·의사·심리학자가 떠맡게 됨– 생식 행동의 정치적·의학적 측면에서의 사회관리화, 도착적 쾌락의 정신의학으로의 편입이라는 네 가지 전략을 통해 발전해 왔다앞글: 118-119. 서구와는 달리 정신과 의사를 찾기보다는 점쟁이를 찾고, 동네 마실·계·동창회와 같은 공동체의 수다라는 집단 치료 요법을 갖고 있는 우리 문화에서, '도착적 쾌락의 정신 의학으로의 편입'은 비중 있게 일어나는 것으로 보이지 않는다. 근대화를 압축적으로 겪고 있는 우리에게 가장 먼저 나타난 근대적인 성 장치는 생식 행동의 정치적·의학적 측면에서의 사회관리화였다.* 60년대 후 국가가 가장 중점적으로 실시한 여성 정책은 가족 계획 정책이었다. 그러나 이를 전후하여 여성 육체의 히스테리화라는 성 장치의 전략 또한 모습을 드러낸다. 푸코는 "여성의 육체는… 온통 성적 욕망으로 가득 채워진 몸뚱아리로 분석되었고 자격을 얻거나 박탈당했다."고 말한다앞글: 118.

50년대 말에는 자신의 욕망을 드러내는 「자유부인」이라는 영화가 만들어졌다. 70년대에는 경찰이 길 가는 여성을 붙들어 자로 치마 길이가 무릎 위 몇 센티미터쯤 올라갔는지 재는 미니스커트 소동이 있었다. 정경자1990의 분석에 따르면, 60-70년 대에 국가는 광고 심의 규정을 통해 국가의 가족 계획 정책 의지를 광고에 강하게 반영시키고 있다. 60-70년대 피임 광고는 피임과 가정의 행복, 소자녀관을 연상시키는 담론이다앞글: 101-104. 여성잡지의 성 관련 기사 또한 70년 대에는 '사랑받는 정숙한 아내'가 중심이 된다. 혼인 장치의 '정숙'의 담론과 성적 욕망을 암시하는 '사랑'이 결합되어 나타나는 것이다. 이는 70년대까지 성 담론은 부부 관계, 가족 중심성을 탈피하지 못하고 이는 성 장치가 혼인 장치의 우세하에, 그것에 의존하면서 태동하고 있는 모습을 보여 준다. 이때까지 배타적 이성애, 낭만적 사랑은 주류적인 성과 사랑의 문화는 아니었다. 70년대 말 80년대 초만 해도 낭만적 사랑, 배타적인 이성애는 그 모습을 전적으로 드러낸 상태가 아니었다. 연

---

* 일제 강점기의 소학교의 일반화를 통해 훈육적 교육이 시작되었고 이것이 초기 성의 사회화에 모종의 영향을 미쳤을 것으로 보인다. 이는 연구 과제이다. 그러나 본고가 바로 앞에서 언급한, 남근 과시적이고 여아의 성을 은폐하는 식의 성의 사회화는 열녀상의 정착기까지 거슬러 올라가고, 이것이 현재도 주류적인 초기 성의 사회화 과정이 되고 있다고 본다.

애라는 것이 낯설지 않았지만, 그것은 90년대 초 방영된, 드라마 「아들과 딸」이 잘 보여 주고 있듯이 후남이와 미연이의 돈독한 동성 간의 우정과 병행될 수 있는 것이었다. 당시의 젊은이들의 문화는 이성애 중심적이기보다는 동성 중심적이었다. 그 세대는 당시의 쌍쌍파티 같은 이성애적 축제 프로그램을 아주 어색한 감정으로 치른 경험을 갖고 있고 이후 그 프로그램은 폐지가 되었다는 것도 당시의 동성 중심적인 문화를 말해 준다.

80년대, 90년대는 바야흐로 성 장치가 혼인 장치를 압도해 가는 모습을 보여 준다. 피임 광고는 성적 욕망, 성관계의 쾌락을 강조하는 담론으로 변한다앞글: 108. 여성잡지의 성 관련 기사는 '부부 간의 아름다운 성'이 주를 이루며 영화 '애마 부인' 시리즈가 나온다. 90년대 여성 잡지는 갖가지 어휘를 동원한 '섹스어필' 하기 위한 전략을 소개한다이숙경, 1993. 이 '섹스어필'의 담론은 대중화된 과학적 담론의 형식─예를 들면, '신혼의 환상적인 즐거움 주는 신감각 XYZ 성이론' 같은 식─을 띤다. 즉 90년대 성의 전문가는 대중 잡지에서도 그 모습을 드러낸다.

80년대부터 포르노 비디오는 성적 욕망의 확산에 결정적으로 중요한 역할을 하고 최근에는 컴퓨터도 여기에 가세한다.[58] 이 시절에는 남자 중고생들과 소수 여학생들이 포르노 비디오를 통해 성을 학습하였고 80-90년대에는 만화가게에서 포르노 비디오를 틀어 주기도 하였다. 90년대 남자 대학생들의 일부는 여관에서 숙박을 하며 포르노 비디오를 보거나 돌려보고, 포르노적 음담패설의 문화를 만드는 것으로 우정을 다지기도 하였다.** 이 같

** 대학에 들어가면 많이 달라질 것이라고 생각했다. 그만큼 기대도 컸다. 대학에 합격한 친구들끼리 돌려보던 〈플레이보이〉, 〈펜트하우스〉, 가슴 큰 여자가 나오는 비디오 테이프 등도 흥미가 없어졌다. 대학에 들어가면 싸구려 소설에서 벗어나 고상하고 지적인 좀 더

은 성 장치의 안착은 선정성_媤이라는 여성성이 주류적인 여성성으로 등장하게 되는 과정과 일치한다. 선정성은 여성이 남성을 성적으로 충족시켜 줄 자질과 만반의 태세를 갖추고 있다는 성적 이미지이다. 여기서 발달하는 것이 여성을 섹시하게 하는 것과 관련이 있는 성 산업이다. 요컨대 성형수술이나 다이어트 산업이 번창한다. 최신의 성과학sexology의 정보와 과학적인 다이어트 비법이 권위 있는 정신의학, 산부인과 계통의 전문가의 글로 여성잡지에 실리게 된다. 예를 들면, 'OOO 박사의 과학적으로 살 빼는 화제의 비만 치료 프로그램' 같은 것이다. 고등학교 졸업한 딸을 성형외과나 헬스클럽으로 데리고 가고, 자기 자신은 유방 확대 수술을 받는 어머니들이 나오고 있다. 위장병에 걸리고 심지어 죽기까지 하는 다이어트를 하고, 피부암 걸릴 확률이 높아지는 위험에도 불구하고 인공 자외선 선탠을 하고, 'OOO 신드롬' 같은 그때 그때 유명 탤런트에 맞는 성형수술이 인기다. 선정적 여성성, 곧 포르노적 여성성은 포르노 모델이 스포츠 스타만큼이나 국위를 선양하는 스타로 각광 받고 있는 현실에서 우리 사회의 이상적 여성성

우아한 사랑이나 성에 대해 경험할 수 있으리라 내심 기대가 컸다. 그렇게 기대하던 대학 생활이 시작됐다. 그리고 내가 가지고 있던 기대도 무참히 깨지고 말았다. 대학을 구성하는 대부분이 나와 거의 같은 경험을 가진 사람들인 이상 고등학교에서 대학으로 장소만 바뀌었을 뿐 그들이 말하는 성은 같을 수밖에 없는 것이다. 어느 누가 꼬집어 주지 않는 한 다들 지금까지의 왜곡된 지식으로 성을 이해하고 받아들였다. 여학우들이 자리만 비우면 예전에 남자들끼리 나누었던 음담패설과 여자를 노리개로 생각하는 듯한 얘기가 가득 쏟아져 나왔다. 고등학교 시절과 마찬가지로 친한 친구나 과 선후배끼리는 포르노 테이프를 으레 돌려보았고, 그걸로 인해 남자끼리의 정이 더욱 돈독해졌다.96학번 남학생 언젠가 친구들끼리 모여 이런 이야기를 나눈 적이 있다. "야 니들은 여자의 어떤 부분이 가장 섹시하다고 생각하냐?" "난 가슴." "난 엉덩이를 가장 먼저 보지." "유치하긴. 난 가냘픈 손이 제일 섹시하더라." … 수없이 많은 짓궂은 대답이 나왔다. 그리고 나름대로 섹시함에 대한 그럴듯한 이유가 있었다.96학번 남학생

으로까지 고양됨을 본다.

선정성의 기준은 다양하겠지만 하나 공통된 것이 있다. 그것은 날씬함이다. 날씬함에 대한 욕망은 오늘날 이 땅의 젊은 여성들의 최고의 강박관념이라 할 만하다.

> 여고에 다녀 봤던 사람이면 누구나 알 것이다. 그 나이 때쯤의 여학생이 얼마나 자신의 몸에 화를 내는지. 누가 봐도 예쁘고 날씬한 여학생부터 누구나 인정하는 많이 통통한 여학생에 이르기까지 모두가 거울을 보고 불만을 토한다. 작은 손거울과 조그만 크림통을 들고 다니며, 쉬는 시간마다 세수하고 크림을 찍어 바르고 다이어트 비법 한두 개 쯤은 알고 있는 게 정상이다.97학번 여대생

1996년 인제대 상계 백병원 비만 클리닉에서 여고생을 대상으로 한 조사에서 정상체중58%의 69%가 비만으로 저체중21%의 71%가 정상체중으로 자신을 생각하고 있었다.한겨레신문, 1996.12.18 2002년 제일기획이 13~43세의 여성 200명을 대상으로 한 심층 전화 면접 조사에서도 응답자의 73%는 자신이 평균보다 뚱뚱하다고 생각하고 있었다.[59]

이 통계들이 보여 주듯이 날씬함은 정상적인 건강성이 아니라 어딘가 병약한 기색이 돌 정도의 마름이다. 실제 대한적십자사의 통계 2002~2007년에 의하면 남성 헌혈 지원자의 6.3%만이 헌혈 부적격자인데 반해, 여성은 헌혈 지원자의 42%가 빈혈 등의 이유로 헌혈 부적격자였고, 빈혈의 주 원인은 지나친 다이어트인 것으로 나타났다「여성 42% 헌혈 부적격… 다이어트로 혈액 영양 결핍」, 경향신문 2008.9.24. 여기서 '날씬함 미학과 정서'의 피학성이 드러난다. '날씬함'이란 전리품을 쟁취하기 위해 적나라한 몸과의 전쟁을 여자들은 감행하

고 있다. 보드리야르Baudrilliard는 날씬함에 대한 선호라는 이 공격적 충동이 이토록 극성하는 이유에 대해 이것이 소비사회의 모든 모순을 집중적으로 표현하고 있는 폭력의 표현 형식이기 때문이라고 말한다. 날씬함에 대한 광적 열망은 이것이 이 시대에 한창 벌어지고 있는 희생의 공희供犧임을 보여준다1993: 214-215. '미인'의 정체감 자체·자발적으로 남성 욕망의 대상이 되고자 하며 거기서 느끼는 피학적인 성적 쾌락을 성 장치의 효과로 봄으로써 무·공으로 볼 수 있는 체험 없이는 자기 몸과의 가학적인 전쟁은 끝날 수 없다이 전쟁은 부분적으로는 남성에게서도 일어나고 있다.*

　　피학적 성의 또 다른 한 측면은 배타적 이성애, 낭만적 사랑의 각본이다. 앞서 지적한 유아기의 신데렐라, 백설공주 동화에 이어 아예 「신데렐라 언니」라는 드라마가 방영되었다. 「내 이름은 김삼순」이나 「대장금」 류의 사랑과 일의 균형을 꾀하는 여성상을 대변하는 드라마들이 2000년대에 들어와 속속 제작되고 한류의 붐에 일조할 정도로 성공했음에도 불구하고 여전히 「신데렐라 언니」류의 드마라는 지속되고 있다. 낭만적 사랑의 각본은 90년대에는 10대들의 하이틴 소설, 「사관과 신사」·「귀여운 여인」과 같은 영화를 통해 확산되었다. 즉 성의 이중 체계에서 비공식 체계는 이 배타적 이성애와 낭만적 사랑의 각본으로 남녀를 결합시키고자 하는 소임을 왕성하게 수행하고 있다. 캠퍼스 커플로 대표되는 대학생의 이성애는 바로 이 배타적

* 매일 아침에 학교 가기 전에 세수를 하고, 머리에 젤을 바르고, 옷도 이것 저것 입어 보고 마음에 들어서야 학교로 향한다. 물론 다른 사람에게 깔끔하고 세련되어 보이도록 하는 치장이다. 하지만 무엇보다도 그 원인은 우습게도 내 또래의 여성들에게 잘 보이려는 노력의 결실로 보아야 할 것이다.97학번 남학생

　요즘의 남학생들에게서는 자신의 체형 관리를 위해 운동이 선택되는 경우를 볼 수 있다. 날렵한 체형의 남자 스타가 한 번 뜨면, 그때마다 여자 스타가 뜰 때처럼 '000신드롬'이 유행하게 된 것, 몸에 붙는 티가 입고 싶어 운동을 하는 남학생의 출현도 새로운 풍속도이다.

이성애의 특징을 강하게 나타내고 있어 그 영향력을 실감하게 한다. 종종 비정상적으로 보이는 집착과 의존은 여성에게만 나타나는 것이 아니라 쌍방 간에 일어난다.** 이 집착과 의존은 남녀 모두 동아리 활동을 포기하고 친구들과도 멀어지는 극단적인 경우도 종종 유발한다. 그러나 여기서 남성의 집착은 곧 여성에 대한 소유욕과 지배욕에 다름이 아니다. 자기 손아귀에 쥘 수 있는 애인을 둠으로써 자신의 콤플렉스를 해결하려는 남성, 소유욕을 사랑이란 이름을 빌미로 다른 이성은 일체 못 만나게 하고 성폭행으로까지 발전시키는 남성, 여자를 몸/성sexuality적 대상이라는 관점에서만 집착하는 남성, 여자를 살아 있는 인형쯤으로 여겨 애인을 치장시키는 데 집중하는 남성과 그들의 집착과 소유와 지배로서의 사랑은 그 예이다. 여기서 여성은 대개 수동적으로 선택당하고, 선택당했다는 사실 하나만으로 마냥 기뻐하거나 상처받는 입장에 서게 된다. 때로는 실연을 통해 사랑의 피학성을 깨닫는 성장을 해 보이는 경우도 있지만, 일반적인 현실은 이 배타적 이성애가 대학 문화의 한 부분으로 정착해 가고 있는 모습을 보여 준다.*** 이

** 난 세상에 태어나서 그렇게 절대적으로 누군가를 좋아해 본 적이 없는 것 같다. 나는 정말이지 나 자신을 꾸밈없이 보여주고 많이 의지했었다. 하지만 어느 순간부터 오빠는 나 때문에 힘들어하기 시작했고 '더 이상 나를 못 바꾸겠다'는 말을 남기고 떠났다. … 난 오빠가 떠난 다음에 정말 많은 생각을 했다. 아마도 사귈 때 내가 이렇게 많이 생각했었더라면 오빠가 힘들어하는 것이 무언지 알 수 있었을 텐데. 난 관계에서 너무 독립적이지 못했다. 즉 오빠랑 있으면 내가 해야 할 일, 다른 사람이 전혀 생각나지 않았다. 그리고 그러한 상태가 너무나 오래 지속되었던 것 같다. 나는 사실 오빠랑 사귀는 동안 나의 부분을 너무 많이 잃어버린 것 같다. 오빠의 말을 들으면 나의 생각은 너무나 감정적이고 논리적이지 못해서 자신이 없었다. 그래서 중요한 결정들은 항상 오빠가 제안한 대로 많이 움직였던 것 같다. 95학번 여학생

*** 이상의 사례들은 학생들의 이성애 분석에 대한 보고서에서 관찰한 내용들이다.

같은 배타적 이성애 문화 속에서 이 집착과 배타성을 강하게 띠는 '짝짓기 문화'는 이제 초등학생들에게까지 확산되고 있음을 볼 수 있다. 배타적 짝짓기를 충동질하는 베스트 파이브* 연애편지 주고받기, 발렌타인데이·화이트데이 등 90년대에 만들어지기 시작한 풍습들이 이제는 안착하고 있는 모습을 보인다.

푸코는 성 장치의 우위 속에서도 혼인 장치가 없어지는 것은 아니라고 말하고 있지만,1990: 120-121 최근 우리 사회의 이 두 장치의 공존 내지 결합은 서구보다 훨씬 더 복잡한 양상을 띤다. 톰슨Thompson에 의하면, 미국의 경우 80년대에 이르면 어린이와 성인을 구분하는 기준은 성관계 경험의 유무가 된다정경자, 1990: 93에서 재인용. 성 장치의 거의 압도적인 승리라 할 수 있다. 그러나 우리의 경우 성 장치가 우세해도 성 장치와 혼인 장치는 등이 붙은 채 태어난 샴쌍둥이 같은 식의 결합을 하고 있는 듯이 보인다.

나이 든 세대는 여전히 혼인 장치의 세계 속에 살고 있음은 차치하더라도 **90년대 초, 하반신 불구가 된 애인의 수족이 되어 그 애인을 보살피며 열렬히 사랑한다는 줄거리를 가진 소설 『잃어버린 너』는 여고생들의 베스트셀러가 되고 곧 영화화되었다. 이는 조선 중기 이후의 '인종의 미덕'을 갖춘 여인상열녀상이 현대의 소위 신세대 여고생들의 사랑의 상징으로 여전히

---

* 초등학교 4학년만 되면 각자 자신만의 이성 베스트 파이브 또는 베스트 텐이 있다. 처음에는 최고의 베스트는 절대 비밀인데, 친한 동성 친구끼리는 가르쳐 주는 수도 있다. 그러나 5학년 쯤 되면 남아, 여사 모두 공공연히 자기의 베스트가 누구인지를 밝힌다. 아이들은 베스트로 지목한 상대가 마음에 들던 들지 않던간에 자신이 베스트로 지목되었다는 것에 다소 흐뭇함을 느낀다.

** 대학가를 중심으로 90년대 '성 정치'라는 말이 난무하였지만, 우리 사회에서 여성주의적 성 해방 운동이 비중 있게 일어나고 있는가는 쉽게 답할 수 없다. 오히려 현실에서 성과 관련된 세勢 다툼의 두 축은 혼인 장치와 성 장치로 보인다.

살아 있음을 보여 준다. 이것은 성에 눈뜨기 시작하는 무성적으로 길들여진 소녀들이 사랑과 성욕을 연결시키는 것의 공포 앞에서 선택한 플라토닉 러브의 변형이다. 사랑은 하되, 성관계를 가질 필요가 없는 것이다.

그러나 성 장치의 기세 등등한 작용과 그녀들의 성장은 그녀들을 여기에 머물 수 없게 한다. 혼전의 성적 쾌락을 부추키는 피임 광고 속에서도 성관계는 하되 남이 모르게 추구해야 하고, 따라서 피임은 피임 당사자 여성을 공식적으로는 처녀로 유지시켜 줄 수 있다는 암시를 주는 것이 눈에 띈다. "사랑의 흔적, 함부로 남기고 싶지 않다." "한 번 실수로 두고 두고 후회하는 여성이 있습니다." 같은 말이 그 예다.

1992년 상영 당시에는 200만이라는 최고 관객을 동원한 「원초적 본능」과 같은 영화는 성 장치가 노리는 여성 스스로의 성적 주체화를 최대한 고양시킨다. 그러나 혼인 장치의 반격도 만만치 않다. 1997년 발간된 이문열의 『선택』은 5,000년 역사에서 조선 중기 이후 약 한 세기 반 동안 정립된 유교 가부장적인 희생적인 여인상을 한국 여성의 정체감의 표본으로 제시하고 있다. 한국간행물윤리위원회는 이 책을 1997년 6월에 〈청소년을 위한 좋은 책〉으로 추천하였다. 아직 우리 사회는 봉건 가부장제를 흠모하는 가부장적 지식인 남성의 가부장적·가학적·피학적인 사랑/모성의 미학이 청소년에게 권위를 갖고 전달될 수 있는, 그런 가부장제 사회이다. 어떤 성교육 동화는 처녀성의 상실을 깨진 백자 도자기에 비유한다.

성 장치와 혼인 장치의 막강한 우열 다툼*** 내지 공존/결합 속에서 여성은 혼인 장치의 말을 따르는 여성과 성 장치의 말을 따르는 여성으로 나뉜다. 또한 여성의 자아도 혼인 장치를 따르는 자아와 성 장치를 따르는 자아로 분열된다. 즉 성폭행으로 정신과 병동의 철장 신세를 지거나 자살하는 여자가 있는가 하면, 혼전의 성의 자유를 처녀막 재생 수술로 밀봉해 버리고 혼인 장치로 들어가는 여자도 있다. 10대들에서 시작되어 90년대 말에는 전 세대의 남녀로 확산된 폰팅 문화와 야타족 문화는 성 장치의 우세를 보여 주는 듯하나, 오렌지족 남자가 노는 여자와 사랑하는 또는 혼인할 여자를 구분하고 있는 것은 아버지들의 봉건적 혼인 장치인 처첩제를 현대적으로 구현하고 있는 모습을 보여 준다. 또한 남자들은 처녀막의 허구와 처녀막 재생 수술을 아는지 모르는지, 여전히 자기 여자에게서 처녀성을 확인하고 싶어 한다. 성 장치의 우세화 경향 속에서 절대적인 지배자는 없어 보인다. 남자는 가부장적 봉건적인 처녀성·정조를 요구하면서도 이와 모순된 선정성도 원한다. 여성은 이 모순된 요구를 자아를 분열시킴으로써 충족시켜 준다. 남자의 욕구 충족은 기만당함 없이는 이루어질 수 없다. 성 장치의 확산 속에서 여성은 분열하고 남성은 정숙하면서도 선정적인 여성을 처녀막 재생 수술의 도움을 받아 공급받는다. 이 같은 혼인 장치와 성 장치의 기묘한 결합 속에서 자신을 성적 대상으로 스스로 주조해 내는 피학적인 성적 욕망을 지니며 혼인 장치에 들어간 후는 양처로 변신하는 분열된 여자와 다른 방향으로 달아나는 두 마리 토끼를 다 잡았다고 착각하는 남성은 2000년대에는 수그러들었을까? 혼인 시장에서 가장 인기 없는 부류가 해외 유학 여대생이며 이는 그녀들의 처녀성에 대한 의심에 기반한다고 볼 때, 남성에게도 일반화된 성 장치의 규제 상황 – 예를 들면 이제 여성들은 일차적으로 남성의 능력이 아니라 몸을 본다. '꿀벅지'와 '초콜릿 복근'은 여남이 각각

***박완서는 『누가 그 많던 싱아를 먹었는가?』 1992에서 자신의 어머니의 일생을 관철해 온 정체성이 '정조'임을 발견해 낸다. 여기서 정조는 성적 정조에 국한되는 것이 아니라, 삶의 전반적인 방식을 정하고 가치관의 기능을 하는 한 개인의 세계관으로서 그 모습이 드러난다.

'루저'가 되지 않게 하기 위한 성 장치의 상징이다. ─속에서도 본질적 변화를 예단하기는 어려워 보인다.

혼인 장치의 불감증적인 피학적 성이든 남성의 성적 욕망을 일깨우고 부추키며 충족시켜 주는 선정적인 여성의 피학적 성이든, 이 모든 것이 가부장제에 길들여진 여성적 성이다. 이것을 투시할 수 있을 때, 이 모든 것을 망상으로 볼 수 있을 때, 한 남자에게 사랑 받음에 집착하는 사랑의 감옥문은 열리고 그녀는 존재 본래의 생명력인 사랑의 능력을 되찾을 수 있을 것이다.

3. 가부장제의 여성성에서 벗어나 마음을 회복하기

여기에서는 여성이 전도몽상으로서의 가부장적 여성성을 내려놓고 자유자재하는 존재로 변화하는 과정을 '마음을 회복해 가는 과정'으로 이해하면서 사유해 보고자 한다. 가부장적 여성성은, 앞에서 대표적인 가부장적 여성성으로 파악한 맹모 상징과 피학적 성을 중심으로 해서 맹모 상징이 대모로, 피학적 성이 생명 중심적 성으로 전화하는 과정에 대해 사유해 보고자 한다. 앞에서 밝혔듯이 마음과 체계는 배타적으로 분리된 실재가 아니라 동전의 앞뒤와 같은 관계이다. 바른 마음은 바른 체계를 촉진하고 바른 체계는 바른 마음을 촉진한다. 따라서 가부장제의 여성성에서 벗어나 마음을 회복하는 과정에 대한 탐색은 대안 체계에 대한 탐색 또한 수반하여야 한다. 그러나 이 장의 논의는 대안 체계에 대한 논의까지는 진전하지 못하고 마음의 회복을 중심으로 진행된다.

맹모에서 대모로

가부장제로부터의 탈출은 어머니들이 잠재의식층의 맹모 상징에서 더 깊은 무의식으로의 여행을 떠날 때 가능해진다. 대모의 원형을 의식층으로 불러내고 이를 무아적인 대모로 고양시켜 가는 것이 필요하다.

대모는 생물학적 어머니에만 해당되는 것은 아니다. 주체는 생명이며 삶은 생명인 주체들 간의 공생이라는 각성을 이루고, 공생으로서의 삶을 일구고 영위해 가는 자는 모두 어머니이다. 남자도 독신녀도, 미혼의 여성도 어머니일 수 있다. 그러나 본고는 생물학적 어머니를 중심으로 기술된다는 한계를 갖는다. 이는 필자가 생물학적 어머니로서 현재로서는 이 경험을 초월해 기술하는 것이 불가능하기 때문이다.

대모는 무엇보다도 우선 어머니 자신이 온전한 생명·생성의 주체로 거듭나는 것을 전제한다. 그것은 앞에서 살펴본 바와 같이 가부장제의 여성성의 망상과 개인적 인성의 편벽됨과 아집을 떨구어 내고, 어머니 자신이 스스로를 무아로 고양시켜야 함을 말한다. 자신이 생명인 어머니는 비로소 자신의 생명 활동의 연장으로 타자, 특히 아이를 살리는 어머니 또한 될 수 있다. 즉 아이의 생명성을 억누르는 '죽임의 어머니' 맹모에서 '살리는 어머니' 대모가 될 수 있는 것이다.

대모인 어머니는 신화적 언어지식와 논리적 언어지식의 두 종류 언어를 모두 필요로 한다. 현대인은 신화는 미신적 과거에 속하는 잘못된 믿음으로서 꾸며낸 검증 불가능한 상상물이고 따라서 지식으로 고려될 수 없으며, 반면에 지식은 실재에 대한 공적으로 검증 가능하고 증명 가능하며 객관적인 구조를 지닌다고 생각한다. 그러나 윌셔에 의하면 이것은 위계적 이원론의 인식론으로서 잘못된 것이며, 둘 다 모두 가치를 갖는 참지식이고 여성주의는 이 두 지식 모두를 필요로 한다D. Wilshire, 1989. 위계적 이원론에서는 지식/무지, 마음관념·머리·정신/몸살, 자궁피, 자연대지, 이성합리성/정서와 느낌비합리성, 질서/무질서, 통제/방임·허용·자발성, 문자적 진리·사실/시적 진리·은유·예술, 빛/어둠, 쓰인 텍스트·로고스/구전 전통·공연·신화, 태양의 신/대지·동굴·달의 여신, 이원론적/전체적, 남성/여성과 같은 이분화가 일어난다. 전통 과학은 전자의 의식에만 초점을 맞추었고 후자의 의식은 아직 제대로 평가되지 못한 능력이다.

비유의 언어로 표현되는 후자의 의식은 분리된 세목에 초점을 맞추는 전자의 의식과 달리 언제나 자료의 광범위한 스펙트럼에로 한꺼번에 열려 있으며, 예술과 과학의 의식이 여기에 속함은 물론, 친구 이야기를 들으면서 시계를 보고 저녁거리를 생각하고 아이들에 마음을 쓰면서 바느질하고 밥을 하는 여자의 심성 활동과도 매우 비슷하다. 살림이나 과학에서 작용하는 이러한 의식은 자연스럽게 발생하는 주변 상황 속에서 자료들이 모두 함께 자연발생적으로 현시되어 그림 그려지도록, 마음 씀의 장을 가능한 한 광범위하게 설정한다. 이때 명확한 빛 속에서 조립된 어떤 세목을 분석하거나 초점을 맞추는 것이 아니라, 마음 쓰는 자는 그것들을 관통해서 본다. 마음 씀, 의식은 흐릿한 어둠과 불확실성으로 사실들을 넘어서 향해 있으면서 편견 없이 카오스에 주목하면서 거기에서 고유한 패턴이 나타날 때를 기다린다.

월셔는 어머니 신성 안에서의 지식을 발견하기 위해서는 비유–이미지를 검토해야만 하며 원초적 신화가 미신과 퇴행의 동의어이기는커녕, 필수적 긍정적인 힘이며, 소위 '여성' 시각의 부유함은 이 의식을 포함하는 데 있다고 본다. 여성주의 문학·예술은 대모의 신화적 언어를 부활/창조시킬 수 있을 것이다. 특히 아이들의 의식은 아직 신화적 의식을 상실하지 않고 있고, 아이가 어떤 신화 속에서 자라는가는 아이의 일생의 틀을 결정지을 만큼 중요한 것이기에, 아이들에게 대모 신화를 들려주는 것이 중요하다. 에마 융은 아이의 원형적·신화적 무의식을 의식과 통합시킬 수 있다면 이것은 인격의 변화를 가져올 것이라고 말한다.

> 아이는 신체적으로 작고 그 의식적 생각은 희박하고 단순하기 때문에, 우리는 전사前史의 심리와 원래적인 동일성에 기초를 두고 있는, 유아의 정신의 광대한 복잡성을 깨닫지 못한다. 그 "원래의 정신"은 인류의 진화 단계가 태아의 몸에 존재하듯이 아이에게 존재하며 여전히 기능한다….
> 유아기의 기억의 회상과 심리적 행동의 원형적 방법의 재생산은 더 넓은 지평을 창출할 수 있으며 의식을 훨씬 더 확대할 수 있다. 잃어버렸다가 다시 찾은 내용물을 의식적 정신 속에서 동화시키고 통합하는 데에 성공할 수만 있다면, 그 내용물들은 중립적이 아니기 때문에, 그것을 동화하게 되면 그 과정을 통해서 내용물 자체도 일정한 변화를 겪듯이 인격도 바뀔 것이다.에마 융, 1995: 110-111

우리는 아이들에게, 말 안 듣는 아들에게 죽음으로 복수함으로써 아들은 어머니만은 배반해서는 안 된다고 협박하고 금기를 상징하는 어머니 신화「청개구리의 슬픔」나, 자식의 생명을 길러 내는 어머니의 모습은 아랑곳 없이 호랑이에게 잡혀 먹히는 무능한 어머니「해님과 달님」의 신화를 아이들에게 들려주고 있다. 또한 아들들은 이원론적 세계관의 판본인 적과 적을 무찌르는 용사 간의 전쟁을 기본 줄거리로 하는 로보트 만화, 우주 공상 만화를 끊임없이 접하고 있다.

우리에게는 앞에서 소개한 위풍당당한 마고 신화가 있다. 이 외에도 가부장적으로 윤색되기는 했지만, 상처받지 않은 대모신의 원형을 보여 주는 신화들이 있다. 바리데기는 서천서역국의 약물과 생명의 꽃을 가져와 죽은 아버지를 소생시켜 낸다. 그런데 바리데기가 이 약물과 생명의 꽃을 구하러 가는 과정에서 겪게 되는 모험들은 순수한 공상이며 파괴적이기 십상인 남성들의 모험과는 달리 여성의 일상적인 살림의 활동들이다. 즉 밭 가는 노인이 요구하는 대로 밭을 갈아 주고, 빨래하는 노파에게는 빨래를 대신 해 주며 가족을 이루어 자식을 기르며* 약을 구하는 여행길을 간다. 두 가지 농사, 먹을거리의 농사와 '자식농사'는 대모의 살림이었다. 농업신이며 생명을 주재하는 여신은 여신 신화의 주된 원형이다. 그러므로 본래 살림은 이 둘 모두를 지칭하는 말이었을 것이다.

  자청비는 천상의 변란을 평정한 공로로 만곡의 종자를 천상의 옥황상제에게 당당히 요구해서 지상의 인간들에게 제공해 줌으로써 농업신이 된다. 삼신할미는 "인간에게 생명을 줄 뿐 아니라 그것에 위협적인 모든 요인들, 어린아이를 여러 질병으로부터 보호하는 대모신적 역할을 관장하여 인간 세상을 번성케하는 존재로 숭앙된다." 강진옥, 1995: 11. 삼신할미가 배우자 없이 생명을 부여하는 신직을 유지해 간다는 것은 그만큼 삼신할미가 대모신의 원형에 가까이 다가가 있음을 말해 준다. 이러한 여신들은 대모신의 근원적인 생명력, 풍요를 보여 준다. 선문대할망의 신화에서 대모신은 한정된 지역이라는 한계를 갖지만, 강과 산·언덕이라는 지역민들의 세계·우주를 창조해 내는 대모신의 모습을 보인다. 이런 대모신의 모습을 담고 있는 신화들은 5,000년의 가부장제 역사 속에서 가부장적으로 윤색되고 오염되어 왔다. 그러나 이제 우리는 이 오염을 벗겨 내고 무아로서 고양된 대모를 살려

----

* 바리데기 역시 아들을 낳는다. 무속 신화의 여신들은 대개 아들의 어머니로 표상되고 있다. 이는 대모신 신화가 남아 선호 관념에 의해 윤색되고 있음을 보여 주는 측면이다.

낼 수 있을 것이다.

한편 대모와 그녀의 세계를 논리적 언어로 기술하는 것 또한 중요하다. 이것은 어머니 정치와 연결된다. 루딕Ruddick, 1991은 어머니 마음을 논리적 언어로 잘 기술해 주고 있다. 그녀에 따르면 가부장제하의 어머니는 자긍심의 결여로 '어머니 사고'를 심화하고 명료화하지 못하고 있다. 그럼에도 불구하고 "성찰, 판단, 정서의 통합체"로서 '어머니 사고'는 관찰할 수 있는데그녀는 이를 기적으로 본다, 다음의 네 가지 특징을 지닌다. 첫째, 자녀의 생명 보존에 대한 관심, 둘째, 자녀의 성장을 촉진하는 관심, 셋째, 사회적·개인적으로 수용 가능한 자녀로 키우려는 관심, 넷째, 배려 깊은 사랑의 능력이다. 이런 '어머니 사고'의 사회·정치적 함의는 무시할 수 없다. 그러나 "어머니라는 이유만으로 계급적 이해관계를 극복할 수 있고 정의 원칙을 이행할 수 있다고 믿는 것은 어리석은 일이다." 그녀는 여성주의자들은 어머니 사고의 공적인 통합을 위해서 협력하고 정의 이론을 명료화해 가야 하며, 어머니가 공적인 영향력을 행사해야 한다고 말한다.

루딕은 가부장제하에서도 압살당하지 않은 '생명을 길러 내는' 어머니 사고의 특징과 어머니 정치의 방향을 잘 요약해 주고 있다. 여기에 부언하자면, 어머니들은 체제를 읽어 낼 수 있어야 한다. 이 체제를 읽어 내지 못할 때, 생명의 보존·성장에 대한 관심은 자녀를 체제 내의 사닥다리의 맨 꼭대기로 올라가게 독려하는 맹모의 안간힘이 되어 버린다. 20%의 엘리트와 이 엘리트가 던져 주는 최소한의 생계를 위한 빵과 스트레스 해소용의 아편적 대중 오락에 의존해 사는 80%의 대중으로 양극화되는 가부장적·자본주의적 세계화 체제와 '어머니 사고'는 양립할 수 없다.

이런 체제를 유지해 갈 수 없다면 어머니는 가부장적이지도 자본주의적이지도 않은 새로운 정치경제학을 전망할 수 있어야 한다. 그것은 아버지도 어머니가 될 수 있으며, 육아와 다른 사회적 일이 인간, 특히 아이의 생명 활동의 흐름과 조화를 이룰 수 있도록 가정, 지역 사회, 일터, 거시적인 정부 기구와 행정, 시장을 재조직화해 내는 전망을 제시하는 생명의 정치경제학이어야 할 것이다. 그 생명의 정치경제학에서 어머니는 가부장적 자본주의 하에서 종족 번식에만 전념하도록 위치가 규정되는 어머니, 모성 이데올로기에서 허위적으로 찬양되는 어머니와는 근본적으로 다르다.

어머니는 본연의 생명력을 회복한 통합적인 생활인이다. 따라서 그녀는 책임 있는 아버지들과 함께 아이들을 길러 내고 보살피며 성장시키는 어머니일 뿐만 아니라, 무엇보다도 그녀의 전 생애를 통하여 전인적 생활인으로서의 통합성을 견지해 가는 성숙한 생활인이다. 즉 그녀는 어머니 직분 외에 사회 성원으로의 다른 자기 직분을 지닌다. 여성이 일생을 종족 번식에만 전념할 것을 요구받는 핵가족은 산업혁명 이후 생겨났다. 이런 가족 제도는 수백만 년의 인류 역사에서 보면 점에 불과한 극히 짧은 기간에 출현해서, 이제 곧 사라질 위기에 처한 불안전한 것이다. 인류사 전체로 보면, 여성은 오로지 어머니였던 것이 아니라, 농민이면서 베를 짜는 기술자이면서 상인이면서 어머니였다. 대안적인 사회 체제는 어머니들이 다시 이 생활인으로서의 통합성을 되찾을 수 있게 할 것이다. 물론 어머니가 아버지와 다르게 지니는 수유 능력이라는 차별성은 어머니로 하여금 일정 기간 영아 양육에 전념하게 하는 기간을 필요로 한다. 이 기간은 어머니 개인의 기질에 따라 수 개월에서 수 년씩의 차이는 있을 것이다. 그러나 인생 전체로 보면, 어머니가 오늘날처럼 삶의 통합성을 상실한 채 분절된 삶을 사는 일은 없을 것이다. 어머니이기를 택하는 것이 다른 사회적 일을 잠시 보류하게는 할지언정, 영영 포기하는 결과를 빚는 그런 일은 더 이상 발생하지 않을 것이다.

생태론자들이나 생명여성주의자들은 지금과 같은 국가 중심의 정치 체제, 가부장적인 자본주의 거대 경제에 대한 비판을 공유하면서, 자급자족이 비중 있게 견지되면서 다른 지역과 호혜적 상호작용을 하는 지역 수준의 경제와 정치–지역 산업과 생태학적인 지역 기술, 주민의 토지 이용과 관리, 지역 주민 자치제의 활성화, 순수 행정기구로의 국가의 축소 등– 와 공동체주의, 농업의 기간산업화 등을 주장한다Shiva, 1988; 샤를렌느 스프레트낙, 카프라, 1990; Spretnak, 1990:12-13; J. Plant, 1990; 얀치, 1993: 390; Mies and Shiva, 1993; 카프라, 1994: 45; 유정길, 1994; 코튼, 1995: 52-55, 61; 벨로, 1995: 65 ; 에킨스, 1995; 천규석, 1995; 나카무라 히사시, 1995; 로버트슨, 1996. 어머니의 통합적 삶을 지지하는 경제는 이러한 생태 경제 속에서 찾아질 것이다. 그러나 이러한 생태 경제는 마을 공동 식당, 공동 육아와 같이 살림을 한 단계 공동체적으로 진화시키고자 하는 여성주의적 전망과 결합할 때 비로소 여성과 남성에게 공평한 상생의 힘으로 작용할 수 있을 것이다.

피학적 성에서 생명 중심적 성으로

반야불교와 노자에서 존재는 생성·자유·생명으로 이해된다. 성에 대한 뿌리 깊은 가부장적 편견 중의 하나는 성을 인간의 속성이면서도 전혀 인간적이지 않는 인간 외적인 동물적 본능과 같은 것으로 치부한다는 점이다. 성은 본능적인 동시에 이성·실천·노동·언어 등이 인간의 속성인 것과 마찬가지로 인간성의 한 분면이다. 따라서 인간의 존재성을 생성·자유·생명으로 특징 지을 수 있다면 존재성에 합치하는 성은 생성·자유·생명으로 발현되는 것이어야 한다. 이것은 무위적 생명 활동으로서의 성의 자연스러운 모습이기도 하다. 성을 본질적으로 수행에 장애가 되는 통제하기 힘든 원시적 힘남성을 유혹하는 색녀로서의 여성 또는 본능적 이기성 등으로 간주하여, 독신 수행자 공동체를 고집하고 있는 제도화된 불교는 결정적으로 이 점에서 한계를 노출한다. 무명에 빠진 인간이 무아로 고양될 수 있다면, 그것은 총체적으로 일어나는 것이지 인간의 한 부분은 예외적으로 제외하고 일어나는 것이 아니다. 자유인은 성에 대해 금욕적이지도 과잉 집착하지도 않는다. 천도를 잡아 써서 무애자재無礙自在하는 보살이 자신의 상황을 버리는 것이 아니라면 이 상황의 한 부분인 몸/성 또한 버려질 수 없다. 핵심은 자유로 성을 체험하고 그런 생명 중심적 성이 억압받지 않는 제도를 만들고 유지하는 데 있다. 프로이트Freud, 1920, 1925가 성 본능sexual instincts은 모든 것을 보전하는 에로스이며, 에로스는 자기 보전의 본능과 종의 보존 본능을 포괄하는 것으로 이해했을 때프로이트, 1989: 36, 620 그는 바로 존재성에 합치하는 성을 표현하고 있는 것으로 보인다. 그러나 앞에서 살펴보았듯이 가부장제하의 성은 권력으로서의 남성의 성과 피학적인 여성의 성으로 이분화되어 존재하며, 남녀의 성은 그 어느 것도 존재성에 합치되는 성은 아니다.

그런데 어떻게 생명성으로 자각되는 성을 회복할 수 있을 것인가? 첫째로, 여성주의자들은 남성 중심적인 질 오르가슴의 신화와 성폭력적 특징을 이미 내재하고 있는 가부장적인 정상적 성의 패러다임에서 벗어나야 한다고 말한다.[60] 컨베이Convey는 남성 성 문화의 특징을 일곱 가지로 설명하고 있다. 첫째, 성을 주도권을 장악하는 권력의 문제로 이해한다. 둘째, 성을 공격성으로 이해한다. 이는 강간 환상이나 포르노의 탐닉으로 나타난다. 셋째, 성과 사랑을 분리한다. 넷째, 남성 성기 지향성을 나타낸다. 즉 성은 삽입 위주의 성교로 이해된다. 다섯째, 여성을 성적 대상으로 인식한다. 여섯째, 여성의 신체 일부나 옷 등에서 성적 만족을 얻는 물신화fetishism의 특징을 나타낸다. 일곱째, 남성의 성은 통제 불가능하므로 자극받으면 반드시 성적으로 만족되어야 한다는 통념이다컨베이, 1984: 9-21. 오늘날 우리 사회의 성 문화도 이런 특징에서 크게 벗어나지 않으며장필화·조형: 1991, 앞장에서 살펴보았듯이 오늘날 우리 사회에는 여성과 남성을 가학-피학적인 성적 주체로 양산해 내기 위한 성 장치가 맹활약 중이다.

생명력으로 자각되는 성을 회복하기 위해서는 유년기에서 청년기에 이르는 성의 사회화 과정이 가학-피학적으로 이루어져서는 안 되며 아이들을 이 문화에 오염당하지 않게 해야 한다. 이것이 가능하기 위해서는 무엇보다도 어른특히 부모와 교사이 먼저 성을 생명력으로 자각하고 감관 긍정적·성 우호적 태도로 아이들을 기르고 학교 생활을 재구성해야 한다. 이리가라이는 학교에서 이루어질 수 있는 성 우호적 성교육을 다음처럼 개괄해 주고 있다.

최근에 학교에서는 청소년에게 실험실에서 생식 방법에 기초하여 섹슈얼리티를 가르치고 있는 바, 이것은 장래의 연인들이나 그들 자신을 역겹게 만든다. 언제 그들에게 사랑을 올바르게 가르칠 수 있겠는가? 즉 사랑은 생식기 분석만으로 그치지 않고, 적어도 두 사람의 인간 사이의 감정의 움직임에 관한 것임을, 약혼자 앞으로 보낼 편지와 같은 문학 수업은 언제 행해지게 될까? 이상적 연인의 실루엣이라든가 얼굴을 드러내는 그림 수업은? 혹은 학교에서, 가까이에 있는 느낌이 좋고 사랑받는 여자 아이나 남자 아이의 사진전은? 사랑은 비밀을 추구할지도 모른다. 그러나 동시에 사랑을 계속 키워가기 위해서는 사교성과 교양이 필요하다. 사랑을 가능하게 하고 도움되는 말이나 이미지를 시민으로서 학습하는 것은 언제 행해질까? 이를 실현하는 것은 매우 간단하며 비용이 거의 들지 않는다! 그것은 인간 질서에 필요한 진보, 수백 년에 걸쳐 여성과 청소년에게는 금지되어 왔던 만큼 특히 그들에게 절실히 필요한 진보이다. 그러나 남성들 역시 이러한 진보가 필요하며, 프로이트나 마르쿠제의 용어를 빌려 말한다면, 삶의 충동 쪽이 죽음의 충동보다도 많은 기회를 갖게 될 이러한 사회의 변화에 남성이나 여성이 제각기

많건 적건 공헌할 수 있다. 뤼스 이리가라이, 1996: 106-107

사실 노자의 무위적 관점에 따르자면 자-타의 인정, 몸과 감관에 대한 긍정은 자아 형성의 어려운 과제가 아니라 아이들이 자기 생성 과정에서 자연스럽게 보여 줄 특징들이다. 이런 자연스러운 것들이 어렵게 느껴지는 것은 부모 자신이 무위적 인격에서 일탈되어 있기 때문이다. 왜 자연스러움이 어려움이 되었는가? 그것은 부모 자신이 성을 생명력으로 자각하지 못하고, 따라서 인위적인가부장적인, 생명의 도/길道에서 어긋난 가부장적 개입이 부모들의 육아와 훈육, 그리고 문화─피학적인 동화, 만화 영화들─로서 일어나고 있기 때문이다. 부모와 사회의 망상이 아이를 자신의 심신과 긍정적으로 교류하는 자기 생성력을 상실한, 생명 없는 인형으로 전락시키고 있는 것이다. 체육과 놀이를 통한 몸에 대한 통합적인 감각과 느낌이 여아와 남아 간에 자연스럽게 교류되고, 미적·예술적 감수성의 싹이 잘리지 않고 개발되도록 예술 교육이 이루어질 때, 아이들의 몸/성적 정체감·감수성은 생명친화적으로 형성되게 된다. 여기서도 신화적 언어지식는 가학-피학적 성의 사회화에 대항할 수 있는 대모의 무기가 된다. 요조숙녀의 여성상을 일거에 날려 버리는 손병사 어머니 설화, 토악질·똥·오줌과 같은 비루한 생리 활동이 그대로 창조 행위가 되는 선문대할망 신화와 같은 것은 몸/성에 건강하게 열려진 딸과 아들을 길러 낼 수 있게 하는 그림 동화의 유익한 소재이다.

생명력으로서의 성을 회복하기 위해 두 번째로 필요한 것은 성을 생활에서 소외시키지 않는 문화이다. 가부장적 유교 문화 속에서도 생활에 성을 건강하게 통합시키는 민중 문화의 명맥은 이어져 왔다. 성교를 상징하는 새끼줄, 음경에 대한 형태적 비유로서의 '총각김치' 라는 말이자 건강한 음담패설* 과부 보쌈의 풍습 등이 그것이다. 심지어 양반집에서조차 어머니는 딸이 시집 갈 때 도교적 춘화를 건네주었다는 것은 전통 사회가 매우 합리적인 성교육의 기재를 지니고 있는 측면이 있었음을 단적으로 보여 준다.

한편, 성을 생활과 분리시키지 않을 때 성교육은 단순히 성교육으로 이해되지 않는다. 성교육은 아이들이 자라나는 가정 문화, 학교 교육 문화와 환경, 전 생활 과정이 어떻게 구성되어 있는가와 관련된 문제이다. 아름다움을 느끼고 표현하는 감성 개발을 억압당하는 교육 구조 속에서 자랄 때, 아이들은 포르노 비디오가 보여 주는 역겨움을 역겨움으로 느끼는 것이 아니라, '성은 저런 거구나.' 라고 느낀다. 가학적인 포르노나 게임에 친숙해지면 상황은 돌이킬 수가 없고 성폭력도 게임하듯이 하게 된다. 그러므로 일정 시간의 성교육이 교과 시간이나 교재로도 제공되기는 해야겠지만, 실질적으로 성교육은 보다 더 넓은 사회·문화적 토양을 묻고 가르쳐야 하는 문제이다. 성은 궁극적으로 개인적으로는 개인의 존재성 회복과 연결되어 있고 사회 전체적으로는 사회·문화적 건강성·심미성·풍요로움 등과 연결되어 있는 문제인 것이다.

마지막으로 낙태는 생명 중심적 성이라는 우리의 주제와 관련해 피해 갈 수 없는 주제일 것이다. 우리 사회에서 낙태는 연간 120~150만 건에 이른다고 추정될 정도로 범람하고 있다. 최근에는 태아도 생명이라는 입장에서 일부 산부인과 의사들을 중심으로 낙태 금지 운동이 일어나고 있다. 낙태는

---

* 음담패설은 성을 생활에 통합시키는 한 기제이다. 그러나 1990년대의 음담패설은 분석해 보면 컨베이가 요약한 남성중심적 성문화의 특징들을 나타내고 있을 뿐이다. 성교는 곤봉을 처들고 여왕의 성을 함락시키는 것으로 은유되고, 매춘은 희화화되고, 대부분의 음담패설은 성희롱적인 것이다. 성의 생명력을 재치 있게 표현하는 음담패설은 찾아볼 수 없다. 여자와 남자가 불쾌감 없이 함께 웃을 수 있는 음담패설을 만들어낼 수 있는 현대판 손병사 어머니의 출현이 아쉽다.

만물을 생명으로 감수感受하는 불교의 시선에서 볼 때 분명한 업이다. 업이란 당사자가 받을 인과가 있다는 말이지만, 그렇다고 모든 업을 법으로 금하지 않으며 도축이나 회뜨기와 같은 살생 또한 법으로 금하지는 않는다. 낙태라는 최종 결과에 이르기까지 몇 개의 인연의 고리들이 존재한다. 청소년들의 피임에 대한 무지, 성관계로 생길 수 있는 생명에 대한 책임감보다 쾌락이 우선해 피임을 제대로 하지 않는 당사자 남녀의 쾌락 우선의 태도, 피임을 막무가내로 거부하는 남편들, 피임을 강하게 요구하기 힘든 매매춘 여성들의 존재 등 다양한 원인들이 존재할 것이다. 낙태 반대나 낙태 감소 운동은 낙태 금지라는 현실적이지 않은 법적 규제보다는 이러한 과정상의 인因의 고리를 차단하는 데 주력하는 것이 불교의 연기법에 충실한 접근으로 보인다. 오계 중의 하나인 불사음不邪淫을 강조하고, 피임하지 않는 성관계도 사음임을 불자 여성·남성들에게 숙지시킴으로써 낙태를 예방하는 것과 같은 방안을 생각해 볼 수 있다. 마지막으로 낙태는 그 동기가 분노의 살인과는 다름을 유념할 필요가 있다. 여성들은 아이를 안정적으로 기를 수 있는 최소한의 조건 – 물론 이 조건은 판단하는 여성들에 따라 다 다르지만 – 이 구비되지 않았다고 판단하는 순간 엄청 괴로워하면서도 본능적으로 낙태를 선택한다. 그리고 그 상실감과 상처는 매해 천도제를 지내도 풀리지 않을 만큼 큰 것이다. 이 여성들에게 필요한 것은 우선은 위로이다. 그러면서 이 괴로움을 두 번 다시 겪지 않도록 여성과 남성을 동등한 대상으로 하는 성교육이 이루어져야 할 것이다.

가부장적 여성에서 무위의 여성으로

자유자재함에 도달하는 성찰, 또는 참선은 대략 세 단계로 구분해 볼 수 있다. 첫 단계는 자신의 인성 유형을 있는 그대로 성찰할 수 있는 단계이다. 이는 자아에 대한 컴플렉스나 과대망상에 구애됨 없이 실재하는 자아를 보기 시작하게 되는 첫 단계이다. 불교적으로는 전오식이나 육식심식에 고착되어 있는 상태에서 벗어나기 시작하는 단계이다. 이 단계에서는 자기화하고 있는 사회·문화적인 장치나 상징을 비판적으로 볼 수 있게 된다. 이 장 앞에서 살펴본 맹모 상징과 피학적 성은 바로 오늘날 우리 사회에서 맹위를 떨치고 있는 문화 상징이다. 맹모 상징은 역사적인 발전 경로를 밟아온 뿌리 깊은 문화 상징이며, 피학적 성은 60년대 이후 상징 작용을 시작하였으나 맹렬하게 작동하며 문화 상징으로 안착해 가고 있는 것으로 보인다.

이 단계에 주체의 성찰은 갈림길에 서게 된다. 문화 상징의 반反생명성을 머리로는 인식하나 이 인식은 인식으로만 머물 수도 있고 자아에 안착되어 있는 문화 상징을 떨구어 내는 데까지 진척되기도 한다. 전자는 가부장제와 타협하며 후자는 주체성 회복에의 한 걸음을 더 내딛어 성찰의 두 번째 단계로 나아가게 된다. 자신의 마음의 성숙 상태, 본래 성품 자리로의 근접한 정도가 그 방향을 결정할 것이다.

자아화한 문화 상징을 몰아낸 두 번째 단계에서 주체에게는 가부장제에 의해 오염되지 않은 전前 가부장적인 생명체 본연의 생명성자연적 주체성이라 부를 수도 있겠다이 부분적으로 현상하게 된다. 이것은 삶을 생기 있게 살아가게 하는 힘이다. 그러나 아직 이 단계에서 주체는 전일적인 생명은 못 된다. 그것은 그가 다시 굴복받아야 하는 아집에 집착하는 자아가 있기 때문이다. 불교에서 말하는 말라야식, 칠식이다. 이 단계에서의 성찰의 대상은 문화 상징이 아니라 자기 인성에 고유한 편벽됨과 이와 결부된 가부장적 여성성들이다. 융의 이론을 원용하여 그리스·로마 신화의 여신과 남신 들을 각 인성의 유형으로 성찰해 내고 있는 볼린의『우리 속에 있는 여신들』1992,『우리 속에 있는 남신들』1994은 이 단계의 성찰을 심도 있게 해 보이는 저서이다.

우리의 무속 신화나 토속 산신에 대한 신화들은 가부장적 굴절에도 불구하고 전 가부장적인 생명성이 살아 있는 여신의 모습을 보여 주고 있다. 마고, 당금애기, 바리데기, 자청비, 삼승할망본풀이, 가믄장 아기, 설문대할망의 신화들은 가부장제 이전의 대모신의 창조성, 생산성 또는 다산성과 포용성, 지혜, 자율성 등을 어느 정도 보여 주고 있다강진옥, 1993, 1995. 이러한 신화들의 여성 예술주의적 개작은 활발하게 작동하는 가부장제의 문화 상징들의 오염으로부터 우리 딸과 아들들을 보호할 수 있을 것이며 나아가 대모의 생명성을 활성화시키는 것을 용이하게 해 줄 수 있을 것이다. 그러나 우리는 볼린이 그리스 신화의 각 신들의 아집을 성찰해 내었듯이 이 여신들이 집착하고 있는 아집들을 성찰해 내어야 한다. 이 아집들을 남김없이 성찰해 내고 자아로부터 떨구어 내었을 때, 성찰의 삼 단계인 자유자재한 '어머니 무아'로의 비약적 도약은 준비될 것이다.

성찰의 세 번째 단계는 전前 가부장적 시대, 여신으로까지 숭배되었던 생명력 자체로의 어머니를 상기해 내고, 그 어머니에 대한 원시적 공포감을 떨구어 무아인 어머니를 활성화시켜 내는 것이다. 불교에서 팔식인 아뢰야식은 칠식의 활동이 훈습되어 있다. 즉 과거의 경험이 잠복된 상태로서 미래의 경험의 원인이 되는 일체의 종자를 지니고 있다. "아뢰야식은 무시 이래로 상속해 있는 것이기 때문에, 무시 이래의 경험을 습기 형태로 거기에 저장하고 보관해 오고 있는 것이다." 아뢰야식은 "하나의 개체는 경험한 것을 간직하면서도 시작도 없는 먼 옛날로부터 영겁의 미래로 상속해 가고 있다는 한 측면 외에 또 한편으로는 개체는 그대로가 거대한 세계 그 자체라고 하는 한 측면도" 말하고 있다다케무라 마키오, 1995: 80-83.61

이 아뢰야식은 융의 집단 무의식의 개념과 유사하다. 융은 개인적 무의식

보다 더 깊은 하층에 집합적 무의식의 세계가 있다고 보고 이를 원형이라 하였다. 융에 의하면 원형은 "고대의 잔재" 또는 "원시적 이미지"Primodial image로서 본능적 경향이기는 하나 생리적인 충동으로서 감각에 의해 인정 되는 본능과는 달리, '반드시 상징적인 이미지에 의해서만 그 존재를 명확 히 한다." 원형들은 "기지旣知의 기원을 갖고 있지 않으며, 또한 세계 어느 장소에 있어서도 – 직접 상속에 의한 유전 내지는 이주에 의한 '잡교 수정' 雜交受精 등 생각도 할 수 없는 곳에까지 – 산출이 가능하다." 앞글 1995: 101-102

불교의 아뢰야식과 융의 집단 무의식/원형의 개념에 힘입어 우리는 여기 서 선사시대의 전前 가부장제 시대의 인류 보편의 경험이 인류의 집단 무의 식으로 우리에게 내재해 있음을 말할 수 있다. 세계 어느 곳에서나 토착신 으로서 지모신 신화와 신앙을 우리는 보편적으로 찾아볼 수 있다. 고고학적 연구는 이 지구상에 남신이 알려지기 이전에 대모신Great Goddess 종교가 기원 전 4, 5천 년경의 선사시대에 전 세계적으로 광범위하게 존재했었다고 말한 다. 이 시대는 인간 생명을 낳을 뿐만 아니라 주 농경자로서 자연의 생명까 지 주재하는 여성의 생명 생산 능력이 신적 능력으로 숭배되었다Lerner, 1986: 141-160. 이 대모는 의식의 최하층 밑에서 잠자고 있다. 5,000년 동안 지속되어 온 가부장제 역사는 인류에게서 이 대모의 기억을 말살시켜 온 역사였다. 그러나 아뢰야식과 원형의 개념은 대모의 경험과 내적 에너지는 억압으로 일시적으로 의식층에 표상될 수는 없을지라도 결코 말살될 수는 없는, 인류 에게 선재해 있는 보편 경험임을 말해 준다.

우리의 성찰은 이 대모를 의식층으로 활성화해 내는 데까지 진전되어야 한다. 이것은 생각처럼 어려운 일만은 아니다. 대모는 어느 정도는 우리의 훼손당하지 않은 생명으로서의 존재성 바로 그 자체이기 때문이다. 우리가 수행으로 아집을 떨구어 내는 단계에 이르렀을 때 이 대모는 우리 자신의 생명력으로 현상하게 된다. 여기서 보다 더 어려운 것은 대모에 대한 공포, 즉 원시인 단계의 자연/생성계에 대한 공포를 떨구어 낼 수 있는가이다. 원시인은 현대인의 분열된 인격보다는 통합성을 더 잘 유지하고 있다고 보인다. 그러나 원시인의 단계에서 자연/생성계는 무한한 생성/생명의 세계인 동시에 공포의 대상, 불가항력적인 파괴/죽음의 힘이기도 하다. "도는 위대하고 하늘도 위대하고 땅도 위대하고 사람 또한 위대하다"*라는 것처럼 인간과 자연, 우주의 법을 하나로 파악하는 전망이 원시인에게는 결여되어 있다. 자연/생성계의 재앙, 파괴력조차도 무궁하게 순환하는 생주괴멸生住壞滅의 한 과정, 궁극적인 생성의 한 계기로 보는 전망을 원시인은 지니지 못했다.

원시인의 단계에서 형성된 자연/생성계에 대한 이 같은 인식의 한계는 대모 원형에게 그대로 반영된다. 예를 들면 삼신할머니는 생명을 가져다 주는 어진 신이지만 동시에 죽임의 능력까지 지닌다. 아기가 태어난 지 얼마 안 되는 집에서 못을 박으면 삼신할머니는 아이를 장님으로 만들어 버리는 노여움을 표출한다A. 줄모즈, 1975. 아르테미스는 가부장제에 의해 상처받지 않은 처녀 여신으로, 기질적으로 여성주의자이며 다른 여성들과의 친화력이 강한 '여성주의자 큰언니'로서의 대모의 모습을 지니고 있다. 그러나 그녀의 내면에는 한 번 분노하면 주변 사람들을 파멸로 이르게 하고야 마는 분노의 멧돼지와 연약함에 대한 경멸이 자리 잡고 있다. 이것은 여성운동가인 아르테미스로 하여금 자신과 같지 않은 여성들을 자신과 같지 않다고, 의식화되지 않았다는 이유로 일방적인 비난을 퍼부어 다른 여성들이 상처를 받게 한다앞글 : 71-72, 80-81.

생명력인 동시에 파괴력으로 현상하는 이 대모의 분열은 보살로 고양됨

---

* 道大 天大 地大 王亦大, 『노자』 25.

으로써 생명력으로 통합된다. 성찰을 통해 거듭난 원융무애한 원형들을 불교는 인성의 편벽됨이 아닌 개성 있는 무아의 원형들인 보살로, 노자는 무위적인 인간으로 제시하였다. 보살은 다음과 같은 인간이다.

> 사람들이 청한 바 없었지만, 친구가 되어 마음을 편안하게 해 주며, 불·법·승·삼보의 맥이 끊기지 않아 길이 빛나게 하고, 마구니와 같은 원수를 항복시키고 수많은 외도外道를 제압하였다. 몸과 마음이 모두 청정하고 번뇌망상에서 영원히 떠나 언제나 평안하게 살며, 무애無碍·해탈解脫·정념正念·선정禪定·총지總持를 이룩하고, 훌륭한 변재辯才가 끊임없었으며, 보시布施·지계持戒·인욕忍辱·정진精進·선정禪定·지혜智慧의 육바라밀六波羅蜜*과 방편方便·력力을 부족함이 없이 다 갖추고 있다.[62]

> 불보살들은 행·주·좌·와·어·묵·동·정 간에 무애無碍 자재하는 도가 있으므로 능히 정할 때에 정하고 동할 때에 동하며, 능히 클 때에 크고 작을 때에 작으며, 능히 밝을 때에 밝고 어둘 때에 어두우며, 능히 살 때에 살고 죽을 때에 죽어서, 오직 모든 사물과 모든 처소에 조금도 법도에 어그러지는 바가 없나니라. 『원불교전서』 불지품 4:271

보살의 이 같은 특성은 보살이 원융무애한 경지에 도달한 인간의 원형들임을 말해 준다. 그러나 그 보살은 자애로운 어머니를 연상시키는 관음보살, 포효하는 사자를 연상시키는 문수보살과 같이 자기 개성이 있는 존재들이다. 우리에게 필요한 것은 여신을 태고적의 모습 그대로가 아니라 인간진화의 역사를 담고 있으면서도 신인간형의 전망을 보여 주는 무아로서의 보살 원형으로 창조해 내는 것이다. 자아를 이같이 무아적인 보살 원형으로 활성화해 낸다고 할 때, 그 활성화의 힘은 어디서 나올 수 있는 것일까? 그것은 가부장적 의식층이라는 단단한 바위를 꿰뚫어 볼 수 있는 투시력, 그 바위를 녹여낼 수 있는 집중력의 불꽃에서 나오는 것이 아닐까? 이런 투시력과 집중력이 바로 몰입으로서의 참선이며 바로 자아 극기와 자기 생성이라는 역설적 과정으로의 수행일 것이다.

남성 중심주의에 본능적으로 민감한 여성주의 담론은 가부장적 여성성의 비진실성을 드러내 보여 줄 수는 있다. 그러나 이 드러내 보임을 '여성에게 힘 주기'로까지 진전시키고 있다고 자신 있게 말하기는 어렵다. 기질적으로 여성주의자이며 가정 환경 등에서 가부장제로부터 비교적 덜 상처받은 소수 여성들은 비상의 탈출을 멋지게 감행해 보인다. 그러나 더 많은 여성들이 여성주의의 비판과 만날 때 그녀들은 혼란스러워하고 어찌 할 바를 몰라 한다.

여자로서 '공즉시색 색즉시공'의 깨달음은 남성이 심어 준 욕망을 내몰아 버린 그 지점에서 어떤 욕망이나 권위에도 의존하지 않는 탈가부장적 인연을 맺어 갈 수 있게 한다. 바로 여기서 여성주의의 가부장제 비판의 정신과 마음 회복의 정신이 만날 필요성이 있는 것이다. 가부장제에 대한 비판을 보살로서의 자기 형성으로 승화시켜 가는 과정에서 힘은 솟아 나온다. 비판은 분명히 비상의 한 계기이지만 그 자체만으로는 비판자를 불모화하는 것으로 끝나 버릴 수도 있다.

이러한 수행/무아의 정치학은 변화를 가져오기 위해서는 무수히 많은 보살들을 전제해야 하고 보살은 역사적으로 손꼽을 수 있는 성인·성녀에게나 가능했던 것으로 보여, 그 현실성에 의심이 일어날 수 있다. 이에 대해서는 두 가지로 답해 볼 수 있다. 첫째는 생태주의자들의 공통된 인식으로서, 현대 문명의 위기는 인간 자체의 질적인 진화가 없이는 극복 가능하지 않다는 것이다. 이제까지의 역사 발전은 계급 투쟁이나 생산력의 발전과 같은 물질력에 의해 이루어져 왔지만, 그 발전은 다른 한편으로는 인간과 인간의 계급적·계층적 분리, 인간과 자연의 적대화를 심화시키는 과정이기도 했고 이제는 이 인간의 문제를 해결하지 않고는 인간 종으로서의 생존 자체가 어렵지 않겠느냐는 것이다. 생태주의자들은 '영성을 자각한 인간', '우주적 책임감과 연대성을 자각한 인간'을 생태주의 사회의 인간형으로 언급하는 것으로 이러한 문제의식을 표현한다. 프로이트는 문명의 진화는 에로스·생의 본능과 죽음 본능·파괴 본능 사이의 투쟁이라고 본다1930: 755-756. 생의 본능은 자아의 본성이 무아임을 깨닫고 무아를 향하여 수행해 가게 하는 존재성의 힘이라면, 죽음 본능은 무명의 세계에 머물게 하는 관성의 힘으로 해석해 볼 수 있다. 생태주의자들의 문제의식이 정확하다면, 생의 본능을 활성화하여 생명의 터전을 일구어 내는 개인과 집단만이 인류의 질적 진화의 도정에 설 수 있게 되는 것이다. 이 생의 본능을 활성화해 내는 것이 바로, 오염된 집착과 의존으로서의 사랑에서 벗어나 대승적 사랑을 자기화하고 사회화해 내는 과정이기도 하다.

에필로그

　필자는 불교 여성주의를, 불교의 사유 체계에 따라 여성 경험과 양성 관계를 연구하여 분석되고 해석된 여성문제에 대한 이론적·실천적 대안을 제시하고, 이를 실현하기 위해 노력함으로써 여남 상생의 세상을 만들어가는 데 기여하고자 하는, 일련의 이론적·실천적인 행위의 총체로 이해하고자 한다. 이렇게 불교 여성주의를 이해하면 불교 여성주의는 '앞선 실천과 담론의 부재' 혹은 여성주의 이론적 조명으로부터 배제됨와 같은 심한 불균형 상태에 있는 것으로 보인다.

　필자는 이러한 불균형은 과거 여성사를 유교 가부장제가 지배했던 '여성 잔혹사'라고 보는 시각에서 벗어나 유교 지배 이전의 무속과 불교의 자장 안에서 영위되었던 고대의 삶과 그 유제들에 시선을 돌림으로써, 다시 말해 우리의 역사에서 면면한 비가부장제적 전통을 오늘날 기억해 내고 소환함으로써 시정될 수 있다고 보았다. 마음의 회복은 자신이 발을 닫고 있는 곳의 심층문화에 대한 자각과 성찰, 건강한 계승 노력없이는 이루어지기 힘들기 때문이다. 이 책은 처음부터 끝까지 이 점을 보여 주고자 하였다.

　마지막으로 이 책에서 다루지 못한 자생적인 여성 불자들의 사회적 살림 실천 혹은 돌봄 실천을 언급하면서 끝을 맺고자 한다. 서구의 돌봄 이론이 들어오기 이전부터 불교적 보살행으로 전개되어 온 여성 불자들의 사회적 실천에 대한 연구는 앞선 실천과 불교 여성 연구가 균형을 맞추기 위해 속히 이루어져야 할 과제로 남아 있기 때문이다.

보살행을 하는 가장 대표적인 여성 중심의 불교 단체로 여성 원불교인들의 운동 단체인 '한울안 운동' http://www.hanuran.or.kr과 '정토회' http://www.jungto.org, 여성 노숙인들을 보살피는 화엄 동산, 불교여성개발원http://www.bwdi.or.kr/ 등을 들 수 있다. 이들 단체는 여성계에 서구 보살핌 담론의 영향 속에서 보살핌 담론*이 형성되기 이전, 90년대 초중반부터 이미 보살행으로 보살핌을 실천하기 시작하였고, 그 영역은 국내를 넘어서 북한과 아프리카의 여성과 아동에게까지 뻗어나가고 있다. 최근에는 나무여성인권상담소가 개소되어 활동을 시작하였다. 이러한 불교 여성 단체들과, 여성 단체는 아니더라도 불교 계통의 복지 단체에서 활동하는 여성 불자들에게 불교의 성찰에 기반하는 보살핌 담론이 내재화되어 있다는 점에서, 그 담론은 한국 사회의 살아 있는 보살핌 담론이라 할 수 있다. 그러나 불교 여성주의는 한국의 여성주의 진영으로부터 시민권을 인정받지 못하고 있다. 그 단적인 예가 한울안이 국내에서 여성단체로 등록받지 못하고 유엔에 가서 국제 시민단체로 인정받은 것이다. 한울안은 아프리카, 아시아의 여성과 아동을 돕는 우물 파주기, 의약·가전제품·의류·생필품·유치원교구 등의 지원과 같은 국제적인 상생 사업, 여성 문화 예술제, 새만금 살리기와 같은 환경 운동에의 동참, 어린이 환경 교육 캠프나 프로그램 운영, 해외 입양 청년 모국 방문 주선, 해외 교포 2·3세 청소년 한국문화 체험 사업, 탈북인 지원 사업이나 재해 지역 주민 지원 사업 등과 국내외적으로 어려운 여성과 아동을 보살피는

---

* 낸시 폴브레, 윤자영 옮김, 『보이지 않는 가슴』, 또 하나의 문화, 2007.

일을 해 왔다. 그럼에도 불구하고 국내에서 여성부로부터 종교단체이기 때문에 여성 단체로 인정할 수 없다는 판정을 받자, 유엔으로 진출하여 유엔 경제사회 이사회 및 그 산하단체나 전문기구의 회의에서 해당 엔지오의 관심사항에 대해 의견을 발표하거나 서면으로 제출할 수 있는 협의 지위를 부여받은, 유엔이 공식적으로 인정하는 엔지오가 되었다 '원불교 유엔 NGO 선정', http://www.hani.co.kr. 2004.8.4.

이와 같이 여성주의 돌봄의 범례로 주목 받을 가치가 있음에도 불구하고 종교 행위로 치부되어, 여성주의 보살핌 담론에 대한 관심에서 배제되고 있는 불교 여성주의 운동은 불교 여성주의 연구자들이 시급히 제대로 조명해 줄 필요가 있다. 이렇게 이미 존재하는 보살행을 불교 여성주의 실천으로 자리매김해 주는 과정에서, 실천과 이론이 통합된 불교 여성주의도 명실상부하게 정립될 수 있을 것이다.

| 주 석 |

1 「행복지수를 국정의 주요지표로 삼아야」, http://jpyun56.wordpress.com

2 「한국 연평균 근로시간 OECD 1위」, http://sarang.bogun.or.kr/bbs/tb.php/free/235

3 「한국 사교육비 OECD중 최고, 노동시간도 1위…출산율은 꼴찌」, 한겨레신문, 2007.4.3; 「사교육비 20조…사실상 공교육 예산 추월」, 한겨레신문, 2008.2.23; 「학부모 교육비부담 年40兆」, 한겨레신문, 2002.4.24; 「한국인은 일 중독·자녀교육 중독」, 경향신문, 2008.5.1; 「작년 교육비 40조원, 경기 불황속 가구당 239만원, 사상최대」, 경향신문, 2009.3.30.

4 「미세먼지 노출 위험수위」, http://www.donga, 2005.10.5; 「서울 오염도 도쿄의 2배, 뉴욕 3배 수준」, http://news.joins.com/society/2005.6.27.

5 아토피는 대한소아알레르기 호흡기학회의 2005년 조사에서도 29.2%로 나타나 여성환경연대의 조사와 비슷한 결과를 보여 주고 있다(「10년 새 초등생 알레르기 비염, 아토피 피부염 크게 늘어」, 한겨레신문, 2007.4.15).

6 「청소년 게임중독 근본 대응을」, http://www.naeil.com/news/NewsDetail.asp?nnum=519730

7 http://www.worldwatch.org/node/3816

8 天地與我並存, 而萬物與我爲一. 旣已爲一矣, 且得無言乎?(『장자』 齊物論)

9 所有一切衆生之類, 若卵生, 若胎生, 若濕生, 若化生, 若有色, 若無色, 若有想, 若非有想, 若非無想, 我皆令入無餘涅槃, 而滅度之.(『금강경』)

10 道生一, 一生二, 二生三, 三生萬物, 萬物負陰而抱陽, 沖氣以爲和.(『노자』 42장)

11 含德之厚, 比於赤子. 毒蟲不螫, 猛獸不據, 攫鳥不搏. 骨弱筋柔, 而握固. 未知牝牡之合而全作, 精之至也. 終日號而不嗄, 和之至也. 知和曰常 知常曰明.(『노자』 55장)

12 『녹색평론선집1』1(1995)에 실린 「시애틀 추장 연설」과 헬레나 노르베리-호지(Helena Norberg-Hodge)의 「위협받는 토착문화」 참고.

13 觀自在菩薩, 行深般若波羅蜜多時, 照見五蘊皆空, 度一切苦厄, 舍利子, 色不異空, 空不異色, 色卽是空, 空卽是色, 受想行識亦復如是.(『반야심경』)

14 天下皆知美之爲美, 斯惡已. 皆知善之爲善, 斯不善已. 故有無相生, 難易相成, 長短相形, 高下相傾, 音聲相和, 前後相隨.(『노자』 2장) 이 외에도 1, 22, 58장 참고.

15 道生一, 一生二, 二生三, 三生萬物, 萬物負陰而抱陽, 沖氣以爲和.(『노자』 42장)

16 汝等比丘, 知我說法, 如筏喩者, 法尙應捨, 何況非法.(『금강경』)

17 諸菩薩摩訶薩, 應如是生清淨心. 不應住色生心, 不應住聲香味觸法生心, 應無所住, 而
生其心.(앞글)

18 普於十方刹, 示現無量身. 知身從緣起, 究竟無所著. 依於無二智, 出現人師子. 不著無
二法, 知無二非二.(『大方廣佛華嚴經』 卷第九, 〈普賢行品第三十六〉, 十二쪽 좌편).

19 知如來出現即知無量. 知成就無量行故即知廣大. 知周徧十方故…即知無身. 知如虛空
故. 卽知平等. 知一切衆生皆無我故.(『大方廣佛華嚴經』, 〈如來出現品第三十七之一〉,
十三쪽 우편)

20 衆生世界劫諸佛及不法, 一切如幻化, 法界悉平等.(『大方廣佛華嚴經』, 〈普現行品第三
十六〉, 十二쪽 좌편)

21 是以聖人處無爲之事, 行不言之敎. 萬物作焉而不辭, 生而不有….(『도덕경』 2장)

22 故聖人云, 我無爲, 而民自化, 我好靜, 而民自正, 我無事, 而民自富, 我無欲, 而民自
樸.(『도덕경』 57장) 이 외에도 5, 58, 60장 참고.

23 "Gone, gone, gone beyond, gone altogether beyond, O what an awakening, all ail!-This
completes the Hart of perfect wisdom." (E. Conze, 1972: 101-102).

24 『三國遺事』 卷第一 記異 第一 '古朝鮮 王儉 朝鮮'.

25 그가 처음 진한에 와서 성자(聖子)를 낳아 동국(東國)의 처음 임금이 되었으니 필경
혁거세와 알영의 두 성군(聖君)을 낳았을 것이다(其始到辰韓也. 生聖子爲東國始君.
赫居世閼英二聖之所自也.『三國遺事』 卷第五感通 仙桃聖母隨喜佛事).

26 國有玄妙之道曰風流 … 包含三敎 接化群生(『三國史記』 4 新羅 本紀4 眞興王 37년 條).

27 『三國遺事』 卷第三 寶藏奉老 普德移庵.

28 『三國遺事』 卷第二 記異 第二. 駕洛國記.

29 『三國遺事』 卷第三 興法第三 '原宗興法.'

30 『三國遺事』 卷第五. 感通第七 '仙桃聖母隨喜佛事.'

31 『三國史記』 卷列傳8 孝女知恩.

32 『三國史記』 卷第48 列傳8 薛氏.

33 『三國遺事』 卷3, 宝藏奉老普德移庵;『三國史記』 卷17 고구려 本紀 5, 奉上王 9년 8월 조.

34 『三國史記』 卷1 新羅本紀1 始祖 赫居世 17년 條.

35 『三國遺事』 卷3 塔像4 皇龍寺種芬皇寺藥師奉德寺鍾; 강영경(1980): 49

36 『三國遺事』 卷第1 第四代 脫解王.

37 阿珍浦村長阿珍等開檳出有卵. 忽有鵲來豚卵開有童男自稱脫解. 託村駒爲母學書史
廉通地理(『三國史節要』 卷二. 脫解王元年).

38 『三國史記』卷13 高句麗本紀1 琉璃明王 28年 8月組; 卷3 新羅本紀 炤知麻立干 22年 條; 卷8 新羅本紀8 神文王 3年條.

39 『三國史記』卷第13 高句麗 本紀 第一 '始祖東明聖王.'

40 『三國遺事』卷第三 塔像 第四 彌勒仙花. 末戶郎. 眞慈師.

41 조선시대 한시 규방가사에 대해서는 허난설헌 외(1994)를 참조할 것.

42 두 아이를 기른 이야기는 『꿈높이 엄마, 꿈높이 아이』(2000)에 기술되어 있다.

43 기독교의 에덴 동산 시대에 비유될 수 있는 한국인의 창세 시대(이 책 77쪽~81쪽 참조)

44 『三國史記』卷 第 48 列傳8 薛氏

45 『三國遺事』卷3 ?藏奉老普德移庵; 『三國史記』卷 17 고구려 本紀 5, 奉上王 9년 8월 조.

46 『三國史記』卷 1 新羅本紀1 始祖 赫居世 17年 條.

47 졸고 「제도화된 모성경험과 변화의 방향-지역성 생성을 중심으로」(2005)는 부모와 학원과 학교의 공모관계를 부모를 중심으로 살펴보고 있다.

48 2003년 600여 개의 워커즈에서 1만 4천명이 일하고 있고 총 사업비가 90억엔에 이르고 있다(민희선, 2003:53).

49 중위소득의 40% 미만을 빈곤층으로 볼 경우, 한국의 빈곤가구율은 1999년 7.09%, 2000년 11.29%, 2003년 15.06%로 지속적으로 증가추세를 보였다. 경제성장이 지속돼 왔지만 빈곤층은 갈수록 늘어온 셈이다(여유진, 김미곤 외, 2005)

50 S.N.은 불교의 초기 경전인 『Samyutta-Nikaya』이고, 이 책의 주는 원전 권수, 쪽수를 먼저 적고 한글 번역본 『쌍윳타 니까야』권수, 쪽수를 기재하는 식으로 달았다.

51 이 부분은 김정희(2004)(1)의 327-336쪽을 축약한 내용임.

52 잠재의식, 무의식과 같은 '비의식적 의식'에 대한 심리학적 자료들로는 다음을 참고할 수 있다. : Freud(1915), 융(1990), 엠아이티(MIT) 공대(1994), 湯淺泰雄(1998).

53 수행에 대한 과학적 설명으로는 『불교의 현대적 조명』(교수불자연합외 편저, 1993)의 글들을 참고할 수 있다.

54 諸菩薩摩訶薩, 應如是生淸淨心. 不應住色生心, 不應住聲香味觸法生心, 應無所住, 而生其心(『금강경』).

55 唯 舍利佛 不必是坐 爲宴坐也. 夫宴坐者 不於三界現身意 是爲宴坐. 不起滅定 而現諸威儀 是爲宴坐. 不捨道法 而現凡夫事 是爲宴坐. 必不住內 亦不在外 是爲宴坐(維摩詰所說經:60).

56 !쿵(!Kung)족, 아룬타족(Arunta), 사모아족(Samoa), 다코타족(Dakota), 바멘다족

(Bamenda)에서 찾아볼 수 있다(P. Draper, 1975: 90; A. Oakely, 1972: 132).

57 http://www.datanews.co.kr/site/datanews/DTWork.asp?itemIDT=1002912&aID=200 90 619114345140

58 포르노그라피에 대한 여성주의의 논의들로는 Helen E. Longino(1994), A. Dworkin(1994), S. Kappeler(1996)의 논의를 참고할 수 있고 컴퓨터 포르노에 대한 연구로는 D. Butterworth(1996)를 참고할 수 있다.

59 '외모 지상주의, 여성 건강 위협;, http://www.women21.or.kr/news/?pid=news&sid= 00&gbn=view&listtype=bbslist&ix=393

60 질 오르가슴 신화에 대한 비판은 A. Koedt(1970)의 연구를 참고할 수 있다.

61 아뢰야식의 개념은 본고의 3장에서 살펴 본 얀치의 공진화의 개념과 유사하다.

62 中人不請 友而安之 招隆三寶 能使不絶 降伏魔怨 制諸外道 悉而淸淨 永離蓋纏 心常安住 無碍解脫念定摠持 辨才不斷 布施持戒忍辱精進禪定智慧 及方便力 無不具足 (『維摩詰所說經』: 11).

| 참고문헌 |

1. 원전과 해설서

『大方光佛華嚴經』, 無比 편찬, 『화엄경』 12권-原文②, 민족사, 1994.

『화엄경』, 無比 편찬, 민족사, 1994.

『감산의 노자 풀이』, 오진탁 옮김, 서광사, 1990.

『노자』, 권오현 역해, 일신서적출판사, 1991.

『노자』, 우현민 역주, 박영사, 1991.

『노자/장자』, 장기근 · 이석호 역, 삼성출판사, 1993.

『부도지』, 박제상 지음, 김은수 번역 · 주해, 서울:한문화, 2004.

『三國史記』, 김부식, 이병도 역주, 서울: 두계학술재단, 1999.

『三國遺事』, 일연, 이병도 역주, 서울: 두계학술재단, 1999.

『山海經』, 정재서 역주, 서울 : 민음사, 1993.

『쌍윳타 니까야』(Samyutta-Nikaya) 1~7권, 전재성 역, 한국빠알리성전협회, 1999.

『勝蔓經』, 睦楨培 譯, 동국대학교 불전간행위원회, 1985.

『원불교전서』, 원불교 교화훈련부, 원불교출판사, 2008.

『維摩詰所說經』, 李箕永 譯解, 한국불교연구원, 1994.

『임제록』, 야나기다 세이잔 주해, 일지 역, 고려원, 1993.

『장자』(內編), 한용득 역해, 홍신신서, 1993.

『中國哲學百科大全書』, 中國大百科全書出版社, 北京, 1987.

2. 그외 참고문헌

A. Guillemoz, 「삼신할머니-동해안 한 어촌에서의 신앙과 무기를 중심으로」, 『문화인류학7』, 한국문화인류학회, 1975.

A.G. 카플란 · M.A. 세드니, 김태련 외 공역, 『성의 심리학』, 이화여대출판부, 1989.

바바라 워커 지음, 최종수 옮김, 『아마조네스의 꿈』, 푸른 숲, 1993.

콜린 고든 지음, 홍성민 옮김, 『권력과 지식』, 나남, 1995.

C.V. 벨로프 외 지음, 강정숙 옮김, 『여성, 최후의 식민지』, 한마당, 1987.

데이비드 봄, 「온그림-우주의 숨결」, 김재희 엮음, 『신과학 산책』, 김영사, 1994.

D. 코튼, 「세계 경제와 지속 가능한 사회」, 『녹색평론』21호, 1995.

칼루파하나 지음, 최유진 옮김, 『불교철학』, 천지, 1992.

D.L. 카모디 지음, 강돈구 옮김, 『여성과 종교』, 서광사, 1992.

엘리 자레스키, 김정희 옮김, 『자본주의와 가족제도』, 한마당, 1983.

에드워드 콘즈(a), 임옥균/진현종 옮김, 『불교, 지혜의 원천-금강경·반야심경 뜻과 풀이』, 경서원, 1990.

에드워드 콘즈(b), 『한글세대를 위한 불교』, 한길사, 1990.

이블린 폭스 캘러 지음, 민경숙·이현주 옮김, 『과학과 젠더』, 동문선, 1996.

E.F. 슈마허, 김종욱 역, 『작은 것이 아름답다: 인간 중심의 경제학』, 범우사, 1992.

F. 바렐라, 「창조적인 맴돌이–나에게로 돌아오는 여행」, 김재희 엮음, 『신과학산책』, 김영사, 1994.

F. 카프라, 「지구를 살리는 선택」, 김재희 엮음, 『신과학산책』, 김영사, 1994.

프란시스 쿡 지음, 문찬주 옮김, 『화엄불교의 세계』(만다라총서 14), 불교시대사, 1994.

그레고리 베이트슨 지음, 徐錫鳳 옮김, 『마음의 생태학』, 민음사, 1989.

그레고리 베이트슨 지음, 박지동 옮김, 『정신과 자연』, 까치, 1990.

게어리 주커브 지음, 金榮德 옮김, 『춤추는 물리』, 범양사, 1985.

앙리 베르그손 지음, 정한택 옮김, 『창조적 진화(前)』, 박영사, 1980.

H.I. 하트만, 「성, 계급, 정치투쟁의 장으로서의 가족:가사노동의 예」, 이효재 편, 『가족 연구의 관점과 쟁점』, 까치, 1988.

일리야 프리고진 지음, 신국조 옮김, 『혼돈으로부터의 질서』, 고려원, 1993.

J. 로버트슨, 「완전고용 이후에는 무엇이 오는가」, 『녹색평론』29호, 1996.

L. 암스트롱·A. 스코트, 「여성의 생활용품과 환경파괴」, 김대년 외, 『여성의 삶과 공간 환경』, 한울, 1995.

R. 랩, 「현대 미국의 가족과 계급」, 배리 쏘온·매릴린 얄롬 엮음, 권오주 외 역, 『페미니즘의 시각에서 본 가족』, 한울, 1992.

마리아 미스, 「전지구적 생태여성론이 세계를 구할 수 있는가?」, 한정숙 옮김, 『여성과 사회』 7호, 1996.

미셸 푸코 외, 이정우 편역, 『구조주의를 넘어서』, 1990.

미셸 푸코 지음, 콜린 고든 편, 홍성민 역, 『권력과 지식』, 나남, 1991.

미셸 푸코 지음, 이규현 역, 『성의 역사I』, 나남, 1990.

포 에킨스, 「생명의 경제(1)」, 『녹색평론』24호, 1995.

사라 루딕, 「어머니의 사고방식」, 배리 쏘온 · 매릴린 얄롬 엮음, 권오주 외 역, 『페미니즘의 시각에서 본 가족』, 한울, 1992.

사티쉬 쿠마르, 「인성교육과 작은 학교」, 『녹색평론』13호, 1993.

비비안느 포레스테, 김주경 옮김, 『경제적 공포』, 동문선, 1997.

월든 벨로, 「동아시아의 기적 - 미래를 갉아먹는 경제」, 『녹색평론』21호, 1995.

월든 벨로, 「시애틀 추장 연설」, 『녹색평론선집 1』, 녹색평론사, 1992

강명원, 「법의 녹색화와 녹색법학」, 『경희법학』29권1호, 경희대학교법학대학 경희법학연구소, 1994.

강수영 · 김선미 · 안지영, 「한국여성환경운동의 평가와 전망」, 『여성과 환경 심포지움 자료집』, 한국여성민우회, 1995; 『여성과 사회』, 창작과 비평사, 1996.

강영경, 「한국 고대 사회에 있어서의 여성의 존재형태-삼국시대 여성의 사회활동과 그 지위를 중심으로」, 숙명여대 석사학위 논문(미간행), 1980.

강진옥, 「마고할미 설화에 나타난 여성신 관념」, 『한국민속학』25, 1993.

강진옥, 「한국 민속에 나타난 여성상의 변모양상- 바람직한 여성상 모색을 위한 시론」, 『한국민속학』27, 1995.

고미송, 『그대가 보는 적은 그대 자신에 불과하다 - 불교적 관점에서 본 여성주의 인식론』, 푸른사상, 2010.

고정희, 『여성해방출사표』, 동광출판사, 1990.

고철환, 「생태계란 무엇인가?」, 환경연구회 편저, 『환경 논의의 쟁점들』, 나라사랑, 1994.

고혜경, 『선녀는 왜 나무꾼을 떠났을까?』, 한겨레출판사, 2006.

교수불자연합회 편저, 『불교의 현대적 조명』, 민족사, 1994.

구도완, 『한국 환경운동의 사회학』, 문학과 지성사, 1996.

久保田量遠, 최준식 옮김, 『中國儒佛道 三敎의 만남』, 민족사, 1990.

권숙표, 「환경오염의 원인」, 『크리스챤 아카데미 대화모임 자료』, 1971.8.9.

권순형, 「고려시대 간비(奸婢) 연구」, 『여성학 논집』11집, 이화여자대학교 한국여성연구원, 1994.

김낙필, 「동의보감의 도가적 성격」, 『과학과 철학』2집, 통나무, 1991.

김성동, 「환경문제와 불교사상」, 환경운동연합 엮음, 『시민을 위한 환경교실』, 푸른산, 1993.

김성분, 「페놀 사건의 최후 주자」, 『여성과 환경 그리고 지속 가능한 개발』, 여성과 환경 지속 가능한 개발에 관한 NGO 네트워크, 1995.

김영덕, 「신과학운동과 옴살」, 『과학세대』 창간호, 동녘, 1991.

김영애, 「우장산 살리기」, 『여성과 환경 그리고 지속 가능한 개발』, 同 NGO 네트워크, 1995.

김영태, 「신라 진흥대왕의 신불과 그 사상 연구」, 『불교학보』 5, 1967.

김용선, 『고려음서제도연구』, 일조각, 1991.

김용숙, 『한국여속사』, 민음사, 1990.

김용운, 「Fractral 이론과 화엄경」, 교수불자연합회 편저, 『불교의 현대적 조명』, 민족사, 1994.

김욱동, 『한국의 녹색 문화』, 문예출판사, 2000.

김재봉, 「신라 골품제는 철저한 족내혼제였다」, 『역사춘추』 1988년 4월호.

김재성 옮김, 『붓다의 말씀』, 고요한 소리, 2001(Nyanatiloka translated and explained, *The Word of the Buddha*, Buddhist Publication Society, Kandy : Sri Lanka, 1981).

김정희, 「여성 불자들의 삶에서 본 생명여성주의 윤리 - 작은 해탈에서 머물고 말 것인가?」, 『국학연구』 제4집, 한국국학진흥원, 2004(1).

김정희, 「불교의 생명윤리와 여성불자」, 『한국여성철학』 제4권, 한국여성철학회, 2004(2).

김정희, 『생명여성정치의 현재와 전망』, 푸른사상, 2005.

김정희, 「동양 사상과 생태여성론에 비추어 본 여성운동」, 『에코페미니즘과 우리의 여성운동』 (미간행), 한국불교환경교육원, 1997.

김정희, 「지구화 시대의 교육 변혁론과 여성주의」, 『한국여성학』 제17권 2호, 한국여성학회, 2001.

김정희, 「생명여성주의의 존재론적 탐구 : 반야불교와 노자의 마음 개념에 기초한 신인간형의 모색」, 이화여자대학교 여성학과 박사논문, 1998.

김정희, 「지역교육운동에서의 여성경험과 탈가부장적 지역성의 가능성」, 『시민사회와 NGO』 제2권1호, 한양대학교 출판부, 2004.

김정희 외, 『특수보육 수요조사 및 정책대안 연구』, 여성부, 2004.

김종욱, 「자연의 도덕적 지위와 불교적 생태윤리」, 『자연, 환경인가 주체인가』, 불교문화연구원, 2003.

김지하, 「신문명의 도래와 생명사상」, 『길』 1997년 5월호.

김지하, 『생명』, 솔, 1992.

김지하, 『생명과 평화의 길』, 문학과지성사, 2004.

김태곤, 「무속과 불교의 습합」, 『한국 민속학』 19집, 1986.

김현미, 「아시아 여성학과 탈식민주의」, 『철학과 현실』 1999 가을호.

김형효, 「고대 신화에 나타난 한국인의 철학적 사유」, 『한국철학사』(상), 한국철학회, 1989.

김혜정 외, 「여성환경운동 지역사례 발표에 대한 토론」, 『여성과 환경 그리고 지속 가능한 개발』, 同 NGO 네트워크, 1995.

나카무라 히사시, 윤형근 옮김, 『공생의 사회, 생명의 경제: 지역 자립의 경제학』, 한살림, 1995.

남회근, 최일구 역, 『정좌 수행이 이론과 실제 – 儒佛道 三家의 수행법』, 논장, 1991.

노명호, 「산음장적을 통해서 본 17세기 초 촌락의 혈연 양상」, 『한국사론』, 서울대인문대학 국사학과, 1979.

노영범, 「한의학에서 본 건강-자연의 섭리에 따르는 최적의 상태」, 김정희 엮음, 『도대체 건강이란 무엇인가』, 가산출판사, 2000.

노융희, 「전환기의 세계와 환경문제」, 『시민을 위한 환경교실』, 환경운동연합, 1993.

노태돈, 「한국인의 기원과 국가의 형성」, 한국사 편찬위원회, 『한국사 특강』, 서울대출판부, 1990.

낸시 폴브레, 윤자영 옮김, 『보이지 않는 가슴』, 또하나의 문화, 2007.

다케무라 마키오, 정승석 옮김, 『유식의 구조』, 민족사, 1995.

데이비드 보음, 전일동 옮김, 『현대물리학의 철학적 테두리 : 전체와 내포질서』, 민음사, 1991.

라다크리슈난, 이거룡 옮김, 『인도철학사』 II, 한길사, 1996.

로지 브라이도티, 한국여성 NGO위원회 여성과환경분과 옮김, 「페미니즘 과학비판」, 『여성과 환경 그리고 지속 가능한 개발』, 나라사랑, 1995.

루이스 고메즈, 「계율과 계율을 실천하는 것에 관한 담론」, 『불교평론』 16호, 2003년 가을호.

뤼스 이리가라이, 이은민 옮김, 『동양과 서양 사이 : 개인으로부터 공동체로』, 東文選, 2000.

리차드 리키 · 로저 레윈, 김광억 역, 『오리진』, 주우, 1983.

柳田聖山, 안영길 · 추만호 역, 『禪의 사상과 역사』, 민족사, 1991.

마하리시 마헤시 요기, 이병기 옮김, 『초월의 길·완성의 길 : 존재의 과학과 생활의 기술』, 범우사, 2005.

목정배, 「자연환경과 불교교설과의 관계」, 『한국불교학』17, 한국불교학회, 1992.

목정배, 「과학과 불교윤리과학시대의 윤리」, 『과학사상』12(1995.2), 범양사, 1995(2).

목정배, 「계율에 나타난 불교의 생명관」, 『한국불교학』20, 한국불교학회, 1995.

목정배, 『문명의 미래와 생태학적 세계관』, 당대, 1997.

문순홍, 「에코페미니즘이란 무엇인가」, 『여성과 사회』6호, 창작과비평사, 1995.

문희순, 「〈安東世稿 : 附聯珠綠〉의 작품 세계」, 한국언어문학회, 2002.

민태진, 「광파와 불성」, 교수불자연합회 편저, 『불교의 현대적 조명』, 민족사, 1994.

민희선, 「21C 주류가 되는 비영리 사업 워커즈 콜렉티브에 대하여」, 『빈곤여성의 자립과 자활공동체 모델 모색을 위한 인도·일본 연수보고 워크숍』, 한국여성노동자협의회, 2003.

바렐라, 「창발적 자아」, 존 브로크 맨 편, 김태규 역, 『제3의 문화』, 대영사, 1996.

박경리, 『문학을 지망하는 젊은이들에게』, 현대문학, 1995.

박노해, 『사람만이 희망이다』, 해냄, 1997.

박도화, 『보살상』, 대원사, 1990.

박병기, 「새로운 환경윤리의 정립을 위한 불교적 접근」, 『가산학보』8, 가산학회, 1999.

박병기, 「공성으로서의 인간본성론과 그 윤리적 지향점」, 『철학연구』55집, 2001.3.

박병기, 『우리 시대의 문화와 사회 윤리』, 인간사랑, 2003.

박이문, 『자비의 윤리학』, 철학과현실사, 1994.

박혜인, 「한국 전통 혼례의 연속과 단절」, 이효재 외, 『자본주의 시장경제와 혼인』, 또하나의문화, 1991.

반다나 쉬바, 「과학, 자연, 성」, 『녹색평론』창간호, 1991.

백낙청, 『분단체제 변혁의 공부길』, 창작과비평, 1994.

법륜, 「불교와 환경윤리」, 『녹색평론』제30호, 1996. 9 - 10, 녹색평론사, 1996(1).

법륜, 「불교사상에서의 생명문제와 세계관」, 『동양사상과 환경문제』, 모색, 1996(2).

법성 강해, 『반야심경 - 현수법장소』, 큰수레, 1996.

법성, 『마음 한 번 돌리니 극락이 예 있구나』, 고려원, 1994.

변홍철, 「불교귀농운동의 현장을 찾아서」, 『녹색평론』제41호, 1998.7 - 8, 녹색평론사, 1998.

장 보드리야르, 「소비의 가장 아름다운 대상 : 육체」, 『소비의 사회』, 문예출판사, 1993.

빅쿠 보디, 오원탁 옮김, 『팔정도』, 보리수 선원, 2003(Bhikkhu Bodhi, *The Noble Eightfold Path*, Buddhist Publication Society, Kandy : Sri Lanka, 1984).

사다티사, 조용길 편역, 『근본불교윤리』, 불광출판부, 1994.

프리초프 카프라, 강석찬 옮김, 『녹색정치』, 정신세계사, 1990.

서대석, 『한국무가의 연구』, 문학사상사, 1980.

서대석·박경진, 『서사무가』1, 고려대학교 민족문화연구소, 1996.

서혜란, 「환경문제와 여성운동」, 『시민을 위한 환경교실』, 환경운동연합, 푸른산, 1993.

釋法藏, 『선에서 화엄으로』, 우리출판사, 1992.

손진태, 『조선설화집』, 민속원, 2009.

슈미트 하우젠, 「불교적 전통에서 본 자연의 가치」, 『가산학보』8, 가산학회, 1999

스즈끼 다이세쯔, 박용길 역, 『선공부-어디서 나를 찾으랴』, 해뜸, 1988.

시몬느 드 보부아르, 조홍식 옮김, 『제2의 성』, 을유문화사, 1993.

시에 쏭링(謝松齡), 김홍경·신하령 공역, 『음양오행이란 무엇인가?』, 연암출판사, 1995.

신옥희, 「한국 여성의 삶의 맥락에서 본 여성주의 윤리학」, 『한국여성학』제15권1호, 한국여성학회, 1999.

신옥희, 「동양의 전통사상과 한국적 여성철학의 전망」, 여성철학연구모임 엮음, 『한국여성철학』, 한울아카데미, 1995.

신옥희, 「여성학 이론의 철학적 기초―Mary Daly의 여성학과 실존철학」, 『한국여성학』 10집, 한국여성학회, 1994.

심재룡, 「불교와 전쟁 : 불살생과 대량살생」, 『불교평론』15호, 2003년 여름호.

아잔 수메도, 김상우 옮김, 『사성제』, 보리수선원, 2003.

안옥선, 「초기불교 페미니즘 윤리에 나타난 자아의 특징」, 『철학』53집, 한국철학회, 1997.

안옥선, 「불교환경윤리학에 대한 덕윤리적 접근」, 『철학』65집, 한국철학회, 2000.

안정선, 「한국의 환경운동과 여성」, 『여성과 환경문제에 대한 국내외 논의 동향』, 한국여성 NGO 위원회 여성과환경분과, 1995.

엠아이티 공대, 김오식 옮김, 『과학의 도 - 과학기술은 가야 할 길인가, 깨쳐야 할 도인가』, 신광문화사, 1994.

에리히 얀치, 홍동선 역, 『자기 조직하는 우주』, 범양출판사, 1993.

양명수, 『녹색윤리』, 서광사, 1997.

에마 융, 『아니무스와 아니마』, 동문선, 1995.

에모토 마사루, 양억관 옮김, 『물은 답을 알고 있다』 1, 나무심는사람, 2002.

엘리자베스 가토, 「여성의 힘」, 『Our Planet』 제21호(2005. 10, 한국어판), UNEP, 2005.

여성과 환경, 지속 가능한 개발에 관한 한국 NGO 네트워크, 「한국 여성 NGO위원회 환경분과 보고서」, 『여성과 환경』(총서2) 同 NGO네트워크, 1995.

여유진, 김미곤 외, 「빈곤과 불평등의 동향 및 요인 분해」, 한국보건사회연구원, 2005.

월포라 라후라, 「불타의 가르침」, 월포라 라후라 외, 이재창 역, 『현대사회와 불교』, 한길사, 1983.

울리히 벡, 홍윤기 옮김, 『아름답고 새로운 노동세계』, 생각의 나무, 1999.

유동식, 「불교사찰의 삼성각과 삼신신앙에 대하여」, 『문화인류학』 6집, 한국문화인류학회, 1973.

유병덕, 『韓國思想과 圓佛教』, 教文社, 1989.

유정길, 「종교화된 생명운동, 녹색화된 종교」, 신원섭 편, 『숲과 종교』, 수문출판사, 1999.

유정길, 「자연과 인간이 하나가 된 삶을 추구하는 공동체-야마기시 가이」, 『녹색평론』 12호, 1993.

유초하, 『한국사상사의 인식』, 한길사, 1993.

윤남진, 「기복불교 논쟁의 발전 방향에 대한 제언」, 『불교평론』 16호, 2003년 가을호.

이남곡, 「불교 사상의 현대적 보편성과 미래 세계로의 비전」, 『불교를 알면 21세기가 보인다』, 정토출판, 1995.

이능화, 『조선도교사』, 동문선, 1992.

이능화, 李在崑 옮김, 『朝鮮巫俗考』, 동문선, 1991.

이도학, 『새로 쓰는 백제사』, 푸른역사, 1997.

이돈화, 『천도교창건사』(영인본), 경인문화사, 1986.

이문웅, 「신라 친족 연구에서 혼인관계와 출계의 문제」, 『한국문화인류학』 17집, 한국문화인류학회, 1985.

이상영, 「한국 환경문제의 실태와 현황」, 『여성단체연합 환경위원회 워크숍』(미간행), 경동교회, 1996. 4. 30.

이상화, 「여성주의 인식론에 대한 비판적 성찰」, 『한국여성철학』, 한울아카데미, 1995.

이성미, 「우리나라 여성환경운동에 대한 평가와 과제」, 『여성과 환경 그리고 지속 가능한 개발』, 同 NGO네트워크, 1995.

이성환·김기현, 「역경 속의 현대 과학」, 『주역의 과학과 도』, 정신세계사, 2002.

이숙경, 「아름다운 성과 사랑을 위하여」, 『말』, 1993. 3.

이영돈, 『마음』, 위즈덤하우스, 2006.

이영자, 「불교의 여성관의 새로운 인식」, 『한국여성학』 창간호, 1985.

이영자, 『불교와 여성』, 민족사, 2001.

이옥, 『고구려 민족 형성과 사회』, 교보문고, 1984.

이정배, 「풍수지리설과 생태학 - 풍수지리설의 생태학적 의미에 대한 신학적 연구」, 『성곡논총』, 성곡학술재단, 1993.

이제마, 이가원 옮김, 『동의수세보원』, 서문당, 1999; 여강출판사, 1992.

이진아 외, 「여성과 환경 및 개발의 연관성에 관한 고찰」(토론), 『여성과 환경, 그리고 지속 가능한 개발』, 同 NGO 네트워크, 1995.

이진아, 「여성과 환경 문제의 시각과 운동 동향」, 『여성단체연합 환경위원회 워크숍』(미간행), 경동교회, 1996.4.30.

이창숙, 「승만경의 사상과 그 신라적 수용에 대한 연구」, 동국대학교 석사학위논문, 1983.

이창호 외, 「시장으로서의 교육- 유아 영어학원에 대한 고찰」, 『공동육아』 3권 6호, 1997.

이태호, 『미술로 본 한국의 에로티시즘』, 여성신문사, 1998.

이화여자대학교 한국여성사편찬위원회, 『한국여성사』, 이화여자대학교 출판부, 1984.

이형효, 「고대 신화에 나타난 한국인의 철학적 사유」, 한국철학회 편, 『한국철학사』(상), 동명사, 1989.

이호철, 「조선시대의 농업사」, 『한국의 사회경제사』, 한길사, 1986.

이효재, 「한국 가부장제의 확립과 변형」, 여성한국사회연구회 편, 『한국가족론』, 까치, 1990.

임진택, 「삶의 문화, 죽음의 문화」, 『시민을 위한 환경교실』, 1993.

자스키아 비에링가(a), 「여성과 자연의 관계: 페미니즘 내부의 논쟁」, 한국여성 NGO 위원회 여성과 환경분과 옮김, 『여성과 환경 그리고 지속 가능한 개발』, 나라사랑, 1995.

자스키아 비에링가 (b) , 「근본생태주의, 사회생태주의, 에코페미니즘의 위기에 대한 반응」, 앞의 책.

잔스츄앙, 안동준·김영수 옮김, 『여성과 도교 - 여성 숭배의 숨겨진 역사』, 여강, 1993.

장주근, 「줄다리기에 대하여」, 『한국문화인류학』, 한국문화인류학회, 1968.

장필화, 「성(Sexuality)에 관련한 여성해방론의 이해와 문제」, 『한국여성학』, 한국여성학회, 1989.

장필화, 「여성주의 윤리학: 보살핌의 윤리를 중심으로」, 『여성신학논집』1, 이화여대여성
　　신학연구소, 1995.

장필화, 「여성체험의 공통성」, 철학문화연구소, 『철학과 현실』1996 겨울호.

장필화·조형, 「한국의 성문화(性文化) - 남성 성문화를 중심으로)」, 『여성학논집』, 이화
　　여자대학교 한국여성연구소, 1991.

장회익, 「새로운 생명가치관의 모색: 환경윤리는 어디에 바탕을 둘 것인가?」, 『바람과 물
　　연구소 심포지움』(미간행), 1997년 5월 2-3일.

장회익, 『삶과 온생명 : 새 과학 문화의 모색』, 솔, 1998.

정경자, 「피임광고를 통해서 본 성문화 일고찰-푸코의 담론 분석을 중심으로」, 이화여자
　　대학교 석사 논문, 1990.

정세화, 『한국 여성교육 이념 연구 - 이기철학적 접근』, 성지출판사, 1994.

정재서, 『불사의 신화와 사상』, 민음사, 1995.

정재서, 『동양적인 것의 슬픔 : 넘어섬, 그 힘의 예증까지』, 살림, 1996.

정재서, 『산해경』, 민음사, 1993.

정천구, 「불교와 현대 정치 이념」, 교수불자연합회 편저, 『불교의 현대적 조명』, 민족사,
　　1994.

정토회, 「수계의식집-수계자의 삶」, 정토회, 2004.

정화열, 「생태철학과 보살핌의 윤리」, 『녹색평론』29호, 녹색평론사, 1996.

정현경, 「여성의 몸, 생명, 여신」, 『동아시아 문예부흥과 생명평화』, 생명과평화의길,
　　2005.

제러미 리프킨, 이영호 옮김, 『노동의 종말』, 민음사, 2005.

제임스 러브럭, 홍욱희 옮김, 『가이아의 시대 -살아 있는 우리 지구의 전기』, 범양사출판
　　부, 1993.

조승미, 『여성주의 불교수행론』, 은정불교문화진흥원, 2009.

조주현, 「여성주의에서 본 평등 문제:대안적 다름의 정치학」, 조형 엮음, 『양성 평등과 한
　　국 법체계』, 이화여대출판부, 1996.

조형, 「법적 양성 평등과 성의 정치」, 조형 엮음, 앞의책.

조현설, 『우리 신화의 수수께끼』, 한겨레출판사, 2006.

조혜정, 「가부장제의 변형과 극복 : 한국 가족의 경우」, 『한국여성학』2집, 한국여성학회,
　　1986.

주강현, 『우리 문화의 수수께끼』, 한겨레레신문사, 1997.

진 시노다 볼린, 유승희 옮김,『우리 속에 있는 남신들』, 또하나의 문화, 1994.

진 시노다 볼린, 조주현 · 조명덕 옮김,『우리 속에 있는 여신들』, 또하나의 문화, 1992.

차옥덕,「여도(女道) 거부를 통한 남성우월주의 극복 : 홍계월전, 정수정전, 이형경전을 중심으로」,『한국여성학』15권2호, 한국여성학회.

천규석,「시민과 농민이 두레로 짓는 공동체 농장 - 농민만으로 우리 농업 못살린다」,『녹색평론선집』1, 녹색평론사, 1995.

최열,「한국환경운동의 역사와 현황」,『크리스찬아카데미 환경문제 대화모임』(미간행), 1989년 11월 3-4일.

최유찬,『토지를 읽는다』, 솔, 1996.

최재석,『한국가족제도사 연구』, 일지사, 1983.

최종욱,「생태불교의 필요성과 가능성」,『불교생태학, 그 오늘과 내일』, 불교문화연구원, 2003.

최창조,「한국의 전통적 자연과 인간관」, 구자건 외,『생태계 위기와 한국의 환경문제』 따님, 1992.

최창조,『땅의 논리 인간의 논리』, 민음사. 1993.

최창조,『좋은 땅이란 어디를 말함인가』, 서해문집, 1990.

최창조,『한국의 풍수지리』, 민음사, 1994.

카마타 시게오, 장휘옥 역,『화엄경 이야기』, 장승, 1992.

칼 구스타프 융,『무의식의 분석』, 홍신문화사, 1990.

칼 구스타프 융, 정영목 옮김,『사람과 상징』, 까치, 1995.

칼루파하나 , 김종욱 옮김,『불교 철학사 - 연속과 불연속』, 시공사, 1996.

윌프레드 캔트웰 스미스,「티베트 문화와 생태윤리」,『가산학보』8, 가산학회, 1999.

태혜숙,『탈식민주의 페미니즘』, 여이연, 2001.

텐진 빠모, 김은령 옮김,『텐진 빠모의 마음공부』, 열림원, 2004.

톰킨스 외,「마음의 비밀」,『녹색평론』27호, 녹색평론사, 1996.

틱낫한, 진현종 역,『틱낫한 스님의 아! 붓다』, 반디미디어, 2004(Thich Nhat Hanh, *The Heart of the Buddha's Teaching*, The Doubleday, a division of Random House, Inc, 1999).

하이데거,『형이상학이란 무엇인가』, 박영사, 1961.

하정남,「한국 근대 사상에서 나타난 여성과 에코페미니즘」,『에코페미니즘과 우리의 여성운동』(미간행), 한국불교환경연구원, 1997.6.21.

한국불교환경연구원, 『공동체를 찾아서』, 한국불교환경교육원 편집부, 1997.

한국여성개발원, 『환경과 여성의 역할』, 1993.

한국정신문화연구원, 『한국구비문학대계』 8 - 4, 1989.

한림화, 「우리 신화 속에서 찾아본 에코 페미니즘」, 또하나의 문화 월례논단 (1997. 6. 22)

한살림모임, 『한살림 선언』, 1990, 한살림.

한상복, 『한국인의 신화』, 문음사, 1980.

한스 바이스, 손주희 옮김, 『나쁜 기업 한스』, 프로메테우스출판사, 2008.

한영우, 「기복불교의 실태와 문제점」, 『불교평론』 7호, 2001년 여름호.

해리스, 「환경주의로서의 불교 전통」, 『가산학보』 8, 가산학회, 1999.

허난설헌(a), 『전집: 시와 생애』, 보연각, 1972.

허난설헌(b), 김지용 역, 『歷代女流漢詩文選』, 양우당, 1994.

허남결, 「불교 윤리의 응용 가능성 모색」, 『불교평론』 3호, 2000년 여름.

허라금, 「보살핌 윤리에 기초한 성 주류화 정책 패러다임의 모색」, 『한국 여성 정책의 뉴 파라다임 정립』, 여성부, 2004

허라금, 「여성주의 윤리의 개념화 관계의 민주화를 향하여」, 『한국여성학』 제14권2호, 한국여성학회, 1998.

허라금, 『원칙의 윤리에서 여성주의 윤리로』, 철학과 현실사, 2004.

헬레나 노르베리-호지, 「세계화 경제와 불교」, 『녹색평론』 34호, 1997년 5-6월호, 녹색평론사, 1997.

헬레나 노르베리-호지, 「위협받는 토착문화」, 『녹색평론선집』 1, 녹색평론사, 1992.

헬무트 캔틀러, 손덕수 옮김, 『행복과 해방의 성교육』, 대원사, 1988.

현대불교신문사 엮음, 『부처님 어떤 복을 지을까요』, 여시아문, 2002.

현용준, 『제주도무속자료사전』, 신구문화사, 1980.

현용준 · 현승환 역주, 『제주도 무가』, 고려대학교 민족문화연구소, 1996.

환경과공해연구회, 『공해문제와 공해대책』, 한길사, 1991.

황나미, 「우리나라 불임 및 불임관련 의료이용실태와 문제해결을 위한 연구」, 한국보건사회연구원, 2003

황은주, 「과천사랑시민모임」, 『여성과 환경, 그리고 지속 가능한 개발』, 同 NGO 네트워크, 1995.

힐러리 프렌치, 「지구라는 식료품상」, 주요섭 옮김, 『세계화는 어떻게 지구환경을 파괴하는가』, 도요새, 2001.

Alcoff, Linda, "Justifyung Feminist Social Science", *Feminism and Science*, Nancy Tuana ed., Bloomington: Indiana University Press, 1989.

Antonelli, Judith, "Feminist Spirituality: The Politics of the Psyche," *The Politics of Spirituality*, Garden City: Anchor Press, 1982.

Bar On, Bat-Ami, "Marginality and Epistemic Privilege", *Feminist Epistemologies*, Linda Alcoff and E. Portter eds., New York: Routledge, 1993.

Benjamin, Jessica, The Bonds of Love: Psychoanalysis, *Feminism and the Problem of Domination*, New York: Pantheon Books., 1988.

Brenner, Johanna and Maria Ramas, "Rethinking Women' s Oppression", *New Left Review*, Vol.25., num144, 1984.

Butterworth, Dianne, "Wanking in Cyberspace: The Development of Computer Porn", *Fminism and Sexuality: A Reader*, Stevi Jackson and Sue Scotteds, New York: Columbia University Press, 1996.

Cheney, Jim, "Nature/Theory/Difference", Ecological Feminism, Karen J.Warren ed., New York: Routledge, 1994.

Chodorow, Nancy, *The Reproduction of Mothering*, Berkeley: University of California Press, 1978.

Christ, Carol P, "Rethinking Theology and Nature," *Weaving the Visions: New Patterns in Feminist Spirituality*, Judith Plaskow and Carol P. Christ eds., San Francisco: Harper and Row, 1989.

Christ, Carol P., "Rethinking Politics and Nature," *Reweaving the World: The Emergence of Ecofeminism*, Diamond I. and Orenstein G.F. eds., San Francisco: Sirra Club Books, 1990.(『다시 꾸며 보는 세상』, I. 다이아몬드 외, 이화여대출판부, 1996)

Christ, Carol P., "Why Women Need the Goddess: Phenomenological", Psychological,

Code, Lorrain, *Rhetorical Spaces-Essays on Gendered Locations*, New York: Routledge, 1995.

Code, Lorraine, *What Can She Know: Feminist Theory and the Construction of Knowledge*, Ithaca and London: Cornell Univ. Press, 1991.

Convey, Lal, Margaret Jackson Sheila, Sheila Jeffreys, Leslie Kay and Pat Mahong, "Introduction", *The Sexuality Papers; Male Sxuality and the Social control of*

Women, London: Hatchinson, 1984.

Convey, Lal, Margaret Jackson Sheila, Sheila Jeffreys, Leslie Kay and Pat Mahong eds., "Introduction", *The Sexuality Papers; Male Sxuality and the Social Control of Women Explorations in Feminism*, New York : Harper Collins.

Conze, Edward, *Buddhist Wisdom Books - The Diamond Sutra, The Heart Sutra*, New York: Harper and Row, Publishers, 1972.

Cuber, J. and P.B. Harroff, "Five Types of Marriage", *Family in Transition*, A. Skolnick and S. Skolnick. eds., Boston: Little, Brown and Co.

Damah, Zohar and lan Marshall, SQ : Connecting with Our Spiritual intelligence, bloomsbury, 2000.

Davion, Victoria, "Is Ecofeminism feminist?," *Ecological Feminism*, Karen J.Warren ed., London: Routledge. 1994.

Davis, Judy and Juanita Weaver, "Dimensions of Spirituality," *The Politics of Women's Spirituality*, Garden City: Anchor Press, 1982.

Diamond, Irene(1990), "Babies, Heroic Experts, and a Poisoned Earth", *Reweaving the World: The Emergence of Ecofeminism*, Diamond I. and Orenstein G.F. eds., San Francisco: Sirra Club Books, 1990

Dinnerstein, Dorothy "Survival on Earth," *Healing the Wounds*, Judith Plant ed., Philadelphia: New Society Publishers, 1989.

Draper, Patrica, "! Kung Women: Contrasts in Sexual Egalitarianism in Foraging and Sedentary Contexts", *Towards an Anthropology of Women*, Rayna R. Reiter ed., New York: Monthly Review Press.

Dworkin, Andrea, "Why Pornography Mattrs to Feminists", *Living with Contradictions: Controversies in Feminist Social Ethics*, A.Jaggar ed., Oxford: Westview, Press, 1994.

Eisler, Riane, "The Gaia Tradiation and the Partnership Future: An Ecofeminist Manifesto," *Reweaving the World*, Diamond I. and Orenstein G.F. eds., San Francisco: Sirra Club Books, 1990

Firestone, Shulamith, *The Dialtetic of Sex: The Case for Feminist Revolution*, New York: Bantam, 1970(S.화이어스톤, 『성의 변증법』, 김예숙 역, 풀빛:1983)

Foglia, Gina and Dorit Wolffberg, "Sexual Dimensions of Feminist Anti- Nuclear Activism," *The Politics of Women's Spirituality*, Garden City: Anchor Press, 1982.

Freud(1920), "Beyond the Pleasure Principle", *The Freud Reader*, Peter Gay ed., New York: W. W. Norton and Company, Inc, 1989.

Freud(1925), "An Autobiographical Study", *The Freuder Reader*, New York: W. W. Norton and Company, Inc, 1989.

Freud(1930), "Civilization and its Discontents", *The Freuder Reader*, New York: W. W. Norton and Company, Inc, 1989.

Gilligan, Carol, *In a Different Voice: Psychological Theory and Women's Development*, Cambridge: Harvard University Press, 1982.(『심리이론과 여성의 발달』, 허란주 역, 철학과 현실사, 1994.)

Griffin, Susan, "Split Culture," *Healing the Wounds*, Judith Plant ed., Philadelphia: New Society Publishers, 1989.

Griffin, Susan, "Curves along the Road," *Reweaving the World*, Diamond I. and Orenstein G.F. eds., San Francisco: Sirra Club Books, 1990

Griffin, Susan, *Woman and Nature: The Roaring inside Her*, New York: Harper and Row Publishers., 1978.

Gruen, Lorie, "Toward an Ecofeminist Moral Epistemology", *Ecological Feminism*, Karen J. Warren. eds, London: Routledge, 1994.

Harding, Sarding, "Rethinking Standpoint Epistemology: What is strong Ovjectivity", Linda Alcoff and Elizabth Portter eds., *Feminist Epistemologies*, New York: Routledge.

Held, Virginia, Feminist Morality: *Transforming Culture, Society, and Politics*, Chicago and London: The University of Chicago, 1993.

Iglehart, Hallie, "Expanding Personal Power Through Meditation," *The Politics of Women's Spirituality*, Garden City: Anchor Press, 1982.

Irigary, Luce , *Je, tu, nous-pour une Culture de la Difference*, editions. Grasset and Fasquelle, 1990.(『나, 너, 우리』, 박정오 역, 동문선, 1996)

Irigary, Luce, "Demystification", *This Sex Which is Not One*, trans. by Catherine Porter, New York: Cornell University Press, 1985

Jaggar, Alison, "Feminist Ethics:Projects, Problems, Prospects", in Card, ed., *Feminist ethics*, University Press of Kansas, 1991

Jean Shinoda, Bolen,(1984), Goddesses in everywoman : a new psychology of women New York : Harper & Row(『우리 속에 있는 여신들』, 조주현, 조명덕 [공]옮김. 서울 : 또

하나의문화, 1992

Judith Plant, "Authority, and Mystery: Econofeminism and Earth-based Spirituality,"

Kappeler, Susanne, "Subjects, Objects and Equal Opportunities", *Feminism and sexuality: A Reader*, Stevi Jackson and Sue Scott, New York: Columbia University Press, 1996.

Kaza, Stephanie, "Acting with Compassion: Buddism, Feminism, and the Environmental Crisis," *Ecofeminism and the Scared*, Carol J. Adams ed., New York: The Continuum Publishing Company, 1993.

Kheel, Marti, "Ecofeminism and Deep Ecology: Reflections on Identity and Difference," *Reweaving the World*, Diamond I. and Orenstein G.F. eds., San Francisco: Sirra Club Books, 1990.

King, Ynestra, "Healing the Wounds: Feminism, Ecology and the Nature/Culture Dualism", *Reweaving the World*, Diamond I. and Orenstein G.F. eds., San Francisco: Sirra Club Books, 1990

King, Ynestra, "The Echology of Feminisms and the Feminism of Ecology," *Healing the Wounds*, Judith Plant ed., Philadelphia: New Society Publishers., 1989.

Koedt, Ann(1970), "The Myth of the Vaginal Orgasm", *Feminism and Sexuality:A Reader*, Stevi Jackson and Sue Scott eds., N.Y: Columbia University Press, 1996.

Lerner, Gerda, *The Creation of Patriarchy*, New York: Oxford University Prss, 1986.

Longino, Helen E, "Porgraphy, Oppression, and Freedom: A Close Look", *Living with Contradictions: Controversies in Feminist Social Ethics*, A.Jaggar ed., Oxford: Westview Press, 1994.

Martin, M. Kay and Barbara Voorhies, *Female of he species*, New York : Columbia University Press, 1975.

MacKinnon, Cathrine A.(1981), "Feminism, Marxism and the State: An Agenda fo Theory", *Fminism and sexuality: A Reader*, Stevi Jackson and Sue Scott eds., New York: Columbia University Press, 1996.

Merchant, Carolyn, "Ecofeminism and Feminist Theory," *Reweaving the World*, Diamond I. and Orenstein G.F. eds., Sanfrancisco: Sierra Club Books, 1990.

Mies Maria and Vandana Shiva, *Ecofeminism*, Halifax: Fernwood Publication., 1993.

Millett, Kate, *Sexual Politics*, Garden City, N.J.: Doubleday, 1970(『성의 정치학』, 上·下, 정의숙·조정호 역, 서울 : 현대사상총서)

Noddings, Nell(1984), Caring, Berkley: The University of California Press.

Nelson, Lin, "The Place of Women in Polluted Places," *Reweaving the World*, Diamond I. and Orenstein G.F. eds., Sanfrancisco: Sierra Club Books, 1990.

Oakley, Ann, Sex, Gender and Society, New York: Harper and Row, Publishers, Inc, 1972.

Plant, Judith, "Searching for Common Ground: Econofeminism and Bioregionalism," *Reweaving the World*, Diamond I. and Orenstein G.F. eds., Sanfrancisco: Sierra Club Books, 1990.

Plant, Judith, "The Ecopolitics Debate and the Politics of Nature", *Ecological Feminism*, K. J. Warren ed., London: Routledge, 1994.

Plumwood, Val, *Feminism and the Mastery of Nature*, London: Routled, 1993.

Plumwood, Val, "Nature, Self, and Gender: Feminism, Environmental Philosophy, and the Critique of Rationalism," *Hypatia* 6, no.1(1991):20; Rae, 1994:29-30)

Portelli, "What makes oral history different" Robert Perks and Alistair Thompson, eds., *The Oral History Reader*, New York: Routledge, 1998("무엇이 구술사를 다르게 만드는가, 『기억으로 역사쓰기: 구술사 논문모음집』, 윤택림 편역, 미간행)

Quinby, Lee, "Econofeminism and the Politics of Resistance," *Reweaving the World*, Diamond I. and Orenstein G.F. eds., Sanfrancisco: Sierra Club Books, 1990.

Rae, Eleanor, *Women, the Earth, the Divine*, New York: Orbis Books, 1994.

Ramanazanoglu, C., *Feminism and Condractions of Oppression*, London: Routledge Limited, 1989(『페미니즘, 무엇이 문제인가』, 김정선 옮김, 문예출판사, 1997.)

Rich, Arienne, *Of Woman Born-Motherhood as Experience and Institution*, New York: W · W Norton and Company.INC.(『더 이상 어머니는 없다』, 김인성, 옮김, 서울:평민사, 1995)

Rubin, Gayle, "The Traffic in Women:Notes on the 'Political Economy' of Sex", *Toward an Anthropology of Women*, Rayna R.Reiter ed., New York: Monthly Review Press, 1975.

Sherwin, Susan, "Ethics, Feminine Ethics and Feminist Ethics", *A Reader in Feminist Ethics*, Shogan, D. ed., Canadin Scholars' Press, 1992.

Shiva, Vandana, *Staying Alive: Women, Ecology and Development*, London: Zed Books., 1988.

Slicer, Deborah, "Wrongs of Passage; Three Challenges to the Maturing of Ecofeminism",

Ecological Feminism, K. J. Warren ed., London: Routledge, 1994.

Spretnak, Charlene, "Ecofeminism: Our Roots and Flowering," *Reweaving the World*, Diamond I. and Orenstein G.F. eds., San Francisco: Sierra Club Books, 1990.

Spretnak, Charlene, "Toward an Ecofeminist Spirituality," *Healing the Wounds*, Judith Plant ed., Philadelphia: New Society Publishers, 1989.

Spretnak, Charlene, "The Politics of Women's Spirituality," The Politics of Women's

Starhawk, "Feminist, Earth-based Spirituality and Ecofeminism," *Healing the Wounds*, Judith Plant ed., Philadelphia: New Society Publishers, 1989.

Tong, Rosemarie, *Feminist Thought - A Comprehensive Introduction*, Westview Press, 1989.(『페미니즘 사상-종합적 접근』, 이소영 옮김, 한신문화사, 1995.)

Tronto, Joan C., "Beyond Gender difference to a Thory of Care", *Signs Vol. 12, no. 4.*, 1987.

Warren, Karen J. "A Feminist Philosophical Perspective on Ecofeminist Spritualities," *Eco-feminism and the Sacred*, Carol J. Adams. ed. New York: The Continuum Publishing Company, 1993.

Warren, Karen J., "Toward an Ecofeinist Peace Politics", *Ecological Feminism*, Karen J. Warren ed., London:Routledge, 1994.

Warren, Karen(1996), *Ecological Feminist Philosophy*.

Wilshire, Donna, "The Uses of Myth, Image and the Female Body in Re-visioning Knowledge", *Gender/ Body/ Knowledge*, Alison Jaggar, Susan R. Bordo eds., Ruters University Press, 1989.

Zimmerman, Michael E, "Heidegger, Buddhism and deep ecology," *The Cambridge Companion to Heidegger*, Charles Guignon ed., Cambridge: Cambridge University Press.

Zimmerman, Michael E., "Deep Ecology and Econominism: The Emerging Dialogue," *Reweaving the World*, Diamond I, and Orenstein G.F. eds., San Francisco: Sierra Club Books, 1990.

Zohar, Danah and Ian Marshall(2000), SQ, New York:Bloomsbury Publishing. SQ 영성지능 : 인간 지능의 완성, SQ의 과학적 규명과 증진법 / 도나 조하, 이안 마셜 [공]지음 ; 조혜정 옮김. 서울 : 룩스, 2001.

| 찾아보기 |

불교 여성 살림

등 록 1994.7.1 제1-1071
1쇄 발행 2011년 1월 20일
2쇄 발행 2011년 8월 31일

지은이 김정희
펴낸이 박길수
편집인 소경희
마케팅 김문선
디자인 이주향
펴낸곳 도서출판 모시는사람들
　　　 110-775 서울시 종로구 경운동 88번지 수운회관 1207호
전 화 02-735-7173, 02-737-7173 / 팩스 02-730-7173

출 력 삼영그래픽스 (02-2277-1694)
인 쇄 ㈜상지사P&B (031-955-3636)
배 본 문화유통북스 (031-937-6100)
홈페이지 http://blog.naver.com/donghak21

값은 뒤표지에 있습니다.
ISBN 978-89-90699-88-6

이 도서의 국립중앙도서관 출판시도서목록(CIP)은 e-CIP 홈페이지
(http://www.nl.go.kr/ecip)에서 이용하실 수 있습니다.
(CIP제어번호: CIP2010004730)